도승하
감정평가관계법규

도승하 편저

1차 | 기본노트 제2판

8년 연속
**전체
수석**

합격자 배출

박문각 감정평가사

學而時習之면 不亦說乎아라(학이시습지면 불역열호아라) : 배우고 때때로 익히면 또한 기쁘지 아니한가?

감정평가관계법규는 감정평가와 관련된 9개의 법률 내용을 테스트하는 과목입니다.

감정평가관계법규는 총 40문항으로 40분의 시간이 주어지지만, 20~25분 내로 문제를 풀고 3~5분 내에 마킹을 완료해야 합니다.

최대 30분 내에 마킹까지 완료하고 남는 10분의 시간을 회계학 문제풀이에 배분해야 합니다.

감정평가관계법규는 전체 평균을 올려주고 회계학 문제풀이에 시간을 늘려주는 효자과목이 되어야 합니다.

1. 교재 특징 : 정리와 이해가 용이한 최고의 교재

법은 조문으로 구성되어 있으며, 기-승-전-결의 서술식으로 설명되어 있지 않습니다. 법을 처음 공부한다면 이러한 구성에 익숙하지 않기에 수험에 많은 어려움을 겪게 됩니다.

따라서, 본 교재는 이러한 어려움을 최소화하고자 딱딱한 법 조문의 체계를 탈피하여 기-승-전-결 형식의 정리와 서술로 편제하였습니다.

또한, 어려운 내용을 이해하기 쉽게 짧게 요약하였으며, 그림과 도표를 활용하여 정리와 암기에 용이합니다.

2. 수험 전략 : 효자과목 전략

많은 수험생들이 감정평가관계법규는 단순 암기과목이기에 시험을 2~3달 남겨놓은 시점에서 짧은 요약서만 몇번 보고, 기출문제 몇번 풀어보면 되는 쉬운 과목으로 알고 있지만, 감정평가관계법규의 평균점수는 50점 내외이며 과락률은 20~30% 정도 됩니다.

절대 감언이설에 현혹되어서는 안되는 과목임에도 많은 수험생들이 감정평가관계법규를 쉽게 보고 소홀히 하는 경우가 많습니다.

짧은 기간 짧게 공부하는 경우 전체 평균도 올릴 수 없으며 회계학 과목에 시간을 추가시켜줄 수도 없습니다.

점수가 안 나오는 원인이 되며, 1차 불합격의 위험이 올라가게 됩니다.

감정평가관계법규를 더 빠르고 더 많이 공부하여 70~80점을 목표로 공부해야(관계법규 10점 올리는 것이 회계학이나 경제학 10점 올리는 것보다 용이합니다) 20~25분 내로 마킹까지 마무리 할 수 있습니다.

감정평가관계법규는 최소 6개월 이상 공부하여 전략적인 효자과목이 될 수 있게 준비해야 합니다.

기본노트는 감정평가관계법규의 방대한 양을 체계적으로 줄이고, 최근 10년간 출제경향을 반영하여 각 법률의 흐름을 구성하였습니다. 최소한의 분량이므로 객관식 문제와 더불어 반복한다면 짧은 기간에 최대의 효과를 도모할 수 있을 것입니다.

출제문항수와 난이도에 따른 학습전략

법령	출제문항수	주요 전략 부분
공간정보의 구축 및 관리 등에 관한 법률	4	토지의 표시(지번, 지목, 면적) 및 각 지적공부의 기재사항
부동산등기법	4	등기대상 권리 및 각 권리의 등기부 기재사항
동산 · 채권 등의 담보에 관한 법률	1	동산 및 채권 등 담보대상 및 실행방법
부동산 가격공시에 관한 법률	3	메인 출제 분야이며 감정평가와 밀접한 관련이 있으므로 전 범위를 확실하게 공략
감정평가 및 감정평가사에 관한 법률	3	메인 출제 분야이며 감정평가와 밀접한 관련이 있으므로 전 범위를 확실하게 공략
국토의 계획 및 이용에 관한 법률	13	메인 출제 분야이며 감정평가와 밀접한 관련이 있으므로 전 범위를 확실하게 공략
국유재산법	4	국유재산의 종류 이해, 사용허가방법과 사용료율, 일반재산의 매각가격기준 등
건축법	4	건축개념(신축, 개축, 재축, 증축, 이전), 대수선 개념, 건축허가절차, 건축물의 용도변경
도시 및 주거환경정비법	4	도시정비사업의 종류와 사업시행자, 조합설립절차, 관리처분계획 절차

CONTENTS

CONTENTS 기본노트 **차례**

CONTENTS

PART 09 — 도시 및 주거환경정비법

PART 01

공간정보의 구축 및 관리 등에 관한 법률

단원

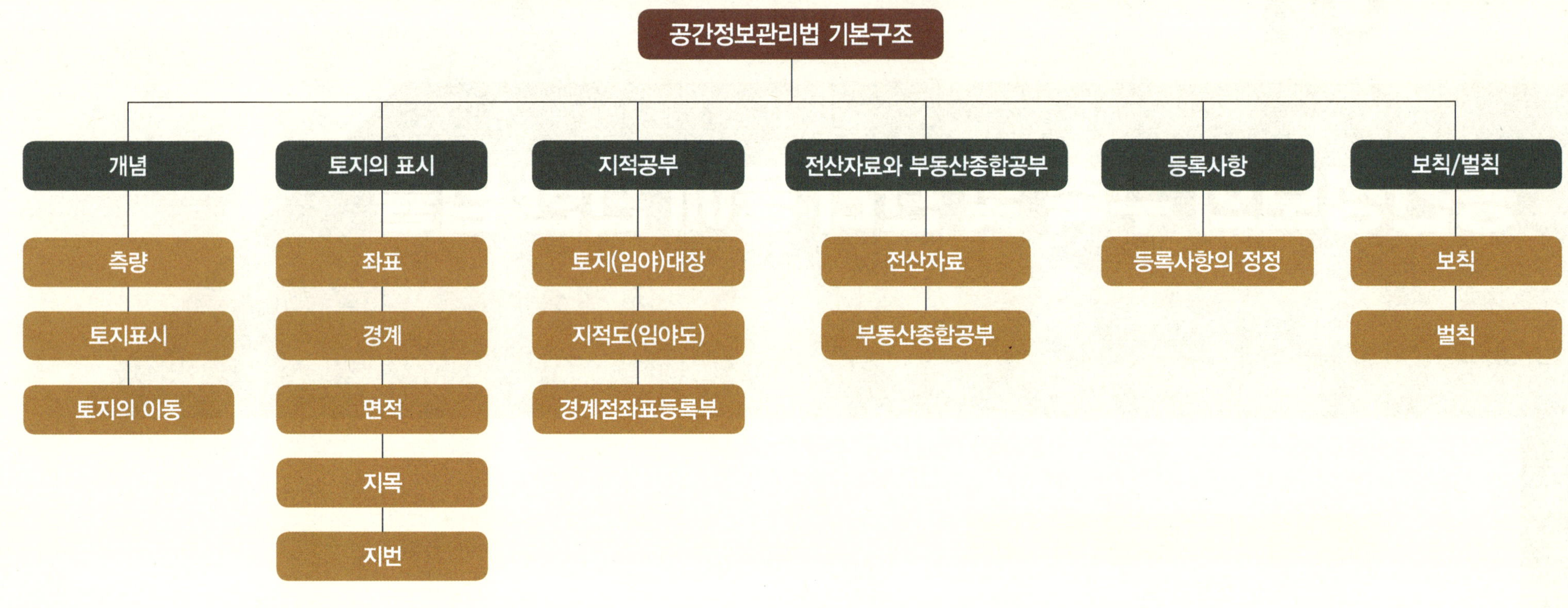
공간정보관리법 기본구조
개념
토지의 표시
지적공부
전산자료와 부동산종합공부
등록사항
보칙/벌칙
측량
좌표
토지(임야)대장
전산자료
등록사항의 정정
보칙
토지표시
경계
지적도(임야도)
부동산종합공부
벌칙
토지의 이동
면적
경계점좌표등록부
지목
지번

1. 측량 : 토지의 경계점을 확인하여 필지의 경계를 확정하는 기본작업

측량 : 공간상 점들의 위치를 도면 및 수치로 표현하거나 도면상의 위치를 현지에 재현
(측량용 사진의 촬영, 지도의 제작 및 각종 건설사업에서 요구하는 도면작성 등 포함)
- 기본측량 : 모든 측량의 기초가 되는 측량(국토교통부장관 – 국토지리정보원에서 실시)
- 공공측량 : 공익사업시행을 위한 측량 및 공공의 이해 또는 안전과 관련 있는 측량
- 지적측량 : 지적공부의 등록 및 경계점 복원을 위해 경계, 좌표 및 면적을 정하는 측량 (32회)
  (지적확정측량 및 지적재조사측량 포함)
- 지적확정측량 : 도시개발 · 농어촌정비사업 등이 끝나 토지표시를 새로 정하기 위한 측량 (32회)
- 지적재조사측량 : 지적재조사사업에 따른 토지의 표시를 새로 정하기 위한 측량
- 일반측량 : 기본측량, 공공측량 및 지적측량 외의 측량 (32회)
- 경계복원측량 : 지적도 또는 임야도에 등록된 경계 또는 경계점좌표등록부에 등록된 좌표를 실지
  에 표시하거나 점유하고 있는 토지의 경계가 일치한지 여부를 확인할 목적으로 실시하는 측량
- 지적현황측량 : 지상구조물 또는 지형 · 지물이 점유하는 위치현황을 실측하여 지적도 또는 임야
  도에 등록된 경계와 대비하여 표시할 때 실시하는 측량
- 연속지적도 : 지적측량을 하지 아니하고 전산화된 지적도 및 임야도 파일을 이용하여, 도면상 경
  계점들을 연결하여 작성한 도면으로서 측량에 활용할 수 없는 도면 (32회)

✎
* 소유자와 용도가 같고 지반이 연속된 토지는 1필지로 할 수 있다.
  다음 각 어느 하나의 토지는 주된 용도의 토지에 편입하여 1필지로 할 수 있다.
  (다만, 종된 용도가 "대"(垈)이거나, 주된 토지면적의 10% 및 330제곱미터 초과시는 그러하지 아니하다)
  1. 주된 용도의 토지의 편의를 위하여 설치된 도로 · 구거(溝渠: 도랑) 등의 부지
  2. 주된 용도의 토지에 접속되거나 주된 용도의 토지로 둘러싸인 토지로서 다른 용도로 사용되고 있는 토지

2. 토지의 표시와 이동 : 다른 필지와 구분되는 기본사항과 그의 이동

(1) 토지의 표시 : 토지의 소재 · 지번 · 지목 · 면적 · 경계 또는 좌표를 등록한 것
(33회)

1) 토지의 조사 · 등록
① 국토교통부장관 : 모든 필지의 토지표시를 조사 · 측량하여 지적공부에 등록
② 지번 · 지목 · 면적 · 경계 또는 좌표 이동 시, 소유자[1] 신청에 의해 지적소관청이 결정하되 신청이 없으면 지적소관청이 직권으로 조사 · 측량하여 결정할 수 있음 (35회)

> 토지이동현황 조사계획 : 지적소관청은 토지의 이동현황을 직권으로 조사 · 측량하여 토지의 지번 · 지목 · 면적 · 경계 또는 좌표를 결정하려는 때에는 토지이동현황 조사계획을 수립하여야 한다. 이 경우 토지이동현황 조사계획은 시 · 군 · 구별로 수립하되, 부득이한 사유가 있는 때에는 읍 · 면 · 동별로 수립할 수 있다.

2) 기본개념
- 필지 : 토지의 등록단위
- 지번 : 필지를 지적공부에 등록한 번호(본번과 부번으로 구분)
- 지목 : 주된 용도에 따라 토지의 종류를 구분하는 것
- 경계점 : 필지를 구획하는 선의 굴곡점으로 지적도(임야도)에 도해(그림)
  형태로 등록하거나 경계점좌표등록부에 좌표 형태로 등록하는 점
- 경계 : 경계점들을 직선으로 연결하여 지적공부에 등록한 선 (34회)
- 면적 : 필지의 수평면상(입체평면 아님) 넓이

(2) 토지의 이동 : 토지의 표시를 새로 정하거나 변경 또는 말소하는 것 (33회)
- 신규등록 : 새로 조성된 토지와 미등록 토지를 지적공부에 등록하는 것
- 등록전환 : 임야대장 · 임야도를 토지대장 · 지적도에 옮겨 등록하는 것 (34회)
- 분할 : 1필지를 2필지 이상으로 나누어 등록하는 것
- 합병 : 2필지 이상을 1필지로 합하여 등록하는 것
- 지목변경 : 지목을 다른 지목으로 바꾸어 등록하는 것

(3) 기타
축척변경 : 지적도(임야도 ×)의 작은 축척을 큰 축척으로 변경하는 것 (34회)

---
1) 법인이 아닌 사단이나 재단의 경우에는 그 대표자나 관리인을 말한다.

3. 지적소관청과 지적공부 등

(1) 지적소관청

: 지적공부 관리 주체 → 특별자치시장, 구가 없는 시장, 군수, 구청장

(2) 지적공부

: 지적측량을 통해 조사된 토지의 표시와 소유자 등을 기록한 대장 및 도면(정보처리시스템을 통하여 기록·저장된 것 포함).
① 토지대장, ② 임야대장, ③ 공유지연명부, ④ 대지권등록부, ⑤ 지적도, ⑥ 임야도, ⑦ 경계점좌표등록부

(3) 부동산종합공부

: 부동산에 관한 종합정보를 정보관리체계에 기록·저장한 것
① 토지 및 건물의 표시와 소유자에 관한 사항, ② 토지이용규제 및 부동산의 가격(개별공시지가, 개별주택가격 및 공동주택가격 공시 내용),
③ 부동산의 권리 등을 기록·저장한 것

(4) 보존과 반출 (30회, 31회)

① 지적소관청 : 지적서고 설치 – 영구보존 – 반출금지
② 시·도지사, 시장·군수 또는 구청장 : 정보처리시스템을 통해 기록·저장 – 영구보존
* 천재지변, 재난 및 시·도지사·대도시시장의 승인이 있는 경우 지적공부 반출가능

(5) 복구

① 소관청 : 지적공부의 전부·일부 멸실·훼손 시 지체 없이 복구
② 시·도지사, 시장·군수 또는 구청장 : 정보처리시스템의 전부·일부 멸실·훼손 시 지체 없이 복구 (30회, 31회)

(6) 국토교통부장관 (30회)

① 멸실·훼손을 대비한 복제관리 정보관리체계를 구축해야 한다.
② 지적공부의 효율적인 관리 및 활용을 위한 지적정보 전담 관리기구를 설치·운영한다.

(7) 지적공부의 열람 또는 발급신청

① 지적공부 : 해당 지적소관청에 신청 가능
② 정보처리시스템을 통하여 기록·저장된 지적공부(지적도 및 임야도는 제외)
: 특별자치시장, 시장·군수 또는 구청장이나 읍면동 장에게 신청 가능

4. 행정구역의 명칭변경 등

행정구역의 명칭이 변경되었으면 지적공부에 등록된 토지의 소재는 새로운 행정구역의 명칭으로 변경된 것으로 본다. (34회)

토지의 표시항목 : ① 경계, ② 면적

1. 경계의 구분과 지상경계점등록부

(1) 지상경계의 구분

1) 지상경계는 둑, 담장이나 그 밖에 구획의 목표가 될 만한 구조물 및 경계점표지 등으로 구분함 (36회)

① 연접되는 토지 간에 높낮이 차이가 없는 경우 : 그 구조물 등의 중앙
② 연접되는 토지 간에 높낮이 차이가 있는 경우 : 그 구조물 등의 하단부
③ 도로·구거 등의 토지에 절토(땅깎기)된 부분이 있는 경우 : 그 경사면의 상단부
④ 토지가 해면 또는 수면에 접하는 경우 : 최대만조위 또는 최대만수위가 되는 선
⑤ 공유수면매립지의 토지 중 제방 등을 토지에 편입하여 등록하는 경우 : 바깥쪽 어깨부분 단, 지상경계의 구획을 형성하는 구조물 등의 소유자가 다른 경우에는 ①부터 ③까지의 규정에도 불구하고 그 소유권에 따라 지상경계를 결정

2) 지상경계점등록부(지상경계를 새로 정한 경우 아래 등록사항 등록) (30회)

① 토지의 소재
② 지번
③ 경계점 좌표(경계점좌표등록부 시행지역에 한정)
④ 경계점 위치 설명도
⑤ 그 밖에 사항
　공부상 지목과 실제 토지이용 지목
　경계점의 사진 파일
　경계점표지의 종류 및 경계점 위치

(2) 지상건축물을 걸리게 분할하는 것 금지(다만 아래 경우는 가능)

① 법원의 확정판결이 있는 경우
② 공공사업에 해당하는 토지 분할의 경우
③ 도시개발 사업지구 경계결정
④ 지형도면이 고시된 도시·군관리계획선에 따라 토지를 분할하려는 경우

2. 면적 : 경계선 내부의 수평투영면적 (34회)

면적의 결정 : 면적 단위는 제곱미터(m^2) 및 측량계산의 끝수 처리

(1) 지상경계의 구분　　　: 1제곱미터 미만의 끝수가 있는 경우

① 0.5제곱미터 미만 : 버림 – 예 1.3 → 1.0
② 0.5제곱미터를 초과 : 올림 – 예 1.6 → 2, 2.51 → 3
③ 0.5제곱미터일 때 : 끝자리 숫자가 0 또는 짝수면 버리고 홀수면 올림
　예 20.5 → 20, 12.5 → 12, 21.5 → 22
④ 1필지의 면적이 1제곱미터 미만일 때에는 1제곱미터로 함

(2) 축척 600분의 1인 지역 및 경계점좌표등록부에 등록하는 지역

: 제곱미터 이하 한 자리 단위로 하되, 0.1제곱미터 미만의 끝수가 있는 경우
① 0.05제곱미터 미만 : 버림 – 예 12.12 → 12.1
② 0.05제곱미터를 초과 : 올림 – 예 12.16 → 12.2, 12.251 → 12.3
③ 0.05제곱미터일 때 : 끝자리 숫자가 0 또는 짝수면 버리고 홀수면 올림
　예 25.05 → 25.0, 34.65 → 34.6, 12.35 → 12.4
④ 1필지의 면적이 0.1제곱미터 미만일 때에는 0.1제곱미터로 함

(3) 방위각의 각치, 종횡선의 수치 또는 거리를 계산하는 경우

구하려는 끝자리 다음 숫자가 5 미만이면 버리고 5를 초과하면 올림
5일 때에는 구하려는 끝자리 숫자가 0 또는 짝수면 버리고 홀수면 올림

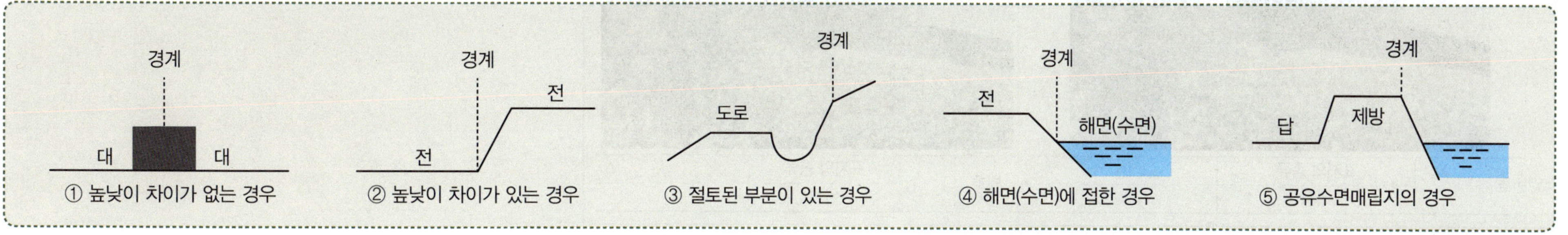

[지상경계점등록부]

■ 지적재조사에 관한 특별법 시행규칙 [별지 제6호 서식]

지상경계점등록부

(2쪽 중 제1쪽)

토지의 소재	경상남도	하동군	적량면		사우리	
	지번 : 100번지	공부상 지목 : 대	실제 토지 이용 지목	대	면적(m^2)	378.7

토지이용계획	계획관리지역
개별공시지가	28,500
측량자	
검사자	년 월 일
입회인	

경계점 위치 사진

번호	3	표지의 종류	철못3호	번호	5	표지의 종류	철못3호
		위치	석축상단			위치	석축하단

번호		표지의 종류		번호		표지의 종류	
		위치				위치	

3. 지목 : 토지의 용도에 따른 분류 (30회~36회)

(1) 지목은 앞 글자 한자로 표기

단, ① 공장용지, ② 주차장, ③ 하천, ④ 유원지는 두 번째 글자로 표기(원, 천, 차, 장)

(2) 지목의 종류(28종류)

대(垈) · 학교용지 · 공장용지 · 주유소용지 · 창고용지 · 전 · 답 · 과수원 · 목장용지 · 임야 · 염전 · 광천지 · 도로 · 철도용지 · 제방(堤防) · 하천 · 구거(溝渠) · 유지(溜池) · 양어장 · 수도용지 · 공원 · 체육용지 · 유원지 · 주차장 · 종교용지 · 사적지 · 묘지 · 잡종지

(3) 지목설정방법

① 필지마다 하나의 지목 설정
② 주된 용도에 따른 지목설정
③ 일시적 · 임시적 용도사용 시 지목변경 ✕

지목	표시	지목	표시	지목	표시
전	전	학교용지	학	공원	공
답	답	사적지	사	체육용지	체
과수원	과	도로	도	유원지	(원)
목장용지	목	철도용지	철	잡종지	잡
임야	임	하천	(천)	주차장	(차)
종교용지	종	제방	제	창고용지	창
광천지	광	구거	구	양어장	양
염전	염	묘지	묘	주유소용지	주
대	대	유지	유		
공장용지	(장)	수도용지	수		

1. 전

물을 상시적으로 이용하지 않고 곡물·원예작물(과수류는 제외한다)·약초·뽕나무·닥나무·묘목·관상수 등의 식물을 주로 재배하는 토지와 식용(食用)으로 죽순을 재배하는 토지

2. 답

물을 상시적으로 직접 이용하여 벼·연(蓮)·미나리·왕골 등의 식물을 주로 재배하는 토지

3. 과수원

사과·배·밤·호두·귤나무 등 과수류를 집단적으로 재배하는 토지와 이에 접속된 저장고 등 부속시설물의 부지. 다만, 주거용 건축물의 부지는 "대"로 한다.

4. 목장용지

다음 각 목의 토지. 다만, 주거용 건축물의 부지는 "대"로 한다.

가. 축산업 및 낙농업을 하기 위하여 초지를 조성한 토지

나. 「축산법」 제2조 제1호에 따른 가축을 사육하는 축사 등의 부지

다. 가목 및 나목의 토지와 접속된 부속시설물의 부지

5. 임야

산림 및 원야(原野)를 이루고 있는 수림지(樹林地)·죽림지·암석지·자갈땅·모래땅·습지·황무지 등의 토지

6. 광천지

지하에서 온수·약수·석유류 등이 용출되는 용출구(湧出口)와 그 유지(維持)에 사용되는 부지. 다만, 온수·약수·석유류 등을 일정한 장소로 운송하는 송수관·송유관 및 저장시설의 부지는 제외한다.

7. 염전

바닷물을 끌어들여 소금을 채취하기 위하여 조성된 토지와 이에 접속된 제염장(製鹽場) 등 부속시설물의 부지. 다만, 천일제염 방식으로 하지 아니하고 동력으로 바닷물을 끌어들여 소금을 제조하는 공장시설물의 부지는 제외한다.

8. 대

가. 영구적 건축물 중 주거·사무실·점포와 박물관·극장·미술관 등 문화시설과 이에 접속된 정원 및 부속시설물의 부지

나. 「국토의 계획 및 이용에 관한 법률」 등 관계 법령에 따른 택지조성공사가 준공된 토지

9. 공장용지

가. 제조업을 하고 있는 공장시설물의 부지

나. 「산업집적활성화 및 공장설립에 관한 법률」 등 관계 법령에 따른 공장부지 조성공사가 준공된 토지

다. 가목 및 나목의 토지와 같은 구역에 있는 의료시설 등 부속시설물의 부지

10. 학교용지

학교의 교사(校舍)와 이에 접속된 체육장 등 부속시설물의 부지

11. 주차장

자동차 등의 주차에 필요한 독립적인 시설을 갖춘 부지와 주차전용 건축물 및 이에 접속된 부속시설물의 부지. 다만, 다음 각 목의 어느 하나에 해당하는 시설의 부지는 제외한다.

가. 「주차장법」 제2조 제1호 가목 및 다목에 따른 노상주차장 및 부설주차장(「주차장법」 제19조 제4항에 따라 시설물의 부지 인근에 설치된 부설주차장은 제외한다)

나. 자동차 등의 판매 목적으로 설치된 물류장 및 야외전시장

12. 주유소용지

다음 각 목의 토지. 다만, 자동차·선박·기차 등의 제작 또는 정비공장 안에 설치된 급유·송유 시설 등의 부지는 제외한다.

가. 석유·석유제품, 액화석유가스, 전기 또는 수소 등의 판매를 위하여 일정한 설비를 갖춘 시설물의 부지

나. 저유소(貯油所) 및 원유저장소의 부지와 이에 접속된 부속시설물의 부지

13. 창고용지

물건 등을 보관하거나 저장하기 위하여 독립적으로 설치된 보관시설물의 부지와 이에 접속된 부속시설물의 부지

14. 도로

다음 각 목의 토지. 다만, 아파트·공장 등 단일 용도의 일정한 단지 안에 설치된 통로 등은 제외한다.

가. 일반 공중(公衆)의 교통 운수를 위하여 보행이나 차량운행에 필요한 일정한 설비 또는 형태를 갖추어 이용되는 토지

나. 「도로법」 등 관계 법령에 따라 도로로 개설된 토지

다. 고속도로의 휴게소 부지

라. 2필지 이상에 진입하는 통로로 이용되는 토지

15. 철도용지

교통 운수를 위하여 일정한 궤도 등의 설비와 형태를 갖추어 이용되는 토지와 이에 접속된 역사(驛舍)·차고·발전시설 및 공작창(工作廠) 등 부속시설물의 부지

16. 제방

조수·자연유수(自然流水)·모래·바람 등을 막기 위하여 설치된 방조제·방수제·방사제·방파제 등의 부지

17. 하천

자연의 유수(流水)가 있거나 있을 것으로 예상되는 토지

18. 구거

용수(用水) 또는 배수(排水)를 위하여 일정한 형태를 갖춘 인공적인 수로·둑 및 그 부속시설물의 부지와 자연의 유수(流水)가 있거나 있을 것으로 예상되는 소규모 수로부지

19. 유지(溜池)

물이 고이거나 상시적으로 물을 저장하고 있는 댐·저수지·소류지(沼溜地)·호수·연못 등의 토지와 연·왕골 등이 자생하는 배수가 잘 되지 아니하는 토지

20. 양어장

육상에 인공으로 조성된 수산생물의 번식 또는 양식을 위한 시설을 갖춘 부지와 이에 접속된 부속시설물의 부지

21. 수도용지

물을 정수하여 공급하기 위한 취수·저수·도수(導水)·정수·송수 및 배수 시설의 부지 및 이에 접속된 부속시설물의 부지

22. 공원

일반 공중의 보건·휴양 및 정서생활에 이용하기 위한 시설을 갖춘 토지로서 「국토의 계획 및 이용에 관한 법률」에 따라 공원 또는 녹지로 결정·고시된 토지

23. 체육용지

국민의 건강증진 등을 위한 체육활동에 적합한 시설과 형태를 갖춘 종합운동장·실내체육관·야구장·골프장·스키장·승마장·경륜장 등 체육시설의 토지와 이에 접속된 부속시설물의 부지. 다만, 체육시설로서의 영속성과 독립성이 미흡한 정구장·골프연습장·실내수영장 및 체육도장과 유수(流水)를 이용한 요트장 및 카누장 등의 토지는 제외한다.

24. 유원지

일반 공중의 위락·휴양 등에 적합한 시설물을 종합적으로 갖춘 수영장·유선장(遊船場)·낚시터·어린이놀이터·동물원·식물원·민속촌·경마장·야영장 등의 토지와 이에 접속된 부속시설물의 부지. 다만, 이들 시설과의 거리 등으로 보아 독립적인 것으로 인정되는 숙식시설 및 유기장(遊技場)의 부지와 하천·구거 또는 유지[공유(公有)인 것으로 한정한다]로 분류되는 것은 제외한다.

25. 종교용지

일반 공중의 종교의식을 위하여 예배·법요·설교·제사 등을 하기 위한 교회·사찰·향교 등 건축물의 부지와 이에 접속된 부속시설물의 부지

26. 사적지

국가유산으로 지정된 역사적인 유적·고적·기념물 등을 보존하기 위하여 구획된 토지. 다만, 학교용지·공원·종교용지 등 다른 지목으로 된 토지에 있는 유적·고적·기념물 등을 보호하기 위하여 구획된 토지는 제외한다.

27. 묘지

사람의 시체나 유골이 매장된 토지, 「도시공원 및 녹지 등에 관한 법률」에 따른 묘지공원으로 결정·고시된 토지 및 「장사 등에 관한 법률」 제2조 제9호에 따른 봉안시설과 이에 접속된 부속시설물의 부지. 다만, 묘지의 관리를 위한 건축물의 부지는 "대"로 한다.

28. 잡종지

다음 각 목의 토지. 다만, 원상회복을 조건으로 돌을 캐내는 곳 또는 흙을 파내는 곳으로 허가된 토지는 제외한다.

가. 갈대밭, 실외에 물건을 쌓아두는 곳, 돌을 캐내는 곳, 흙을 파내는 곳, 야외시장 및 공동우물

나. 변전소, 송신소, 수신소 및 송유시설 등의 부지

다. 여객자동차터미널, 자동차운전학원 및 폐차장 등 자동차와 관련된 독립적인 시설물을 갖춘 부지

라. 공항시설 및 항만시설 부지

마. 도축장, 쓰레기처리장 및 오물처리장 등의 부지

바. 그 밖에 다른 지목에 속하지 않는 토지

Ⅰ. 예외규정이 없는 경우

부 : 부속시설물의 부지를 포함한다.
주 : 주거용 건축물의 부지는 "대"로 한다.

1. 전(물 상시 이용 × / 식물재배(과수류 제외), 식용죽순, 약초, 뽕나무, 닥나무, 묘목, 관상수)
2. 답(물 상시 이용 ○ / 벼 · 연 · 미나리 · 왕골 식물재배 / 연 · 왕골 자생 시는 유지)
3. 과수원(과수류 + "부" + "주")
4. 목장용지(초지 + "부" + "주")
5. 임야(산림 및 원야 / 수림지, 죽림지, 암석지, 자갈땅, 모래땅, 습지, 황무지 등)
6. 대(영구적 건축물 / 주거 · 사무실 · 점포 · 박물관 · 극장 · 미술관 등 문화시설 + 정원 및 "부" + 택지조성공사 준공토지)
7. 공장용지(제조업 공장시설 부지 + 공장 조성공사 준공토지 + 의료시설 등 부속시설)
8. 학교용지(학교의 교사와 체육장 등 + "부")
9. 창고용지(독립적으로 설치된 저장을 위한 보관시설물 부지 + "부")
10. 철도용지(교통 운수를 위한 일정한 궤도, 설비를 갖춘 토지 + 접속된 역사 · 차고 · 발전시설 및 공작창 등 부속시설물)
11. 제방(조수 · 자연유수 · 모래 · 바람 등을 막기 위한 방조제 · 방수제 · 방사제 · 방파제 등)
12. 하천(자연의 유수가 있거나 있을 것으로 예상되는 토지(수로부지는 구거)
13. 구거(용수 또는 배수를 위한 인공적인 수로 · 둑 + "부" + 자연의 유수가 있거나 있을 것으로 예상되는 소규모 수로부지)
14. 유지(물이 고이거나 상시적으로 물을 저장하고 있는 댐 · 저수지 · 소류지 · 호수 · 연못 등의 토지
    + 연 · 왕골 등이 자생하는 배수가 잘 되지 아니하는 토지(연 왕골 재배는 답)
15. 양어장(육상에 인공으로 조성된 수산생물의 번식 또는 양식을 위한 시설부지 + "부")
16. 수도용지(물을 정수하여 공급하기 위한 취수 · 저수 · 도수(導水) · 정수 · 송수 및 배수 시설의 부지 + "부")
17. 공원(공중의 보건 · 휴양 및 정서생활 / 국토계획법상 공원 및 녹지로 결정 · 고시된 토지)
18. 종교용지(공중의 종교의식을 위한 예배 · 법요 · 설교 · 제사 등을 하기 위한 교회 · 사찰 · 향교 등 건축물의 부지 + "부")

Ⅱ. 예외규정이 있는 경우

1. **광천지**
   온수 · 약수 · 석유류의 용출구와 그 유지 / * 단, 송수관, 송유관, 저장시설 부지 제외
2. **염전**
   바닷물 소금채취 + 접속된 제염장
   * 동력제조 공장시설물 부지는 제외
3. **주차장**
   자동차 주차에 필요한 시설부지 + 주차전용 건축물 + "부"
   * 노상주차장 및 자동차 판매 목적의 물류장 및 야외전시장은 제외
   * 부설주차장(주차장법에 따른 부설주차장은 ×)도 제외
4. **주유소용지**
   저유소 및 원유저장소 부지 + "부"
   * 자동차 · 선박 · 기차 등의 제작 또는 정비공장 안에 설치된 급유 · 송유시설 등의 부지는 제외
5. **도로**
   보행 및 차량운행 + 도로법 도로 + 고속도로의 휴게소 부지 + 2필지 이상 진입통로로 이용되는 토지
   * 아파트 · 공장 등 일정한 단지 안에 설치된 통로 등은 제외
6. **체육용지**
   종합운동장 · 실내체육관 · 야구장 · 골프장 · 스키장 · 승마장 · 경륜장 등 체육시설의 토지 + "부"
   * 체육시설로서의 영속성과 독립성이 미흡한 정구장 · 골프연습장 · 실내수영장 및 체육도장과 유수(流水)를 이용한 요트장 및 카누장 등의 토지는 제외
7. **유원지**
   일반 공중의 위락 · 휴양 등에 적합한 시설물을 종합적으로 갖춘 수영장 · 유선장 · 낚시터 · 어린이놀이터 · 동물원 · 식물원 · 민속촌 · 경마장 · 야영장 등의 토지와 이에 접속된 부속시설물의 부지
   * 이들 시설과의 거리 등으로 보아 독립적인 것으로 인정되는 숙식시설 및 유기장(遊技場)의 부지와 하천 · 구거 또는 유지(공유인 것으로 한정)로 분류되는 것은 제외
8. **사적지**
   국가유산 지정된 역사적인 유적 · 고적 · 기념물 보존 위한 토지
   * 학교용지 · 공원 · 종교용지 등 다른 지목에 있는 경우 제외
9. **묘지**
   사람의 시체나 유골 매장 토지, 묘지공원으로 결정 · 고시된 토지 및 봉안시설 + "부"
   묘지의 관리를 위한 건축물의 부지는 "대"로 한다.
10. **잡종지**
    * 원상회복 조건으로 돌을 캐내거나 흙을 파내는 곳으로 허가된 토지는 제외
    가. 갈대밭, 실외에 물건을 쌓아두는 곳, 돌을 캐내는 곳, 흙을 파내는 곳, 야외시장 및 공동우물
    나. 변전소, 송신소, 수신소 및 송유시설 등의 부지
    다. 여객자동차터미널, 자동차운전학원 및 폐차장 등 자동차와 관련된 독립적인 시설물을 갖춘 부지
    라. 공항시설 및 항만시설 부지
    마. 도축장, 쓰레기처리장 및 오물처리장 등의 부지
    바. 그 밖에 다른 지목에 속하지 않는 토지

1. 지번의 부여와 변경

(1) 지번의 부여 : 지적소관청

① 지번부여지역별(동·리 또는 이에 준하는 지역)로 차례대로 부여 (34회)
  북서에서 남동으로 순차적으로 부여할 것 : 북서기번법
② 아라비아숫자로 표기(임야대장 및 임야도에는 숫자 앞에 "산"자를 붙임)
③ 본번과 부번으로 구성 + 본번과 부번 사이에 " – "("의"라고 읽음)표시
④ 지번에 결번이 생긴 경우는 그 사유를 결번대장에 적어 영구히 보존하여야 한다.

(2) 지번의 변경

시·도지사 및 대도시 시장의 승인 후 지번부여지역의 전부 또는 일부에 대하여
변경가능

2. 신규등록 및 등록전환

① 인접토지의 본번에 부번 부여함
② 최종 본번 다음 순번부터 본번으로 순차적으로 지번을 부여할 수 있는 경우
  가. 대상토지가 그 지번부여지역의 최종 지번의 토지에 인접하여 있는 경우
  나. 대상토지가 이미 등록된 토지와 멀리 떨어져 있어서 등록된 토지 본번에 부번을
    부여하는 것이 불합리한 경우
  다. 대상토지가 여러 필지로 되어 있는 경우

3. 지적확정측량 실시지역 등(대규모 지번부여)

(1) 다음 지번을 제외한 본번을 부여할 것

가. 지적확정측량을 실시한 지역과 지역 밖에 있는 본번이 같은 경우 그 지번
나. 지적확정측량을 실시한 지역의 경계에 걸쳐 있는 지번

**(2) 부여할 수 있는 지번이 새로 부여할 지번의 수보다 적을 때 블록
단위 지번부여 및 지번부여지역의 최종 본번 다음 순번부터 본번
으로 부여**

(3) 상기 "(1), (2)"를 준용하는 경우

가. 지번부여지역의 지번을 변경할 때
나. 행정구역 개편에 따라 새로 지번을 부여할 때
다. 축척변경 시행지역의 필지에 지번을 부여할 때
라. 도시개발사업 등이 준공되기 전에 사업시행자가 지번부여 신청을 하는 경우

4. 분할 및 합병

(1) 분할의 경우(건축물이 있는 필지에 분할 전 지번 우선 부여)

1필지는 분할 전 지번 → 나머지는 본번의 최종 부번 다음 순번으로 부여

(2) 합병의 경우(건축물이 있는 경우 그 지번으로 신청하는 경우 그 지번 부여)

선순위 지번을 합병 후 지번으로 하되 본번 중 선순위 지번 우선 부여

분할

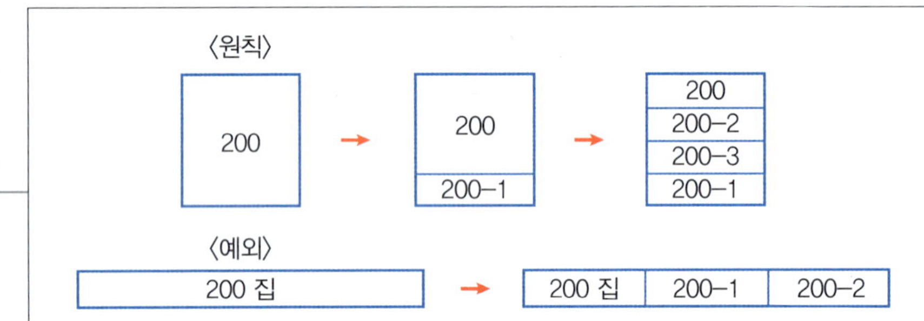

합병

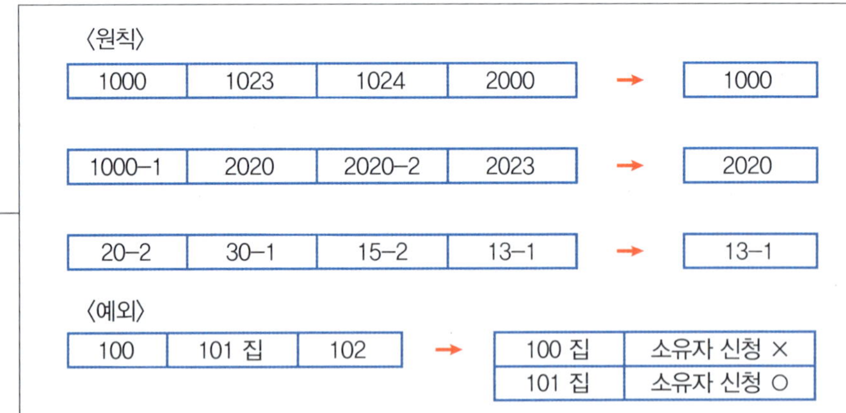

토지변경 사유 및 신청일 요약 정리

종류	대상토지	신청의무
신규등록	① 지적공부에 등록되지 않은 토지 ② 공유수면매립지 ③ 등록되지 않은 섬	60일
등록전환	① 산지전용허가·신고, 건축허가·신고, 개발행위 허가 등을 받은 경우 ② 대부분의 토지가 등록전환되어 나머지 토지를 임야도에 계속 존치하는 것이 불합리한 경우 ③ 임야도에 등록된 토지가 사실상 형질변경이 되었으나 지목변경을 할 수 없는 경우 ④ 도시·군 관리계획선에 따라 토지를 분할하는 경우	60일
분할	① 1필지의 일부가 형질변경 등으로 용도가 다르게 된 경우	60일
	② 소유권이전·매매 등을 위하여 필요한 경우 ③ 토지이용상 불합리한 경계를 시정하기 위한 경우 ④ 관계법령에 따라 토지분할이 포함된 개발행위허가 등을 받은 경우	없음
합병	① 주택법에 의한 공동주택부지의 경우 ② 도로, 제방, 하천, 구거, 유지, 공장용지, 학교용지, 철도용지, 수도용지, 공원, 체육용지 등의 지목으로서 연접하여 있으나 구획 내에 2필지 이상으로 등록된 경우	60일
지목변경	① 국토의 계획 및 이용에 관한 법률 등 관계법령에 의한 토지의 형질변경 등의 공사가 준공된 경우 ② 토지 또는 건축물의 용도가 변경된 경우 ③ 도시개발사업 등의 원활한 사업추진을 위하여 사업시행자가 공사준공 전에 토지합병을 신청한 경우	60일
토지의 등록말소	지적공부에 등록된 토지가 지형의 변화 등으로 바다로 된 경우로서 원상(原狀)으로 회복될 수 없거나 다른 지목의 토지로 될 가능성이 없는 경우	90일

지적공부 등록사항

구분	법률	국토교통부령
토지(임야)대장	① 토지의 소재 ② 지번 ③ 지목 ④ 면적 ⑤ 소유자 성명/명칭, 주소 및 주민번호(등록번호) (35회)	토지의 고유번호(행정구역코드번호＋대장구분＋지번) 지적도 또는 임야도의 번호와 필지별 토지대장 또는 임야대장의 장번호 및 축척 토지의 이동 사유 토지소유자가 변경된 날과 그 원인 토지등급 또는 기준수확량등급과 그 설정/수정 연월일 개별공시지가와 그 기준일 (30회)
공유지연명부 (31회, 33회, 35회)	① 토지의 소재 ② 지번 ③ 소유권지분 ④ 소유자의 성명/명칭, 주소 및 주민등록번호	토지의 고유번호 필지별 공유지연명부의 장번호 토지소유자가 변경된 날과 그 원인
대지권등록부 (30회)	① 토지의 소재 ② 지번 ③ 대지권 비율 ④ 소유자의 성명/명칭, 주소 및 주민등록번호	토지의 고유번호 전유부분의 건물표시 건물의 명칭 집합건물별 대지권등록부의 장번호 토지소유자가 변경된 날과 그 원인 소유권 지분
지적도 및 임야도 (31회)	① 토지의 소재 ② 지번 ③ 지목 ④ 경계 경계점좌표등록부를 두는 지역의 지적도에는 해당 도면의 제명 끝에 "(좌표)"라고 표시하고, 도곽선의 오른쪽 아래 끝에 "이 도면에 의하여 측량을 할 수 없음"이라고 적어야 함	지적도면의 색인도 지적도면의 제명 및 축척 도곽선(圖廓線)과 그 수치 (31회) 좌표에 의하여 계산된 경계점 간의 거리(경계점좌표등록부를 갖춰 두는 지역으로 한정) 삼각점 및 지적기준점의 위치 (31회) 건축물 및 구조물 등의 위치 지적도 : 1/500, 1/600, 1/1,000, 1/1,200, 1/2,400, 1/3,000, 1/6,000 임야도 : 1/3,000, 1/6,000
경계점좌표등록부 (36회)	① 토지의 소재 ② 지번 ③ 좌표 도시개발사업 등 새로 지적공부에 등록하는 토지에 대해 작성 경계점좌표등록부는 지적확정측량 또는 축척변경을 위한 측량을 실시하여 경계점을 좌표로 등록한 지역의 토지로 함	토지의 고유번호 지적도면의 번호 (34회) 필지별 경계점좌표등록부의 장번호 부호 및 부호도

[참고 : 지적공부 등록사항]

구분	대장				도면		경계점좌표 등록부
	토지대장	임야대장	공유지연명부	대지권등록부	지적도	임야도	
소재 · 지번	○	○	○	○	○	○	○
고유번호	○	○	○	○			○
지목	○	○			○	○	
	(정식명칭)				(부호)		
축척	○	○			○	○	
소유자 (성명, 주소, 주민번호, 소유권변동원인)	○	○	○	○			
소유권의 지분			○	○			
면적 개별공시지가 토지이동사유	○	○					
대지권의 비율 건물의 명칭				○			
좌표 부호(도)							○
도면의 제명 색인도 도곽선 도곽선 수치 경계 지적기준점위치 건축물의 위치					○	○	

문서확인번호 : 1748-5059-3737-6126

1/2

고유번호	1162010100-11597-0024			토 지 대 장	도면번호	47	발급번호	202511620-00319-3127
토지소재	서울특별시 관악구 봉천동				장 번 호	1-1	처리시각	17시 11분 15초
지 번	1597-■■	축 척	수치		비 고		발 급 자	인터넷민원

토 지 표 시			소 유 자		

지 목	면 적(㎡)	사 유	변 동 일 자 / 변 동 원 인	주 소 / 성명 또는 명칭	등 록 번 호
(08) 대	*503.7*	(62) 1980년 12월 31일 구획정리완료	2010년 05월 06일 (03)소유권이전	경기도 부천시 소사구 심곡본동 667-5 박■■■	■■■-2******
		--- 이하 여백 ---		--- 이하 여백 ---	

등급수정 년월일	1989. 01. 01. 수정	1989. 04. 01. 수정	1990. 01. 01. 수정	1991. 01. 01. 수정	1992. 01. 01. 수정	1993. 01. 01. 수정	1994. 01. 01. 수정	1995. 01. 01. 수정
토지등급 (기준수확량등급)	209	207	217	223	233	238	244	249
개별공시지가기준일	2019년 01월 01일	2020년 01월 01일	2021년 01월 01일	2022년 01월 01일	2023년 01월 01일	2024년 01월 01일	2025년 01월 01일	용도지역 등
개별공시지가(원/㎡)	6816000	6902000	7492000	8241000	7800000	7926000	8116000	

토지대장에 의하여 작성한 등본입니다.

2025년 5월 29일

서울특별시 관악구청장

◆ 본 증명서는 인터넷으로 발급되었으며, 정부24(gov.kr)의 인터넷발급문서진위확인 메뉴를 통해 위·변조 여부를 확인할 수 있습니다.(발급일로부터 90일까지) 또한 문서 하단의 바코드로도 진위확인(정부24 앱 또는 스캐너용 문서확인 프로그램)을 하실 수 있습니다.

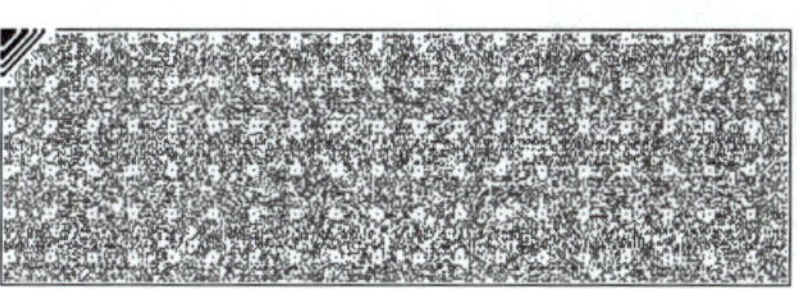

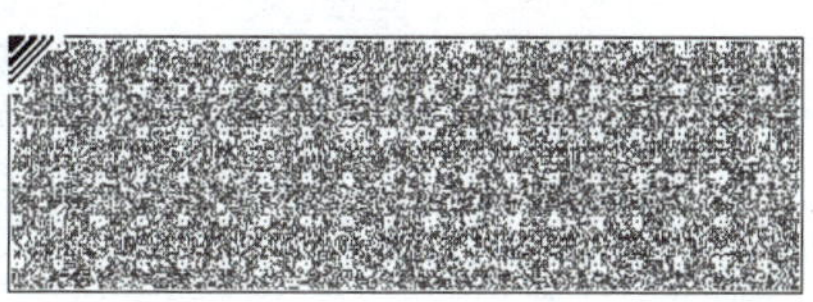

문서확인번호 : 1748-5059-3737-6126

공유지 연명부

2/2

고유번호	1162010100-11597-0024		장 번 호	1
토지소재	서울특별시 관악구 봉천동	지번　1597-	비 고	

순번	변 동 일 자 / 변 동 원 인	소유권 지분	소유자 주 소	소유자 등록번호 / 성명 또는 명칭
000001	2010년 05월 06일 (03) 소유권이전	1/6	경기도	-2****** 박
000002	2010년 05월 06일 (03) 소유권이전	1/6	경기도	-2****** 박
000003	2010년 05월 06일 (03) 소유권이전	1/6	경기도	-2****** 박
000004	2010년 05월 06일 (03) 소유권이전	1/2	경기도	-1****** 박
			--- 이하 여백 ---	

◆ 본 증명서는 인터넷으로 발급되었으며, 정부24(gov.kr)의 인터넷발급문서진위확인 메뉴를 통해 위·변조 여부를 확인할 수 있습니다.(발급일로부터 90일까지) 또한 문서 하단의 바코드로도 진위확인(정부24 앱 또는 스캐너용 문서확인 프로그램)을 하실 수 있습니다.

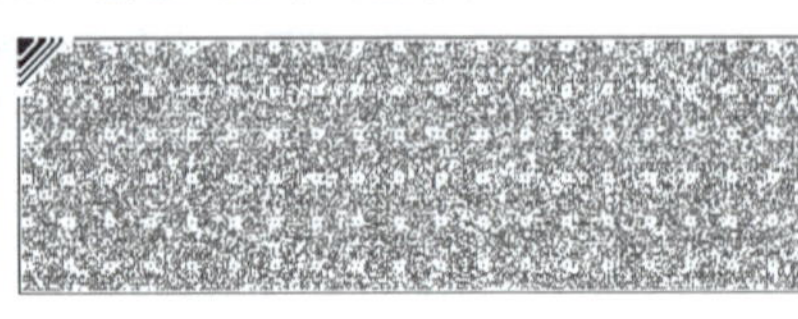

문서확인번호 : 1748-5064-2241-7415

대지권 등록부

2/2

고유번호	1162010100-10858-0012					전유부분 건물표시	1층 ■1호	장 번 호	1
토지소재	서울특별시 관악구 봉천동		지번	858-12	대지권비율	22.18/746.7	건물명칭	더블유디세븐스	

지번	봉천동 858 ■							
대지권비율	22.18/746.7							

변 동 일 자	소유권 지분	소유자		등록번호
변 동 원 인		주 소		성명 또는 명칭
2024년 10월 18일		서울특별시 강남구 봉은사로		610117-1******
(03)소유권이전				조■
		--- 이하 여백 ---		

◆ 본 증명서는 인터넷으로 발급되었으며, 정부24(gov.kr)의 인터넷발급문서진위확인 메뉴를 통해 위·변조 여부를 확인할 수 있습니다.(발급일로부터 90일까지) 또한 문서 하단의 바코드로도 진위확인(정부24 앱 또는 스캐너용 문서확인 프로그램)을 하실 수 있습니다.

문서확인번호 : 1748-5066-2265-7735

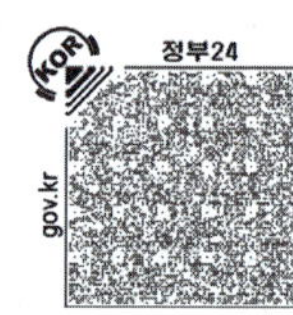

1/1

고유번호	1162010100-20186-0002			도면번호	10	발급번호	202511620-00319-3135
토지소재	서울특별시 관악구 봉천동			장 번 호	1-1	처리시각	17시 22분 41초
지 번	산 186	축 척	1:3000	비 고		발 급 자	인터넷민원

임야 대장

토지표시			소유자		
지 목	면 적(㎡)	사 유	변동일자 / 변동원인	성명 또는 명칭 / 주소	등록번호
(05) 임야	*496*	(21) 1972년 05월 31일 산 186번에서 분할	1986년 03월 12일 (04)주소변경	서대문구 연희동 413- / 김	231205-1******
		--- 이하 여백 ---	--- 이하 여백 ---		

등급수정 년월일	1983. 05. 01. 수정	1984. 07. 01. 수정	1990. 01. 01. 수정	1991. 01. 01. 수정	1992. 01. 01. 수정	1993. 01. 01. 수정	1994. 01. 01. 수정	1995. 01. 01. 수정
토지등급 (기준수확량등급)	56	138	153	161	172	179	186	188
개별공시지가기준일	2019년 01월 01일	2020년 01월 01일	2021년 01월 01일	2022년 01월 01일	2023년 01월 01일	2024년 01월 01일	2025년 01월 01일	용도지역 등
개별공시지가(원/㎡)	226300	247200	283700	319800	296200	296200	306700	

임야대장에 의하여 작성한 등본입니다.

2025년 5월 29일

서울특별시 관악구청장

◆ 본 증명서는 인터넷으로 발급되었으며, 정부24(gov.kr)의 인터넷발급문서진위확인 메뉴를 통해 위·변조 여부를 확인할 수 있습니다.(발급일로부터 90일까지) 또한 문서 하단의 바코드로도 진위확인(정부24 앱 또는 스캐너용 문서확인 프로그램)을 하실 수 있습니다.

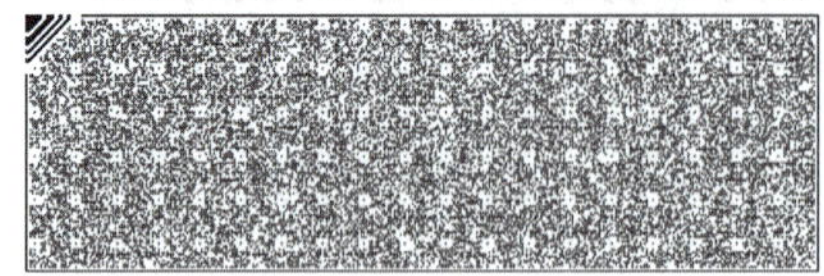

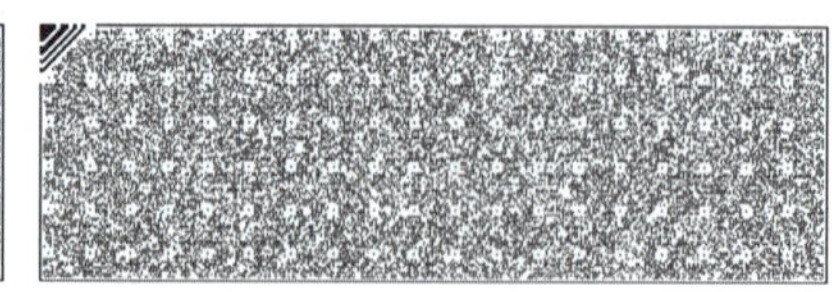

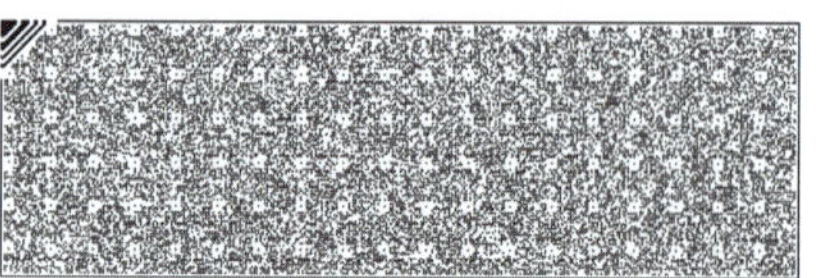

[별지 제67호 서식]

공간정보의 구축 및 관리 등에 관한 법령

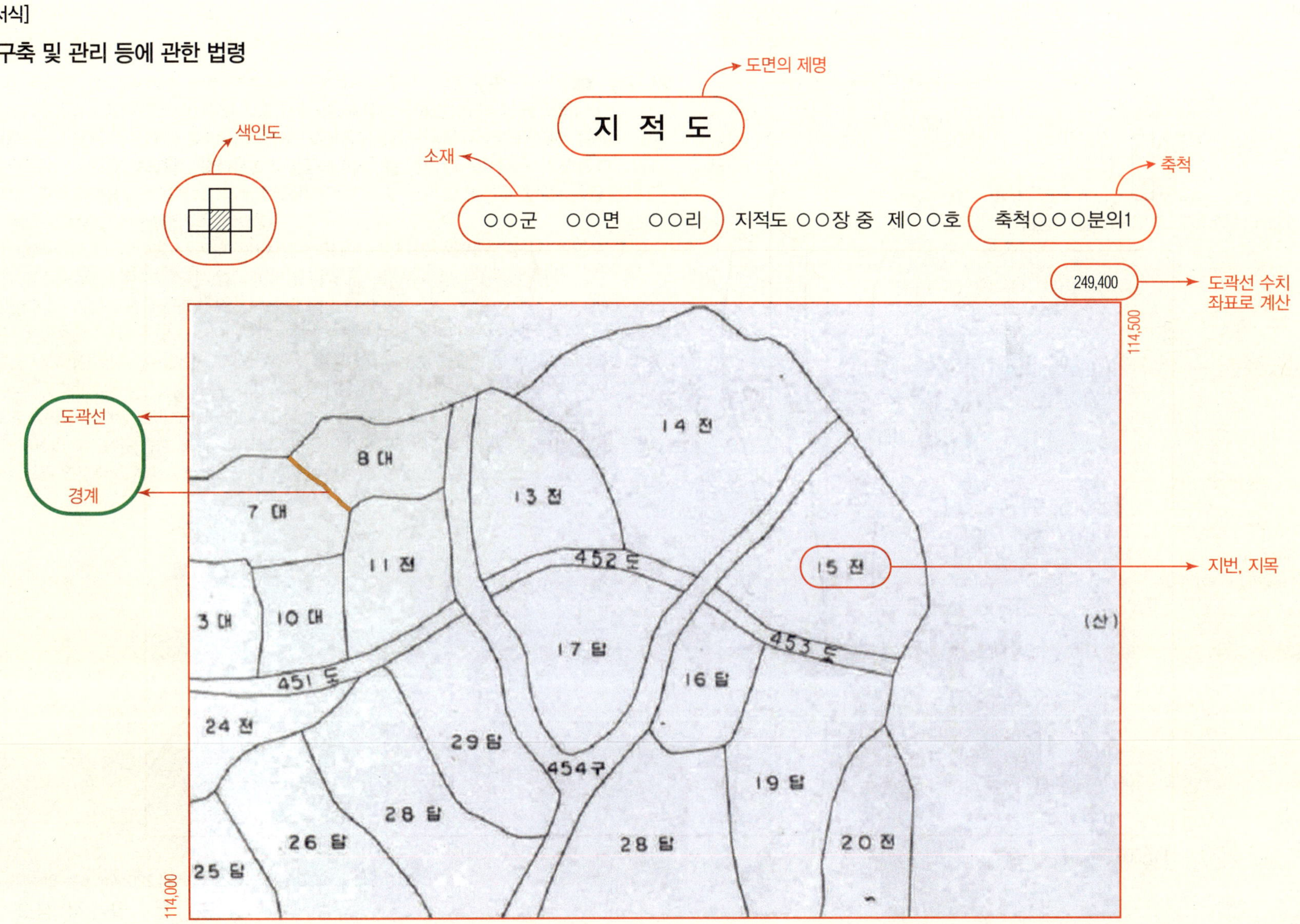

540mm×440mm (폴리에스터켄트지 220g/m² 또는 알루미늄켄트지 700g/m²)

년 월 일 작성 ⑪

재작성

[별지 제68호 서식]

임 야 도

○○군   ○○면   ○○리   임야도 ○○장 중 제○○호   축척○○○분의1

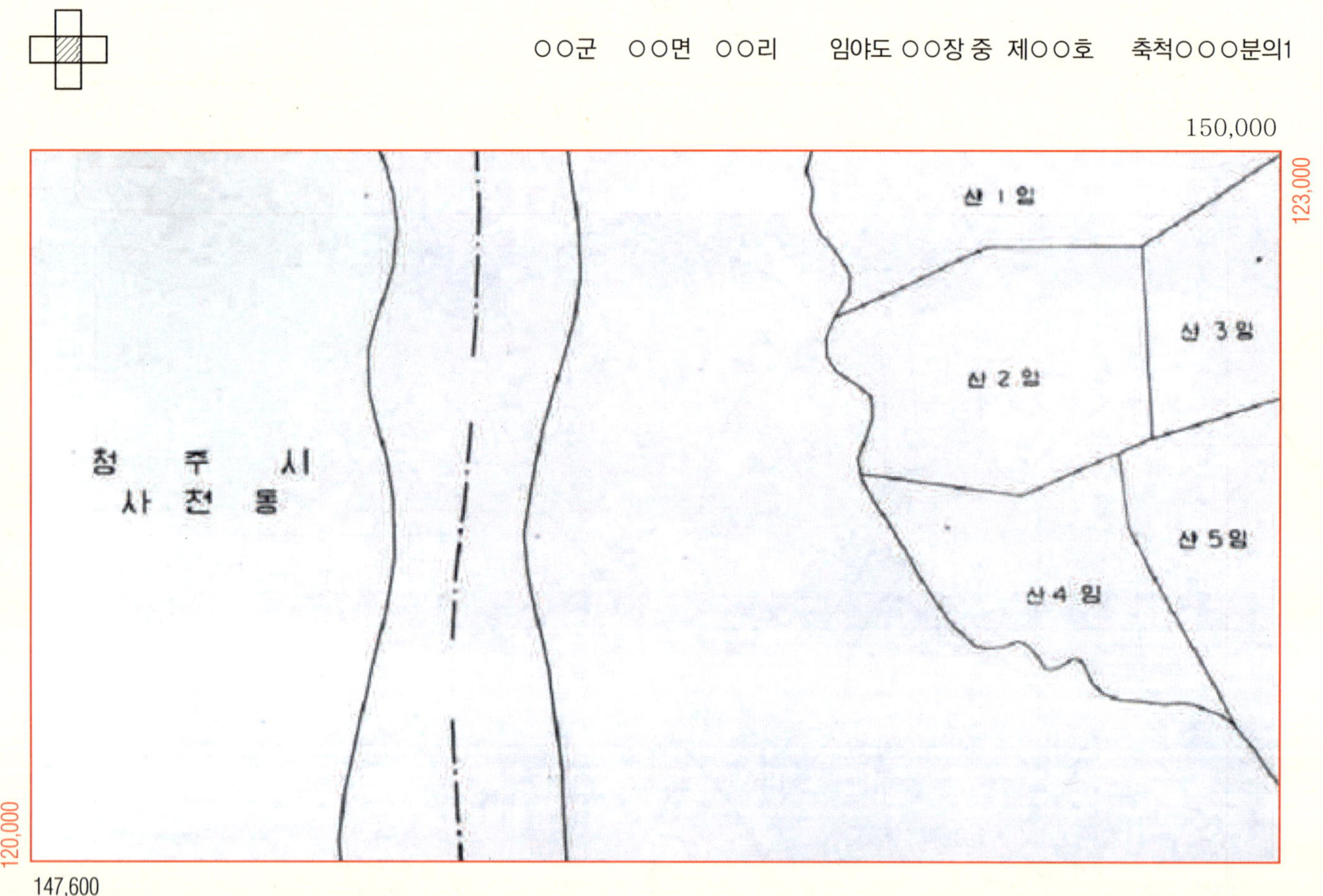

540mm×440mm (폴리에스터켄트지 220g/㎡ 또는 알루미늄켄트지 700g/㎡)

년 월 일 작성 ㊞
재작성

www.pmg.co.kr

공간정보의 구축 및 관리 등에 관한 법령
지적도(경계점좌표등록부를 갖춰 두는 지역)

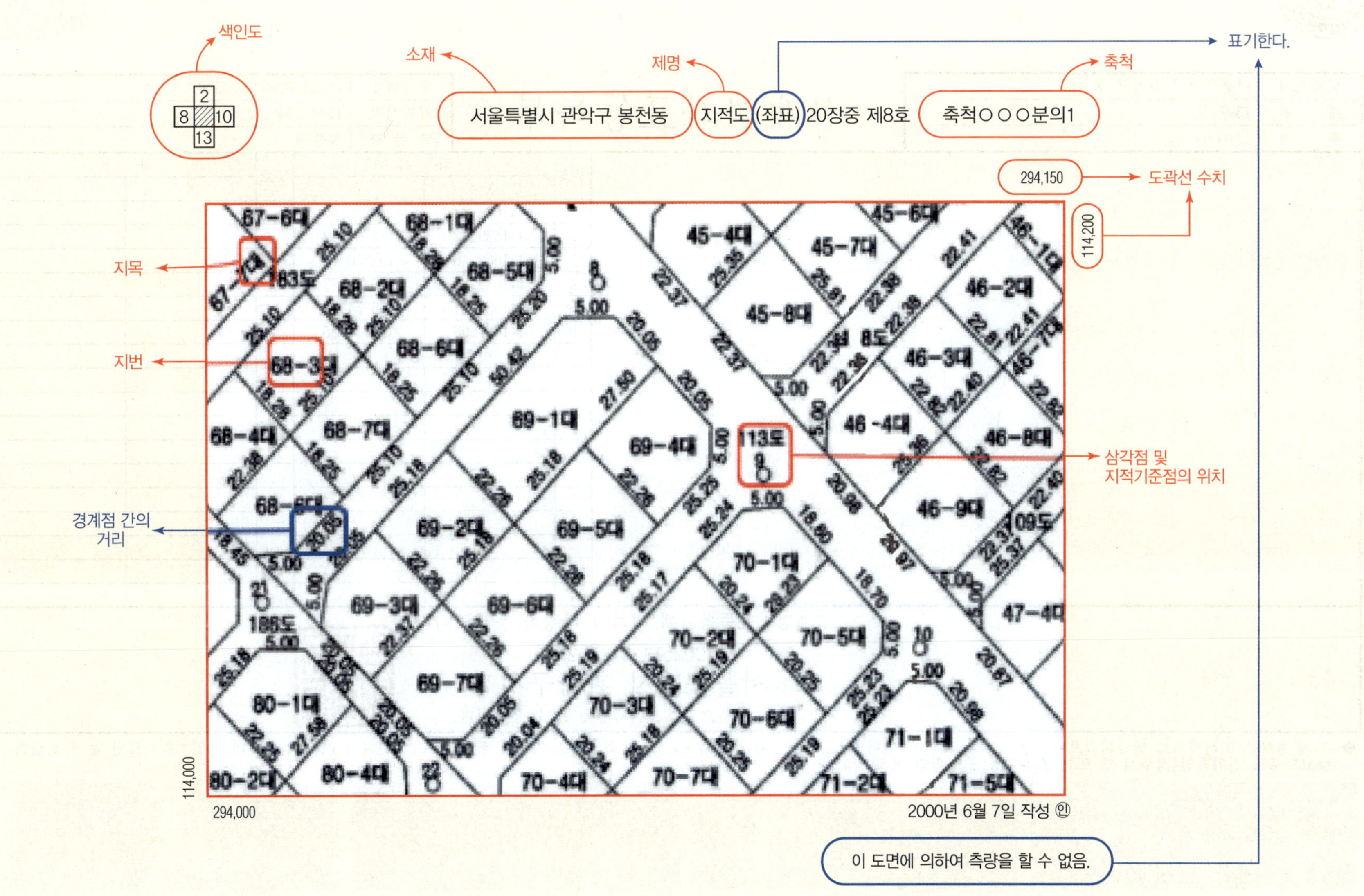

문서확인번호 : 1748-5071-5214-9342

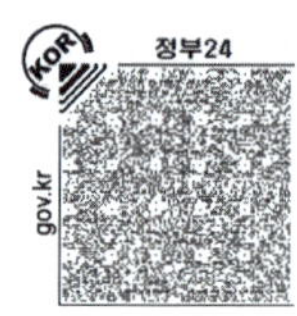

토지소재	서울특별시 관악구 봉천동
지 번	1597
축 척	1/1000

경계점좌표등록부

발급번호	202511620003193140
처리시각	17시 25분 32초
발 급 자	정부24

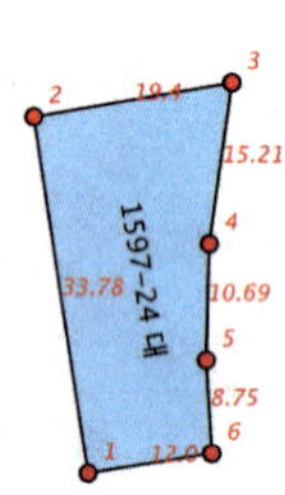

부호	좌 표		부호	좌 표	
	X	Y		X	Y
1	441626.07	195743.00			
2	441659.42	195737.62			
3	441662.46	195756.78			
4	441647.39	195754.73			
5	441636.71	195754.22			
6	441627.98	195754.85			
	– 이 하 여 백 –				

경계점좌표등록부에 의하여 작성한 등본입니다.

2025년 05월 29일

서울특별시 관악구청장 

* 이 도면으로는 지적측량을 할 수 없습니다.

◆ 본 증명서는 인터넷으로 발급되었으며, 정부24(gov.kr)의 인터넷발급문서진위확인 메뉴를 통해 위·변조 여부를 확인할 수 있습니다.(발급일로부터 90일까지) 또한 문서 하단의 바코드로도 진위확인(정부24 앱 또는 스캐너용 문서확인 프로그램)을 하실 수 있습니다.

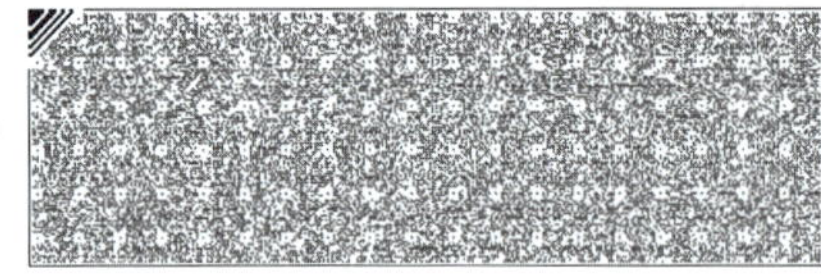
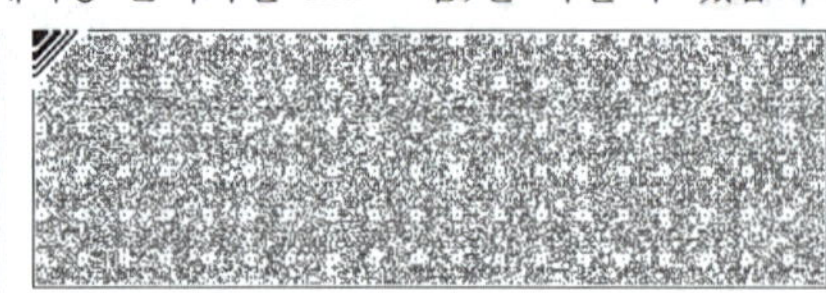
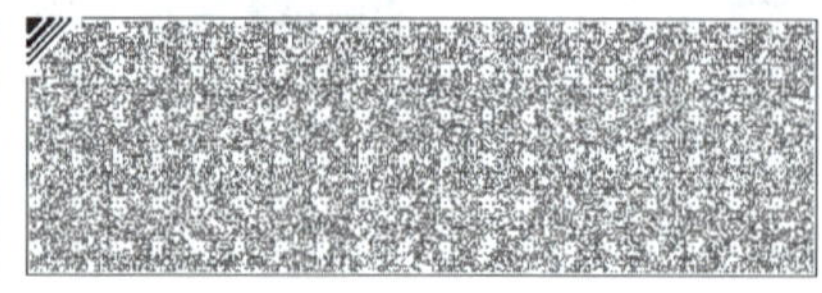

1. 지적전산자료(연속지적도 포함)

(1) 신청

① 전국 단위의 지적전산자료 : 국토교통부장관, 시·도지사 또는 지적소관청
② 시·도 단위의 지적전산자료 : 시·도지사 또는 지적소관청
③ 시·군·구(자치구가 아닌 구를 포함) 단위의 지적전산자료 : 지적소관청

(2) 미리 관계 중앙행정기관의 심사 필요 (30회, 31회)

지적전산자료의 이용 또는 활용 목적 등에 관하여 심사요청(단, 아래 경우는 심사 ×)
① 자기 토지에 대한 지적전산자료를 신청하는 경우
② 상속인이 피상속인의 토지에 대한 지적전산자료를 신청하는 경우
③ 개인정보를 제외한 지적전산자료를 신청하는 경우
④ 중앙행정기관의 장, 그 소속 기관의 장 또는 지방자치단체의 장이 신청하는 경우

(3) 연속지적도의 관리 등(위탁관리 가능 및 경비의 전부 또는 일부 지원 가능)

① 국토교통부장관
연속지적도의 관리 및 정비에 관한 정책을 수립·시행해야 한다.
연속지적도 정보관리체계를 구축·운영가능

> *** 정책수립에 포함되어야 하는 사항**
> 연속지적도의 이용·활용에 관한 사항
> 연속지적도 정비기준의 마련에 관한 사항
> 연속지적도의 품질관리에 관한 사항
> 국토교통부장관이 연속지적도의 관리 및 정비를 위해 필요하다고 인정하는 사항

② 지적소관청 : 토지의 이동 또는 오류사항을 정비한 경우 연속지적도에 반영(국토교통부장관은 경비의 전부 또는 일부를 지원할 수 있다)

> *** 심사절차**
> 1. 심사신청시 기재사항
>   자료의 이용 또는 활용 목적 및 근거
>   자료의 범위 및 내용
>   자료의 제공 방식, 보관 기관 및 안전관리대책 등
>
> 2. 심사결과 통지
>   신청 내용의 타당성, 적합성 및 공익성
>   개인의 사생활 침해 여부
>   자료의 목적 외 사용 방지 및 안전관리대책
>
> 3. 심사가 필요치 않은 경우에는 심사 결과를 첨부하지 않을 수 있다.
>
> 4. 국토교통부장관, 시·도지사 또는 지적소관청은 심사결과 확인 후 지적전산자료를 제공해야 한다. 이 경우 지적전산자료 이용·활용 대장에 그 내용을 기록·관리해야 한다.
>   지적전산자료를 제공받는 자는 사용료를 내야 한다(국가나 지방자치단체는 사용료를 면제한다).
>
> 5. 지적전산자료 제공이 불가한 경우
>   신청한 사항의 처리가 전산정보처리조직으로 불가능한 경우
>   신청한 사항의 처리가 지적업무수행에 지장을 주는 경우

2. 부동산종합공부

(1) 부동산종합공부(소관청)

가. 부동산의 효율적 이용 및 부동산 정보의 종합적 관리 · 운영 목적 (31회)

나. 부동산종합공부 영구보존, 복제관리하는 정보체계 구축 必

다. 등록사항
  ① 토지 및 건축물의 표시와 소유자에 관한 사항
  ② 토지이용계획확인서의 내용(토지의 이용 및 규제에 관한 사항)
  ③ 부동산의 가격에 관한 사항(개별공시지가, 개별주택가격 및 공동주택가격)
  ④ 부동산의 권리에 관한 사항

라. 열람 및 발급 : 지적소관청 및 읍 · 면 · 동 장에게 신청 가능 (31회)

(2) 부동산종합공부의 등록사항 정정

지적소관청은 불일치 사항을 확인 · 관리하고 각 소관청에 등록사항을 정정 요청할 수 있음

① 토지소유자는 부동산종합공부의 등록사항에 잘못이 있음을 발견하면 지적소관청에 그 정정을 신청할 수 있다.
② 지적소관청은 부동산종합공부의 등록사항에 잘못이 있음을 발견하면 직권으로 조사 · 측량하여 정정할 수 있다.

3. 지적공부의 정리 등

(1) 지적공부의 정리

① 지번부여지역의 전부 또는 일부에 대하여 지번을 변경하는 경우
② 지적공부의 전부 또는 일부가 멸실되거나 훼손되어 지적공부를 복구하는 경우
③ 신규등록 · 등록전환 · 분할 · 합병 · 지목변경 등 토지의 이동이 있는 경우

(2) 결의서 작성

① 토지이동이 있는 경우에는 토지이동정리 결의서 작성
② 토지소유자 변동에 따라 지적공부를 정리하려는 경우에는 소유자정리 결의서 작성

1. 신규등록 및 등록전환 (34회, 35회)

(1) 신규등록(60일 내 신청) (새로 조성된 토지 및 미등록 토지)

(2) 등록전환(60일 내 신청) : 임야대장 및 임야도를 토지대장 및 지적도로 옮기는 것

① 산지전용허가·신고, 산지일시사용허가·신고, 건축허가·신고 등 개발행위 허가를 받은 경우
② 대부분의 토지가 등록전환되어 나머지 토지를 임야도에 계속 존치하는 것이 불합리한 경우
③ 임야도에 등록된 토지가 사실상 형질변경되었으나 지목변경을 할 수 없는 경우
④ 도시·군관리계획선에 따라 토지를 분할하는 경우

* 임야대장의 면적과 등록전환될 면적의 차이
  허용범위 이내인 경우 : 등록전환될 면적을 등록전환 면적으로 결정
  허용범위를 초과하는 경우 : 임야대장의 면적 및 임야도의 경계를 지적소관청이 직권 정정

2. 분할 및 합병

(1) 분할 신청(토지분할이 개발행위 허가 대상인 경우는 허가 후 분할신청 가능)

① 소유권이전, 매매 등을 위하여 필요한 경우
② 토지이용상 불합리한 지상 경계를 시정하기 위한 경우
③ 형질변경 등으로 용도변경된 경우에는 용도변경된 날부터 60일 이내에 분할신청(지목변경신청서 함께 제출)

(2) 합병 신청

1) 토지소유자는 주택법상 공동주택의 부지, 도로, 제방, 하천, 구거, 유지, 그 밖에 대통령령(공장용지·학교용지·철도용지·수도용지·공원·체육용지 등 다른 지목의 토지)으로 정하는 토지로서 합병하여야 할 토지가 있으면 그 사유가 발생한 날부터 60일 이내에 지적소관청에 합병을 신청하여야 한다.

2) 합병불가한 경우 (33회, 34회)

① 지번부여지역, 지목 또는 소유자가 서로 다른 경우
② 아래 등기 외의 등기가 있는 경우
   가. 소유권·지상권·전세권·임차권 및 승역지에 대한 지역권의 등기
   나. 공동저당 및 공동신탁등기
③ 지적도 및 임야의 축척이 서로 다른 경우 등
   1. 축척이 서로 다른 경우
   2. 연접하지 않은 경우
   3. 등기된 토지와 등기되지 아니한 토지인 경우
   4. 지목은 같으나 일부 토지의 용도가 다르게 되어 형질변경에 따른 분할대상 토지인 경우
      (다만, 합병 신청과 동시에 토지의 용도에 따라 분할 신청을 하는 경우는 제외)
   5. 토지의 소유자별 공유지분이 다른 경우 (32회)
   6. 합병하려는 토지가 구획정리, 경지정리 또는 축척변경 시행지역의 토지와 그 지역 밖의 토지인 경우 (33회)
   7. 합병하려는 토지소유자의 주소가 서로 다른 경우(다만, 지적소관청이 동일인임을 확인할 수 있는 경우는 제외)

3. 지목변경 및 바다로 된 토지의 등록말소 (32회, 34회, 35회)

(1) 지목변경(60일 내 신청)

① 토지의 형질변경 등의 공사가 준공된 경우
② 토지나 건축물의 용도가 변경된 경우
③ 도시개발사업 시행자가 공사 준공 전에 토지의 합병을 신청하는 경우

(2) 바다로 된 토지의 등록 말소

1) 지적소관청은 바다로 된 토지의 소유자에게 등록말소 신청을 하도록 통지

2) 직권말소 및 회복등록

① 통지받은 날부터 90일 내에 말소신청 없으면 직권으로 등록말소 → 지형의 변화 등으로 다시 토지가 된 경우에는 회복등록 가능
② 등록말소 및 회복등록 시, 그 정리 결과를 토지소유자 및 해당 공유수면의 관리청에 통지해야 함

* **신규등록사유 적은 신청서에 첨부할 서류**

① 법원의 확정판결서 정본 또는 사본
② 「공유수면 관리 및 매립에 관한 법률」에 따른 준공검사확인증 사본
③ 법률 제6389호 지적법 개정법률 부칙 제5조에 따라 도시계획구역의 토지를 그 지방자치단체의 명의로 등록하는 때에는 기획재정부장관과 협의한 문서의 사본
④ 그 밖의 소유권을 증명할 수 있는 서류의 사본
※ ①~④의 서류를 해당 지적소관청이 관리하는 경우에는 지적소관청의 확인으로 그 서류의 제출을 갈음할 수 있다.

4. 축척변경

(1) 축척변경(토지소유자의 신청(2/3 이상 동의) 및 지적소관청의 직권으로 축척변경)

① 잦은 토지이동으로 1필지의 규모가 작아서 소축척으로는 지적측량성과의 결정이나 토지의 이동에 따른 정리를 하기가 곤란한 경우
② 하나의 지번부여지역에 서로 다른 축척의 지적도가 있는 경우 (34회)
③ 지적공부를 관리하기 위하여 필요하다고 인정되는 경우

(2) 토지소유자 3분의 2 이상의 동의 + 축척변경위원회 의결 + 시·도지사/대도시 시장의 승인

(32회, 36회)

(3) 축척변경위원회의 의결 및 시·도지사 또는 대도시 시장의 승인 없이 축척변경할 수 있는 경우

: 지번·지목·경계는 그대로 두고 축척변경 측량결과도에 따라 면적만 새로 정한다.
① 합병하려는 토지가 축척이 다른 지적도에 각각 등록되어 있어 축척변경을 하는 경우
② 도시개발사업 등의 시행지역에 있는 토지로서 그 사업 시행에서 제외된 토지의 축척변경을 하는 경우

> 1) 구성 : 5~10인(토지소유자가 1/2 이상, 토지소유자가 5인 이하인 경우는 전원을 위원으로 위촉), 위원장은 소관청이 지명
> 2) 기능 : 축척변경시행계획에 관한 사항, 청산금 산정에 관한 사항, 지번별 m^2당 금액의 결정에 관한 사항, 청산금 이의신청에 관한 사항, 기타 소관청의 부의사항

(4) 축척변경의 확정공고

① 청산금의 납부 및 지급이 완료되었을 때 확정공고
② 확정공고일에 토지의 이동이 있는 것으로 봄

(5) 축척변경 시행공고 등 (34회)

① 축척변경 승인 → 지체 없이 20일 이상 공고
② 축척변경 시행지역의 토지소유자 및 점유자는 시행공고일부터 30일 내에 경계점표지를 설치해야 함 (36회)

(6) 증감면적에 대한 청산금의 산정(단 아래 경우는 산정 ✕)

① 필지별 증감면적이 허용범위 이내인 경우(축척변경위원회의 의결이 있는 경우는 제외)
② 토지소유자 전원이 청산하지 아니하기로 합의하여 서면으로 제출한 경우
* 청산금을 산정한 결과 초과액은 그 지방자치단체의 수입으로 하고, 부족액은 그 지방자치단체가 부담함

(7) 청산금의 납부고지 등

① 청산금 결정 공고일부터 20일 이내에 납부고지 또는 수령통지를 해야 함
② 소유자 및 지적소관청은 6개월 이내에 청산금 납부 및 지급
③ 「지방행정제재·부과금의 징수 등에 관한 법률」에 따라 징수 가능

(8) 청산금에 관한 이의신청

① 납부고지 또는 수령통지를 받은 날부터 1개월 이내에 지적소관청에 이의신청 가능
② 지적소관청은 1개월 이내에 축척변경위원회의 심의·의결을 거쳐 통지

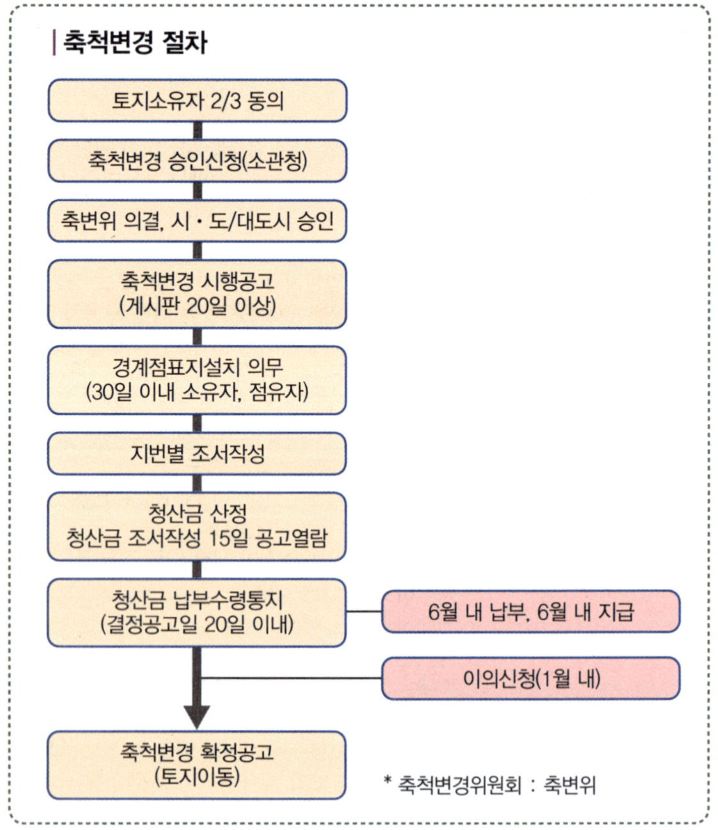

5. 지적공부의 정정

(1) 토지소유자의 정정신청

(2) 지적소관청의 직권 정정

① 토지이동정리 결의서의 내용과 다르게 정리된 경우
② 지적도(임야도)에 등록된 필지가 면적의 증감 없이 경계의 위치만 잘못된 경우
③ 1필지가 각각 다른 지적도나 임야도에 등록되어 있는 경우로서 등록면적과 실제면적은 일치하나 경계가 서로 접합되지 않아 지적도나 임야도의 경계를 지상의 경계에 맞추어 정정하여야 하는 경우
④ 지적공부의 작성 또는 재작성 당시 잘못 정리된 경우
⑤ 지적측량성과와 다르게 정리된 경우
⑥ 지적적부심사에 따라 지적공부의 등록사항을 정정하여야 하는 경우
⑦ 지적공부의 등록사항이 잘못 입력된 경우
⑧ 합필사유 제한에 따른 등기신청의 각하를 이유로 한 등기관의 통지가 있는 경우(지적소관청의 착오로 잘못 합병한 경우만 해당한다)
⑨ 면적 환산이 잘못된 경우

(3) 소유자에 관한 사항 정정

등기필증, 등기완료통지서, 등기사항증명서, 등기전산정보자료에 따라 정정.
미등기 토지는 가족관계 기록사항에 관한 증명서에 따라 정정

6. 토지이동 신청의 특례

도시개발사업 등 시행지역의 토지이동 신청에 관한 특례

① 사업의 착수 · 변경 및 완료 사실신고(사유 발생일부터 15일 이내)
　토지의 이동이 필요한 경우 시행자가 토지의 이동을 신청해야 함.
　토지의 이동은 형질변경 등의 공사가 준공된 때에 이루어진 것으로 봄
② 사업의 착수 또는 변경의 신고가 된 토지의 소유자가 해당 토지의 이동을 원하는 경우
　→ 해당 사업의 시행자에게 토지의 이동을 신청하도록 요청
　→ 시행자는 지적소관청에 이동 신청
＊ 환지 수반 시 사업완료 신고(토지의 이동 신청을 갈음한다는 뜻 기재)로 갈음 가능
＊ 주택건설사업 파산의 경우에는 주택시공을 보증한 자 및 입주예정자 등이 신청 가능
＊ 도시개발사업 등이 준공되기 전에 사업시행자가 지번부여 신청을 하면
　국토교통부령으로 정하는 바에 따라 지번을 부여할 수 있음
　(사업계획도에 따르되, 지적확정측량을 실시한 지역의 지번부여 방법 적용)

7. 신청의 대위　(32회, 35회)

토지소유자가 해야 하는 신청 대신 가능 등(등록사항 정정 대상토지는 제외)

① 공공사업 : 해당 사업의 시행자
② 국가 및 지방자치단체의 취득 : 행정기관의 장 또는 지방자치단체의 장
③ 공동주택 부지 : 「집합건물의 소유 및 관리에 관한 법률」에 따른 관리인(및 대표자) 또는 해당 사업시행자
④ 「민법」 제404조에 따른 채권자

8. 토지소유자의 정리

(1) 소유자의 정리

1) 등기필증, 등기완료통지서, 등기사항증명서, 등기전산정보자료에 따라 정리
   (다만, 신규등록 토지의 소유자는 지적소관청이 직접 조사하여 등록!!)
2) 등기부와 지적공부의 토지의 표시가 일치하지 않으면 토지소유자 정리 ×
   (해당 내용을 등기관서 통지)
3) 무주부동산은 지적공부에 소유자가 등록되지 아니한 경우에만 등록 가능

(2) 등기촉탁(국가가 국가를 위하여 하는 등기로 본다)

지적소관청은 토지의 표시 변경에 관한 등기를 할 필요가 있는 경우에는 지체 없이 관할 등기관서에 그 등기를 촉탁해야 한다(신규등록 제외).

> *** 등기촉탁사유**
> 1. 토지의 조사 · 등록 등(신규토지는 제외한다)
> 2. 지번부여지역에 새로운 지번을 부여한 경우
> 3. 바다로 된 토지의 등록말소 및 회복등기
> 4. 축척변경을 한 경우
> 5. 등록사항을 직권으로 정정한 경우
> 6. 행정구역의 명칭변경 등

(3) 지적정리 등의 통지

1) 지적소관청이 지적공부의 등록 또는 말소 및 등기촉탁 시 소유자에게 통지

> *** 지적정리의 통지대상**
> 1. 새로운 지번을 부여한 경우
> 2. 지적공부를 복구한 경우
> 3. 바다로 된 토지의 등록말소
> 4. 등록사항을 직권으로 정정한 경우
> 5. 행정구역의 명칭변경으로 지번을 새로 부여한 경우
> 6. 도시개발사업 등 시행지역의 토지이동 신청에 따라 정리된 경우
> 7. 신청의 대위에 따라 정리된 경우
> 8. 토지표시의 변경에 관한 등기촉탁을 한 경우
> 9. 토지이동에 따른 소유자의 신청이 없어서 지적소관청이 직권으로 조사 · 측량하
>   여 정리한 경우

2) 지적소관청이 토지소유자에게 지적정리 등을 통지하여야 하는 시기

① 토지의 표시에 관한 변경등기가 필요한 경우
   : 그 등기완료의 통지서를 접수한 날부터 15일 이내
② 토지의 표시에 관한 변경등기가 필요하지 아니한 경우
   : 지적공부에 등록한 날부터 7일 이내

1. 보칙

(1) 토지등에의 출입 등

① 측량 및 토지이동을 조사하는 자는 타인토지의 출입 및 일시사용 가능. 필요시 장애물의 변경·제거도 인정
② 점유자는 정당한 사유 없이 방해·거부 ×

(2) 손실보상 및 토지의 수용 또는 사용

① 행위를 한 자가 손실보상 – 협의 – 재결신청
② 국토교통부장관은 기본측량 실시를 위한 수용·사용 가능

(3) 출입의 통지

① 관할 특별자치시장, 특별자치도지사, 시장·군수 또는 구청장의 허가 필요(행정청은 허가 ×)
② 출입 3일 전까지 소유자·점유자 또는 관리인에게 일시와 장소 통지

(4) 일시사용과 장애물 변경 및 제거

① 소유자·점유자 또는 관리인의 동의 필요
② 토지등을 사용하려는 날 및 장애물을 변경 또는 제거하려는 날의 3일 전까지 통지

(5) 출입의 제한

해 뜨기 전이나 해가 진 후에는 점유자의 승낙 없이 택지나 담장 또는 울타리로 둘러싸인 타인토지에 출입 ×

(6) 수수료

① 소관청이 직권으로 조사·측량하여 지적공부를 정리한 경우, 조사·측량에 들어간 비용을 토지소유자로부터 징수
② 수수료는 지적공부를 정리한 날부터 30일 내에 내야 함
③ 다만, 바다로 된 토지의 등록말소에 따라 지적공부를 등록말소한 경우에는 그러하지 아니함
④ 체납처분의 예에 따라 징수

2. 벌칙

(1) 벌칙 : 1년 이하의 징역 또는 1천만원 이하의 벌금(거짓으로 다음 각 목을 신청한 자)

신규등록, 등록전환, 분할, 합병, 지목변경, 바다로 된 토지의 등록말소, 축척변경, 등록사항의 정정, 도시개발사업 등 시행지역의 토지이동 신청

(2) 양벌규정

법인의 대표자, 대리인, 사용인, 종업원이 위반행위를 하는 경우 법인 또는 개인에게도 벌금형 부과. 다만, 상당한 주의와 감독을 게을리하지 아니한 경우에는 그러하지 아니함

(3) 과태료 : 200만원 이하

정당한 사유 없이 토지등에의 출입 등을 방해하거나 거부한 자

1. 지적측량의 실시 등

1. 지적기준점을 정하는 경우
2. 지적측량성과를 검사하는 경우
3. 다음 각 목의 어느 하나에 해당하는 경우로서 측량을 할 필요가 있는 경우
4. 지적공부를 복구하는 경우
5. 토지를 신규등록하는 경우
6. 토지를 등록전환하는 경우
7. 토지를 분할하는 경우
8. 바다가 된 토지의 등록을 말소하는 경우
9. 축척을 변경하는 경우
10. 지적공부의 등록사항을 정정하는 경우
11. 도시개발사업 등의 시행지역에서 토지의 이동이 있는 경우
12. 지적재조사사업에 따라 토지의 이동이 있는 경우
13. 경계점을 지상에 복원하는 경우
14. 지상건축물 등의 현황을 지적도 및 임야도에 등록된 경계와 대비하여 표시하는 데에 필요한 경우

2. 지적위원회

(1) 중앙지적위원회(아래사항 심의 심의 · 의결 : 국토교통부에 설치)

① 지적측량기술의 연구 · 개발 및 보급에 관한 사항
② 지적측량 적부심사에 대한 재심사
③ 측량기술자 중 지적분야 측량기술자의 양성에 관한 사항
④ 지적기술자의 업무정지 처분 및 징계요구에 관한 사항

(2) 지방지적위원회(특별시 · 광역시 · 특별자치시 · 도 또는 특별자치도에 설치)

지적측량에 대한 적부심사 청구사항을 심의 · 의결

(3) 구성 및 회의

① 구성 : 5인 이상 10인 이하
② 위원장 : 국토교통부 지적업무 담당 국장
③ 부위원장 : 국토교통부 지적업무 담당 과장
④ 임기 : 위원장 · 부위원장을 제외한 위원의 임기는 2년
⑤ 회의(5일 전까지 서면통보)
  – 회의 : 재적위원 과반수의 출석으로 개의
  – 의결 : 출석위원 과반수의 찬성으로 의결

3. 손해배상책임의 보장

① 지적측량수행자가 타인의 의뢰에 의하여 지적측량을 하는 경우 고의 또는 과실로 지적측량을 부실하게 함으로써 지적측량의뢰인이나 제3자에게 재산상의 손해를 발생하게 한 때에는 지적측량수행자는 그 손해를 배상할 책임이 있다.
② "보증보험가입" 및 "공간정보산업협회가 운영하는 보증 또는 공제 가입"
  – 지적측량업자 : 보장기간 10년 이상 및 보증금액 1억원 이상
  – 한국국토정보공사 : 보증금액 20억원 이상
③ 지적측량업자는 지적측량업 등록증을 발급받은 날부터 10일 이내에 보증설정을 해야 하며, 보증설정을 했을 때에는 이를 증명하는 서류를 등록한 시 · 도지사 또는 대도시 시장에게 제출해야 한다.

부동산등기법

부동산등기법 기본구조
개념
등기신청
표시등기
등기기본사항
권리에 관한 등기
가등기 등
등기
단독신청
토지표시의 등기
갑구 등기사항
소유권
가등기
등기대상권리
신청의 각하
건물표시의 등기
을구 등기사항
용익물권
촉탁등기
권리의 순위
부기등기
담보물권
이의신청
벌칙

1. 기본개념

① 등기부 : 전산정보처리조직에 의하여 입력·처리된 등기정보자료
② 등기부부본자료 : 등기부와 동일한 내용으로 보조기억장치에 기록된 자료
   (등기관은 등기를 마친 경우 등기부부본자료를 작성해야 한다.)
③ 등기기록 : 1필의 토지 또는 1개의 건물에 관한 등기정보자료
   1필의 토지 또는 1개의 건물마다 부동산고유번호 부여 + 등기기록
   구분건물에 대하여는 전유부분마다 부동산고유번호 부여 (35회)
④ 등기필정보 : 권리자를 확인하기 위하여 등기관이 작성한 정보
⑤ 등기관 : 법원서기관·등기사무관·등기주사 또는 등기주사보 중 지방법원장이 지정
   하는 자
⑥ 등기할 수 있는 권리(권리의 보존, 이전, 설정, 변경, 처분의 제한 또는 소멸) (30회)
   소유권, 지상권, 지역권, 전세권, 저당권, 권리질권, 채권담보권, 임차권
   [유치권(×), 점유권(×), 동산질권(×), 분묘기지권(×)]

설정 : 당사자 간의 계약에 의하여 새로이 소유권 이외의 권리를 창설하는 것.
  근저당권 설정, 저당권 설정, 전세권 설정, 지상권 설정, 지역권 설정 등
보존 : 미등기 부동산에 대한 소유권의 존재를 공시하기 위하여 처음으로 하는 등기 소유권 보존
이전 : 어떤 자에게 귀속되어 있던 권리가 다른 자에게 옮겨가는 것.
  소유권 이전, 전세권 이전, 저당권 이전 등
변경 : 권리의 내용변경(권리의 존속기간의 연장, 지료나 임료의 증감)인 실체법상의 변경 외에
  부동산표시의 변경이나 등기명의인 표시의 변경 등을 포함
처분의 제한 : 소유권자나 기타 권리자가 가지는 권리의 처분 기능을 제한하는 것.
  공유물의 분할금지나 압류, 가압류, 가처분에 의한 처분금지 등
소멸 : 소멸이란 어떤 부동산이나 권리가 어떤 사유로 인하여 없어지는 것

*** 보조기억장치에 저장한 정보보존기간(보존기간은 해당 연도의 다음 해부터 기산함)**
  1. 영구 : 신탁원부, 공동담보(전세)목록, 도면, 매매목록
  2. 5년 : 신청정보 및 첨부정보와 취하정보
       (법원행정처장의 인가를 받아 보존기간이 만료되는 해의 다음 해 3월말까
       지 삭제)

*** 부동산고유번호**
  ① 등기기록을 개설할 때에는 1필의 토지 또는 1개의 건물마다 부동산고유번호를
     부여하고 이를 등기기록에 기록하여야 한다.
  ② 구분건물에 대하여는 전유부분마다 부동산고유번호를 부여한다.

*** 등기사무의 처리**
  등기사무는 등기소에 근무하는 법원서기관·등기사무관·등기주사 또는 등기주사
  보(법원사무관·법원주사 또는 법원주사보 중 2001년 12월 31일 이전에 시행한 채
  용시험에 합격하여 임용된 사람을 포함한다) 중에서 지방법원장(등기소의 사무를 지
  원장이 관장하는 경우에는 지원장을 말한다)이 지정하는 자[이하 "등기관"]가 처리
  한다.

2. 권리의 순위 및 등기의 효력

(1) 등기부의 종류

1) 토지등기부, 건물등기부로 구분(구분건물등기부 ✕) (30회)
2) 영구보존(+ 폐쇄등기부) : 보관 · 관리장소는 중앙관리소 (30회, 35회)
   전쟁/천재지변/이에 준하는 사태 외에는 이동 금지
3) 등기부 및 부속서류 : 전쟁/천재지변/이에 준하는 사태 외에는 이동 금지
   (부속서류 : 도면, 신탁원부, 공동담보, 전세목록, 매매목록)
4) 신청서나 그 밖의 부속서류 : 법원의 명령 · 촉탁 및 영장에 의한 경우 반출가능
   (신청서 및 그 밖의 부속서류 : 신청서, 매매계약서, 주소증명정보, 인감증명서)
5) 부속서류는 이해관계있는 부분만 열람가능

(2) 등기기록 _ 물적 편성주의

: 1필의 토지 또는 1개의 건물에 1개의 등기기록 사용(구분건물도 1개의 건물 등기
기록 사용) (28회, 30회, 35회)
① 부동산의 표시 = 표제부
② 소유권에 관한 사항 = 갑구
③ 소유권 외의 권리에 관한 사항 = 을구

(3) 권리의 순위(권리의 순위는 등기한 순서) (28회)

① 같은 구 → 순위번호, 다른 구 → 접수번호에 따름
② 부기등기는 주등기의 순위에 따름
   : 이미 등기된 권리 관계의 변동사항을 본등기에 이어서 추가로 기록하는 것
   (* 같은 주등기에 관한 부기등기 상호 간의 순위는 그 등기 순서에 따름)

(4) 등기의 효력 (28회, 33회, 35회)

접수번호의 순서에 따라 등기사무 처리(등기관이 누구인지 알 수 있는 조치) + 등기
완료 시 접수한 때부터 효력발생
(등기신청은 등기신청정보가 전산정보처리조직에 저장된 때 접수된 것으로 봄)

(5) 등기부부본자료의 작성

등기관이 등기를 마쳤을 때에는 등기부부본자료를 작성하여야 한다.

(6) 등기완료의 통지

등기관이 등기를 마쳤을 때에는 대법원규칙이 정하는 바에 따라 신청인 등에게 그 사실을 알려야 한다.

3. 등기소

> ✎ (36회)
> 1. 관할 등기소가 다른 여러 개의 부동산에 대한 공동담보는 그 중 하나의 관할 등기소에서 등기사무를 담당할 수 있다.
> 2. 상속 또는 유증으로 인한 등기신청의 경우에는 부동산의 관할 등기소가 아닌 등기소도 등기사무를 담당할 수 있다.

(1) 관할 등기소, 관할의 위임 및 등기사무의 정지 등

부동산 소재지 관할 지방법원, 그 지원 또는 등기소에서 업무처리
등기소 관할구역이 여러 개인 경우는 상급법원 장이 관할 등기소 지정 (36회)

(2) 등기관의 업무처리의 제한

등기관 본인, 배우자 또는 4촌 이내의 친족이 등기신청인인 경우
그 등기소에서 소유권등기를 한 성년자 2명의 참여 필요
(등기관은 조서를 작성하여 참여인과 같이 기명날인 또는 서명을 하여야 함)

(3) 등기부의 손상과 복구 등 _ 대법원장

① 등기부의 복구 · 손상방지 등 필요한 처분 명령가능
   법원행정처장 또는 지방법원장에게 위임가능
② 등기소 관할사무를 다른 등기소에 위임하게 할 수 있음 (36회)
③ 등기사무 정지명령 가능(법원행정처장에게 위임 가능)
   필요한 처분명령 가능(법원행정처장 또는 지방법원장에 위임 가능)

(4) 등기사항의 열람(관할 등기소 및 다른 등기소에 신청가능) (30회, 35회)

누구든지 등기기록(폐쇄등기 포함)의 전부 또는 일부의 열람 및 발급 가능

(5) 중복등기기록의 정리

어느 하나의 등기기록 폐쇄
중복등기 기록의 정리는 실체의 권리관계에 영향을 미치지 않음

1. 신청

(1) 신청주의(당사자의 신청 또는 관공서의 촉탁)

1건당 1개의 부동산 신청(등기목적/등기원인이 동일하면 일괄신청 가능)
등기신청의 취하는 등기관이 등기를 마치기 전까지 가능

* **전자신청의 방법**
  전자신청은 당사자가 직접 하거나 자격자대리인이 당사자를 대리하여야 한다.
  다만, 법인 아닌 사단이나 재단은 전자신청을 할 수 없으며,
  외국인의 경우에는 외국인등록 및 국내거소신고를 한 경우이어야 한다.

(2) 단독신청이 가능한 경우(공동신청이 원칙임)

- **1) 등기명의인 단독신청**
  - ① 소유권보존등기 또는 말소등기(등기명의인으로 될 자 포함) (36회)
  - ② 부동산표시의 변경이나 경정
  - ③ 등기명의인표시의 변경이나 경정

- **2) 등기권리자 단독신청** (31회, 32회)
  상속, 법인의 합병, 포괄승계

- **3) 등기권리자 또는 등기의무자 단독신청** (32회, 36회)
  - ① 등기절차의 이행 또는 인수를 명하는 판결 : 승소한 등기권리자 및 의무자
  - ② 공유물을 분할 판결 : 등기권리자 또는 등기의무자

- **4) 수탁자 단독신청** (31회)
  신탁등기는 수탁자(재수탁자)

(3) 기타 (31회, 33회, 35회, 36회)

- **1) 종중, 문중, 대표자나 관리인이 있는 법인 아닌 사단이나 재단의 경우**
  : 사단이나 재단의 명의로 그 대표자나 관리인이 신청

- **2) 채권자 대위신청의 경우**
  : 채권자

(4) 등기신청적격

적격 인정	적격 부정
자연인, 미성년자, 외국인, 북한주민 등	사자(死者), 태아
법인(외국법인 포함)	
국가, 지방자치단체(시·도·시·군·구)	중앙관서 / 읍, 면, 동, 리
권리능력 없는 사단 및 재단(법인아닌 사단·재단) : 종중, 문중, 교회, 등록된 사찰, 아파트 입주자대표회의	
특별법상 조합(수협 및 농협 등)	민법상 조합
사립학교(학교법인 명의) 국립학교(국가) 공립학교(지방자치단체)	

(5) 신청

① "방문신청" : 신청인 또는 그 대리인이 등기소에 출석하여 취하서를 제출하는
　　　　　　　방법
② "전자신청" : 전산정보처리조직을 이용하여 취하정보를 전자문서로 등기소에
　　　　　　　송신하는 방법

> * **전자신청의 방법**
>   ① 당사자(대리인 가능) 신청. 다만, 법인 아닌 사단이나 재단은 전자신청을 할 수
>   없으며, 외국인의 경우에는 외국인등록 또는 국내거소신고가 된 경우이어야
>   한다. (35회)
>   ② 전자신청을 하기 위해서는 사용자등록을 하여야 하며, 사용자등록 신청서에는
>   인감증명과 함께 주소를 증명하는 서면을 첨부하여야 한다. 사용자등록의 유효
>   기간은 3년으로 하되, 만료일 3개월 전부터 만료일까지 유효기간의 연장을 신청
>   할 수 있다(연장신청은 전자문서로 할 수 있다).
>
> * **전자표준양식에 의한 신청**
>   방문신청을 하고자 하는 신청인은 신청서를 등기소에 제출하기 전에 전산정보처리
>   조직에 신청정보를 입력하고, 그 입력한 신청정보를 서면으로 출력하여 등기소에
>   제출하는 방법으로 할 수 있다.

(6) 기타

1) 등기를 마친 경우 등기관은 신청인 등에게 그 사실을 알려야 한다.

2) 행정구역 또는 그 명칭이 변경된 경우 등기기록에 기록된 행정구역 또는 그 명칭에 대하여 변경등기가 있는 것으로 본다.

3) **등기의 경정**
   ① 등기관이 등기를 마친 후 등기에 착오나 빠진 부분 발견 시, 지체 없이 등기권리자, 등기의무자 및 등기명의인에게 알려야 한다(각 2인 이상인 경우에는 그중 1인에게 통지).
   ② 등기관이 착오나 빠진 부분이 등기관의 잘못인 경우는 직권으로 경정하되, 등기상 이해관계 있는 제3자가 있는 경우에는 제3자의 승낙이 있어야 한다. 경정등기를 하였을 때에는 그 사실을 등기권리자, 등기의무자 또는 등기명의인에게 알려야 한다(각 2인 이상인 경우에는 그중 1인에게 통지).

4) 채권자대위등기 시 채권자에게 통지(각 2인 이상인 경우에는 그중 1인에게 통지)를 해야 한다.

5) **새 등기기록에의 이기**
   등기기록에 기록된 사항이 많아 취급하기에 불편하게 되는 등 합리적 사유인정 시 등기관은 현재 효력이 있는 등기만을 새로운 등기기록에 옮겨 기록할 수 있다.

2. 신청의 각하 및 등기할 사건이 아닌 경우

＊ 신청의 각하(보정을 명한 다음 날까지 보정하는 경우 제외)

1. 등기소 관할이 아닌 경우(직권말소대상) (36회)
2. 사건이 등기할 것이 아닌 경우(직권말소대상)

> 등기권리자・의무자 및 제3자에게 1개월 이내에 의견진술이 없으면 말소한다는 뜻을 통지해야 한다. (35회)

3. 신청할 권한이 없는 자가 신청한 경우
4. 등기를 신청할 때에 당사자나 그 대리인이 출석하지 아니한 경우
5. 신청정보의 제공이 대법원규칙으로 정한 방식에 맞지 아니한 경우
6. 부동산 또는 등기의 목적인 권리의 표시와 등기기록이 일치하지 않는 경우
7. 신청정보의 등기의무자의 표시가 등기기록과 일치하지 아니한 경우 (포괄승계인이 등기신청을 하는 경우는 제외)
8. 신청정보와 등기원인을 증명하는 정보가 일치하지 아니한 경우
9. 등기에 필요한 첨부정보를 제공하지 아니한 경우
10. 취득세, 등록면허세 또는 수수료를 내지 아니하거나 등기신청과 관련하여 다른 법률에 따라 부과된 의무를 이행하지 아니한 경우
11. 부동산의 표시가 토지(임야)대장・건축물대장과 일치하지 않는 경우

＊ 사건이 등기할 것이 아닌 경우

1. 등기능력 없는 물건 또는 권리에 대한 등기를 신청한 경우
   (1) 등기할 수 없는 권리 : 점유권, 유치권, 동산질권
   (2) 등기할 수 없는 물건 : 터널, 교량, 캐노피, 가설건축물 등
2. 법령에 근거가 없는 특약사항의 등기를 신청한 경우
3. 구분건물의 전유부분과 대지사용권의 분리처분 금지에 반하는 경우
4. 농지를 전세권설정의 목적으로 하는 등기 신청(농지지상권 및 저당권은 가능)
5. 저당권을 피담보채권과 분리하여 양도하거나, 피담보채권과 분리하여 다른 채권의 담보로 하는 등기를 신청한 경우
6. 일부지분에 대한 소유권보존등기를 신청한 경우 (1인의 전원명의 보존등기는 가능)
7. 공동상속 중 일부가 자신의 상속지분만에 대한 상속등기를 신청한 경우 (1인의 전원명의 상속등기는 가능)
8. 관공서 또는 법원의 촉탁으로 실행되어야 할 등기를 신청한 경우
9. 이미 보존등기된 부동산에 대하여 다시 보존등기를 신청한 경우
10. 신청취지 자체에 의하여 법률상 허용될 수 없음이 명백한 등기를 신청한 경우

＊ 등기의 경정

경정 및 채권자대위등기 시 통지(공유인 경우는 1인에게 통지)

1. 토지 및 건물의 표시에 관한 등기

(1) 토지의 표시에 관한 등기사항 (34회)

① 표시번호, ② 접수연월일, ③ 소재와 지번(地番), ④ 지목(地目), ⑤ 면적, ⑥ 등기원인

(2) 건물표제부 등기사항 (33회, 35회)

① 표시번호, ② 접수연월일, ③ 소재, 지번 및 건물번호(1개의 건물만 있는 경우는 ×), ④ 건물의 종류, 구조와 면적, 부속건물의 종류, 구조와 면적, ⑤ 등기원인, ⑥ 도면의 번호(여러 개의 건물이 있는 경우와 구분건물인 경우로 한정)

(3) 구분건물인 경우 표제부

1동 건물의 등기기록의 표제부에는 소재와 지번, 건물명칭 및 번호를 기록하고 전유부분 표제부에는 건물번호를 기록한다.

구분건물등기기록에는 1동의 건물에 대하여는 표제부만 두고 전유부분마다 표제부와 갑, 을구를 둔다.

+ 대지권이 있는 경우 1동 건물의 등기기록의 표제부에 대지권의 목적인 토지의 표시에 관한 사항을 기록하고, 전유부분의 등기기록의 표제부에는 대지권의 표시에 관한 사항을 기록해야 함

+ 등기관이 대지권등기를 한 때에는 직권으로 대지권의 목적인 토지의 등기기록에 소유권, 지상권, 전세권 또는 임차권이 대지권이라는 뜻을 기록해야 함

2. 분할, 합병 등

(1) 토지 (31회, 32회, 34회)

토지의 분할, 합병 및 토지의 표시 변경 및 멸실 → 1개월 이내에 신청해야 함

(2) 건물

건물의 분할, 구분, 합병, 등기사항의 변경 → 1개월 이내에 등기 신청 (31회)

건물의 멸실 → 건물명의자가 1개월 이내에 등기 신청 → 신청 안하면 토지소유자가 대위신청

건물의 부존재 → 등기명의인은 지체 없이 멸실등기 신청 → 신청 안하면 토지소유자가 대위신청

(3) 직권에 의한 표시변경등기 (32회)

→ 지적공부와 등기표시의 불일치 통지를 받은 경우 → 1개월 이내에 등기명의인의 신청 없는 경우

→ 등기관이 직권정정 → 지체 없이 소관청 및 등기명의인에게 통지(2인 이상인 경우는 1인에게만 통지하면 된다.)

(4) 토지_합필제한의 경우(다음 외의 등기가 있는 경우 합필 ×)

① 소유권 · 지상권 · 전세권 · 임차권 및 승역지(편익제공지)에 하는 지역권의 등기
② 공동저당(등기원인 및 연월일과 접수번호 동일) 및 공동신탁등기

> *** 토지합필의 특례**
>
> 1. 토지합병절차를 마친 후 합필등기 전에 합병된 토지 중 어느 토지에 관하여 소유권이전등기가 된 경우 : 이해관계인의 승낙이 있으면 합필 후의 토지를 공유로 하는 합필등기를 신청할 수 있다.
> 2. 토지합병절차를 마친 후 합필등기 전에 합병된 토지 중 어느 토지에 관하여 합필등기의 제한 사유에 해당하는 권리에 관한 등기가 된 경우 : 이해관계인의 승낙이 있으면 해당 토지의 소유권의 등기명의인은 그 권리의 목적물을 합필 후의 토지에 관한 지분으로 하는 합필등기를 신청할 수 있다. 다만, 요역지(要役地 : 편익필요지)에 하는 지역권의 등기가 있는 경우에는 합필 후의 토지 전체를 위한 지역권으로 하는 합필등기를 신청하여야 한다.

(5) 건물_합병할 수 없는 경우(다음 외의 등기가 있는 경우 합병 ×)

① 소유권 · 전세권 및 임차권의 등기(지상권 ×, 지역권 ×)
② 공동저당(등기원인 및 연월일과 접수번호 동일) 및 공동신탁등기

3. 구분건물

(1) 다른 구분건물 소유자를 대위할 수 있는 경우 (34회, 35회)

① 대지권의 변경이나 소멸이 있는 경우
② 1동 표제부에 기록하는 등기사항에 관한 변경등기
③ 1동 전부가 멸실된 경우
④ 존재하지 아니하는 경우

(2) 동시신청의 경우

① 1동의 건물 중 일부만에 관한 보존등기 신청 시 나머지 구분건물의 표시에 관한 등기 동시신청 (34회, 35회)
② 구분건물이 아닌 건물에 접속하여 구분건물을 신축하는 경우 소유권 보존등기 신청 시에 구분건물이 아닌 건물을 구분건물로 변경하는 건물의 표시변경등기를 동시에 신청

(3) 규약상 공용부분

① 공용부분이라는 뜻의 등기는 소유권의 등기명의인이 신청
② 공용부분이라는 뜻을 정한 규약을 폐지한 경우에 공용부분의 취득자는 지체 없이 소유권보존등기를 신청해야 함

1. 갑구 및 을구의 등기사항

(1) 갑구 및 을구의 등기사항(등기기본사항)

① 순위번호   ② 등기목적 (31회)

③ 접수연월일 및 접수번호   ④ 등기원인 및 그 연월일

⑤ 권리재[성명(명칭) + 주민등록번호(부동산등기용 등록번호) + 주소(사무소소재지)]

: 권리자가 2인 이상인 경우에는 권리자별 지분을 기록하고, 등기할 권리가 합유인 때에는 그 뜻을 기록하여야 한다. (31회)

: 법인 아닌 사단이나 재단 명의의 등기인 때에는 그 대표자나 관리인의 성명, 주소 및 주민등록번호를 함께 기록해야 한다. (35회)

＊ 합유에 관한 등기

1. 민법상 조합의 재산은 조합 자체의 명의로 등기할 수 없고, 그 조합원 전원의 합유이므로 조합원 전원의 명의로 합유등기를 신청하여야 한다.

2. 부동산에 대한 합유는 등기할 수 있지만 합유지분은 등기할 수 없으므로 신청서에는 기재되지 않는다.

3. 합유지분은 이전될 수 없고, 저당권설정 및 처분제한등기도 할 수 없다.

【 갑구 】	(소유권에 관한 사항)			
순위번호	등기목적	접수	등기원인	권리자 및 기타사항
1	소유권보존	1970년 5월 5일 제1500호		소유자 김갑동 450405-1234567 서울시 관악구 신림동 100
2	소유권이전	2020년 8월 5일 제9099호	2020년 8월 4일 매매	합유자 홍길동 600707-1001122 서울특별시 서초구 서초대로 20 동길동 600707-1001122 서울특별시 서초구 서초대로 20 서길동 600707-1001122 서울특별시 서초구 서초대로 20

＊ 비교 : 공유

【 갑구 】	(소유권에 관한 사항)			
순위번호	등기목적	접수	등기원인	권리자 및 기타사항
1	소유권일부이전	1970년 5월 5일 제1500호	2020년 8월 4일 매매	공유자 지분 1/2 홍길동 600707-1001122 서울특별시 서초구 서초대로 20 거래가액 100,000,000원
2	소유권일부이전	2020년 8월 5일 제9099호	2020년 8월 4일 매매	공유자 지분 1/2 동길동 600708-1001122 서울특별시 서초구 서초대로 20 거래가액 100,000,000원

(2) 부동산등기용 등록번호의 부여절차 (32회, 34회, 35회)

① 국가·지방자치단체·국제기관 및 외국정부의 등록번호 : 국토교통부장관이 지정·고시

② 주민등록번호가 없는 재외국민의 등록번호 : 대법원 소재지 관할 등기소의 등기관이 부여

③ 법인 아닌 사단이나 재단 및 국내 영업소나 사무소 설치 등기를 하지 않은 외국법인의 등록번호 : 시장(행정시 포함), 군수 또는 구청장(행정구 포함)이 부여

④ 외국인의 등록번호 : 체류지를 관할하는 지방출입국·외국인관서 장이 부여(국내에 체류지가 없는 경우에는 대법원 소재지를 체류지로 봄)

⑤ 법인 : 주된 사무소 소재지 관할 등기소의 등기관이 부여

(3) 등기필정보(부동산 및 등기명의인별로 작성)

1) 아라비아 숫자와 그 밖의 부호의 조합으로 구성

2) 등기필정보를 통지하지 않아도 되는 경우

  ① 등기권리자가 원하지 않는 경우

  ② 국가 또는 지방자치단체가 등기권리자인 경우

  ③ 대법원규칙으로 정하는 경우

> * **"대법원규칙으로 정하는 경우"**
> 1. 등기필정보를 전산정보처리조직으로 통지받아야 할 자가 수신이 가능한 때부터 3개월 이내에 전산정보처리조직을 이용하여 수신하지 않은 경우
> 2. 등기필정보통지서를 수령할 자가 등기를 마친 때부터 3개월 이내에 그 서면을 수령하지 않은 경우
> 3. 승소한 등기의무자가 등기신청을 한 경우
> 4. 등기권리자를 대위하여 등기신청을 한 경우
> 5. 등기관이 직권으로 소유권보존등기를 한 경우

3) 등기필정보 통지의 상대방

  ① 등기명의인이 된 신청인에게 통지, 촉탁등기는 관공서 또는 등기권리자에게 통지

  ② 법정대리인, 법인의 대표자나 지배인, 법인 아닌 사단이나 재단의 대표자나 관리인이 신청한 경우 각각 신청인에게 통지

4) 등기권리자와 등기의무자가 공동으로 권리에 관한 등기를 신청하는 경우에 신청인은 그 신청정보와 함께 등기의무자의 등기필정보를 등기소에 제공하여야 한다. 승소한 등기의무자가 단독으로 권리에 관한 등기를 신청하는 경우에도 또한 같다.

> * **등기의무자의 등기필정보가 없는 경우**
> ① 등기의무자 또는 그 법정대리인(이하 "등기의무자등")이 등기소에 출석하여 등기관으로부터 등기의무자등임을 확인받아야 한다.
> ② 다만, 등기신청인의 대리인(변호사나 법무사만 해당된다)이 등기의무자등으로부터 위임받았음을 확인한 경우 또는 신청서(위임에 의한 대리인이 신청하는 경우에는 그 권한을 증명하는 서면을 말한다) 중 등기의무자등의 작성부분에 관하여 공증(公證)을 받은 경우에는 그러하지 아니하다.

2. 부기로 하는 등기 (31회, 32회, 35회)

① 등기명의인표시의 변경이나 경정의 등기
② 소유권 외의 권리의 이전등기
③ 소유권 외의 권리를 목적으로 하는 권리에 관한 등기
④ 소유권 외의 권리에 대한 처분제한 등기
⑤ 권리의 변경이나 경정의 등기
  (등기상 이해관계 있는 제3자의 승낙이 없는 경우에는 그러하지 아니함)
⑥ 환매특약등기
⑦ 권리소멸약정등기
⑧ 공유물 분할금지의 약정등기
⑨ 일부 말소회복등기

| 주등기 및 부기등기

구분	주등기	부기등기
보존 · 설정등기	1. 소유권 보존등기 2. 소유권 외의 각종 권리의 설정등기(전세권, 지상권설정등기 등)	1. 소유권 외의 권리를 목적으로 하는 권리의 설정등기(전세권 목적 저당권 설정등기, 전전세등기 등) 2. 저당권부권리질권등기
이전등기	소유권 이전등기	소유권 외의 권리의 이전등기(저당권, 전세권 이전등기 등)
처분제한등기 (가압류, 가처분)	소유권에 대한 처분제한등기(가압류, 가처분, 경매)	소유권 외의 권리에 대한 처분제한등기(전세권에 대한 가압류등기 등)
변경 · 경정등기	1. 부동산표시변경등기 2. 권리변경등기 시 이해관계인의 승낙정보를 제공하지 않은 경우	1. 등기명의인표시변경등기 2. 권리변경등기 시 이해관계인의 승낙정보를 제공한 경우
말소등기	주등기로 실행	–
말소회복등기	전부 말소회복등기	일부 말소회복등기
기타	1. 대지권의 등기 2. 대지권이 있는 뜻의 등기 3. 토지에 관하여 별도 등기가 있다는 뜻의 등기	1. 가등기상 권리의 이전등기 2. 환매특약등기 3. 권리소멸의 약정등기 4. 공유물분할금지의 약정등기

3. 환매특약등기 등

(1) 환매특약등기 (31회, 32회, 34회)

① 매수인이 지급한 대금
② 매매비용
③ 환매기간(정하여져 있는 경우만)

【 갑구 】	(소유권에 관한 사항)			
순위번호	등기목적	접수	등기원인	권리자 및 기타사항
1	소유권보존	1970년 5월 5일 제1500호		소유자 김갑동 450405-1234567 　서울시 관악구 신림동 100
2	소유권이전	2020년 8월 5일 제9099호	2020년 8월 4일 환매특약부매매	소유자 홍길동 600707-1001122 　서울특별시 서초구 서초대로 20 (서초동) 법률 제16913호에 의하여 등기
2-1	환매특약	2020년 8월 5일 제9099호	2020년 8월 4일 특약	환매대금　금100,000,000원 환매기간　2020년 8월 4일~2020년 12월 31일 환매권자　김갑동
3	소유권이전	2020년 9월 5일 제9099호	2020년 8월 4일 환매특약부매매	소유자 그래도 600707-1001122 　서울특별시 서초구 서초대로 25 (서초동) 법률 제19913호에 의하여 등기
4	2-1 환매권말소			3번소유권 이전

(2) 권리소멸약정의 등기 (31회, 34회)

등기원인에 권리의 소멸에 관한 약정이 있을 경우
신청인은 그 약정에 관한 등기를 신청할 수 있음

(3) 이해관계 있는 제3자가 있는 등기의 말소(제3자의 승낙 필요) (34회)

등기명의인의 사망 및 법인의 해산으로 권리가 소멸한다는 약정

(4) 공시최고

등기의무자의 소재불명으로 공동말소등기 신청을 할 수 없는 경우 공시최고 신청가능

(5) 제권판결(실권선언 판결)

등기권리자가 그 사실을 증명하여 단독으로 등기의 말소를 신청할 수 있다.

(6) 직권에 의한 등기의 말소

등기 후에 등기가 등기소 관할이 아닌 경우 또는 등기할 것이 아닌 경우에는 등기권리자, 등기의무자와 등기상 이해관계 있는 제3자에게 1개월 내의 기간을 정하여 그 기간에 이의를 진술하지 아니하면 등기를 말소한다는 뜻을 통지하여야 한다. 등기관은 상기의 기간 이내에 이의를 진술한 자가 없거나 이의를 각하한 경우에는 등기를 직권으로 말소하여야 한다.

(7) 말소등기의 회복(제59조)

말소된 등기의 회복(回復)을 신청하는 경우에 등기상 이해관계 있는 제3자가 있을 때에는 그 제3자의 승낙이 있어야 한다.

(8) 대지사용권의 취득(제60조)

1) 구분건물을 신축한 자가 대지사용권을 가지고 있는 경우에 대지권에 관한 등기를 하지 아니하고 구분건물에 관하여만 소유권이전등기를 마쳤을 때에는 현재의 구분건물의 소유명의인과 공동으로 대지사용권에 관한 이전등기를 신청할 수 있다.

2) 구분건물을 신축하여 양도한 자가 그 건물의 대지사용권을 나중에 취득하여 이전하기로 약정한 경우에 1)을 준용한다.

3) "1) 및 2)"에 따른 등기는 대지권에 관한 등기와 동시에 신청하여야 한다.

(9) 구분건물의 등기기록에 대지권등기가 되어 있는 경우

1) 대지권을 등기한 후에 한 건물의 권리에 관한 등기는 대지권에 대하여 동일한 등기로서 효력이 있다(대지권에 대한 등기로서의 효력이 있는 등기와 대지권의 목적인 토지의 등기기록 중 해당 구에 한 등기 순서는 접수번호에 따른다). 다만, 그 등기에 건물만에 관한 것이라는 뜻의 부기가 되어 있을 때에는 그러하지 아니하다.

2) 대지권이 등기된 구분건물의 등기기록에는 건물만에 관한 소유권이전등기 또는 저당권설정등기, 그 밖에 이와 관련이 있는 등기를 할 수 없다. (35회)

3) 토지 소유권이 대지권인 경우에 대지권이라는 뜻의 등기가 되어 있는 토지의 등기기록에는 소유권이전등기, 저당권설정등기, 그 밖에 이와 관련이 있는 등기를 할 수 없다.

4) 지상권, 전세권 또는 임차권이 대지권인 경우에 3)을 준용한다.

(10) 소유권변경 사실의 통지_(등기관은 지체 없이 토지는 지적소관청, 건물은 건축물대장 소관청에 각각 알려야 한다) (34회)

① 소유권의 보존 또는 이전
② 소유권의 등기명의인표시의 변경 또는 경정
③ 소유권의 변경 또는 경정
④ 소유권의 말소 또는 말소회복

(11) 과세자료의 제공

등기관이 소유권의 보존 또는 이전의 등기(가등기 포함)를 하였을 때에는 지체 없이 그 사실을 부동산 소재지 관할 세무서장에게 통지하여야 한다(과세자료의 제공은 전산정보처리조직을 이용하여 할 수 있다).

[토지] 000시 000구 00동 00 고유번호 0000-0000-0000000

	[표제부]			(토지의 표시)	
표시번호	접수	소재지번	지목	면적	등기원인 및 기타사항
1	2021년 3월 3일	서울시 종로구 탑골동	대	100m^2	분할로 인하여 100-1에서 이기

[건물] 000시 000구 00동 00 고유번호 0000-0000-0000000

	[표제부]		(건물의 표시)	
표시번호	접수	소재지번	건물내역	등기원인 및 기타사항
1	2021년 3월 3일	서울시 종로구 탑골동	시멘트벽돌조 슬라브지붕 2층주택 245.34m^2 지하실 32.4m^2	도면편철장 제2책 17면

	[갑구]			(소유권에 관한 사항)	
순위번호	등기목적	접수	등기원인	등기원인 및 기타사항	
1	소유권 보존	2021년 3월 3일 제4523호		소유자 홍길동 111111-111111 서울 동작구 사당동 000	
2	소유권 이전	2012년 5월 6일 제5877호	2010년 5월 4일 매매	소유자 이길동 000000-111111 서울 강남구 역삼동 000	

	[을구]			(소유권 이외의 권리에 관한 사항)	
순위번호	등기목적	접수	등기원인	등기원인 및 기타사항	
1	저당권 설정	2021년 3월 3일 제6893호	2011년 3월 2일 설정계약	채권액 금 125,000,000원 채무자 안길동 00000-00000 충남 천안시 000 저당권자 (주)우리은행 00000-00000 서울 강남구 신사동 000	
2	전세권 설정	2023년 7월 6일 제8852호	2013년 7월 4일 설정계약	전세금 50,000,000원 목적·범위 주거용 건물 전부 전세권자 박길동00-00000 경북 상주시 000	

[구분건물] 000시 000구 00동 00　　　　　　　　제00층 제00호　고유번호 0000-0000-0000000

[표제부]		(1동의 건물의 표시)		
표시번호	접수	소재지번, 건물명칭 및 번호	건물내역	등기원인 및 기타사항
1	2021년 3월 3일	서울시 관악구 봉천동 100 서울아파트 101동	철근콘크리트 공동주택(아파트)	

(대지권의 목적인 토지의 표시)				
표시번호	소재지번	지목	면적	등기원인 및 기타사항
1	1. 서울시 관악구 봉천동 100	대	100m^2	

[표제부]		(전유부분의 건물의 표시)	
표시번호	접수	건물번호	건물내역	등기원인 및 기타사항
1	2021년 3월 3일	제2층 제201호	철근콘크리트 20m^2	도면편철장 제2책 제201면

(대지권의 표시)			
표시번호	대지권종류	대지권비율	등기원인 및 기타사항
1	1. 소유권대지권	100분의 1	2004년 1월 20일 대지권

[갑구]		(소유권에 관한 사항)		
순위번호	등기목적	접수	등기원인	권리자 및 기타사항
1	소유권보존	2021년 3월5일 제10호		소유자 김서울 850162-7532167 서울시 관악구 개봉동 200

[을구]		(소유권 외 권리에 관한 사항)		
순위번호	등기목적	접수	등기원인	권리자 및 기타사항
1	전세권	2022년 4월 5일 제100호	전세권설정	전세금　금 100,000,000원 범위　건물 3층 전부 존속기간　2003년 3월 10일부터 　　　　2004년 3월 9일까지 전세권자　저래도 　　　　790703-1234567 　　　　서울시 용산구 용산동 1

[을구]	(소유권 외 권리에 관한 사항)

기록사항 없음

1. 소유권에 관한 등기

(1) 소유권보존등기 (34회, 35회)

1) 등기원인 및 연월일은 기록 ×

2) 미등기 토지 및 건물의 소유권보존등기 신청인
① 토지대장, 임야대장 또는 건축물대장의 최초 소유자(상속인, 포괄승계인)
② 확정판결에 의하여 소유권을 증명하는 자
③ 수용으로 취득한 자
④ 특별자치도지사, 시장, 군수 또는 구청장(자치구)이 확인해주는 자(건물로 한정, 토지는 ×)

(2) 미등기부동산의 처분제한의 등기와 직권보존

1) 법원의 촉탁에 따라 처분제한의 등기를 명하는 법원의 촉탁에 따라 소유권보존등기를 한다는 뜻을 기록

2) 건물이 사용승인을 받지 아니하였다면 그 사실을 표제부에 기록(사용승인을 받은 경우 등기명의인은 1개월 이내에 말소등기를 신청해야 함)

(3) 소유권의 일부이전 시 지분기록

(4) 거래가액의 등기(거래가액 기록)

1. 사용승인을 득하지 못한 경우

【 표제부 】 (건물의 표시)

표시번호	접수	소재지번 및 건물번호	건물내역	등기원인 및 기타사항
1		서울시 양천구 신정동 00	철근콘크리트구조 철근콘크리트 경사지붕 2층 단독주택 1층 100m² 2층 100m²	2030년 등기
2				건축법상 사용승인 받지 않은 건물임

2. 거래가액의 등기

【 갑구 】 (소유권에 관한 사항)

순위번호	등기목적	접수	등기원인	권리자 및 기타사항
1	소유권보존	1970년 5월 5일 제1500호		소유자 김갑동 450405-1234567 　서울시 관악구 신림동 100
2	소유권이전	2020년 8월 5일 제9099호	1993년 7월 2일 매매	소유자 홍길동 600707-1001122 　서울특별시 서초구 서초대로 20 (서초동) 법률 제16913호에 의하여 등기 매매금액 100,000,000원

2. 신탁

(1) 신탁등기의 등기사항 : 신탁원부 작성 + 등기기본사항 기록 + 신탁원부번호 기록
(신탁원부는 등기기록의 일부로 봄)

(2) 신탁등기의 신청방법

1) 신탁등기의 신청은 해당 부동산에 관한 권리의 설정등기, 보존등기, 이전등기 또는 변경등기의 신청과 동시에 하여야 한다. (32회)

2) 수익자나 위탁자는 수탁자를 대위하여 신탁등기를 신청할 수 있다. 이 경우 1)은 적용하지 아니한다.

3) 등기관은 대위자의 성명 또는 명칭, 주소 또는 사무소 소재지 및 대위원인을 기록하여야 한다.

(3) 수탁자가 여러 명인 경우 등기관은 신탁재산이 합유인 뜻을 기록하여야 한다.

(32회, 36회)

여러 명의 수탁자 중 1인이 그 임무가 종료된 경우 다른 수탁자는 단독으로 권리변경등기를 신청할 수 있다. 이 경우 다른 수탁자가 여러 명일 때에는 그 전원이 공동으로 신청하여야 한다. (36회)

(4) 촉탁에 의한 신탁변경등기 _ 법원(지체 없이 등기소에 촉탁 _ 수탁자 해임의 뜻 부기)

(32회)

① 수탁자 해임의 재판
② 신탁관리인의 선임 또는 해임의 재판
③ 신탁 변경의 재판

(5) 촉탁에 의한 신탁변경등기 _ 법무부장관(지체 없이 등기소에 촉탁_수탁자 해임의 뜻 부기)

① 수탁자를 직권으로 해임한 경우
② 신탁관리인을 직권으로 선임하거나 해임한 경우
③ 신탁내용의 변경을 명한 경우

(6) 직권에 의한 신탁변경등기

① 수탁자의 변경으로 인한 이전등기
② 여러 명의 수탁자 중 1인의 임무 종료로 인한 변경등기
③ 수탁자인 등기명의인의 성명 및 주소(법인인 경우에는 그 명칭 및 사무소 소재지를 말한다)에 관한 변경등기 또는 경정등기

(7) 수탁자의 임무 종료에 의한 등기_(신수탁자 단독으로 권리이전등기 신청 가능)

① 신탁법에 따라 수탁자의 임무가 종료된 경우 (36회)
(수탁자의 사망, 금치산선고, 한정치산선고, 파산선고, 및 법인인 수탁자가 합병 외의 사유로 해산한 경우)

② 위탁자와 수익자는 합의(위탁자가 없는 경우는 수익자 단독)로 수탁자를 해임한 경우

③ 수탁자가 그 임무에 위반된 행위를 하거나 그 밖에 중요한 사유가 있어서 위탁자나 수익자가 법원에 수탁자의 해임청구를 하여 법원이 수탁자를 해임한 경우

④ 「공익신탁법」 제27조에 따라 법무부장관이 직권으로 공익신탁의 수탁자를 해임한 경우

(8) 신탁등기의 말소 (36회)

1) 신탁등기의 말소신청은 신탁된 권리의 이전등기, 변경등기 또는 말소등기의 신청과 동시에 하여야 한다.

2) 신탁등기의 말소등기는 수탁자가 단독으로 신청할 수 있다.

3) 수익자나 위탁자는 수탁자를 대위하여 신탁등기의 말소를 신청할 수 있다(대위자의 성명 또는 명칭, 주소 또는 사무소 소재지 및 대위원인을 기록해야 함).

4) 신탁종료로 인하여 신탁재산에 속한 권리가 이전 또는 소멸된 경우에는 1)을 준용한다.

(9) 담보권신탁에 관한 특례

위탁자가 자기 또는 제3자 소유의 부동산에 채권자가 아닌 수탁자를 저당권자로 하여 설정한 저당권을 신탁재산으로 하고 채권자를 수익자로 지정한 신탁의 경우 등기관은 그 저당권에 의하여 담보되는 피담보채권이 여럿이고 각 피담보채권별로 등기사항이 다를 때에는 등기사항을 각 채권별로 구분하여 기록하여야 한다.

【 갑구 】				(소유권에 관한 사항)
순위번호	등기목적	접수	등기원인	권리자 및 기타사항
2	소유권이전	2020년 2월 5일 제1500호	2020년 2월4일 매매	소유자 김갑동 450405-1234567 　서울시 관악구 신림동 100 매매금액 100,000,000원
3	소유권이전	2020년 8월 5일 제9099호	2020년 8월 4일 신탁	수탁자 국민부동산신탁 1101111-1001122 　서울특별시 서초구 서초대로 20 신탁 신탁원부 제2020-58호
4	소유권이전	2020년 9월 5일 제10009호	2020년 9월 4일 재신탁	수탁자 대한부동산신탁 110111-1002233 서울특별시 강남구 테헤란로 25 신탁 신탁원부 제2020-95호

소유권 외의 권리에 관한 등기

지상권 (33회)	승역지 (33회)	요역지	전세권 (33회)	임차권 (31회)
① 지상권설정의 목적 ② 범위 ③ 존속기간 ④ 지료와 지급시기 ⑤ 민법규정의 약정 ⑥ 범위가 일부인 경우 도면번호	① 지역권설정의 목적 ② 범위 ③ 요역지 ④ 민법규정의 약정 ⑤ 범위가 일부인 경우 도면번호	① 순위번호 ② 등기목적 ③ 승역지 ④ 지역권설정의 목적 ⑤ 범위 ⑥ 등기연월일	① 전세금 또는 전전세금 ② 범위 ③ 존속기간 ④ 위약금 또는 배상금 ⑤ 민법규정의 약정 ⑥ 범위가 일부인 경우 도면번호	① 차임 ② 범위 ③ 차임지급시기 ④ 존속기간. 단기임대차인 경우는 그 뜻 ⑤ 임차보증금 ⑥ 임차권양도 및 전대에 대한 임대인동의 ⑦ 범위가 일부인 경우 도면번호
③부터 ⑤는 약정이 있는 경우만 등기기본사항 기록	④는 약정이 있는 경우만 등기기본사항(소유권 제외) 기록		③부터 ⑤는 약정이 있는 경우만 등기기본사항 기록	③부터 ⑥은 약정이 있는 경우만 등기기본사항 기록

등기기본사항

① 순위번호
② 등기목적
③ 접수연월일 및 접수번호
④ 등기원인 및 그 연월일
⑤ 권리자

* 권리자의 성명 또는 명칭, 주민등록번호 또는 부동산등기용등록번호, 주소 또는 사무소 소재지를 함께 기록
** 법인 아닌 사단이나 재단 명의의 등기를 할 때에는 그 대표자나 관리인의 성명, 주소 및 주민등록번호를 함께 기록
*** 공유인 경우는 권리자별 지분을 기록하고, 합유인 때에는 그 뜻을 기록

전세권 특이사항

* 전세권자는 전세권을 타인에게 양도 또는 담보로 제공할 수 있고 그 존속기간 내에서 그 목적물을 타인에게 전전세 또는 임대할 수 있다. 그러나 설정행위로 이를 금지한 때에는 그러하지 아니하다.
* 전세금반환채권의 일부양도를 원인으로 한 일부이전등기는 양도액을 기록한다 → 전세권의 존속기간의 만료 전에는 할 수 없다. 다만, 존속기간 만료 전이라도 해당 전세권이 소멸하였음을 증명하여 신청하는 경우에는 그러하지 아니하다.

등기기재사항

저당권 (34회)	근저당권	저당권부채권 질권 및 채권담보권
① 채권액 ② 채무자의 성명 또는 명칭과 주소 또는 사무소 소재지 ③ 변제기 ④ 이자 및 그 발생기·지급시기 ⑤ 원본 또는 이자의 지급장소 ⑥ 채무불이행으로 인한 손해배상에 관한 약정 ⑦ 민법규정의 약정 ⑧ 채권의 조건	① 채권의 최고액 ② 채무자의 성명(명칭)과 주소(사무소 소재지) ③ 민법규정의 약정 ④ 존속기간	① 채권액 또는 채권최고액 ② 채무자의 성명(명칭)과 주소(사무소 소재지) ③ 변제기와 이자의 약정이 있는 경우에는 그 내용
③부터 ⑧은 약정이 있는 경우만 등기기본사항 기록	③ 및 ④는 약정이 있는 경우만 등기기본사항 기록	등기기본사항 기록

담보권

* 피담보채권이 금액을 목적으로 하지 아니하는 경우 채권을 담보하기 위한 저당권설정의 등기를 할 때에는 그 채권의 평가액을 기록하여야 한다.
* 공동저당의 등기
  ① 공동저당의 뜻 기록
  ② 부동산이 5개 이상일 때에는 공동담보목록 작성 (34회)
  ③ 공동담보목록은 등기기록의 일부로 봄
* 채권일부의 양도 또는 대위변제로 인한 저당권 일부이전등기의 등기사항
  등기기본사항 + 양도액 또는 변제액 기록 (34회)
* 공동저당의 대위등기
  ① 매각 부동산(소유권 외의 권리가 저당권의 목적일 때에는 그 권리를 말함)
  ② 매각대금
  ③ 선순위 저당권자가 변제받은 금액
+ 등기기본사항

1. 지상권 등기

【 을구 】	(소유권 이외의 권리에 관한 사항)			
순위번호	등기목적	접수	등기원인	권리자 및 기타사항
1	지상권설정	2003년 3월 10일 제3125호	2003년 3월 9일 설정계약	목적　　　철근콘크리트조 건물소유 범위　　　동남쪽 350m² 존속기간　2003년 8월 3일부터 30년 지료　　　월 금 300,000원 지급시기　매월 말일 지사권자　이래도

2. 지역권

(1) 승역지

【 을구 】	(소유권 이외의 권리에 관한 사항)			
순위번호	등기목적	접수	등기원인	권리자 및 기타사항
1	지역권설정	2003년 3월 10일 제3125호	2003년 3월 9일 설정계약	목적　　　통행 범위　　　동측 50m 요역지　　서울시 관악구 봉천동 1 도면편철장 제5책 제9면

(2) 요역지

【 을구 】	(소유권 이외의 권리에 관한 사항)			
순위번호	등기목적	접수	등기원인	권리자 및 기타사항
1	요역지역권			승역지　　서울시 관악구 봉천동 1 목적　　　통행 범위　　　동측 50m 2003년 3월 10일 등기

3. 전세권

【 을구 】				(소유권 이외의 권리에 관한 사항)
순위번호	등기목적	접수	등기원인	권리자 및 기타사항
1	전세권설정	2003년 3월 10일 제3125호	2003년 3월 9일 설정계약	전세금 금 100,000,000원 범위 건물 3층 전부 존속기간 2003년 3월 10일부터 2004년 3월 9일까지 전세권자 저래도 790703-1234567 서울시 용산구 용산동 1

4. 전세금 일부이전

【 을구 】				(소유권 이외의 권리에 관한 사항)
순위번호	등기목적	접수	등기원인	권리자 및 기타사항
1	전세권설정	2009년5월10일 제5678호	2000년 5월 8일 설정계약	전세금 금 200,000,000원 범위 건물 전부 존속기간 2009년 5월 9일부터 2011년 5월 8일까지 전세권자 이래도 700407-1234567 서울특별시 서초구 서초동 123
1-1	1번전세권 일부이전	2011년11월3일 제10567호	2011년 11월 1일 전세금반환채권 일부양도	양도액 금 100,000,000원 전세권자 저래도 690707-1012518 서울특별시 강남구 테헤란로 568(역삼동)

5. 임차권

【 을구 】				(소유권 이외의 권리에 관한 사항)
순위번호	등기목적	접수	등기원인	권리자 및 기타사항
1	임차권설정	2003년 3월 10일 제3125호	2003년 3월 9일 설정계약	임차보증금 금 100,000,000원 차임 월 금 2,000,000원 차임지급시기 매월 말일 존속기간 2004년 3월 9일까지 임차권자 저래도 790703-1234567 서울시 용산구 용산동

6. 저당권

(1) 저당권

【 을구 】				(소유권 이외의 권리에 관한 사항)
순위번호	등기목적	접수	등기원인	권리자 및 기타사항
1	근저당권 설정	2003년 3월 10일 제3125호	2003년 3월 9일 설정계약	채권최고액　금 100,000,000원 채무자　저래도 790903-1234567 서울시 용산구 용산동 저당권자　㈜한국은행 11111-11111111 서울시 중구(용산지점)
1-1	1번저당권 이전	2003년 12월 10일 제3025호	2003년 12월 9일 채권양도	저당권자　㈜서울은행 11111-111111112 서울시 중구(중구지점)

(2) 저당권부채권에 대한 질권

【 을구 】				(소유권 이외의 권리에 관한 사항)
순위번호	등기목적	접수	등기원인	권리자 및 기타사항
1	근저당권설정	2003년 3월 10일 제3125호	2003년 3월 9일 설정계약	채권최고액　금 100,000,000원 채무자　저래도 790903-1234567 서울시 용산구 용산동 저당권자　㈜한국은행 11111-11111111 서울시 중구(용산지점)
1-1	1번근저당권부질권	2003년 12월 10일 제3025호	2003년 12월 9일 설정계약	채무자　저래도 790903-1234567 서울시 용산구 용산동 채권최고액　금 50,000,000원 변제기　2003년 12월 31일 이자　월1할 채권자　그래도 790704-2345678 서울시 중구 중동 1

04 가등기 및 가처분 등

1. 가등기 (32회, 35회, 36회)

(1) 가등기의 대상

권리의 설정, 이전, 변경 또는 소멸의 청구권 보전목적

시기부 · 정지조건부 · 장래 확정예정인 청구권 포함

(2) 가등기의 신청방법

가등기권리자는 가등기의무자의 승낙 및 가등기를 명하는 법원(부동산 소재지 관할 지방법원)의 가처분명령이 있는 경우 단독신청 가능

(3) 가등기에 의한 본등기의 순위

가등기에 의한 본등기를 한 경우 본등기의 순위는 가등기의 순위에 따름

(4) 가등기의 말소

1) 가등기명의인은 단독으로 가등기의 말소신청 가능

2) 가등기의무자 또는 가등기에 관하여 등기상 이해관계 있는 자는 가등기명의인의 승낙을 받아 단독으로 가등기 말소신청 가능

(5) 가등기를 명하는 가처분명령 (32회)

가등기를 명하는 가처분명령은 부동산의 소재지를 관할하는 지방법원이 가등기권리자의 신청으로 가등기 원인사실의 소명이 있는 경우에 할 수 있으며, 신청을 각하한 결정에 대하여는 즉시 항고할 수 있다(비송사건절차법 준용).

2. 가처분

* 가처분등기 이후 등기의 말소

권리의 이전, 말소 또는 설정등기청구권을 보전하기 위한 처분금지가처분등기가 된 후 가처분채권자가 가처분채무자를 등기의무자로 하여 권리의 이전, 말소 또는 설정의 등기를 신청하는 경우에는, 그 가처분등기 이후에 된 등기로서 가처분채권자의 권리를 침해하는 등기의 말소를 단독으로 신청할 수 있다.

→ 등기관이 직권말소

→ 지체 없이 그 사실을 말소된 권리의 등기명의인에게 통지해야 함

3. 촉탁등기

① 체납처분으로 인한 압류등기를 촉탁하는 경우 부동산의 표시, 등기명의인의 표시의 변경, 경정 또는 상속, 그 밖의 포괄승계로 인한 권리이전 등기를 함께 촉탁가능

② 관공서는 공매처분 시 등기권리자의 청구를 받으면 지체 없이 촉탁신청(공매로 인한 권리이전등기, 공매로 소멸된 권리등기의 말소, 체납처분에 관한 압류등기 및 공매공고등기의 말소)

③ 국가 또는 지방자치단체인 경우에는 촉탁신청

④ 수용의 경우 등기권리자(사업시행자) 단독신청 가능(국가 및 지방자치단체는 촉탁신청) (30회, 31회)

등기권리자는 등기신청을 하는 경우에 등기명의인이나 상속인, 그 밖의 포괄승계인을 갈음하여 부동산의 표시 또는 등기명의인의 표시의 변경, 경정 또는 상속, 그 밖의 포괄승계로 인한 소유권이전의 등기를 신청할 수 있다.

수용목적물인 부동산을 위하여 존재하는 지역권의 등기 또는 토지수용위원회의 재결로써 존속이 인정된 권리의 등기는 직권말소 ✕

* 소유권이전청구권 가등기(매매예약에 의한 가등기)

【 갑구 】	(소유권에 관한 사항)			
순위번호	등기목적	접수	등기원인	권리자 및 기타사항
3	소유권이전청구권 가등기	2003년 3월 10일 제3125호	2003년 3월 9일 매매예약	가등기권자 그래도 550505-1089321 서울특별시 서대문구 홍은동 9

* 시기부 소유권이전청구권 가등기

【 갑구 】	(소유권에 관한 사항)			
순위번호	등기목적	접수	등기원인	권리자 및 기타사항
3	시기부 소유권이전청구권 가등기	2003년 3월 10일 제3125호	2003년 3월 9일 매매예약(시기 2003년 6월 30일)	가등기권자 그래도 550505-1089321 서울특별시 서대문구 홍은동 9

* 정지조건부 소유권이전청구권 가등기

【 갑구 】	(소유권에 관한 사항)			
순위번호	등기목적	접수	등기원인	권리자 및 기타사항
3	조건부 소유권이전청구권가등기	2003년 3월 10일 제3125호	2003년 3월 9일 매매(조건 소방도로 개설)	가등기권자 그래도 550505-1089321 서울특별시 서대문구 홍은동 9

* 가등기를 명하는 가처분명령

【 갑구 】	(소유권에 관한 사항)			
순위번호	등기목적	접수	등기원인	권리자 및 기타사항
3	소유권이전청구권 가등기	2003년 3월 10일 제3125호	2003년 3월 8일 서울지방법원의 가등기가처분결정 (2003카기500)	가등기권자 그래도 550505-1089321 서울특별시 서대문구 홍은동 9

*가등기에 의한 본등기의 순위

【 갑구 】	(소유권에 관한 사항)			
순위번호	등기목적	접수	등기원인	권리자 및 기타사항
3	소유권이전청구권 가등기	2003년 3월 10일 제3125호	2003년 3월 9일 매매예약	가등기권자 그래도 550505-1089321 서울특별시 서대문구 홍은동 9
	소유권이전	2004년 3월 9일 제5123호	2004년 3월 8일 매매	소유자 그래도 550505-1089321 서울특별시 서대문구 홍은동 9

1. 이의

(1) 관할 지방법원에 이의신청(등기소에 이의신청서 제출하는 방법) (30회) **+ 전산정보처리조직을 이용하여 이의신청정보를 보내는 방법**

(2) 새로운 사실이나 새로운 증거방법을 근거로 한 이의신청 × (34회, 36회)

(3) 등기관의 조치
- 1) 이유 있는 경우 : 그에 해당하는 처분
- 2) 이유 없는 경우 : 이의신청일부터 3일 내에 관할 지방법원으로 이전 (34회, 36회)
- 3) 등기를 마친 후 이의신청이 있는 경우 : 3일 내에 관할 지방법원으로 이전 + 등기상 이해관계인에게 이의신청 사실 통지 (36회)

(4) 이의에는 집행정지의 효력이 없음 (34회, 35회, 36회)

(5) 이의에 대한 결정과 항고 (30회)
① 관할 지방법원은 이의에 대하여 이유를 붙여 결정을 하여야 한다. 이 경우 이의가 이유 있다고 인정하면 등기관에게 그에 해당하는 처분을 명령하고 그 뜻을 이의신청인과 등기상 이해관계 있는 자에게 알려야 한다.
② 결정에 대하여는 「비송사건절차법」에 따라 항고할 수 있다.

(6) 처분 전의 가등기 및 부기등기의 명령 (30회, 36회)
관할 지방법원은 이의신청에 대하여 결정하기 전에 등기관에게 가등기 또는 이의가 있다는 뜻의 부기등기를 명령할 수 있다.

(7) 관할 법원의 명령에 따른 등기
등기관이 관할 지방법원의 명령에 따라 등기를 할 때에는 명령을 한 지방법원, 명령의 연월일 및 명령에 따라 등기를 한다는 뜻을 기록하여야 한다.

(8) 송달 (30회, 34회)
송달에 대하여는 「민사소송법」을 준용하고, 이의의 비용에 대하여는 「비송사건절차법」을 준용한다.

(9) 기타[심화 : 기록명령에 따른 등기를 할 수 없는 경우(규칙 제161조)]
1) 등기신청의 각하결정에 대한 이의신청에 따라 관할 지방법원이 그 등기의 기록명령을 하였더라도 다음 어느 하나에 해당하는 경우에는 그 기록명령에 따른 등기를 할 수 없다.
   ① 권리이전등기의 기록명령이 있었으나, 그 기록명령에 따른 등기 전에 제3자 명의로 권리이전등기가 되어 있는 경우
   ② 지상권, 지역권, 전세권 또는 임차권의 설정등기의 기록명령이 있었으나, 그 기록명령에 따른 등기 전에 동일한 부분에 지상권, 전세권 또는 임차권의 설정등기가 되어 있는 경우
   ③ 말소등기의 기록명령이 있었으나 그 기록명령에 따른 등기 전에 등기상 이해관계인이 발생한 경우
   ④ 등기관이 기록명령에 따른 등기를 하기 위하여 신청인에게 첨부정보를 다시 등기소에 제공할 것을 명령하였으나 신청인이 이에 응하지 아니한 경우
2) 1)과 같이 기록명령에 따른 등기를 할 수 없는 경우에는 그 뜻을 관할 지방법원과 이의신청인에게 통지하여야 한다.

2. 보칙 및 벌칙

(1) 등기필정보의 안전확보

① 등기관은 등기필정보의 안전관리를 위한 적절한 조치마련
② 직무로 인하여 알게 된 등기필정보의 작성이나 관리에 관한 비밀누설 금지
③ 누구든지 부실등기 목적의 등기필정보 취득 및 제공 금지

(2) 벌칙 : 2년 이하의 징역 또는 1천만원 이하의 벌금

① '(1)'의 ② 위반
② '(1)'의 ③ 위반
③ 부정하게 취득한 등기필정보를 '(1)'의 ②의 목적으로 보관한 사람

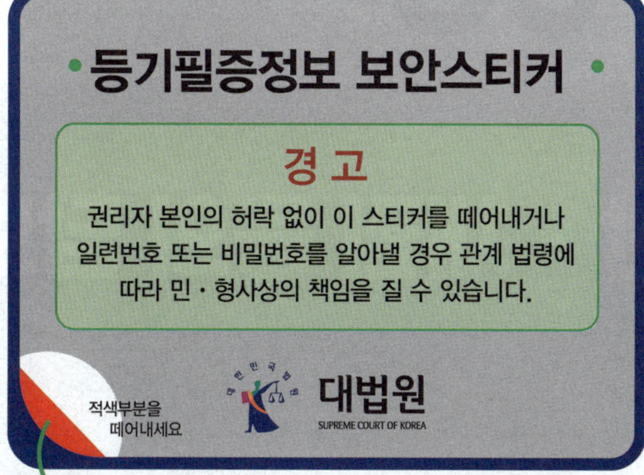

스티커 제거 후

| 일 련 번 호 : AAAA − AAAA − AAAA |
| 비 밀 번 호 (기재순서 : 순번−비밀번호) |

01 - 1234	11 - 1234	21 - 1234	31 - 1234	41 - 1234
02 - 1234	12 - 1234	22 - 1234	32 - 1234	42 - 1234
03 - 1234	13 - 1234	23 - 1234	33 - 1234	43 - 1234
04 - 1234	14 - 1234	24 - 1234	34 - 1234	44 - 1234
05 - 1234	15 - 1234	25 - 1234	35 - 1234	45 - 1234
06 - 1234	16 - 1234	26 - 1234	36 - 1234	46 - 1234
07 - 1234	17 - 1234	27 - 1234	37 - 1234	47 - 1234
08 - 1234	18 - 1234	28 - 1234	38 - 1234	48 - 1234
09 - 1234	19 - 1234	29 - 1234	39 - 1234	49 - 1234
10 - 1234	20 - 1234	30 - 1234	40 - 1234	50 - 1234

* **부동산등기규칙 제108조(등기필정보 통지의 상대방)**
① 등기관은 등기를 마치면 등기필정보를 등기명의인이 된 신청인에게 통지한다. 다만, 관공서가 등기권리자를 위하여 등기를 촉탁한 경우에는 대법원예규로 정하는 바에 따라 그 관공서 또는 등기권리자에게 등기필정보를 통지한다.
② 법정대리인이 등기를 신청한 경우에는 그 법정대리인에게, 법인의 대표자나 지배인이 신청한 경우에는 그 대표자나 지배인에게, 법인 아닌 사단이나 재단의 대표자나 관리인이 신청한 경우에는 그 대표자나 관리인에게 등기필정보를 통지한다. (35회)

동산 · 채권 등의 담보에 관한 법률

동산 · 채권담보법 기본구조
개념
동산담보권
채권담보권
지식재산권
담보등기
이의신청
담보권설정자
대상
대상
대상
등기신청
담보권자
효력
효력
효력
존속기간
채무자 등
실행방법
실행방법
실행방법
갱신

1. 목적

동산 · 채권 · 지식재산권을 목적으로 하는 담보권과 그 등기 또는 등록에 관한 사항을 규정하여 자금조달을 원활하게 하고 거래의 안전을 도모하며 국민경제의 건전한 발전에 이바지함을 목적으로 한다

2. 필수개념

담보약정 : 동산 · 채권 · 지식재산권을 담보로 제공하기로 하는 약정

동산담보권 : 동산(여러 개 또는 장래취득 예정 포함)을 목적으로 등기한 담보권

채권담보권 : 지명채권(여러 개 또는 장래발생 채권 포함)을 목적으로 등기한 담보권 (28회)

지식재산권담보권 : 특허권, 실용신안권, 디자인권, 상표권, 저작권, 반도체집적회로의 배치설계권 등 질권설정이 가능한 지식재산권을 목적으로 그 지식재산권을 규율하는 개별 법률에 따라 등록한 담보권

담보권설정자(채무자) : 동산 · 채권 · 지식재산권에 담보권을 설정한 자(동산 · 채권인 경우는 법인 또는 사업자등록을 한 사람)

담보권자(채권자) : 동산 · 채권 · 지식재산권을 목적으로 하는 담보권을 취득한 자

담보등기 : 동산 · 채권을 담보로 제공하기 위하여 이루어진 등기

담보등기부 : 전산정보처리조직에 의한 전산정보자료를 저장한 보조기억장치(전자적 정보저장매체 포함), 동산담보등기부와 채권담보등기부로 구분

채무자 등 : 채무자(담보권설정자), 담보목적물의 물상보증인, 담보목적물의 제3취득자

이해관계인(목적물에 관련된 사람들) : 채무자 등과 담보목적물에 대한 권리자, 압류 및 가압류 채권자, 배당을 요구한 채권자

1-1. 동산담보권

(1) 동산담보권설정자

법인 또는 사업자등록을 한 사람
사업자등록 말소는 설정된 동산담보권 효력에 영향 × (34회, 36회)

(2) 담보등기 대상

1) 특정가능한 동산(장래에 취득할 동산 포함) _ (여러 개 가능 : 목적물의 종류·보관장소, 수량특정 가능시) (35회)

2) 담보등기를 할 수 없는 경우 (30회, 34회)
① 등기된 선박, 등록된 건설기계·자동차·항공기·소형선박, 「공장 및 광업재단 저당법」에 따라 등기된 기업재산
② 화물상환증, 선하증권, 창고증권이 작성된 동산
③ 무기명채권증서, 유동화증권, 자본시장과 금융투자업에 관한 법률에 따른 증권

(3) 기타

채무확정을 장래에 보류하여 정할 수 있음(이자는 최고액에 포함된 것으로 봄) (33회)
피담보채권과 분리하여 양도할 수 없음 (31회, 36회)
피담보채권의 범위 : 원본, 이자, 위약금, 담보권실행의 비용, 담보목적물의 보존비용 및 흠으로 인한 손해배상의 채권

(4) 동산담보권의 효력 등

1) 담보등기의 효력
① 담보권의 득실변경은 등기하여야 효력이 생김 (33회, 34회)
② 동일 동산에 설정된 동산담보권의 순위는 등기의 순서에 따름 (33회)
③ 동일 동산에 관한 담보등기부의 등기와 인도(간이인도, 점유개정, 목적물반환청구권의 양도 포함)가 행하여진 경우, 그에 따른 권리 사이의 순위는 그 선후에 따름
2) 채권의 전부를 변제받을 때까지 담보목적물 전부에 대하여 권리행사 가능
3) 담보목적물에 부합된 물건과 종물도 미침
4) 담보목적물에 대한 압류 또는 인도 청구가 있은 후 담보목적물로부터 수취한 과실 또는 수취할 수 있는 과실에 미침 (34회, 36회)

(5) 물상대위(지급 전 압류) 및 다른 재산으로부터의 변제 가능 (33회)

(6) 담보권설정자에게 책임이 있는 사유로 담보목적물의 가액이 현저히 감소된 경우

담보권자는 담보권설정자에게 그 원상회복 또는 적당한 담보의 제공청구 가능 (34회)

(7) 제3취득자의 비용(필요비 유익비)상환청구권 및 담보목적물의 <u>반환청구권</u> 인정

(담보권설정자 또는 담보권자에게)

(8) 방해제거청구권 및 방해예방청구권 인정 (36회)

(9) 담보권설정자는 정당한 사유에서 목적물에 대한 현황조사 요구를 거부할 수 없다(전자적으로 식별할 수 있는 표지 부착 가능).

1-2. 동산담보권의 실행

(1) 동산담보권의 실행방법 등

1) 경매청구 가능(담보권설정자가 담보목적물을 점유하는 경우에 경매절차는 압류에 의하여 개시) (31회, 32회)
2) 경매절차는 민사집행법 준용
3) 담보권자는 담보목적물로써 직접 변제 충당 및 매각하여 그 대금을 변제에 충당할 수 있다.
  * 담보권 실행을 위한 경매에 대하여 이해관계인은 「민사집행법」에 따라 이의신청을 할 수 있음

(2) 직접변제 및 매각 절차

1) **절차**

(피담보권의 금액, 담보목적물의 평가액 또는 예상매각대금, 직접변제 · 매각이유 명시)

① 채권 변제기 후 채무자 등 및 이해관계인에게 통지하고 1개월이 도과되어야 함(멸실 · 훼손 염려 및 가치급감 우려의 경우는 ×)
② 담보목적물의 평가액 또는 매각대금에서 채권액을 뺀 금액을 채무자 등에게 지급해야 한다.
③ 담보권자가 담보목적물로써 직접 변제에 충당하는 경우 청산금을 채무자 등에게 지급한 때에 담보목적물의 소유권을 취득한다.

2) **절차의 중지**

① 담보목적물을 직접 변제에 충당하는 경우 아래 기간 내 경매가 개시된 경우
  '청산금을 지급하기 전' 또는 '청산금이 없는 경우에는 동산담보권 실행의 방법을 채무자 등과 담보권자가 알고 있는 이해관계인에게 통지하고
  그 통지가 도달한 날로부터 1개월이 지나기 전'
② 담보목적물을 매각하여 그 대금을 변제에 충당하는 경우 아래 기간 내 경매가 개시된 경우
  담보권자가 제3자와 매매계약을 체결하기 전

  * 후순위 권리자는 상기 기간 내 경매청구 가능(단, 채권의 변제기가 되기 전에는 ①의 기간에만 경매를 청구할 수 있다.)
  * 채무자 등은 상기 기간 내에 피담보채무액을 지급하고 담보등기의 말소를 청구할 수 있음(담보권실행중지로 발생된 손해배상) (31회)

3) **담보목적물의 점유**(채권 전부변제시까지 유치가능. 단, 선순위권리자에게 대항 ×) (33회)

담보권자가 점유하는 경우 선관주의로 관리
담보권자는 과실을 수취하여 다른 채권자보다 그 채권의 변제에 충당할 수 있음
과실이 금전이 아닌 경우에는 경매, 직접 변제 충당 및 과실매각 대금으로 변제충당 가능

4) **동산담보권 실행에 관한 약정**

① 담보권자와 담보권설정자는 이 법에서 정한 실행절차와 다른 내용의 약정을 할 수 있음(약정에 의하여 이해관계인의 권리를 침해하지 못함)
② 다만, 직접변제를 위한 채무자등과 이해관계인에 대한 통지가 없거나 통지 후 1개월이 지나지 아니한 경우에도 통지 없이 담보권자가 담보
  목적물을 처분하거나 직접 변제에 충당하기로 하는 약정은 효력 없음

5) 담보권자가 담보권을 실행하기 위하여 필요한 경우에는 채무자 등에게 담보목적물의 인도를 청구할 수 있다.

6) 후순위권리자의 권리행사

① 청산금이 지급될 때까지 권리행사 가능, 후순위권리자 요구시 담보권자는 청산금을 지급해야 함(권리행사를 막으려는 자는 청산금을 압류하거나 가압류하여야 함)
② 후순위권리자는 권리를 행사할 때에는 그 피담보채권의 범위에서 그 채권의 명세와 증서를 담보권자에게 건네주어야 한다.
③ 담보권자가 채권 명세와 증서를 받고 후순위권리자에게 청산금을 지급한 때에는 그 범위에서 채무자 등에 대한 청산금 지급채무가 소멸한다.

7) 매각대금 등의 공탁(담보권자는 공탁금의 회수를 청구할 수 없음) (36회)

① 매각대금 등이 압류 또는 가압류된 경우, 매각대금 등에 권리를 주장하는 자가 있는 경우 → 담보권자는 그 전부 또는 일부를 법원에 공탁할 수 있음
→ 담보권자는 즉시 공탁사실을 담보등기부에 등기된자와 알고 있는 이해관계인과 담보목적물의 매각대금 등을 압류 또는 가압류하거나 그에 관하여 권리를 주장하는 자에게 통지하여야 함
② 담보목적물의 매각대금 등에 대한 압류 또는 가압류가 있은 후에 ①에 따라 담보목적물의 매각대금 등을 공탁한 경우에는 채무자 등의 공탁금출급청구권이 압류되거나 가압류된 것으로 본다.

8) 공동담보와 배당, 후순위자의 대위

① 공동담보목적물 매각대금 동시 배당 → 각 담보목적물의 매각대금에 비례하여 채권분담
② 담보목적물 중 일부의 매각대금을 먼저 배당하는 경우에는 그 대가에서 그 채권 전부를 변제받을 수 있다. ③ 이 경우 경매된 동산의 후순위담보권자는 선순위담보권자가 다른 담보목적물의 동산담보권 실행으로 변제받을 수 있는 금액의 한도에서 선순위담보권자를 대위(代位)하여 담보권을 행사할 수 있다.
④ 담보권자가 직접변제방법에 따라 동산담보권을 실행하는 경우에는 ①과 ②를 준용한다. 다만, ①에 따라 각 담보목적물의 매각대금을 정할 수 없는 경우에는 직접변제를 위한 채무자 등과 이해관계인에 대한 통지에 명시된 각 담보목적물의 평가액 또는 예상매각대금에 비례하여 그 채권의 분담을 정한다.

9) 이해관계인의 가처분 신청 등

① 위법한 동산담보권 실행에 대해 동산담보권 실행의 중지 등 필요한 조치를 명하는 가처분 신청 가능 → 법원은 신청에 대한 결정 전에 이해관계인에게 담보를 제공하게 하거나 제공하지 아니하고 집행을 일시 정지하도록 명하거나 담보권자에게 담보를 제공하고 그 집행을 계속하도록 명하는 등 잠정처분을 할 수 있다
② 담보권 실행 경매에 대해 이해관계인은 「민사집행법」에 따라 이의신청을 할 수 있다.

(3) 담보목적물의 소유권 · 질권을 취득하는 경우 민법의 선의취득 준용

(4) 기타 : 「민법」 제331조 및 제369조 준용

> * 민법 제331조(질권의 목적물)
> 질권은 양도할 수 없는 물건을 목적으로 하지 못한다.
>
> * 민법 제369조(부종성)
> 저당권으로 담보한 채권이 시효의 완성 기타 사유로 인하여 소멸한 때에는 저당권도 소멸한다.

03 채권담보권과 지식재산

1. 채권담보권

(1) 대상 : 지명채권

여러 개의 채권(채무자 특정여부를 묻지 않고 장래에 발생할 채권 포함)도
채권의 종류, 발생 원인, 발생 연월일을 정하는 등 특정가능한 경우에는 담보등기 가능

(2) 담보등기의 효력

지명채권의 채무자(제3채무자라 함) 외의 제3자에게 대항할 수 있음
제3채무자에게의 통지와 승낙 필요

(3) 실행 (28회)

1) 담보권자는 피담보채권의 한도에서 채권담보권의 목적이 된 채권을 직접 청구할 수 있음
2) 채권담보권의 목적이 된 채권이 피담보채권보다 먼저 변제기에 이른 경우에는 담보권자는 제3채무자에게 그 변제금액의 공탁을 청구할 수 있음
3) 담보권자는 상기 채권담보권의 실행방법 외에 「민사집행법」에서 정한 집행방법으로 채권담보권을 실행할 수 있음
4) 동일한 채권에 관하여 담보등기부의 등기와 민법규정에 의한 질권설정에 따른 통지 또는 승낙이 있는 경우에, 담보권자 또는 담보의 목적인 채권의 양수인은 법률에 다른 규정이 없으면 제3채무자 외의 제3자에게 등기와 그 통지의 도달 또는 승낙의 선후에 따라 그 권리를 주장할 수 있다.

(4) 채권담보권에 관하여는 그 성질에 반하지 아니하는 범위에서 동산담보권에 관한 제2장과 「민법」 제348조 및 제352조를 준용한다(제37조).

* 민법 제348조(저당채권에 대한 질권과 부기등기)
  저당권으로 담보한 채권을 질권의 목적으로 한 때에는 그 저당권등기에 질권의 부기등기를 하여야 그 효력이 저당권에 미친다.

* 민법 제352조(질권설정자의 권리처분제한)
  질권설정자는 질권자의 동의 없이 질권의 목적된 권리를 소멸하게 하거나 질권자의 이익을 해하는 변경을 할 수 없다.

2. 지식재산

(1) 대상

동일한 채권을 담보하기 위해 2개 이상의 지식재산권을 담보로 제공하는 경우에 특허원부, 저작권등록부 등 그 지식재산권을 등록하는 공적장부에 담보권 등록.
담보목적의 지식재산권은 그 등록부를 관장하는 기관이 동일하여야 하고, 지식재산권의 종류와 대상을 정하거나 그 밖에 이와 유사한 방법으로 특정할 수 있어야 함

(2) 등록의 효력

등록을 한 때에 그 지식재산권에 대한 질권의 득실변경을 등록한 것과 동일한 효력발생.
동일한 지식재산권에 관하여 이 법에 따른 담보권 등록과 지식재산권을 규율하는 개별 법률에 따른 질권 등록이 이루어진 경우에 그 순위는 그 선후에 따름

(3) 지식재산권담보권자의 권리행사

담보권자는 지식재산권을 규율하는 개별 법률에 따라 담보권을 행사할 수 있음

담보등기

(1) 등기할 수 있는 권리 및 관할 등기소, 등기사무의 처리

① 담보등기는 동산담보권이나 채권담보권의 설정, 이전, 변경, 말소 또는 연장에 대하여

② 접수번호 순서에 따라 전산정보처리조직에 기록

③ 등기관이 등기를 마친 경우 그 등기는 접수한 때부터 효력을 발생 (29회, 32회)

(2) 등기의 신청 등 (29회, 32회, 35회)

① 등기권리자 및 등기의무자의 공동신청 원칙

② 등기명의인 표시의 변경 또는 경정의 등기는 등기명의인 단독신청 가능

③ 판결승소 등기권리자 또는 등기의무는 단독신청 가능

④ 상속 및 포괄승계로 인한 등기는 등기권리자 단독신청 가능

(3) 신청의 잘못된 부분이 보정될 수 있는 경우에 당일 보정하였을 때에는 각하하지 아니함

① 사건이 그 등기소의 관할이 아닌 경우

② 사건이 등기할 것이 아닌 경우

③ 권한이 없는 자가 신청한 경우

④ 방문신청의 경우 당사자나 그 대리인이 출석하지 아니한 경우

⑤ 신청서가 대법원규칙으로 정하는 방식에 맞지 아니한 경우

⑥ 신청서에 기록된 사항이 첨부서면과 들어맞지 아니한 경우

⑦ 신청서에 필요한 서면 등을 첨부하지 아니한 경우

⑧ 신청의 내용이 이미 담보등기부에 기록되어 있던 사항과 일치하지 아니한 경우

⑨ 신청수수료를 내지 아니하거나 등기신청과 관련된 의무를 이행하지 아니한 경우

(4) 등기필정보의 통지

등기완료 시 등기권리자에게 등기필정보 통지

최초 담보권설정등기의 경우에는 담보권설정자에게도 등기필정보 통지 必

(5) 존속기간 및 연장 (29회, 32회, 35회)

① 담보권의 존속기간은 5년 초과 ×

② 5년을 초과하지 않는 기간으로 갱신 가능(만료 전에 연장등기 신청해야 함)

③ 연장등기를 위하여 담보등기부에 다음 사항을 기록하여야 한다.

   ⊙ 존속기간을 연장하는 취지

   ⓛ 연장 후의 존속기간

   ⓒ 접수번호

   ⓔ 접수연월일

(6) 말소등기 (35회)

① 담보약정의 취소, 해제 등 효력을 상실한 경우

② 담보목적물인 동산이 멸실되거나 채권이 소멸한 경우

③ 그 밖에 담보권이 소멸한 경우

④ 말소등기를 하기 위하여 담보등기부에 다음 사항을 기록하여야 한다.

   ⊙ 담보등기를 말소하는 취지(일부말소의 경우에는 그 취지와 대상)

   ⓛ 말소등기의 등기원인 및 그 연월일

   ⓒ 접수번호

   ⓔ 접수연월일

(7) 등기부의 열람 및 발급

① 누구든지 열람 및 발급 가능

② 신청서나 그 밖의 부속서류 열람은 등기관이 보는 앞에서 이해관계 있는 부분만 열람 가능

③ 등기기록의 열람은 등기기록에 기록된 등기사항을 전자적 방법으로 그 내용을 보게 하거나 그 내용을 기록한 서면을 교부하는 방법으로 한다. 다만, 서면을 교부하는 경우에는 등기사항증명서 양식이 아닌 다른 양식으로 교부할 수 있다.

(8) 등기의 경정

① 오기나 누락이 있는 경우 담보권설정자 또는 담보권자는 경정등기를 신청할 수 있고, 등기관의 잘못으로 인한 오기나 누락은 등기관이 직권으로 경정할 수 있다.

② 담보등기부에 기록된 담보권설정자의 법인등기부상 상호, 명칭, 본점 또는 주된 사무소가 변경된 경우 담보등기를 담당하는 등기관은 담보등기부의 해당 사항을 직권으로 변경할 수 있다. → 담보권설정자의 상호 등에 대한 변경등기를 마친 후 지체 없이 담보등기를 담당하는 등기관에게 이를 통지하여야 한다.

(9) 등기신청의 방법

① 방문신청 : 신청인 또는 그 대리인이 등기소에 출석하여 서면으로 신청. 다만, 대리인이 변호사 또는 법무사인 경우에는 사무원이 등기소에 출석하여 신청 가능

② 전자신청 : 대법원규칙으로 정하는 바에 따라 전산정보처리조직을 이용하여 신청

이의신청 (29회, 32회)

1) 관할 지방법원에 이의신청(이의신청서는 등기소에 제출)
2) 이의신청은 집행정지의 효력이 없음
3) 새로운 사실 및 증거방법으로 이의신청 ×
4) 등기관은 이유 있으면 해당처분을 하고, 이유 없으면 3일 이내에 관할 지방법원에 송부
5) 지방법원의 결정에 대해 「비송사건절차법」에 따라 항고 가능

---

* 관할 등기소 등

1. 대법원장이 지정·고시하는 지방법원, 그 지원 또는 등기소에서 취급 담보권설정자의 주소를 관할하는 지방법원, 그 지원 또는 등기소를 관할 등기소로 한다. 등기사무는 등기관이 처리한다.
2. 대법원장은 어느 등기소의 관할에 속하는 사무를 다른 등기소에 위임할 수 있음
3. 등기관은 접수번호의 순서에 따라 전산정보처리조직에 의하여 담보등기부에 등기사항을 기록하는 방식으로 등기사무를 처리하여야 한다. + 등기관의 식별부호를 기록하는 등 등기사무를 처리한 등기관을 확인할 수 있는 조치를 하여야 한다.

부동산 가격공시에 관한 법률

1. 공동주택

건축물의 벽·복도·계단이나 그 밖의 설비 등의 전부 또는 일부를 공동으로 사용하는 각 세대가 하나의 건축물 안에서 각각 독립된 주거생활을 할 수 있는 구조로 된 주택
① 아파트 : 주택층수가 5개 층 이상인 주택
② 연립주택 : 바닥면적 합계 660제곱미터 초과, 층수가 4개 층 이하인 주택(2개 이상의 동을 지하주차장으로 연결하는 경우에는 각각의 동으로 본다.)
③ 다세대주택 : 바닥면적 합계 660제곱미터 이하, 층수가 4개 층 이하인 주택(2개 이상의 동을 지하주차장으로 연결하는 경우에는 각각의 동으로 본다.)

2. 단독주택
: 공동주택을 제외한 주택

① 단독주택
② 다중주택 : 다음의 요건을 모두 갖춘 주택을 말한다.
　㉠ 학생 또는 직장인 등 여러 사람이 장기간 거주할 수 있는 구조로 되어 있는 것
　㉡ 독립된 주거의 형태를 갖추지 않은 것(각 실별 욕실설치 가능, 취사시설 설치 ×)
　㉢ 바닥면적 합계 660제곱미터(부설주차장 면적은 제외) 이하, 층수가 3층 이하
③ 다가구주택
　층수(지하층은 제외)가 3개 층 이하일 것 + 바닥면적 합계 660제곱미터 이하 + 19세대 이하

3. 비주거용 부동산
: 주택을 제외한 건축물이나 건축물과 그 토지의 전부 또는 일부

① 비주거용 집합부동산 : 「집합건물의 소유 및 관리에 관한 법률」에 따른 비주거용 부동산
② 비주거용 일반부동산 : ①을 제외한 비주거용 부동산

4. 적정가격

토지, 주택 및 비주거용 부동산에 대하여 통상적인 시장에서 정상적인 거래가 이루어지는 경우 성립될 가능성이 가장 높다고 인정되는 가격

1. 표준지 선정 (32회)

- 이용상황, 주위환경, 자연적 · 사회적 조건 유사
- 표준지의 선정 및 관리지침

2. 평가의뢰 (33회)

(1) 복수평가 원칙_ 법인등선정기준(모두 충족요건)

① 선정기준일(조사평가의뢰일) 30일 이전이 되는 날 기준
  직전 1년간 업무실적이 조사평가 수행에 적정한 수준일 것
② 회계감사절차 또는 감정평가서의 심사체계가 적정할 것
③ 업무정지, 과태료 또는 소속 징계처분 등 다음 중 어느 하나에 해당하지 않을 것
  • 선정기준일 직전 2년간 업무정지처분을 3회 이상 받은 경우
  • 선정기준일 직전 1년간 과태료 처분 3회 이상 받은 경우
  • 선정기준일 직전 1년간 징계 받은 소속비율이 전체 10% 이상인 경우
  • 선정기준일 현재 업무정지기간이 만료된 날부터 1년이 지나지 아니한 경우

(2) 단수평가 가능

① 최근 1년간 읍 · 면 · 동별 지가변동률이 전국 평균 지가변동률 이하인 지역
② 개발사업시행, 용도지역/지구 변경 사유 없는 지역

3. 조사 평가

기준

국토교통부장관 → 인근 유사토지의 '사정개입(특수한 사정, 지식부족) 없는 거래가격/임대료' 및 유사이용
가치를 지닌 토지의 조성비용추정액(공시기준일 현재의 표준적인 조성비와 일반적인 부대비용), 인근지역
및 다른 지역과의 형평성 · 특수성, 표준지공시지가의 변동예측가능성 등 고려

나지상정

건물 또는 그 밖의 정착물이 있거나 지상권 또는 그 밖의 토지의 사용 / 수익을 제한하는 권리는 없는 것으
로 평가한다. (30회)

조사평가사항 (36회)

표준지공시지가 및 토지의 소재지, 면적 및 공부상 지목, 지리적 위치, 토지이용상황, 용도지역, 주위환경, 도
로 및 교통환경, 토지 형상 및 지세(표준지공시지가의 조사 · 평가에 필요한 세부기준은 국토교통부장관이
정한다)

소유자 의견 청취

공시예정가격, 공시대상, 열람기간 및 방법, 의견제출방법 및 기간을 공시가격시스템에 20일
이상 공시 → 게시사실 개별통지
  (구분건물인 경우에는 관리단/관리인에게 통지하여 게시판 등에 7일 이상 게
  시하게 할 수 있다.)

표준공시지가의 적용 (33회) ☆

1) 주체 : 국가, 지방자치단체, 공공기관, 공공단체(산림조합 등)
2) 목적
  ① 공공용지의 매수, 보상, 국공유지의 취득 또는 처분
  ② 조성된 용지 등의 공급 또는 분양
  ③ 도시개발사업, 정비사업, 농업생산기반 정비사업을 위한
    환지 · 체비지의 매각 또는 환지신청
  ④ 토지의 관리 · 매입 · 매각 · 경매 또는 재평가
3) 방법(필요시 가감조정 가능)
  표준지공시지가 → 비준표 적용
  직접 산정 또는 법인등 의뢰

효력 ☆

① 토지시장에 지가정보 제공
② 국가 · 지방자치단체 업무관련 지가산정 시 기준
③ 일반적인 토지거래 지표
④ 법인등이 평가 시 기준

타인토지출입 (30회)

* 표준지공시지가 조사 · 평가 및 개별공시지가의 산정 시
* 택지 또는 담장 · 울타리로 둘러싸인 경우는 허가 필요
  (공무원은 허가 불요)

+ 3일 전 통지(점유자 알 수 없거나 부득이한 경우는 ×)
+ 일출 전 · 일몰 후(택지 · 담장으로 둘러싸인 토지)
  점유자 승인 없이 출입 불가
+ 증표 및 허가증 제시

관보공고사항 (30회, 34회, 35회, 36회)

① 공시사항 : 지번, 단위면적당 가격, 면적 및 형상, 표준지 이용
  상황, 주변토지 이용상황, 지목, 용도지역, 도로상황, 그 밖에 필
  요한 사항
② 표준지공시지가 열람방법
③ 이의신청의 기간, 절차 및 방법

시 · 도지사/시장 · 군수 · 구청장(자치구) 의견청취(20일 내 의견제시)_
(시 · 군 · 구 부공위 심의 필) (32회)
└ 부동산가격공시위원회

보고서제출 및 산술평균결정

─ 실거래 및 평가정보 활용하여 적정성 검토 가능

─ 재평가 (32회)
① 해당 법인등 : 부적정 판단 시 or "최고 ÷ 최저평가액"이 1.3배 초과
② 다른 법인등 : 법령 위반(해당 법인등에 통보)

4. 중앙부동산가격공시위원회 심의 및 공시

─ 관보공고(공시사항, 열람방법, 이의신청사항) 및 부동산공시가격시스템 게시
─ ① 표준지공시지가, 이의신청기간, 절차 및 방법 등 필요시 개별통지 가능
② 미통지 시 공고 및 게시사실 방송/신문 등 게재

5. 열람 및 이의신청

열람 : 특별시장 · 광역시장 또는 도지사를 거쳐 시장 · 군수 또는 구청장(지자체
인 구)에게 송부하여 일반인이 열람할 수 있게 하고, 도서/도표(공시사항 포함) 등
으로 작성하여 관계 행정기관에 공급해야 한다(전자기록 등 특수매체기록으로 작
성공급 가능).

─ 공시일 ~ 30일 이내 서면(사유 증명) (34회)
─ 신청기간 만료일 ~ 30일 내 심사

6. 기타

(1) 조사협조 요청

관계 행정기관에 해당 토지의 인허가 내용 및 개별법에 따른 등록사항
등 대통령령으로 정하는 관련 자료의 열람 또는 제출을 요구할 수 있다
(정당한 사유 없는 한 요구에 따라야 함).
(주민/외국인등록번호 제외)

* 개별법에 따른 등록사항 등 대통령령으로 정하는 관련 자료
  건축물대장(현황도면 포함)
  실제 거래가격
  지적도, 임야도, 정사영상지도, 토지/임야대장
  감정평가 정보체계에 등록된 정보 및 자료
  토지이용계획확인서(확인도면 포함)
  확정일자부 중 임대차계약에 관한 자료
  도시 · 군관리계획 지형도면(전자지도 포함)
  행정구역별 개발사업 인허가 현황
  등기부
  표준지 소유자의 성명 및 주소

(2) 부동산 가격정보 등의 조사

① 토지 · 주택의 매매 · 임대 등 가격동향 조사
② 비주거용 부동산의 임대료 · 관리비 · 권리금 등 임대차 관련 정보와 공
실률 · 투자수익률 등 임대사장 동향조사
③ 관계 행정기관에 국세, 지방세, 토지, 건물 등 관련 자료의 열람 또는 제
출 요구(표준지공시지가 조사협조 준용)하거나 타인토지출입 가능

(3) 기타

① 국토교통부장관은 표준지공시지가 조사평가를 의뢰받은 감정평가법인
등이 공정/객관적으로 해당 업무를 수행할 수 있도록 해야 한다.
② 표준지의 선정, 공시기준일, 공시의 시기, 조사 · 평가기준 및 공시절차
등에 필요한 사항은 대통령령으로 정한다.
③ 감정평가법인등의 선정기준 및 업무범위는 대통령령으로 정한다.
④ 표준지의 조사 · 평가에 필요한 세부기준은 국토교통부장관이 정한다.
⑤ 감정평가법인등 선정 및 표준지 적정가격 조사 · 평가 물량 배정 등에
필요한 세부기준은 국토교통부장관이 고시한다.
⑥ 국토교통부장관은 개공산정 위해 필요시 표준지 대비 개별토지의 가격
형성요인에 대한 표준적인 비교표를 작성해 시장 · 군수 · 구청장에게
제공해야 한다. (34회)
→ 토지가격비준표(공통비준표/지역비준표)

02 표준지공시지가 : 국토교통부장관_조사 · 평가_공시기준일 1월 1일_단위면적(m^2)

| 표준지공시지가 조사 · 평가 흐름도

표준지선정 및 조사평가의뢰 → 국토교통부장관
(둘 이상 감정평가법인등에 의뢰)

↓

조사 · 평가 → 감정평가법인등_(복수원칙_단수가능)

↓

① 소유자 등 의견청취 → 국토교통부장관([개별통지 필수]
[시스템 게시(20일) : 열람기간/방법, 의견제출기간/방법, 공시예정가격]
② 시 · 도, 시 · 군 · 구 의견청취(20일 내 제시) → [감정평가법인등]
시 · 군 · 구 부동산가격공시위원회의 심의[시 · 군 · 구청장]

↓

보고서 제출 및 적정성 검토
(부적성 및 최고/최저 1.3배 초과 → 해당 법인등)
(법령위반 → 다른 법인등에 재의뢰)

↓

중앙부동산가격공시위원회의 심의

↓

표준지공시지가 공시[개별통지 가능]
(공시사항, 열람방법, 이의신청의 기간 등(절차 및 방법))

↓

이의신청
(공시일부터 30일 내 이의신청)
(이의신청기간 만료일부터 30일 내 결과통지)

* 표준지공시지가의 공시사항

일련번호	소재지 지번	면적(m^2)	지목	지리적 위치	이용상황	용도지역	주위환경	도로교통 방위	형상 지세	공시지가
12031	봉천동 55	200.5	대	관악구청 북서측 인근	상업용	3종일주	노선상가지대	중로한면	정방형 평지	25,030,000

**공시사항 비교

표준지공시지가 (34회, 35회)	지번, 단위면적당 가격, 면적 및 형상, 표준지 이용상황, 주변토지 이용상황, 지목, 용도지역, 도로상황, 그 밖에 필요한 사항
개별공시지가	개별공시지가 : 시군구 게시판 또는 홈페이지에 게시 ① 조사기준일, 공시필지의 수 및 개공 열람방법 등 개공 결정에 관한 사항 ② 이의신청의 기간/절차 및 방법
표준주택	지번, 표준주택가격, 대지면적 및 형상, 표준주택의 용도, 연면적, 구조 및 사용승인일(임시사용승인일 포함), 지목, 용도지역, 도로상황, 그 밖에 필요한 사항
개별주택	개별주택의 지번, 가격, 용도 및 면적, 그 밖에 공시에 필요한 사항 : 시군구(자치구) 게시판 또는 홈페이지에 게시 ① 조사기준일 및 개별주택가격의 열람방법 등 개별주택가격의 결정에 관한 사항 ② 이의신청의 기간/절차 및 방법
공동주택	공동주택의 소재지, 명칭, 동, 호수, 공동주택의 가격, 공동주택의 면적, 그 밖에 필요한 사항
비주거용 표준부동산	지번, 가격, 대지면적 및 형상, 용도, 연면적, 구조 및 사용승인일(임시사용승인일 포함), 지목, 용도지역, 도로상황, 그 밖에 필요한 사항
비주거용 개별부동산	비주거용 부동산가격, 지번, 그 밖에 대통령령으로 정하는 사항(용도 및 면적, 그 밖에 비주거용 개별부동산가격 공시에 필요한 사항)
비주거용 집합부동산	비주거용 집합부동산의 소재지, 명칭, 동, 호수, 가격, 면적, 비주거용 집합부동산 공시에 필요한 사항

1. 산정

- 하나 또는 둘 이상 비교표준지 × 비준표 = 개별공시지가 산정
- 개별공시지가 조사 · 산정지침
  - ① 지가형성에 영향을 미치는 토지 특성조사에 관한 사항
  - ② 비교표준지 선정에 관한 사항
  - ③ 토지가격비준표 사용에 관한 사항
  - ④ 그 밖에 조사 산정에 필요한 사항
- 공시 안 할 수 있는 경우 (30회, 32회 34회, 35회)
  - ① 표준지(표공 = 개공)로 선정된 토지
  - ② 부담금(농지보전, 개발 등) 부과대상 아닌 토지
  - ③ 조세(국세, 지방세) 부과대상 아닌 토지(국공유지는 공공용 토지만 해당)
  - 단, 법령규정 및 관계기관 장과 협의하여 공시하기로 한 경우에는 공시 (36회)

2. 검증

- 표준지공시지가 조사 · 평가 법인등 및 실적우수법인등에 의뢰
  (지가현황도면 / 지가조사자료 제공)

  * 지가현황도면
    해당 연도의 산정지가, 전년도의 개별공시지가 및 해당 연도의 표준지공
    시지가가 필지별로 기재된 도면
  * 지가조사자료
    개별토지가격의 산정조서 및 그 밖에 토지이용계획에 관한 자료

- 검증사항 (31회)
  - ① 비교표준지 선정 적정성
  - ② 개별토지 가격 산정의 적정성
  - ③ 개공과 표공의 균형 유지에 관한 사항
  - ④ 개공과 인근토지 지가와의 균형 유지에 관한 사항
  - ⑤ 표준 · 개별주택, 비주거용 표준 · 개별부동산 토지특성과 일치여부
  - ⑥ 용도지역, 토지이용상황 등 주요 특성이 공부와 일치하는지 여부
  - ⑦ 그 밖에 시장 · 군수 · 구청장이 검토 의뢰한 사항
- 검증생략(미리 관계 중앙행정기관과 협의) (36회)
  - ① 개별토지 지변률과 읍 · 면 · 동 연평균 지변률 간의 차이가 작은 순으로 선정
  - ② 개발사업 시행, 용도지역/지구 변경 시는 생략 불가

3. 의견청취

소유자 및 이해관계인
① 개별토지가격 열람부 열람기간 및 열람장소와,
② 의견제출기간 및 의견제출방법을
　 시 · 군 · 구(자치구) 게시판 또는 홈페이지에 20일 이상 게시
　 + 의견제출 가능(제출기간 만료일 ~ 30일 내 심사 · 결과통지)
③ 현지조사와 검증가능

4. 가격공시위원회 심의 및 결정 · 공시 (5/31까지 공시하고 관계기관에 제공) (34회)

- 시 · 군 · 구 게시판 또는 홈페이지에 게시
  - ① 조사기준일, 공시필지의 수 및 개공 열람방법 등 개공 결정에 관한 사항
  - ② 이의신청의 기간/절차 및 방법

5. 열람 및 이의신청

- 통지(임의규정)
  - ① 필요시 소유자에게 개별통지 가능(공유자 모두에게)
  - ② 미통지 시 방송/신문 등을 통하여 열람 및 이의신청 가능하게 함
- 이의신청(필요시 법인등에 검증의뢰 가능) (30회, 32회, 35회, 36회)
  공시일 ~ 30일 이내 서면(사유 증명) / 신청기간 만료일 ~ 30일 내 심사

6. 정정 (30회, 32회, 34회, 36회)

- 1) 틀린 계산, 오기, 표준지 선정착오, 공시절차 미준수, 비준표 적용오류,
     중요 요인조사 잘못(용도지역 등)
- 2) 시 · 군 · 구부동산가격공시위원회 심의(틀린 계산 또는 오기는 심의 없이 가능)

7. 분할 · 합병 (34회, 36회)

공시기준일 이후 분할, 합병, 신규등록, 지목변경,
개별공시지가 없는 토지(국 · 공유지 매각 등)

사유발생	공시기준일	공시일
1.1.~6.30.	그 해 7.1.	그 해 10.31.까지
7.1.~12.31.	다음 해 1.1.	다음 해 5.31.까지

8. 적용 및 비용보조

① 국세 · 지방세 등 각종 세금 부과 및 법령에서 정하는 목적을 위한 지가산정
② 개별공시지가의 결정 · 공시 소요 비용 중 50% 이내 국고 보조 가능
(30회, 32회, 34회, 35회)

9. 기타

(1) 지도 · 감독

국토교통부장관은 지가공시 행정의 합리적인 발전을 도모하고 표준지공시지가와
개별공시지가와의 균형유지 등 적정한 지가형성을 위하여 필요하다고 인정하는 경
우에는 개별공시지가의 결정 · 고시 등에 관하여 시장 · 군수 · 구청장을 지도 · 감
독할 수 있다.

(2) 기타

개별공시지가의 산정, 검증 및 결정, 공시기준일, 공시의 시기, 조사 · 산정의 기준,
이해관계인의 의견청취, 감정평가법인등의 지정 및 공시절차 등에 필요한 사항은
대통령령으로 정한다.

개별공시지가 조사 · 평가 흐름도

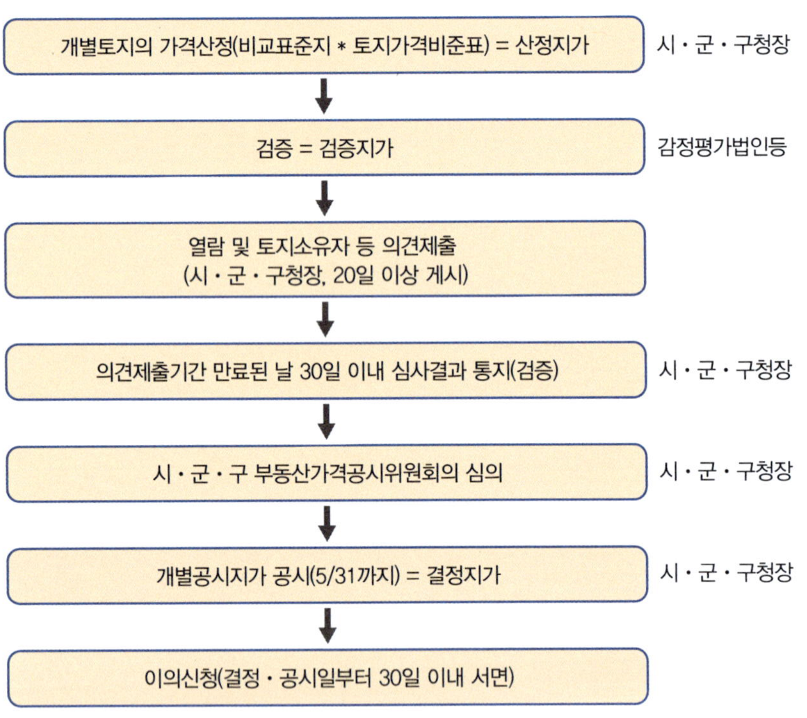

토지가격비준표 예시(2030 서울 관악구 봉천동 주거지역)

형상(상업 · 주상)	정방형	가장형	세장형	사다리	부정형
정방형	1.00	1.02	1.00	0.98	0.95
가장형	0.98	1.00	0.98	0.96	0.93
세장형	1.00	1.02	1.00	0.98	0.95
사다리	1.02	1.04	1.02	1.00	0.97
부정형	1.05	1.07	1.05	1.03	1.00

1. 기본내용

① 국토교통부장관(용도지역, 건물구조 등 유사한 단독주택 중 선정)
② 기본절차 : 표준주택 선정 → 조사/산정 → 의견청취 → 심의 → 공시
③ 산정의뢰 : 한국부동산원에 의뢰 (31회)
④ 공시사항 : "공시사항 비교표" 참조 * 지번, 지목, 용도지역, 도로상황, 주택
⑤ 효력 : 개별주택가격으로 산정 기준   가격, 대지면적, 형상
　　　　　　　　　　　　　　　　　　주택용도, 연면적, 구조 및 사용승인일
　　　　　　　　　　　　　　　　　　(임시사용승인일 포함)

2. 조사산정 절차

(1) 기준

① 인근 유사 단독주택의 '사정개입(특수한 사정, 지식부족) 없는 거래가격/임대료' 및 유사이용 가치를 지닌 단독주택의 건설필요비용추정액 고려(공시기준일 현재의 표준적인 건축비와 일반적인 부대비용) (31회)
② 인근지역 및 다른 지역과의 형평성·특수성, 표준주택 변동 예측가능성 등 종합참작
③ 전세권 또는 그 밖에 단독주택의 사용·수익을 제한하는 권리는 존재하지 아니하는 것으로 적정가격 산정[사법상 제한 배제(전세권 등)]

(2) 조사산정 사항 (35회)

표준주택가격, 주택의 소재지, 공부상 지목 및 대지면적, 대지의 용도지역, 도로접면, 대지형상, 주건물 구조 및 층수, 사용승인연도, 주위환경

(3) 소유자 의견청취(필수)(표준지 준용)

의견청취 시 공시대상, 열람기간 및 방법, 의견제출기간 및 제출방법, 공시예정가격을 공시가격시스템에 20일 이상 게시 + 게시사실을 소유자에게 통지해야 한다.

(4) 시·도지사·시장·군수·구청장 의견청취

시·도·시·군·구는 20일 내에 의견 제시 /시·군·구는 시·군·구 부동산가격공시위원회 심의 거쳐 의견 제시

(5) 보고서 제출

국토교통부장관은 실거래신고가격, 감정평가 정보체계 등을 활용하여 적정성 여부를 검토할 수 있다. 부적정하다고 판단되거나 법령을 위반하여 수행되었다고 인정되는 경우에는 부동산원에 보고서를 시정하여 다시 제출하게 할 수 있다.
* 조사평가 보고서 첨부서류 : 지역분석조서, 표준주택별로 작성한 표준주택 조사사항 및 가격산정의견서, 의견청취결과서(시군구 의견), 표준주택의 위치 표시 도면, 그 밖에 사실 확인에 필요한 서류

(6) 결정 : 산술평균 ×, 부동산원 단수임

3. 주택가격비준표

개별주택가격의 산정을 위해 필요하다고 인정하는 경우에는 표준주택과 산정대상 개별주택의 가격형성요인에 대한 표준적인 비교표를 작성하여 시장·군수·구청장에게 제공하여야 한다.

| 표준주택가격 조사·산정절차 흐름도

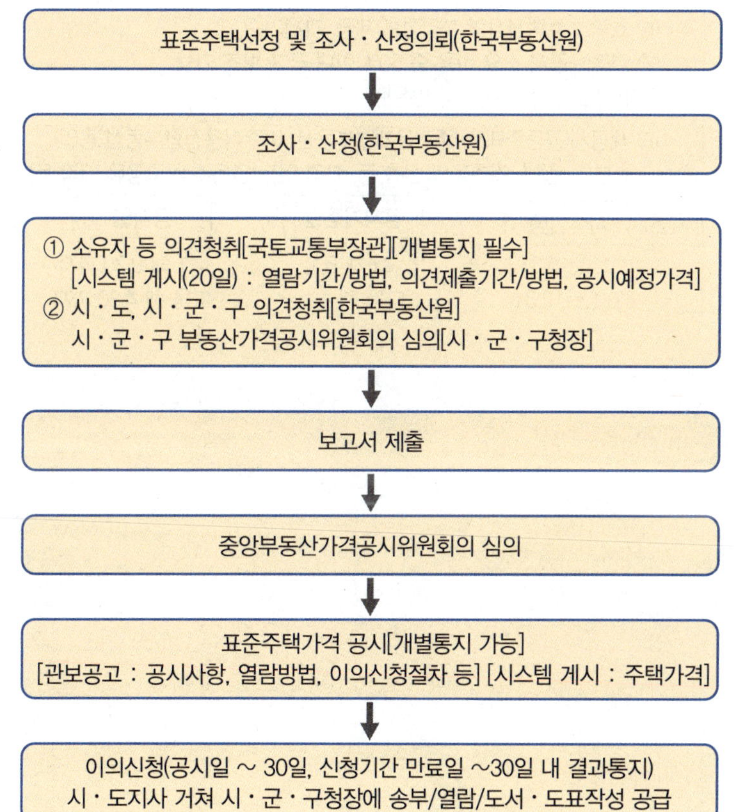

1. 기본내용

공시기준일(1월 1일) 및 공시(4월 30일까지) + 관계 행정기관 등에 제공 (31회)

① 시장·군수·구청장(표준주택 × 비준표) (36회)

② 공시 안 할 수 있음 (36회)

  표준주택(표준주택 = 개별주택)·세금부과 대상 아닌 경우

  단, 법령규정 및 관계기관 장과 협의하여 공시하기로 한 경우에는 공시

③ 검증 : 부동산원에 의뢰(가격현황도면/가격조사자료 제공)

④ 공시사항 : 개별주택의 지번, 가격, 용도 및 면적 등 (36회)

⑤ 시·군·구부동산가격공시위원회 심의 / 시군구게시판 또는 홈페이지에 게시

⑥ 효력 : 주택시장의 가격정보 제공, 과세기준

⑦ 결정·공시 소요 비용 중 50% 이내 국고 보조 가능

* 타인토지출입 준용규정 없음!!!!

⑧ 재공시(공동주택, 비주거용개별부동산, 비주거용집합부동산 동일)

  : 분할, 합병, 건축물의 신축 등, 가격 없는 단독주택(국공유 매각 등)

사유발생	공시기준일	공시일
1.1.~5.31.	그 해 6.1.	그 해 9.30.까지
6.1.~12.31.	다음 해 1.1.	다음 해 4.30.까지

2. 세부절차

(1) 산정

1) **국토교통부장관은 개별주택 조사 산정기준을 시·군·구에게 통보**

  ① 주택가격형성에 영향을 미치는 주택특성 조사에 관한 사항

  ② 표준주택 선정에 관한 사항

  ③ 주택가격비준표 사용에 관한 사항

  ④ 그 밖에 조사 산정에 필요한 사항

2) **유사이용가치 표준주택 * 주택가격비준표(표주 개주 균형 유지)**

(2) **검증사항**

  ① 비교표준주택 선정 적정성

  ② 개별주택가격 산정의 적정성

  ③ 개별주택가격과 표준주택가격의 균형 유지에 관한 사항

  ④ 개별주택가격과 인근 개별주택가격과의 균형 유지에 관한 사항

  ⑤ 표준지공시지가 및 개별공시지가 토지특성과 일치 여부

  ⑥ 개별주택가격 산정 시 적용된 용도지역, 토지이용상황 등 주요특성이 공부와 일치하는지 여부

  ⑦ 그 밖에 시장·군수·구청장이 검토 의뢰한 사항

(3) **검증생략(개발사업 시행, 용도지역/지구 변경 시는 생략 불가)**

  개별주택 변동률과 시군구 연평균 변동률 간의 차이가 작은 순으로 선정
  검증생략 시 미리 관계 중앙행정기관과 협의해야 한다.

(4) **의견청취(소유자 및 이해관계인)**

1) 소유자 및 이해관계인 의견청취 시 개별주택가격 열람부를 갖추고 ① 열람기간 및 열람장소와 ② 의견제출기간 및 의견제출방법을 시군구 게시판 또는 홈페이지에 20일 이상 게시 + 의견제출기간 내 의견제출 가능

2) 의견제출기간 만료일~30일 이내 심사 / 결과통지(시장·군수·구청장은 현지조사와 검증 가능)

(5) **통지(임의규정)**

  ① 필요시 소유자에게 개별통지 가능(공유자 모두에게)

  ② 미통지 시 공고 게시사실을 방송/신문 등을 통해 알려 소유자가 열람하고 이의신청할 수 있게 해야 한다.

3. 공시(개별주택의 지번, 가격, 용도 및 면적, 그 밖에 공시에 필요한 사항)

: 시 · 군 · 구(자치구) 게시판 또는 홈페이지에 게시

- **(1) 공시사항** (36회)
  - ① 조사기준일 및 개별주택가격의 열람방법 등 개별주택가격의 결정에 관한 사항
  - ② 이의신청의 기간/절차 및 방법
- **(2) 통지(임의규정)**
  - ① 필요시 소유자에게 개별통지 가능(공유자 모두에게)
  - ② 미통지 시 공고 게시사실을 방송/신문 등을 통해 알려 소유자가 열람하고 이의신청할 수 있게 해야 한다.

4. 이의신청

- (1) 공시일부터 30일 이내 서면으로 시장 · 군수 · 구청장에게 신청(증명서류 첨부)
- (2) 이의신청기간 만료일부터 30일 이내 심사 / 결과 서면 통지(이의 타당 시 조정 공시)

5. 정정

- (1) 틀린 계산, 오기, 공시절차 완전하게 이행하지 아니한 경우, 주요요인 조사 잘못
- (2) 시 · 군 · 구청장이 시 · 군 · 구 부동산가격공시위원회 심의를 거쳐 정정(단, 틀린 계산 또는 오기는 심의 없이 가능)

6. 효력 (36회)

- ① 주택시장의 가격정보 제공
- ② 국가, 지방자치단체 등이 과세 등의 업무와 관련하여 주택의 가격을 산정하는 경우에 그 기준으로 활용될 수 있다.

7. 기타(지도 · 감독)

국토교통부장관 → 공시 행정의 합리적인 발전 도모, 표주 개주 균형유지 등 적정한 지가형성 위해 필요시 개별주택가격 결정 · 공시 등에 관하여 시장 · 군수 또는 구청장을 지도 · 감독할 수 있음.

| 개별주택가격 산정 흐름도

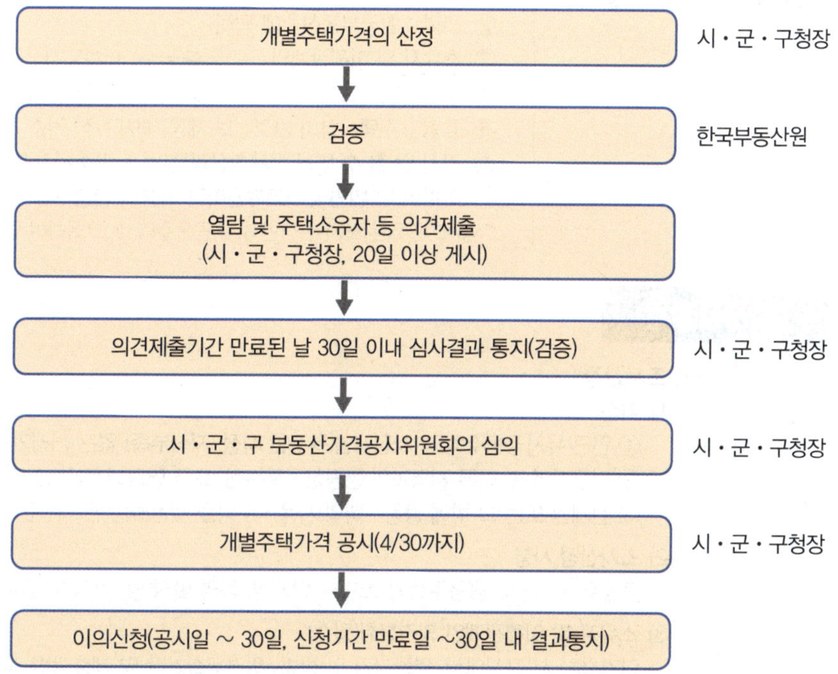

1. 기본사항

① 국토교통부장관 조사 · 산정 / 공시기준일(1월 1일)
중앙부동산가격공시위원회 심의 / 공시(4월 30일까지) + 관계기관 제공
② 의뢰 : 한국부동산원에 의뢰
③ 소유자 및 이해관계인 의견청취(필수) + 시도시군구 의견(20일내 제시 + 시군구 부공위 심의)
④ 공시사항 : 소재지, 명칭, 동, 호수, 공동주택의 가격, 면적 등
⑤ 효력 : 주택시장의 가격정보 제공, 과세산정 기준
⑥ 공시 안 할 수 있음(국세청장과 협의 + 기준시가 별도 결정 · 고시)
아파트 및 연면적 165제곱미터 이상의 연립주택
* 공시기준일은 조사 산정인력 및 공동주택 수 고려하여 부득이한 경우 일부지역에 대해 따로 정할 수 있다.

2. 산정절차

(1) 조사산정

1) 기준
① 인근 유사공동주택의 '사정개입(특수한 사정, 지식부족) 없는 거래가격/ 임대료' 및 유사이용가치를 지닌 공동주택의 건설필요비용추정액(표준적인 건축비와 일반적인 부대비용)
② 인근지역 및 다른 지역과의 형평성 · 특수성, 표주 변동예측가능성 등 고려
③ 전세권 또는 그 밖에 공동주택의 사용 · 수익을 제한하는 권리는 존재하지 아니하는 것으로 보고 적정가격 산정[사법상 제한 배제(전세권 등)]

2) 조사산정 사항
공동주택가격 및 공동주택의 소재지, 단지명, 동명 및 호명, 면적 및 공시가격, 그 밖에 필요한 사항

3) 소유자 및 이해관계인 의견청취(필수)
의견청취 시 공시대상, 열람기간 및 방법, 의견제출기간 및 제출방법, 공시 예정가격을 공시가격시스템에 20일 이상 게시 + 게시된 가격에 이의가 있는 소유자는 의견제출기간에 의견을 제출할 수 있다.

4) 시 · 도지사/시장 · 군수 · 구청장(자치구) 의견청취
(시 · 도/시 · 군 · 구는 20일 내에 의견제시 / 시장 · 군수 · 구청장은 시 · 군 · 구 부동산가격공시위원회 심의를 거쳐 의견제시)

5) 보고서 제출
① 국토교통부장관은 행정안전부장관 / 국세청장 / 시 · 도지사 · 시장 · 군수 · 구청장에게 제공해야 한다. → 제공받은 자는 국토교통부장관에게 적정성 검토를 요청할 수 있다.
　+ 국토교통부장관은 실거래신고가격, 감정평가 정보체계 등을 활용하여 적정성 검토 가능
② 부적정하다고 판단되는 경우 및 법령에 반하는 경우 부동산원에 시정 제출하게 할 수 있음
　* 조사산정 보고서를 책자 또는 전자정보 형태로 국토교통부장관에게 제출해야 한다.
③ 개별 공동주택가격 외에 공동주택 분포현황, 가격변동률, 가격총액 및 면적당 단가/평균가격, 가격 상하위 현황, 의견제출 및 이의신청 접수현황 및 처리현황, 그 밖에 가격에 관한 사항을 포함해야 한다.

6) 결정 : 산술평균 ×, 부동산원 단수임

(2) 공시

1) 공시방법
관보 공고 + 공시가격을 부동산공시가격시스템 게시
+ 공고일부터 10일 이내에 공시사항을 행정안전부장관 / 국세청장 / 시장 · 군수 · 구청장에게 제공해야 한다.

2) 관보공고사항
① 공시사항 : 공동주택의 소재지, 명칭, 동, 호수, 공동주택의 가격, 공동주택의 면적, 그 밖에 필요한 사항 (30회, 34회)
② 열람방법
③ 이의신청의 기간, 절차 및 방법

3) 통지(임의규정)
① 공시가격 및 이의신청기간, 절차 및 방법을 필요시 소유자에게 개별통지 가능(공유자 모두에게)
② 통지하지 않는 경우에는 공고 및 게시사실을 방송/신문 등을 통하여 알려 소유자가 열람하고 이의신청할 수 있게 해야 한다.

(3) 열람
공시한 때에는 특별시장 · 광역시장 또는 도지사를 거쳐 시장 · 군수 또는 구청장(지자체인 구)에게 송부 → 일반인 열람
+ 도서/도표(공시사항 포함) 등으로 작성하여 관계 행정기관에 공급해야 한다(전자기록 등 특수매체기록으로 작성공급 가능).

3. 이의신청

(1) 공시일로부터 30일 이내 서면(전자문서 포함 / 사유증명 서류 첨부)으로 국토교통부장관에게 가능
(2) 신청기간 만료된 날부터 30일 이내 심사 + 결과 서면 통지 / 이의 타당 시 재공시

4. 공동주택가격 정정

(1) 틀린 계산, 오기, 공시절차 완전하게 이행하지 아니한 경우, 가격에 영향 미치는 동호수 / 층의 표시 등 주요 요인의 조사가 잘못된 경우
(2) 국토교통부장관은 중앙부동산가격공시위원회의 심의를 거쳐 정정(단, 틀린 계산 또는 오기는 심의 없이 가능)하여야 한다.

5. 분할 합병 등 (30회)

공시기준일 이후 대지의 분할 · 합병, 건축물의 신축(건축법상 건축/대수선 또는 용도변경)이 된 공동주택, 국 · 공유 소유에서 매각 등에 따라 사유로 된 공동주택으로서 가격이 없는 공동주택

사유발생	공시기준일	공시일
1.1.~5.31.	그 해 6.1.	그 해 9.30.
6.1.~12.31.	다음 해 1.1.	다음 해 4.30.

6. 기타

공동주택의 조사대상의 선정, 공시기준일, 공시의 시기, 공시사항, 조사 · 산정기준 및 공시절차 등에 필요한 사항은 대통령령으로 정한다.

| 공동주택가격 산정 흐름도

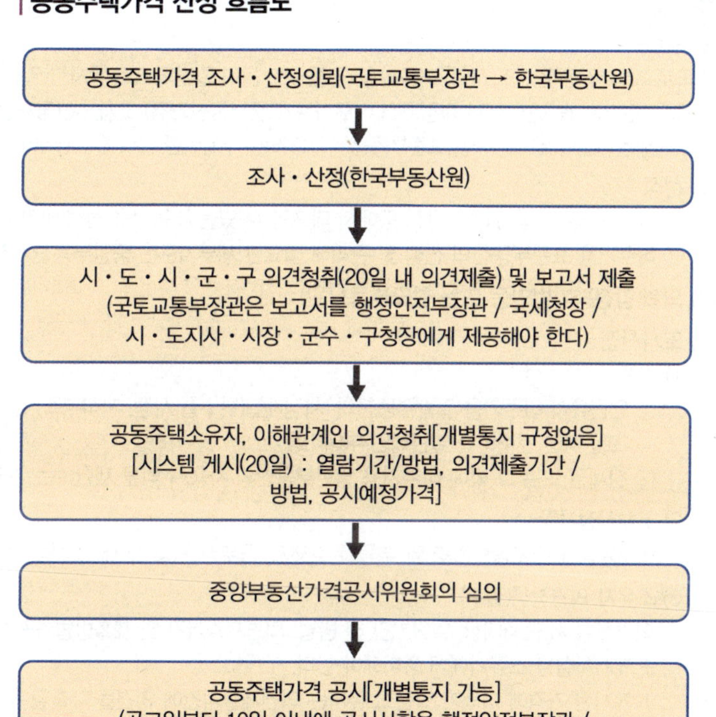

07 비주거용 표준부동산

1. 기본내용

① 국토교통부장관(용도지역, 이용상황, 건물구조 유사한 표준부동산 선정) (31회)
② 적정가격 조사 – 산정 – 중앙부동산가격공시위원회 심의 – 공시 가능 (31회)
③ 의뢰 : 감정평가법인등 또는 한국부동산원
④ 공시사항 : '공시사항 비교표' 참조   * 지번, 지목, 용도지역, 도로상황, 부동산가격, 대지면적, 형상
⑤ 효력 : 개별부동산가격 산정기준   부동산용도, 연면적, 구조 및 사용승인일(임시사용승인일 포함)

2. 산정절차

1) 국토교통부장관은 용도지역, 이용상황, 건물구조 등이 일반적으로 유사한 일단의 비주거용 일반부동산 중 비주거용 표준부동산 선정 (31회)
2) 공시기준일(1월 1일) 현재 적정가격(비주거용 표준부동산가격) 조사 – 산정 – 중앙부동산가격공시위원회 심의 – 공시할 수 있다. (31회)

   * 조사 산정인력 및 비주거용 표준부동산 수 고려하여 부득이한 경우 일부지역에 대해 따로 정할 수 있다.

(1) 선정

① 일단의 비주거용 일반부동산 중에서 대표할 수 있는 부동산을 선정(미리 해당 비주거용 표준부동산이 소재하는 시·도지사 및 시장·군수·구청장의 의견을 들어야 한다)
② 비주거용 표준부동산의 선정 및 관리에 필요한 세부기준은 중앙부동산가격공시위원회의 심의를 거쳐 국토교통부장관이 정한다.

(2) 의뢰(감정평가법인등 또는 한국부동산원)

(3) 조사산정

1) 기준

① 인근유사 비주거용 일반부동산의 '사정개입(특수한 사정, 지식부족) 없는 거래가격 / 임대료' 및 유사비주거용 일반부동산의 건설필요비용추정액 등 고려
   (표준적인 건축비와 일반적인 부대비용)
② 전세권 또는 그 밖에 비주거용 일반부동산의 사용/수익을 제한하는 권리는 존재하지 아니하는 것으로 봄[사법상 제한 배제(전세권 등)]

2) 조사산정사항

비주거용 표준부동산가격 및 부동산 소재지, 공부상 지목 및 대지면적, 대지의 용도지역, 도로접면, 대지형상, 건물용도 및 연면적, 주건물 구조 및 층수, 사용승인연도, 주위환경

3) 소유자 의견청취(필수)

의견청취 시 공시대상, 열람기간 및 방법, 의견제출기간 및 제출방법, 공시 예정가격을 공시가격시스템에 20일 이상 게시
+ 게시사실을 소유자에게 통지해야 한다.
+ 게시된 가격에 이의가 있는 소유자는 의견제출기간에 의견을 제출할 수 있다.

4) 시·도지사 및 시장·군수·구청장 의견청취

(시·도지사·시장·군수·구청장은 20일 내에 의견제시 / 시군구는 시·군·구 부동산가격공시위원회 심의 거쳐 의견제시)

5) 보고서 제출

국토교통부장관은 실거래신고가격, 감정평가 정보체계 등을 활용하여 적정성 검토 가능.
부적정하다고 판단되거나 법령에 반하는 경우 시정 제출하게 할 수 있음.

* 조사평가 보고서 첨부서류지역분석조서, 비주거용 표준부동산별로 작성한 비주거용 표준부동산 조사사항 및 가격산정의견서, 의견청취결과서(시군구 의견), 비주거용 표준부동산의 위치 표시 도면, 그 밖에 사실 확인에 필요한 서류

6) 결정

3. 중앙부동산가격공시위원회 심의 및 공시

- (1) **공시방법** : 관보 공고(아래 공고사항) + 부동산공시가격시스템 게시
- (2) **관보 공고사항**
  - ① **공시사항** : 지번, 비주거용 표준부동산의 가격, 대지면적 및 형상, 용도, 연면적, 구조 및 사용승인일(임시사용승인일 포함), 지목, 용도지역, 도로상황, 그 밖에 필요한 사항 (31회, 35회)
  - ② 열람방법
  - ③ 이의신청의 기간, 절차 및 방법
- (3) **통지(임의규정)**
  - ① 공시가격 및 이의신청기간, 절차 및 방법을 필요시 소유자에게 개별통지 가능(공유자 모두에게)
  - ② 미통지 시 공고 게시사실을 방송/신문 등을 통해 알려 소유자가 열람하고 이의신청할 수 있게 해야 한다.

4. 열람

공시한 때에는 특별시장·광역시장 또는 도지사를 거쳐 시장·군수 또는 구청장(지자체인 구)에게 송부 → 일반인 열람
+ 도서/도표(공시사항 포함) 등으로 작성하여 관계 행정기관에 공급해야 한다.
(전자기록 등 특수매체기록으로 작성공급 가능)

5. 이의신청

- (1) 공시일로부터 30일 이내 서면(전자문서 포함 / 사유증명 서류 첨부)으로 국토교통부장관에게 가능
- (2) 신청기간 만료된 날부터 30일 이내 심사 + 결과 서면 통지 / 이의 타당 시 재공시

6. 효력

국가, 지방자치단체 등이 그 업무와 관련하여 비주거용 개별부동산가격을 산정하는 경우 기준이 된다.

7. 기타

- (1) 비주거용 표준부동산의 선정, 공시기준일, 공시의 시기, 조사·산정 기준 및 공시절차 등에 필요한 사항은 대통령령으로 정한다.
- (2) 비주거용 표준부동산의 선정 및 관리에 필요한 세부기준은 중앙부동산가격공시위원회 심의를 거쳐 국토교통부장관이 정한다.
- (3) 비주거용 표준부동산가격의 조사·산정에 필요한 세부기준은 국토교통부장관이 정한다.
- (4) 비주거용 개별부동산 산정을 위해 필요한 경우에는 표준부동산 대비 개별부동산의 가격형성요인에 관한 비준표를 작성하여 시장·군수·구청장에 제공하여야 한다. (31회)

| 비주거용 표준부동산가격 산정 흐름도

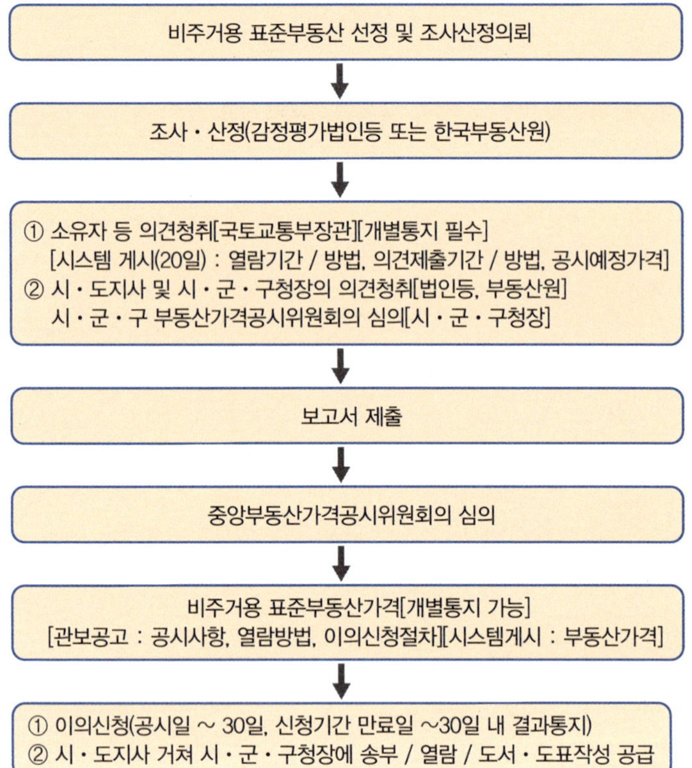

1. 기본사항

공시기준일(1월 1일) 및 공시(4월 30일까지) 가능

① 시장 · 군수 · 구청장(비주거용 표준부동산 → 비준표)
② 산정 : "유사이용가치 비주거용 표준부동산 → 비준표"
③ 검증 : 법인등 및 부동산원에 의뢰(가격현황도면/가격조사자료 제공)
④ 공시사항 : 비주거용 부동산가격, 지번, 용도 및 면적 등
⑤ 소유자 개별통지 필수의무
 － 조사기준일 및 비주거용 개별부동산의 수 및 비주거용 개별부동산가격의
  열람방법 등 가격의 결정에 관한 사항
 － 이의신청의 기간/절차 및 방법
⑥ 시 · 군 · 구 부동산가격공시위원회 심의
⑦ 효력 : 부동산시장에 가격정보 제공, 과세산정 기준
⑧ 공시 안 할 수 있음(별도 고시하는 경우)
  : 비주거용 표준부동산 및 과세대상이 아닌 경우

2. 기본절차

시장 · 군수 또는 구청장은 시 · 군 · 구 부동산가격공시위원회의 심의를 거쳐 공시
기준일(1월 1일) 현재 비주거용 개별부동산의 가격을 결정 · 공시(4월 30일까지)할
수 있다.
* 평가가 아닌 결정
* 공시 안 할 수 있음(행정안전부장관과 국세청장이 국토교통부장관과 미리 대상 시기를
 협의한 후 별도로 고시하는 경우)
 ① 비주거용 표준부동산(=비주거용 개별부동산)
 ② 국세 또는 지방세 부과대상이 아닌 비주거용 일반부동산
 ③ 그 밖에 국토교통부장관이 정하는 경우
 ④ 단, 관계 법령규정 및 관계기관장과 협의하여 공시하기로 한 경우에는 공시해야 함

3. 세부절차

(1) 산정
 1) **국토교통부장관은 비주거용 개별부동산 조사산정기준을 시 · 군 · 구에게 통보**
  ① 비주거용 일반부동산가격의 형성에 영향을 미치는 비주거용 일반부동산 특성조사에 관
   한 사항
  ② 비주거용 개별부동사가격의 산정기준이 되는 비주거용 표준부동산의 선정에 관한 사항
  ③ 비주거용 부동산가격비준표의 사용에 관한 사항
  ④ 그 밖에 조사 산정에 필요한 사항

 2) 유사이용가치 비주거용 표준부동산 * 비주거용 부동산가격비준표(해당 비주거용 일반부동
  산의 가격과 비주거용 표준부동산가격이 균형을 유지하도록 하여야 한다)

(2) 검증
 1) 의뢰
  법인등 및 부동산원에 의뢰(가격현황도면/가격조사자료 제공)

 2) 검증사항
  ① 비교표준부동산 선정의 적정성에 관한 사항
  ② 비주거용 개별부동산가격 산정의 적정성에 관한 사항
  ③ 비주거용 표준/개별부동산 간 가격 균형 유지에 관한 사항
  ④ 개별부동산 및 인근개별부동산 간 가격 균형 유지에 관한 사항
  ⑤ 표공/개공 산정 시 고려된 토지 특성과 일치하는지 여부
  ⑥ 비주거용 개별부동산가격 산정 시 적용된 용도지역, 토지이용상황 등 주요 특성이 공부
   와 일치하는지 여부
  ⑦ 그 밖에 시장 · 군수 · 구청장이 검토 의뢰한 사항

 3) **검증생략－(개발사업 시행, 용도지역/지구 변경 시는 생략 불가)**
  ① 개별부동산가격 변동률과 일반부동산이 있는 시군구 연평균 변동률 간의 차이가 작은
   순으로 선정
  ② 검증생략 시 미리 관계 중앙행정기관과 협의해야 한다.

(3) 의견청취
 1) 소유자/이해관계인 의견청취 시 비주거용 개별부동산가격 열람부를 갖추고 ① 열람기간
  및 열람장소와 ② 의견제출기간 및 의견제출방법을 시군구 게시판 또는 홈페이지에 20일
  이상 게시
 2) 의견제출기간 만료일 ～ 30일 이내 심사 / 결과 통지(현지조사와 검증 가능)

4. 시 · 군 · 구 부동산가격공시위원회 심의 및 공시

- **(1) 공시사항**
  비주거용 부동산가격, 지번, 그 밖에 대통령령으로 정하는 사항
  (용도 및 면적, 그 밖에 비주거용 개별부동산가격 공시에 필요한 사항)
- **(2) 통지**
  비주거용 개별부동산 소유자에게 아래 사항을 개별통지하여야 한다.
  ① 조사기준일 및 비주거용 개별부동산의 수 및 비주거용 개별부동산가격의 열람방법 등 가격의 결정에 관한 사항
  ② 이의신청의 기간/절차 및 방법

5. 이의신청

- (1) 공시일부터 30일 이내 서면으로 시장 · 군수 · 구청장에게 신청(증명서류 첨부)
- (2) 이의신청기간 만료일부터 30일 이내 심사 / 결과 서면 통지(이의 타당 시 조정 공시)
  * 심사 위해 필요시 검증의뢰 가능(이의신청 현장지가 검증)

6. 정정

- (1) 틀린 계산, 오기, 비주거용 표준부동산 선정착오, 공시절차 완전하게 이행하지 아니한 경우, 비준표 적용오류, 용도지역/지구 등의 요인 조사 잘못
- (2) 시장 · 군수 · 구청장이 시 · 군 · 구 부동산가격공시위원회 심의 거쳐 정정(단, 틀린 계산 또는 오기는 심의 없이 가능)

7. 분할 합병 등 (35회)

공시기준일 이후 토지의 분할 · 합병, 건축물의 신축(건축법상 건축/대수선 또는 용도변경), 국 · 공유에서 매각 등에 따라 사유로 된 개별부동산으로서 가격이 없는 비주거용 일반부동산

사유발생	공시기준일	공시일
1.1.~5.31.	그 해 6.1.	그 해 9.30.
6.1.~12.31.	다음 해 1.1.	다음 해 4.30.

8. 기타

- **(1) 지도 · 감독**
  국토교통부장관은 공시행정의 합리적인 발전을 도모하고 비주거용 표준부동산가격과 비주거용 개별부동산가격과의 균형유지 등 적정한 가격형성을 위하여 필요한 경우에는 비주거용 개별부동산가격의 결정 · 공시 등에 관하여 시장 · 군수 또는 구청장을 지도 · 감독할 수 있다.
- **(2) 기타**
  ① 비주거용 개별부동산가격의 산정, 검증 및 결정, 공시기준일, 공시의 시기, 조사 · 산정의 기준, 이해관계인의 의견청취 및 공시절차 등에 필요한 사항은 대통령령으로 정한다.
  ② 비주거용 개별부동산가격의 검증에 필요한 세부적인 사항은 국토교통부장관이 정한다.

| 비주거용 개별부동산 산정 흐름도

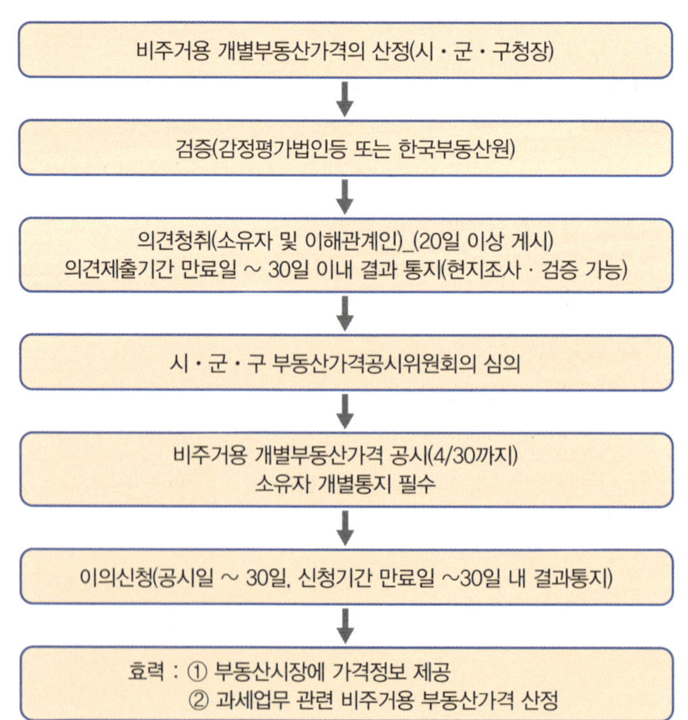

1. 기본사항

① 국토교통부장관 조사·산정 / 공시기준일(1월 1일)
   중앙부동산가격공시위원회 심의 / 공시(4월 30일까지) + 관계기관 제공
② 의뢰 : 한국부동산원 또는 감정평가법인등
③ 소유자 및 이해관계인 의견청취(필수)_시도시군구 의견청취 없음
④ 공시사항 : 소재지, 명칭, 동, 호수, 가격, 면적 등
⑤ 효력 : 비주거용 부동산시장에 가격정보 제공, 과세산정 기준
⑥ 공시 안 할 수 있음 : 별도 고시하는 경우

2. 산정절차

국토교통부장관은 공시기준일(1월 1일) 현재 적정가격(비주거용 집합부동산가격) 조사 – 산정 – 중앙부동산가격공시위원회 심의 – 공시(4월 30일까지)할 수 있다.
시장·군수 또는 구청장은 비주거용 집합부동산가격을 결정·공시한 경우에는 이를 관계 행정기관 등에 제공해야 한다.

> * 조사 산정인력 및 비주거용 집합부동산 수를 고려하여 부득이한 경우 일부지역에 대해 따로 정할 수 있다.
>
> * 공시 안 할 수 있음
>   행정안전부장관 또는 국세청장이 국토교통부장관과 미리 대상 시기를 협의한 후 별도로 고시하는 경우(행정안전부장관 또는 국세청장이 그 대상·시기 등에 대하여 미리 국토교통부장관과 협의한 후 비주거용 집합부동산가격을 별도로 결정·고시하는 경우)

3. 세부절차

(1) 의뢰

한국부동산원 / 부동산가격의 조사 산정에 관한 전문성이 있는 자(법인등)

(2) 조사산정

1) 기준

① 인근유사 비주거용 집합부동산의 '거래가격/임대료' 및 유사이용가치를 지닌 비주거용 집합부동산의 건설필요비용추정액(사정개입, 표준건축비 일반부대비용 규정 없음)을 고려하고,
② 전세권 또는 그 밖에 비주거용 집합부동산의 사용·수익을 제한하는 권리는 존재하지 아니하는 것으로 보고 적정가격 산정[사법상 제한 배제(전세권 등)]한다.

2) 조사산정 사항

비주거용 집합부동산가격 및 소재지, 동명 및 호명, 면적 및 공시가격, 그 밖에 조사 산정에 필요한 사항

3) 소유자 및 이해관계인 의견청취(필수)

의견청취 시 공시대상, 열람기간 및 방법, 의견제출기간 및 제출방법, 공시 예정가격을 공시가격시스템에 20일 이상 게시
+ 게시된 가격에 이의가 있는 소유자는 의견제출기간에 의견을 제출할 수 있다.

4) 보고서 제출

국토교통부장관은 행정안전부장관/국세청장/시·도지사, 시장·군수 또는 구청장에게 보고서를 제공해야 한다. → 제공받은 자는 국토교통부장관에게 적정성 검토를 요청할 수 있다.
국토교통부장관은 실거래신고가격, 감정평가 정보체계 등을 활용하여 적정성 검토 가능.
국토교통부장관은 적정성 여부 검토를 위해 필요시 부동사 조사산정기관 외에 전문성이 있는 자를 별도로 지정하여 의견을 들을 수 있다.
부적정하다고 판단되거나 법령에 반하는 경우 시정 제출하게 할 수 있음.

> * 조사산정 보고서를 책자 또는 전자정보 형태로 국토교통부장관에게 제출해야 한다.

비주거용 집합부동산가격 외에 분포현황, 가격변동률, 가격총액 및 면적당 단가/평균가격, 가격 상하위 현황, 의견제출 및 이의신청 접수현황 및 처리현황, 그 밖에 비주거용 집합부동산가격에 관한 사항을 포함해야 한다.

4. 중앙부동산가격공시위원회의 심의 및 공시

- **(1) 공시방법**
  관보 공고 + 공시가격을 부동산공시가격시스템 게시
  + 공고일부터 10일 이내에 공시사항을 행정안전부장관/국세청장/시장·군수·구청
  장에게 제공해야 한다.
- **(2) 관보 공고사항**
  ① 공시사항 : 비주거용 집합부동산(비주거용 집합부동산)의 소재지, 명칭, 동, 호수,
  가격, 면적, 비주거용 집합부동산 공시에 필요한 사항
  ② 열람방법
  ③ 이의신청의 기간, 절차 및 방법
- **(3) 통지**
  공시하고 개별통지하여야 한다.

5. 열람

공시한 때에는 특별시장·광역시장 또는 도지사를 거쳐 시장·군수 또는 구청장(지자체
인 구)에게 송부 → 일반인 열람
+ 도서 / 도표(공시사항 포함) 등으로 작성하여 관계 행정기관에 공급해야 한다(전자기
록 등 특수매체기록으로 작성 공급 가능).

6. 이의신청

- (1) 공시일로부터 30일 이내 서면(전자문서 포함 / 사유증명 서류 첨부)으로 국토교통부
  장관에게 가능
- (2) 신청기간 만료된 날부터 30일 이내 심사 + 결과 서면 통지 / 이의 타당 시 재공시

7. 정정

- (1) 틀린 계산, 오기, 공시절차 완전하게 이행하지 아니한 경우, 가격에 영향 미치는 동호
  수/층의 표시 등 주요요인 조사 잘못
- (2) 국토교통부장관은 중앙부동산가격공시위원회 심의 거쳐 정정(단, 틀린 계산 또는 오
  기는 심의 없이 가능)

8. 분할 합병 등

공시기준일 이후 토지의 분할·합병, 건축물의 신축(건축법상 건축/대수선 또는 용도변
경)이 된 비주거용 집합부동산, 국공유에서 매각 등에 따라 사유로 된 비주거용 집합부
동산으로서 가격이 없는 비주거용 집합부동산

사유발생	공시기준일	공시일
1.1.~5.31.	그 해 6.1.	그 해 9.30.
6.1.~12.31.	다음 해 1.1.	다음 해 4.30.

9. 효력

- (1) 비주거용 부동산시장에 가격정보 제공
- (2) 국가, 지단 등이 과세 등의 업무와 관련하여 비주거용 부동산의 가격을 산정하는
  경우에 그 기준으로 활용될 수 있다.

10. 기타

- (1) 비주거용 집합부동산의 조사대상의 선정, 공시기준일, 공시의 시기, 공시사항, 조
  사·산정기준 및 공시절차 등에 필요한 사항은 대통령령으로 정한다.
- (2) 비주거용 집합부동산가격 조사 및 산정의 세부기준은 중앙부동산가격공시위원회 심
  의를 거쳐 국토교통부장관이 정한다.

| 비주거용 집합부동산가격 산정절차 흐름도

비주거용 집합부동산가격 조사·산정의뢰
(국토교통부장관 → 한국부동산원)

↓

조사·산정(감정평가법인등 또는 한국부동산원)

↓

소유자, 이해관계인 의견청취[개별통지 규정없음]
(공시대상, 열람기간 및 방법, 의견제출기간 및 제출방법,
공시예정가격을 공시가격시스템에 20일 이상 게시)

↓

중앙부동산가격공시위원회의 심의

↓

비주거용 집합주동산가격 공시[개별통지 필수]
(공고일부터 10일 이내에 공시사항을 행정안전부장관 /
국세청장 / 시장·군수·구청장에게 제공해야 한다)

↓

열람 : 특별시장·광역시장 또는 도지사를 거쳐
시장·군수 또는 구청장(지자체인 구)에게 송부 → 일반인 열람

↓

① 이의신청(공시일 ~ 30일, 신청기간 만료일 ~30일 내 결과통지)
② 시·도지사 거쳐 시·군·구청장에 송부/열람/도서·도표작성 공급

1. 중앙부동산가격공시위원회(국토교통부장관 소속)

(1) 심의사항

① 부동산가격공시법의 제정·개정사항 중 국토교통부장관이 심의에 부치는 사항
② 표준지 선정 및 관리지침, 표준지공시지가, 이의신청에 관한 사항
③ 표준주택 선정 및 관리지침, 표준주택가격, 이의신청에 관한 사항
④ 공동주택 선정 및 관리지침, 공동주택가격, 이의신청에 관한 사항
⑤ 비주거용 표준부동산 선정 및 관리지침, 비주거용 표준부동산가격, 이의신청에 관한 사항
⑥ 비주거용 집합부동산의 조사 및 산정 지침, 집합부동산가격, 이의신청에 관한 사항
⑦ 적정가격 반영을 위한 계획 수립에 관한 사항
⑧ 부동산정책에 관한 사항 등 국토교통부장관이 심의에 부치는 사항

(2) 구성

① 위원장 포함 20명 이내 위원(성별 고려)
② 위원장은 국토교통부 제1차관 + 부위원장(1명)은 위원 중 위원장이 지명
③ 공무원이 아닌 위원의 임기는 2년으로 하되, 한 차례 연임 가능

(3) 운영(3일 전 위원에게 개별통지)

① 위원장(의장) : 업무총괄, 회의 소집[과반수의 출석으로 개의(開議)하고, 출석위원 과반수의 찬성으로 의결]
② 부위원장 : 위원장 보좌, 위원장 직무 대행
③ 위원장 및 부위원장 모두 직무를 수행할 수 없을 때에는 위원장이 미리 지명한 위원이 그 직무를 대행함

(4) 위원의 제척·기피·회피·해촉

2. 시·군·구 부동산가격공시위원회(시장·군수 또는 구청장 소속)

(1) 심의사항

① 개별공시지가의 결정에 관한 사항, 이의신청에 관한 사항
② 개별주택가격의 결정에 관한 사항, 이의신청에 관한 사항
③ 비주거용 개별부동산가격의 결정에 관한 사항, 이의신청에 관한 사항
④ 시장·군수 또는 구청장이 심의에 부치는 사항

(2) 구성

① 위원장 1명 포함 10명 이상 15명 이하 위원으로 구성(성별 고려)
② 위원장은 부시장·부군수 또는 부구청장

(3) 위원의 제척·기피·회피·해촉

(4) 위원회 구성·운영에 필요한 사항은 조례로 정함

3. 회의록 공개, 공무원 의제

(1) 회의록의 공개

① 중앙 및 시·군·구 부동산가격공시위원회 회의록은 3개월 후 공개
② 이름·주민등록번호·주소 및 직위 등 특정인임을 식별할 수 있는 정보는 제외

(2) 벌칙 적용에서 공무원 의제

① 업무를 위탁받은 기관(부동산원)의 임직원
② 위원 중 공무원이 아닌 위원

4. 공시보고서 제출

정부는 표준지공시지가, 표준주택가격 및 공동주택가격의 주요사항에 관한 보고서를 매년 정기국회의 개회 전까지 국회에 제출하여야 한다.

1. 각 공시가격 공시사항 비교

표준지공시지가	지번, 단위면적당 가격, 면적 및 형상, 표준지 이용상황, 주변토지 이용상황, 지목, 용도지역, 도로상황, 그 밖에 필요한 사항
개별공시지가	개별공시지가 : 시 · 군 · 구 게시판 또는 홈페이지에 게시 ① 조사기준일, 공시필지의 수 및 개공 열람방법 등 개공 결정에 관한 사항 ② 이의신청의 기간/절차 및 방법
표준주택	지번, 가격, 대지면적 및 형상, 용도, 연면적, 구조 및 사용승인일(임시사용승인일 포함), 지목, 용도지역, 도로상황, 그 밖에 필요한 사항
개별주택	개별주택의 지번, 가격, 용도 및 면적, 그 밖에 공시에 필요한 사항 : 시 · 군 · 구(자치구) 게시판 또는 홈페이지에 게시 ① 조사기준일 및 개별주택가격의 열람방법 등 개별주택가격의 결정에 관한 사항 ② 이의신청의 기간/절차 및 방법
공동주택	공동주택의 소재지, 명칭, 동, 호수, 공동주택의 가격, 공동주택의 면적, 그 밖에 필요한 사항
비주거용 표준부동산	지번, 가격, 대지면적 및 형상, 용도, 연면적, 구조 및 사용승인일(임시사용승인일 포함), 지목, 용도지역, 도로상황, 그 밖에 필요한 사항
비주거용 개별부동산	비주거용 부동산가격, 지번, 그 밖에 대통령령으로 정하는 사항(용도 및 면적, 그 밖에 비주거용 개별부동산가격 공시에 필요한 사항)
비주거용 집합부동산	비주거용 집합부동산의 소재지, 명칭, 동, 호수, 가격, 면적, 비주거용 집합부동산 공시에 필요한 사항

2. 기타

(1) 대통령령으로 정하는 것

표준지, 표준주택, 비주거용 표준부동산의 선정, 공시기준일, 공시의 시기, 조사 · 평가 기준 및 공시절차 등에 필요한 사항

감정평가법인등의 선정기준 및 업무범위

표준지공시지가, 개별공시지가 이의신청 및 처리절차 등에 필요한 사항

개별공시지가의 산정, 검증 및 결정, 공시기준일, 공시의 시기, 조사 · 산정의 기준, 이해관계인의 의견청취, 감정평가법인등의 지정 및 공시절차 등에 필요한 사항

부동산 가격정보 등의 조사의 대상, 절차 등에 필요한 사항

개별주택가격, 비주거용 개별부동산가격의 산정, 검증 및 결정, 공시기준일, 공시의 시기, 조사 · 산정의 기준, 이해관계인의 의견청취 및 공시절차 등에 필요한 사항

공동주택, 비주거용 집합부동산의 조사대상의 선정, 공시기준일, 공시의 시기, 공시사항, 조사 · 산정 기준 및 공시절차 등에 필요한 사항

중앙 및 시 · 군 · 구 부동산가격공시위원회의 조직 및 운영에 필요한 사항

공시가격정보체계의 정보 및 자료의 종류, 공시가격정보체계의 구축 · 운영방법 등에 필요한 사항

(2) 국토교통부장관이 정하는 것

표준지의 조사 · 평가에 필요한 세부기준

감정평가법인등 선정 및 표준지 적정가격 조사 · 평가 물량 배정 등에 필요한 세부기준

표준적인 비준표 작성 & 시장 · 군수 · 구청장에게 제공

개별토지가격, 개별주택가격, 비주거용 개별부동산가격의 검증에 필요한 세부적인 사항

표준주택, 비주거용 표준부동산의 선정 및 관리에 필요한 세부기준(중앙부동산가격공시위원회의 심의) (36회)

표준주택가격, 공동주택가격, 비주거용 표준부동산가격의 조사 · 산정에 필요한 세부기준

비주거용 집합부동산가격 조사 및 산정의 세부기준(중앙부동산가격공시위원회의 심의)

| 각 공시제도 요약비교

구분	지가공시제도(토지)		주택가격공시제도(주택=토지+건물)			비주거용 부동산가격공시제도(토지+건물)		
	표준지공시지가	개별공시지가	표준주택가격	개별주택가격	공동주택가격	비주거용 표준부동산	비주거용 개별부동산	비주거용 집합부동산
대상	조사평가	산정	조사산정	산정	조사산정	조사산정	산정	조사산정
주체	국토교통부장관	시장, 군수, 구청장	국토교통부장관	시장, 군수, 구청장	국토교통부장관	국토교통부장관	시장, 군수, 구청장	국토교통부장관
의뢰	감정평가법인등 (단수가능)	–	한국부동산원	–	한국부동산원	감정평가법인등, 한국부동산원	–	한국부동산원, 전문성 있는 자(법인등)
효력	– 정보제공, 거래지표 – 국가 등 지가산정 기준 – 법인등 평가 기준	– 세금, 부담금 부과 등	– 개별주택가격 산정 기준	– 주택가격정보제공 – 세금 등 부과기준	– 주택가격정보제공 – 세금 등 부과기준	– 비주거용 개별부동산 가격 산정기준	– 비주거용 부동산시장 가격정보제공 – 세금 등 부과기준	– 비주거용 부동산시장 가격정보제공 – 세금 등 부과기준
지자체 의견청취	시·도지사, 시·군·구청장 의견청취	–	시·도지사, 시·군·구청장 의견청취	–	시·도지사, 시·군·구청장 의견청취	시·도지사, 시·군·구청장 의견청취	–	–
개별통지	가능	가능	가능	가능	가능	가능	필수	필수
별도고시					국세청장 별도고시 가능		행안부장관, 국세청장 별도고시 가능	행안부장관, 국세청장 별도고시 가능
공시기준일	매년 1월 1일	매년 1월 1일	매년 1월 1일	매년 1월 1일	매년 1월 1일	매년 1월 1일	매년 1월 1일	매년 1월 1일
공시일	–	5월 31일	–	4월 30일	4월 30일	–	4월 30일	4월 30일
재공시	–	– 7월 1일 (1/1~6/30) – 1월 1일 (7/1~12/31)	–	– 6월 1일 (1/1~5/31) – 1월 1일 (6/1~12/31)	– 6월 1일 (1/1~5/31) – 1월 1일 (6/1~12/31)	–	– 6월 1일 (1/1~5/31) – 1월 1일 (6/1~12/31)	– 6월 1일 (1/1~5/31) – 1월 1일 (6/1~12/31)
검증대상	X	○	X	○	X	X	○	X
검증생략	–	읍면동 연평균 지변률 간의 차이가 작은 순	–	시군구 연평균 변동 률 간의 차이가 작은 순	–	–	시군구 연평균 변동률 간의 차이가 작은 순	–
정정절차	X	○	X	○	○	X	○	○

감정평가 및 감정평가사에 관한 법률

기본 개념

1. "토지등"이란 토지 및 그 정착물, 동산, 그 밖에 대통령령으로 정하는 재산과 이들에 관한 소유권 외의 권리를 말한다.
2. "감정평가"란 토지 등의 경제적 가치를 판정하여 그 결과를 가액(價額)으로 표시하는 것을 말한다.
3. "감정평가업"이란 타인의 의뢰에 따라 일정한 보수를 받고 토지 등의 감정평가를 업(業)으로 행하는 것을 말한다.
4. "감정평가법인등"이란 사무소를 개설한 감정평가사와 인가를 받은 감정평가법인을 말한다.

대통령령으로 정하는 재산

1. 저작권 · 산업재산권 · 어업권 · 양식업권 · 광업권 및 그 밖의 물권에 준하는 권리
2. 「공장 및 광업재단 저당법」에 따른 공장재단과 광업재단
3. 「입목에 관한 법률」에 따른 입목
4. 자동차 · 건설기계 · 선박 · 항공기 등 관계 법령에 따라 등기하거나 등록하는 재산
5. 유가증권

* 국토교통부장관 = 국장

감정평가 : 공공성을 지닌 가치평가 전문직

* 이 법은 감정평가 및 감정평가사에 관한 제도를 확립하여 공정한 감정평가를 도모함으로써 국민의 재산권을 보호하고 국가경제 발전에 기여함을 목적으로 한다.

1. 직무 : (타인의 의뢰) 토지 등 감정평가 _ 공정하고 객관적으로 직무 수행

2. 감정평가 기준

- **(1) 표준지공시지가 기준(적정 거래사례 적용가능)** (31회)

- **(2) 임대료 조성비용 고려할 수 있는 경우** (33회)
  : 자산재평가, 경매, 담보, 소송(단, 보상소송은 제외)

- **(3) 평가적용 원칙과 기준은 국토교통부령으로 정함**
  (감정평가에 관한 규칙)

3. 감정평가

- **(1) 법인등에 의뢰[협회추천요청 가능(7일 내 추천)]** (36회)
  (재발급요청 시 실비청구가능)
  1) 공적주체 : 국가, 지방자치단체, 공공기관, 지방공사 (36회)
    의뢰업무 : 토지등의 관리 · 매입 · 매각 · 경매 · 재평가 (33회)
  2) 사적주체 : 금융기관 · 보험회사 · 신탁회사, 신용협동조합, 새마을금고
    의뢰업무 : 대출, 자산의 매입 · 매각 · 관리 또는 재무제표 작성관련 평가

- **(2) 보존의무(해산 및 폐업의 경우는 30일 내 국장에게 제출(5년 동안/2년 동안 보관)** (30회, 31회, 33회, 36회)
  ① 감정평가서의 원본 : 발급일부터 5년 이상
  ② 감정평가서의 관련 서류 : 발급일부터 2년 이상

- **(3) 심사 등**
  1) 같은 법인 소속평가사(서명 & 날인) (36회)
  2) 신의 성실 공정심사
  3) 수정 · 보완 의견 제시 → 확인 → 서명날인

실무기준제정기관

실무기준 제정을 위한 민간법인 또는 단체 지정 가능(기준제정기관)

- 국토교통부장관(감정평가관리징계위원회 심의) –
  ① 실무기준 제정을 위한 민간법인 또는 단체 지정 가능(기준제정기관)
    (경력 5년 이상 평가사 및 경력 3년 이상 박사 3명 이상 상시고용)
  ② 실무기준 내용변경 요청가능

*** 기준제정기관의 업무**

  ① 감정평가실무기준의 제정 및 개정
  ② 감정평가실무기준에 대한 연구
  ③ 감정평가실무기준의 해석
  ④ 감정평가실무기준에 관한 질의에 대한 회신
  ⑤ 감정평가와 관련된 제도의 개선에 관한 연구
  ⑥ 감정평가실무기준의 운영과 관련하여 국토교통부장관이 정하는 업무

정보체계

감정평가 정보체계의 구축 · 운용 등(국토교통부장관)

- 1. 국가등 의뢰 감정평가 관련 정보 및 자료 관리
    ① 감정평가 선례정보 : 평가기관 · 평가목적 · 기준시점 · 평가액 및 소재지 · 지번 · 지목 · 용도지역 또는 용도 등
    ② 가격정보 : 공시지가 · 지가변동률 · 임대정보 · 수익률 · 실거래가 등 (31회)

- 2. 공적평가(보상, 경매, 공매) 발급일 ~ 40일 내 등록해야 함 + 의뢰인 통지

- 3. 국장은 감정평가 결과의 수정 · 보완 요청 가능(10일 내 수정 · 보완)

(4) 감정평가서(제6조)

의뢰 → 지체 없이 감정평가 실시 → 감정평가서(전자문서로 된 감정평가서를 포함) 발급

> **감정평가서의 발급**
>
> ① 수수료 등 완납 시 즉시 감정평가서를 발급해야 한다. 다만, 국가·지방자치단체 또는 공공기관이거나 특약이 있는 경우 완납 전에도 발급 가능
> ② 금융기관, 보험회사, 신탁회사, 신용협동조합, 새마을금고로부터의 대출목적인 경우는 대출기관에 직접 감정평가서 송부 가능 + 감정평가 의뢰인에게는 그 사본을 송부해야 한다.
> ③ 의뢰인이 감정평가서 분실 및 훼손을 이유로 재발급 신청 시 정당한 사유 없으면 재발급해야 한다(필요실비 청구 가능).

*** 실무제정기관**

국가는 기준제정기관의 설립 및 운영에 필요한 비용의 일부 또는 전부를 지원할 수 있다.

1. 기준제정기관의 지정(영 제3조의2)

(1) 국토교통부장관은 다음 요건을 모두 갖춘 민간법인 또는 단체를 기준제정기관으로 지정한다.

① 다음 각 목의 어느 하나에 해당하는 인력을 3명 이상 상시 고용하고 있을 것

　가. 등록한 감정평가사로서 5년 이상의 실무경력이 있는 사람

　나. 감정평가와 관련된 분야의 박사학위 취득자로서 해당 분야의 업무에 3년 이상 종사한 경력(박사학위를 취득하기 전의 경력을 포함)이 있는 사람

② 실무기준의 제정·개정 및 연구 등의 업무를 수행하는 데 필요한 전담 조직과 관리체계를 갖추고 있을 것

③ 투명한 회계기준이 마련되어 있을 것

④ 국토교통부장관이 정하여 고시하는 금액 이상의 자산을 보유하고 있을 것

(2) 기준제정기관으로 지정받으려는 민간법인 또는 단체는 국토교통부장관이 공고하는 지정신청서에 다음 서류를 첨부하여 국토교통부장관에게 제출해야 한다.

① (1)의 각 요건을 갖추었음을 증명할 수 있는 서류

② 민간법인 또는 단체의 정관 또는 규약

③ 사업계획서

(3) 국토교통부장관은 기준제정기관을 지정하려면 감정평가관리·징계위원회의 심의를 거쳐야 한다.

(4) 국토교통부장관은 기준제정기관 지정 시 지체 없이 그 사실을 관보에 공고하거나 국토교통부 홈페이지에 게시해야 한다.

2. 기준제정기관의 업무 등(영 제3조의3)

(1) 기준제정기관의 업무

① 감정평가실무기준의 제정 및 개정

② 감정평가실무기준에 대한 연구

③ 감정평가실무기준의 해석

④ 감정평가실무기준에 관한 질의에 대한 회신

⑤ 감정평가와 관련된 제도의 개선에 관한 연구

⑥ 그 밖에 감정평가실무기준의 운영과 관련하여 국토교통부장관이 정하는 업무

(2) 감정평가실무기준심의위원회

기준제정기관은 감정평가실무기준의 제정·개정 및 해석에 관한 중요 사항을 심의하기 위하여 기준제정기관에 국토교통부장관이 정하는 바에 따라 9명 이내의 위원으로 구성되는 감정평가실무기준심의위원회를 두어야 한다.

(3) 기타

감정평가실무기준심의위원회의 구성 및 운영에 필요한 사항은 국토교통부장관이 정한다.

1. 적정성 검토

① 의뢰인(활용하는 자 포함) 및 행정기관이 의뢰
② 법인등[소속평가사 둘 이상(대표자 포함)]에 적정성 검토 요청가능
③ 토지보상법 등 별도 권리구제 절차가 규정되어 있는 경우에는 제외
(「공익사업을 위한 토지 등의 취득 및 보상에 관한 법률」 등 관계 법령에 감정평가와 관련하여 권리구제 절차가 규정되어 있는 경우로서 권리구제 절차가 진행 중이거나 권리구제 절차를 이행할 수 있는 자(권리구제 절차의 이행이 완료된 자를 포함한다)는 제외한다)
④ 5년 이상 & 실적 100건 이상 평가사가 수행
⑤ 감정평가법인등 명칭 기재, 적정성 검토 평가사 자격 표시(서명날인)
⑥ 감정평가법인인 경우에는 그 대표사원 또는 대표이사도 서명이나 날인

2. 표본 조사(제도개선목적)

(1) 무작위추출방식의 표본조사

(2) 우선추출방식의 표본조사 (33회)

① 최근 3년 내 타당성조사 결과 감정평가의 부실이 발생한 분야
② 무작위추출표본조사 결과 법령 위반사례가 다수 발생한 분야
③ 협회의 요청(부실방지 목적)에 의해 필요하다고 인정하는 분야

+ 표본조사에 필요한 세부사항은 국토교통부장관이 정함 + 고시

3. 타당성 조사

(1) 타당성조사(국토교통부장관) 가능 (33회)

직권 또는 관계기관 등의 요청
법령상 절차와 방법 준수여부 등 조사가능
해당 감정평가법인등 및 의뢰인에게 의견진술기회 부여

(2) 타당성조사를 하지 않거나 중지할 수 있는 경우

① 법원의 판결에 따라 확정된 경우
② 재판이 계속 중이거나 수사기관에서 수사 중인 경우
③ 토지보상법등 별도 권리구제 절차가 규정되어 있는 경우[「공익사업을 위한 토지 등의 취득 및 보상에 관한 법률」 등 관계 법령에 감정평가와 관련하여 권리구제 절차가 규정되어 있는 경우로서 권리구제 절차가 진행 중이거나 권리구제 절차를 이행할 수 있는 경우(권리구제 절차의 이행이 완료된 자를 포함한다)]
④ 징계처분, 제재처분, 형사처벌 등을 할 수 없는 경우 (36회)

(3) 타당성 조사절차

조사착수일부터 10일 이내에 감정평가법인등 및 이해관계인에게 통지 → 통지일로부터 10일 이내 의견제출 가능 → 타당성 조사 완료 시 지체 없이 결과 통지

* 통지내용
1. 타당성조사의 사유
2. 타당성조사에 대하여 의견을 제출할 수 있다는 것과 의견을 제출하지 아니하는 경우의 처리방법
3. 업무를 수탁한 기관의 명칭 및 주소
4. 국토교통부장관이 공정하고 효율적인 타당성조사를 위하여 필요하다고 인정하는 사항

(4) 타당성 조사사유

① 국토교통부장관이 지도・감독을 위한 감정평가법인등의 사무소 출입・검사 결과나 그 밖의 사유에 따라 조사가 필요하다고 인정하는 경우
② 관계기관 또는 제3항에 따른 이해관계인이 조사를 요청하는 경우

4. 감정평가사 기재사항

① 감정평가법인등의 사무소 또는 법인의 명칭
② 감정평가를 한 감정평가사 : 자격표시, 서명 & 날인
③ 법인의 경우에는 대표사원 또는 대표이사의 서명이나 날인
④ 심사평가사 : 서명 & 날인

(　　　　) 감정표

본인은 감정평가에 관한 법규를 준수하고 감정평가이론에 따라 성실하고 공정하게 이 감정평가서를 작성하였기에 서명날인합니다.

감 정 평 가 사　　　　　　　　　(인)
○○○

(주) ○○감정평가법인
대 표 이 사 ○○○　　　　　　　(인)

감정평가액						
의 뢰 인			감정평가 목적			
제 출 처			기준가치			
소 유 자 (대상업체명)			감정평가조건			
목록표시 근거			기준시점	조사기간	작성일	
(기타 참고사항)						

감정평가 내용	공부(公簿)(의뢰)		사 정		감정평가액	
	종류	면적 또는 수량	종류	면적 또는 수량	단가	금액(원)
	합계					

심사확인	본인은 이 감정평가서에 제시된 자료를 기준으로 성실하고 공정하게 심사한 결과 이 감정평가 내용이 타당하다고 인정하므로 이에 서명날인합니다. 　　　　　　　심사자 : 감정평가사　　　　　　　　　　(인)

1. 감정평가법인 등 업무

(1) 감정평가법인등의 업무 (32회, 33회) ☆

① 부동산공시법에 따라 감정평가법인등이 수행하는 업무
② 부동산공시법에 따른 목적을 위한 토지등의 감정평가
③ 토지등의 자산재평가
④ 법원에 계속 중인 소송 또는 경매를 위한 토지등의 감정평가
⑤ 금융기관·보험회사·신탁회사 등 타인의 의뢰에 따른 토지등의 감정평가
⑥ 감정평가와 관련된 상담 및 자문
⑦ 토지등의 이용 및 개발 등에 대한 조언이나 정보 등의 제공
⑧ 다른 법령에 따라 감정평가법인등이 할 수 있는 토지등의 감정평가
⑨ ①부터 ⑧까지의 업무에 부수되는 업무

(2) 외국감정평가사(상호주의)

⑥, ⑦ 제외하고 업무제한 가능

2. 결격사유 (30회, 32회) ☆

① 파산 미복권자
② 금고 이상 실형집행이 종료되거나 그 집행이 면제된 날부터 3년 미경과자
③ 금고 이상 형의 집행유예 만료일부터 1년 미경과자
④ 금고 이상 형의 선고유예기간 중에 있는 사람
⑤ 자격취소(부정한 방법, 자격증·등록증 또는 인가증을 양도 또는 대여) 후 3년 미경과자
⑥ 자격취소[평가 직무 관련 금고 이상의 형이(집행유예 포함) 확정된 경우] 후 5년 미경과자
⑦ 자격취소(업무정지 1년 이상의 징계처분 2회 이상 & 다시 징계사유가 있는 사람 & 직무 수행이 현저히 부적당) 후 5년 미경과자

* 국토교통부장관은 상기 ①부터 ④까지 중 어느 하나에 해당하는지 여부를 확인하기 위하여 관계기관에 자료를 요청할 수 있다 + 관계기관은 특별한 사정이 없으면 그 자료를 제공해야 한다.

3. 자격의 취소 (7일 내 자격증 및 등록증 반납)

① 부정한 방법으로 감정평가사의 자격을 받은 경우
② 감정평가사에 대한 징계취소를 받은 경우 * 결격사유 중 ⑤~⑦ 사유(부정한 방법 제외)
③ 자격취소 사실 공고(감정평가사의 성명 및 생년월일, 자격취소 사실 및 사유)

4. 등록 및 갱신등록

(1) "시험합격 + 실무수습(1년 / 1차 면제자는 4주)" 또는 교육연수 (25시간 이상) 후 등록(국토교통부장관 : 등록증 발급)

: 협회가 국토교통부장관의 승인을 받아 실시·관리한다. (30회)

* 이론교육 4개월, 실무훈련 8개월
* 교육연수 대상자 : 등록취소 및 업무정지 징계를 받은 감정평가사

(2) 등록 후 등록 갱신[갱신기간은 3년 이상(5년마다)으로 함] (32회, 35회)

① 국토교통부장관은 갱신등록 신청 사실과 절차를 등록일부터 5년이 되는 날의 120일 전까지 통지
② 등록일부터 5년이 되는 날의 60일 전까지 갱신등록 신청서 제출

(3) 등록 및 갱신등록의 거부 + 거부사실 공고

① 결격사유에 해당하는 경우 (32회)
② 실무수습 또는 교육연수를 받지 아니한 경우
③ 감정평가사 등록이 취소된 후 3년이 지나지 아니한 경우
④ 처분 받은 감정평가사의 업무정지 기간이 지나지 아니한 경우
⑤ 미성년자 또는 피성년후견인·피한정후견인

(4) 등록취소(등록증 반납) + 취소사유 공고

① 결격사유에 해당하는 경우 (32회, 35회)
② 사망한 경우
③ 등록취소를 신청한 경우
④ 등록취소 징계를 받은 경우

(5) 자료요청

국토교통부장관은 상기 '(3)~(4)'에 해당하는지 여부를 확인하기 위하여 관계기관에 관련 자료를 요청할 수 있다. 관계기관은 특별한 사정이 없으면 그 자료를 제공해야 한다.

5. 제1차 시험과 제2차 시험

- (1) 시험의 최종 합격 발표일을 기준으로 결격사유에 해당하는 사람은 응시할 수 없다.
- (2) 국토교통부장관은 응시할 수 없음에도 응시하여 합격한 경우 합격결정을 취소해야 한다.
- (3) 1차 시험 면제(5년 이상 감정평가관련 업무에 종사한 사람)

    * 면제기관
    1. 감정평가법인, 감정평가사사무소, 협회
    2. 한국부동산원, 감정평가업무를 지도하거나 감독하는 기관
    3. 「부동산 가격공시에 관한 법률」에 따른 개별공시지가·개별주택가격·공동주택가격 또는 비주거용 부동산가격을 결정·공시하는 업무를 수행하거나 그 업무를
       지도·감독하는 기관 및 토지가격비준표, 주택가격비준표 및 비주거용 부동산가격비준표를 작성하는 업무를 수행하는 기관
    4. 국유재산을 관리하는 기관
    5. 과세시가표준액을 조사·결정하는 업무를 수행하거나 그 업무를 지도·감독하는 기관
    * 업무종사기간을 산정할 때 기준일은 제2차 시험 시행일로 하며, 둘 이상의 기관에서 해당 업무에 종사한 사람에 대해서는 각 기관에서 종사한 기간을 합산한다.

- (4) 국토교통부장관은 다음 어느 하나에 해당하는 사람에 대해서는 해당 시험을 정지시키거나 무효로 한다(5년간 시험에 응시할 수 없다).
    ① 부정한 방법으로 시험에 응시한 사람
    ② 시험에서 부정한 행위를 한 사람
    ③ 시험의 일부 면제를 위한 관련 서류를 거짓 또는 부정한 방법으로 제출한 사람

6. 응시수수료

- (1) 응시수수료 납부 1, 2차 각 4만원 + 수수료는 현금이나 전자화폐·전자결제 등의 방법으로 납부할 수 있다.
- (2) 응시수수료의 전부 또는 일부를 반환해야 한다.
    ① 응시수수료를 과오납(過誤納)한 경우
    ② 국토교통부장관의 귀책사유로 시험에 응시하지 못한 경우
    ③ 시험시행일 10일 전까지 응시원서 접수를 취소한 경우

1. 소속평가사 및 사무직원 신고

(1) 신고의무(국토교통부장관에게) (34회)

고용(업무시작 전) 및 종료된 때(종료된 날로부터 10일 이내)
국토교통부장관은 사무직원의 경우 결격사유 해당여부 확인

(2) 사무직원 결격사유 (32회, 33회)

1. 미성년자 또는 피성년후견인 · 피한정후견인
2. 유죄판결을 받은 사람
   가. 징역 이상의 집행이 끝나거나 집행을 받지 아니하기로 확정된 후 3년 미경과자
   나. 징역형의 집행유예기간이 지난 후 1년 미경과자
   다. 징역형의 선고유예기간 중에 있는 사람
3. 자격취소(부정한 방법, 자격증 · 등록증 또는 인가증을 양도 또는 대여) 후 1년 미경과자
4. 자격취소[평가 직무 관련 금고 이상의 형이(집행유예 포함) 확정된 경우] 후 5년 미경과자
5. 자격취소(업무정지 1년 이상의 징계처분 2회 이상 & 다시 징계사유가 있는 사람 & 직무 수행이 현저히 부적당) 후 3년 미경과자
6. 업무정지 기간 중인 감정평가사

심화 : 국토교통부장관은 법인 등이 갖추어야 하는 손해배상능력에 대한 기준을 국토교통부령으로 정할 수 있음
1. 전문인 배상책임보험 등 보험 가입이나 공제사업 가입으로 보장되지 않는 손해배생책임을 보장할 수 있는 다른 손해배상책임보험에 가입할 것
2. 「주식회사의 외부감사에 관한 법률」 상 감사보고서(적정하다는 감사의견이 표명된 것으로 한정)를 갖추거나 매 사업연도가 끝난 후 3개월 이내에 표준재무제표증명[법 제21조에 따라 사무소(합동사무소를 포함한다)를 개설한 감정평가사로서 최근 3년간 연속하여 결손이 발생하지 않은 경우로 한정한다]을 발급받을 것

2. 성실의무 등 (30회, 31회, 32회, 33회, 35회)

(1) 감정평가사사무소, 감정평가법인 용어 사용

(2) 감정평가사, 감정평가사사무소, 감정평가법인 또는 비슷한 명칭 사용 ✕

(3) 수수료 & 실비[범위는 국장 결정(감정평가관리 · 징계위원회 심의)] 기준 준수

(4) 비밀엄수

(다른 법령에 특별한 규정이 있는 경우에는 그러하지 아니함)

(5) 명의대여 등의 금지(알선 금지) (30회)

(성명, 상호, 자격증 · 등록증 또는 인가증을 양도 · 대여 ✕, 부당행사 ✕)

(6) 손해배상책임 (31회)

1) 요건
   ① 고의 또는 과실
   ② 감정평가 당시의 적정가격과 현저한 차이 또는 서류 거짓기재
   ③ 감정평가 의뢰인이나 선의의 제3자에 대한 손해발생

2) 필요조치
   ① 보증보험 가입(국장 통보 / 1인당 1억 이상) 또는 협회 운영 공제사업 가입
   ② 보증보험금 사용 시 10일 내 보험계약 다시 체결
   ③ 법원판결로 손해확정 시 국장에게 통지

(7) 감정평가 유도 · 요구 금지

누구든지 감정평가법인등(소속 포함) 및 사무직원에게 특정가액의 유도 또는 요구 ✕

(8) 성실의무 등

① 품위유지, 신의성실, 공정, 고의 또는 중과실
② 자기 또는 친족 소유 등 토지등 평가 ✕
③ 토지등의 매매업(직접)
④ 수수료와 실비 외 수령 ✕
   감정평가 수주 대가로 금품 또는 재산상 이익을 제공하거나 제공하기로 약속 ✕
⑤ 법인등 이중소속금지 및 소속법인 외 다른 법인 주식소유 금지
⑥ 감정평가법인등, 사무직원은 특정가액 유도 또는 요구에 따라서는 아니 됨

1. 사무소
: 등록을 한 감정평가사가 감정평가업을 하려는 경우 사무소개설 가능 (32회)

- **(1) 사무소개설_(등록 감정평가사)_불가**
  - ① 등록 및 갱신등록 거부사유에 해당하는 사람
  - ② 설립인가 취소 후 1년 미경과 또는 업무정지 중인 감정평가법인의 사원 또는 이사
    (인가취소신청, 구성인원 미달, 자본금미달로 취소된 경우 제외)
  - ③ 업무정지기간이 지나지 않은 사람(법 제32조 제1호 · 제7호 제외)
- **(2) 소속 감정평가사를 둘 수 있다.**
    (등록 및 갱신등록 거부사유 미해당자)
- **(3) 소속 감정평가사가 아닌 사람에게 업무를 하게 하여서는 아니 된다.**
- **(4) 1개 사무소만 설치 가능**
- **(5) 합동사무소(2명 이상) 설치가능** (31회, 32회, 35회)
    (국장에게 규약 제출)

2. 법인 설립

대표사원 또는 대표이사는 감정평가사

- **(1) 법인 설립 정관작성 및 인가**

    "사원이 될 사람 또는 감정평가사인 발기인" 공동 정관 작성
    국토교통부장관 인가[신청일부터 20일 이내(20일 범위 내 연장 가능)]

- **(2) 국토교통부장관의 심사 · 확인사항**
  - ① 규정 요건 충족여부
  - ② 정관 내용 적합여부

- **(3) 정관변경(목적, 명칭, 업무에 관한 사항은 인가 / ③~⑤는 14일 내 신고)**
  - ① 목적
  - ② 명칭
  - ③ 주사무소 및 분사무소의 소재지
  - ④ 사원(주식회사의 경우에는 발기인)의 성명, 주민등록번호 및 주소 ┐ 신고
  - ⑤ 사원의 출자(주식회사의 경우에는 주식의 발행)에 관한 사항 ┘
  - ⑥ 업무에 관한 사항

3. 법인 구성 등

- **(1) 구성**
  - **1) 감정평가사 비율**
      전체 사원 또는 이사의 100분의 70이 넘는 범위에서
      대통령령으로 정하는 비율(100분의 90) 이상
  - **2) 감정평가사가 아닌 사원 또는 이사**
      토지등에 대한 전문성 등 자격을 갖춘 자
      결격사유에 해당되지 않을 것
      미성년자 또는 피성년후견인 · 피한정후견인이 아닐 것
  - **3) 최소인원 감정평가사**
    - ① 법인 존립 : 5명 이상
    - ② 주사무소 및 분사무소 : 각 2명 이상
  - **4) 소속평가사 제한사유**
      등록 및 갱신등록 거부사유에 해당하는 경우
      소속 감정평가사 외의 사람에게 업무수행하게 할 수 없음

- **(2) 합병 가능** (30회)
    사원 전원의 동의 또는 주주총회의 의결 + 국토교통부장관 인가

- **(3) 해산(국토교통부장관에게 14일 내 신고)** (30회, 32회)
  - ① 정관으로 정한 해산 사유의 발생
  - ② 사원총회 또는 주주총회의 결의
  - ③ 합병
  - ④ 설립인가의 취소
  - ⑤ 파산
  - ⑥ 법원의 명령 또는 판결

- **(4) 자본금 등**
  - ① 2억원 이상 (32회, 35회)
  - ② 순자산(자산-부채) 2억 미달 시 매 사업연도 끝난 후 6개월 내 사원 증여로
    보전 또는 증자

- **(5) 기타**
  - ① 외부감사법에 따른 회계처리 기준 적용 및 재무제표 작성
    (사업년도 종료 후 3개월 내 국장에게 제출)
  - ② 상법 중 회사에 관한 규정 준용

1. 인가취소 등

(1) 인가취소 등 사유(법 제32조)

> 인가취소 및 2년 이내의 업무정지 가능
> 아래 '2' 또는 '7'에 해당하는 경우에는 인가취소

1. 감정평가법인이 설립인가의 취소를 신청한 경우 (30회, 32회)
2. 업무정지 중에 업무를 한 경우 (36회)
3. 업무정지 중인 소속평가사에게 업무를 하게 한 경우 (30회, 32회)

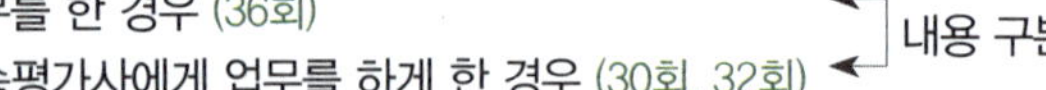

내용 구분

1차 : 업무정지
2차 : 인가취소

4. 토지평가기준(공시지가기준법) 위반
5. 감정평가 원칙과 기준 위반
6. 감정평가서의 작성·발급 등에 관한 사항 위반
7. 3개월 내 감정평가사 수 미달 보충 못한 경우
8. 둘 이상의 감정평가사사무소를 설치한 경우
9. 소속 감정평가사 외의 사람에게 업무를 하게 한 경우
10. 수수료의 요율 및 실비에 관한 기준을 지키지 아니한 경우
11. 성실의무, 비밀엄수 또는 명의대여 등의 금지 규정을 위반한 경우
12. 보증보험 또는 공제사업에 가입하지 아니한 경우 (36회)
13. 정관을 거짓으로 작성하는 등 부정한 방법으로 인가를 받은 경우
14. 외부감사법에 따른 회계처리 및 재무제표 작성 미준수
15. 순자산(자산 − 부채) 2억원 미달 시 미보충한 경우
16. 지도와 감독의무 위반
   가. 업무사항 미보고 또는 자료 미제출 및 거짓보고·제출
   나. 장부나 서류 등의 검사를 거부, 방해 또는 기피한 경우
17. 인가받은 정관에 따라 운영하지 아니하는 경우

(2) 절차

① 한국감정평가사협회 → 설립인가취소 또는 업무정지 요청(증거서류 첨부)
② 국토교통부장관의 설립인가 취소 또는 업무정지처분 → 관보 공고
③ 사유 발생 5년 이내에만 가능
④ 설립인가 취소 및 업무정지에 관한 기준은 대통령령으로 정함
⑤ 공고의 방법, 내용 및 그 밖에 필요한 사항은 국토교통부령 정함

감정평가법인등의 명칭
처분내용
처분사유

2. 과징금

위반행위의 내용과 정도, 기간과 위반횟수, 취득한 이익의 규모를 고려하여 부과

(1) 과징금의 부과 가능 (34회)

① 업무정지사유 해당 & 공시업무 지장 초래 등 공익을 해칠 우려가 있는 경우
② 5천만원(법인은 5억원) 이하의 과징금 부과 가능
③ 합병 후 존속 및 신설에 과징금 부과·징수 가능

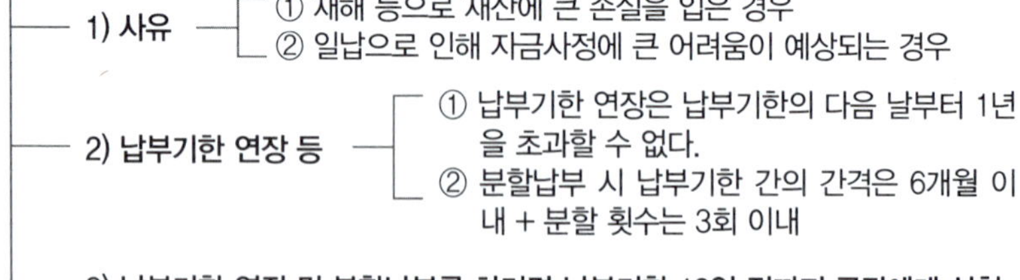

* 과징금의 부과기준 등
1. 업무정지 기간이 1년 이상 : 과징금최고액의 70% 이상 부과
2. 업무정지 기간이 6개월 이상 1년 미만 : 과징금최고액의 50% 이상 70% 미만
3. 업무정지 기간이 6개월 미만 : 과징금최고액의 20% 이상 50 미만

2분의 1 범위에서 가감가능(단, 늘리는 경우에도 최고액을 초과할 수 없음)

(2) 이의신청

① 통보받은 날부터 30일 이내에 국장에게 신청 가능
② 30일 이내 결정(부득이한 경우 30일 범위 내 연장가능)
③ 행정심판 청구 가능   <이의신청 제기 안 하고도 심판청구 가능>

(3) 과징금 납부 및 납부기한의 연장과 분할납부

위반행위의 종류 및 금액 서면통지 → 통지일부터 60일 내 납부

(4) 기한 연장 및 분납사유

1) 사유
   ① 재해 등으로 재산에 큰 손실을 입은 경우
   ② 일납으로 인해 자금사정에 큰 어려움이 예상되는 경우

2) 납부기한 연장 등
   ① 납부기한 연장은 납부기한의 다음 날부터 1년을 초과할 수 없다.
   ② 분할납부 시 납부기한 간의 간격은 6개월 이내 + 분할 횟수는 3회 이내

3) 납부기한 연장 및 분할납부를 하려면 납부기한 10일 전까지 국장에게 신청 (34회)

4) 납부기한 연장 및 분할납부 결정 취소(이 경우 과징금 일시 징수 가능)
   ① 납부기한까지 납부하지 아니하였을 때
   ② 담보의 변경이나 담보 보전에 필요한 명령을 미이행 시
   ③ 강제집행, 경매의 개시, 파산선고, 법인의 해산, 국세·지방세 체납처분 등 과징금의 전부나 나머지를 징수할 수 없다고 인정될 때

(5) 국토교통부장관의 과징금의 징수와 체납처분

    1) 가산금 부과(가산금 연 6%, 60개월 초과 ×) 가능 (34회)
        납부기한의 다음 날부터 과징금을 납부한 날의 전날까지

    2) 독촉 및 체납처분의 예에 따라 징수 가능
        독촉 : 납부기한 지난 후 15일 내에 서면으로
        납부기한 : 납부기한은 독촉장 발부일부터 10일 이내

1. 징계사유 및 종류

(1) 국토교통부장관 징계 가능 → 감정평가관리 · 징계위원회의 의결에 따라

1. 공시지가기준법 및 거래사례비교법 적용에 대한 사항을 위반
2. 감정평가에 관한 원칙과 기준을 위반
3. 감정평가서의 작성 · 발급 등에 관한 사항 위반
3의2. 고의 또는 중대한 과실로 잘못 심사한 경우
4. 업무정지 중 업무수행 또는 업무정지 중인 소속평가사에게 업무를 하게 한 경우
5. 등록이나 갱신등록을 하지 아니하고 업무를 수행한 경우 (36회)
6. 구비서류를 거짓으로 작성하는 등 부정한 방법으로 등록이나 갱신등록을 한 경우
7. 사무소 개설 규정을 위반하여 감정평가업을 한 경우 (36회)
8. 수수료의 요율 및 실비에 관한 기준을 지키지 아니한 경우
9. 성실의무, 비밀엄수, 명의대여 등의 금지를 위반한 경우
10. 지도와 감독 등에 관하여 다음 각 목의 어느 하나에 해당하는 경우
    가. 업무에 관한 사항의 보고 또는 자료의 제출을 하지 아니하거나 거짓으로 보고 또는 제출한 경우
    나. 장부나 서류 등의 검사를 거부 또는 방해하거나 기피한 경우 (36회)
11. 감정평가사의 직무와 관련하여 금고 이상의 형을 선고받아(집행유예 포함) 그 형이 확정된 경우 (36회)
12. 이 법에 따라 업무정지 1년 이상 징계처분을 2회 이상 & 다시 징계사유 & 직무수행이 현저히 부적당한 경우

(2) 감정평가사에 대한 징계의 종류(주의 · 경고는 징계 ×)

① 자격의 취소
② 등록의 취소
③ 2년 이하의 업무정지
④ 견책

(자격취소는 (1)의 '11', '12' 및 자격증 · 등록증 · 인가증 양도 · 대여한 경우만 가능)

2. 징계의 공고 등

* 국토교통부장관은 징계처분 시 해당 사유를 감정평가사, 법인 등 및 협회에 통보하고 통보일부터 14일 이내에 징계내용을 관보에 공고해야 한다.

(1) 절차

① 자격취소 시 자격증 및 등록증 반납 + 관보공고
② 등록취소 및 업무정지 시 등록증 반납 + 관보공고
③ 국토교통부장관의 징계의결 요구(위반사유 발생 5년 이내에만 가능)
→ 감정평가관리 · 징계위원회는 60일 이내에 의결(30일 범위 내 한 차례 연장 가능)

(2) 징계의 공고기간(필요한 사항은 국토교통부장관이 정하여 고시)

① 자격취소 및 등록취소 : 3년
② 업무정지 : 업무정지 기간(3개월 미만인 경우에는 3개월)
③ 견책 : 3개월

(3) 징계정보 열람신청(제공 대상 정보 : 관보에 공고하는 사항)

신청일부터 역산하여 다음 구분에 따른 기간까지 공고된 정보
① 자격취소 및 등록취소 : 10년
② 업무정지 : 5년
③ 견책 : 1년

협회는 감정평가를 의뢰하려는 자가 해당 감정평가사에 대한 징계사실을 확인하기 위하여 징계정보의 열람을 신청하는 경우에는 그 정보를 제공하여야 한다. (33회)
→ 신청을 받은 경우 10일 이내에 신청인이 징계정보를 열람할 수 있게 해야 한다.
→ 협회는 징계정보를 열람하게 한 경우에는 지체 없이 해당 감정평가사에게 그 사실을 알려야 한다.
→ 협회는 열람을 신청한 자에게 열람에 드는 비용을 부담하게 할 수 있다.
→ 징계정보의 열람에 필요한 세부사항은 국토교통부장관이 정하여 고시한다.

(4) 징계내용 공고사항(관보 또는 인터넷 홈페이지 등에 게시 또는 공고)

1. 징계 받은 감정평가사의 성명, 생년월일, 소속된 감정평가법인등의 명칭 및 사무소 주소
2. 징계의 종류
3. 징계 사유(징계 사유와 관련된 사실관계의 개요를 포함한다)
4. 징계의 효력발생일(징계의 종류가 업무정지인 경우에는 업무정지 시작일 및 종료일)

1. 감정평가관리 · 징계위원회 (국토교통부에 둔다)

(1) 심의 또는 의결 사항
- ① 관계 법령의 제정 · 개정에 관한 사항
- ② 실무기준의 변경에 관한 사항
- ③ 감정평가사시험에 관한 사항
- ④ 수수료의 요율 및 실비의 범위에 관한 사항 (30회)
- ⑤ 감정평가사 징계에 관한 사항
- ⑥ 감정평가와 관련하여 국토교통부장관이 회의에 부치는 사항

(2) 감정평가관리 · 징계위원회
- 1) 구성
  - 13명[위원장 · 부위원장 각 1명 포함(성별고려)]
  - 위원 임기 2년(한 차례 연임가능)
- 2) 위원장의 직무
  - 위원회 대표, 위원회 업무 총괄, 회의 소집 & 의장
  - (회의 : 재적위원 과반수 출석 − 출석위원 과반수 찬성으로 의결)
- 3) 위원장의 직무대행
  - 부위원장이 직무대행
  - 위원장 지명자(부위원장 직무대행 못하는 경우)
  - 위원장이 지명하지 못하는 경우에는 국장이 지명
- 4) 소위원회 둘 수 있음
- 5) 당사자는 위원회에 출석하여 구술 또는 서면 제출 가능
- 6) 운영에 관한 필요사항은 대통령령으로 정함

2. 감정평가사협회
감정평가사의 품위유지, 직무개선 · 발전도모
회원의 관리 및 지도에 관한 사무

(1) 협회
- 1. 감정평가사협회(법인 +「민법」중 사단법인 규정 준용)
  - 국토교통부장관 인가 + 설립등기
  - 공제사업 운영가능
- 2. 감정평가법인등 및 소속평가사 의무가입 & 회칙 준수의무
- 3. 직업윤리 규정 제정 & 규정 준수의무
- 4. 국토교통부장관에게 감정평가사에 대한 징계 요청 가능
- 5. 협회는 회원이 직무를 수행할 때 지켜야 할 직업윤리에 관한 규정을 제정하여야 하며, 회원은 직업윤리에 관한 규정을 준수하여야 한다.

(2) 자문 등
- ① 국가 등은 자문요청 가능
- ② 협회의 임원 · 회원 또는 직원을 전문분야에 위촉하기 위한 추천 요청 가능
- ③ 협회 → 국가 등에 감정평가의 관리 · 감독 · 의뢰 등과 관련한 업무개선 건의 가능

(3) 회원에 대한 교육 · 연수(연수위원회 설치 가능)
필요한 사항은 협회가 국토교통부장관의 승인을 얻어 정한다.

(4) 회원의 경력 등 관리
- ① 감정평가사의 경력 및 전문분야를 관리할 수 있다.
- ② 국토교통부장관은 경력 및 전문분야의 구분이나 관리의 기준에 관하여 협회에 의견을 제시할 수 있다.

(5) 부설기관
협회는 부동산공시제도 및 감정평가에 관한 각종 연구사업을 추진하기 위하여 정관으로 정하는 바에 따라 부설기관을 둘 수 있다.

3. 보칙

(1) 청문

① 부정한 방법으로 자격을 취득한 감정평가사 자격의 취소
② 감정평가법인의 설립인가 취소

(2) 업무의 위탁(필요경비 보조가능) (31회, 34회)

① 타당성조사 및 표본조사 관련업무, 기초자료수집, 평가내용분석
  감정평가 정보체계의 구축 · 운영, 표본조사 ┐
② 감정평가사시험의 관리(한국산업인력공단)   │
③ 감정평가사 등록 및 등록 갱신(협회)   │
④ 소속 감정평가사 또는 사무직원의 신고(협회)   (한국부동산원)
  보증보험 가입 통보의 접수(협회)
  감정평가서 원본과 관련서류 보관(협회)

(3) 벌칙 적용에서 공무원 의제

① 부동산공시법상 업무수행
② 감정평가관리 · 징계위원회의 위원 중 공무원이 아닌 위원
③ 위탁업무에 종사하는 협회의 임직원

(4) 지도 · 감독

국토교통부장관 → 감정평가법인등 및 협회를 감독하기 위하여 필요할 때에는 그 업무에 관한 보고 또는 자료의 제출, 그 밖에 필요한 명령을 할 수 있으며, 소속 공무원(그 권한을 표시하는 증표를 지니고 이를 관계인에게 내보여야 한다)으로 하여금 그 사무소에 출입하여 장부 · 서류 등을 검사하게 할 수 있다.

---

* 의뢰인이 협회에 법인등을 추천하는 경우(7일 내 추천) 고려사항
1. 감정평가 대상물건에 대한 전문성 및 업무실적
2. 감정평가 대상물건의 규모 등을 고려한 감정평가법인등의 조직규모 및 손해배상능력
3. 감정평가사의 징계 건수 및 내용
4. 표준지공시지가 조사 · 평가업무 수행실적
5. 그 밖에 협회가 추천에 필요하다고 인정하는 사항

심화 : 감정평가관리 · 징계위원회

(1) 감정평가관리 · 징계위원회의 구성 : 위원장 1명, 부위원장 1명 포함하여 13명으로 구성(성별을 고려해야 한다.)

(2) 위원회의 위원(위원장은 2. 또는 3.의 위원 중에서, 부위원장은 1.의 위원 중에서 국토교통부장관이 위촉하거나 지명하는 사람이 된다)

  1. 국토교통부의 4급 이상 공무원 중에서 국토교통부장관이 지명하는 사람 3명

  2. 변호사 중에서 국토교통부장관이 위촉하는 사람 2명

  3. 「고등교육법」에 따른 대학에서 토지 · 주택 등에 관한 이론을 가르치는 조교수 이상으로 재직하고 있거나 재직하였던 사람 중에서 국토교통부장관이 위촉하는 사람 4명

  4. 협회의 장이 소속 상임임원 중에서 추천하여 국토교통부장관이 위촉하는 사람 1명

  5. 한국부동산원장이 소속 상임이사 중에서 추천하여 국토교통부장관이 위촉하는 사람 1명

  6. 감정평가사 자격을 취득한 날부터 10년 이상 지난 감정평가사 중에서 국토교통부장관이 위촉하는 사람 2명

  → 2.부터 6.까지의 위원의 임기는 2년으로 하며, 한 차례만 연임할 수 있다.

(3) 위원의 제척 · 기피 · 회피

  • 제척

    1. 위원 또는 그 배우자나 배우자였던 사람이 해당 안건의 당사자가 되거나 그 안건의 당사자와 공동권리자 또는 공동의무자인 경우

    2. 위원이 해당 안건의 당사자와 친족이거나 친족이었던 경우

    3. 위원이 해당 안건에 대하여 증언, 진술, 자문, 연구, 용역 또는 감정을 한 경우

    4. 위원이나 위원이 속한 법인 · 단체 등이 해당 안건의 당사자의 대리인이거나 대리인이었던 경우

    5. 위원이 해당 안건의 당사자와 같은 감정평가법인 또는 감정평가사사무소에 소속된 경우

  • 기피

    해당 안건의 당사자는 위원에게 공정한 심의 · 의결을 기대하기 어려운 사정이 있는 경우에는 위원회에 기피 신청을 할 수 있고, 위원회는 의결로 기피 여부를 결정한다. 이 경우 기피 신청의 대상인 위원은 그 의결에 참여할 수 없다.

  • 회피

    위원이 상기 제척 사유에 해당하는 경우에는 스스로 해당 안건의 심의 · 의결에서 회피(回避)하여야 한다.

(4) 위원의 지명철회 · 해촉(국토교통부장관은 해당 위원에 대한 지명철회 및 해촉 가능)

  1. 심신장애로 인하여 직무를 수행할 수 없게 된 경우

  2. 직무와 관련된 비위사실이 있는 경우

  3. 직무태만, 품위손상이나 그 밖의 사유로 인하여 위원으로 적합하지 아니하다고 인정되는 경우

  4. 제38조 제1항 각 호의 어느 하나에 해당하는 데에도 불구하고 회피하지 아니한 경우

  5. 위원 스스로 직무를 수행하는 것이 곤란하다고 의사를 밝히는 경우

(5) 위원장의 직무

  • 위원회를 대표하고, 위원회의 업무를 총괄한다.

  • 위원회의 회의를 소집하고 그 의장이 된다.

  • 위원장이 부득이한 사유로 직무를 수행할 수 없을 때에는 부위원장이 그 직무를 대행하며, 위원장 및 부위원장이 모두 부득이한 사유로 직무를 수행할 수 없는 때에는 위원장이 지명하는 위원이 그 직무를 대행한다. 다만, 불가피한 사유로 위원장이 직무를 대행할 위원을 지명하지 못할 경우에는 국토교통부장관이 지명하는 위원이 그 직무를 대행한다.

(6) 징계의결 요구 내용을 검토하기 위해 위원회에 소위원회를 둘 수 있다.

(7) 당사자의 출석

  당사자는 위원회에 출석하여 구술 또는 서면으로 자기에게 유리한 사실을 진술하거나 필요한 증거를 제출할 수 있다.

(8) 위원회의 의결

  위원회의 회의는 재적위원 과반수의 출석으로 개의(開議)하고, 출석위원 과반수의 찬성으로 의결한다.

구분	내용	
3년 이하의 징역 또는 3천만원 이하의 벌금	1. 부정한 방법 자격취득 2. 감정평가법인등이 아닌 자로서 감정평가업을 한 자 (34회) 3. 부정한 방법으로 등록이나 갱신등록을 한 사람 (34회) 4. 등록 또는 갱신등록이 거부되거나 자격 또는 등록이 취소된 사람으로서 업무를 한 사람 5. 고의로 업무를 잘못하거나 특정가액의 유도 또는 요구에 따른 자 6. 업무관련 대가를 받거나 감정평가 수주 대가로 금품 또는 재산상의 이익을 제공하거나 제공하기로 약속한 자 6의2. 특정한 가액으로 감정평가를 유도 또는 요구하는 행위를 한 자 7. 정관을 거짓으로 작성하는 등 부정한 방법으로 인가를 받은 자	부정·고의 느낌
1년 이하의 징역 또는 1천만원 이하의 벌금	1. 둘 이상의 사무소를 설치한 사람 (34회) 2. 소속 감정평가사 외의 사람에게 업무를 하게 한 자 3. 매매업을 영위하거나 둘 이상 법인등에 소속되거나 비밀엄수 의무를 위반한 자 4. 자격증·등록증 또는 인가증 양도 또는 대여한 자, 양수 또는 대여받은 자 및 알선한 자 (34회)	"1 + 1" 느낌
몰수·추징	업무와 관련된 대가를 받거나 감정평가 수주의 대가로 금품 또는 재산상의 이익을 제공하거나 제공하기로 약속한 자 및 감정평가사의 자격증·등록증 또는 감정평가법인의 인가증을 다른 사람에게 양도 또는 대여한 자와 이를 양수 또는 대여받은 자가 받은 금품이나 그 밖의 이익은 몰수함(몰수할 수 없을 때에는 그 가액을 추징).	
양벌규정	① 법인의 대표자나 법인 또는 개인의 대리인, 사용인, 그 밖의 종업원이 그 법인 또는 개인의 업무에 관하여 벌칙규정 어느 하나에 해당하는 위반행위를 하면 그 행위자를 벌할 뿐만 아니라 그 법인 또는 개인에게도 해당 조문의 벌금형을 과한다. ② 다만, 법인/개인이 그 위반행위 방지를 위하여 해당 업무에 관한 상당한 주의·감독을 게을리하지 않은 경우는 제외	
과태료	(1) 500만원 이하의 과태료 (34회) 　　결격사유에 해당되는 사무직원을 둔 자 (2) 400만원 이하의 과태료 　　① 보증보험 및 공제사업 가입조치 위반 　　② 업무보고, 자료 제출, 명령 또는 검사를 거부·방해 또는 기피하거나 거짓으로 보고한 자 (3) 300만원 이하의 과태료 　　① 감정평가서의 원본과 그 관련 서류를 보존하지 아니한 자 　　② '사무소 및 법인 용어 미사용' 및 '감정평가사, 사무소, 법인 등 유사명칭을 사용한 자' (4) 150만원 이하의 과태료 　　① 감정평가 결과를 감정평가 정보체계에 등록하지 아니한 자 　　② 자격증 또는 등록증을 반납하지 아니한 자 　　③ 손해배상사실을 국토교통부장관에게 알리지 아니한 자 ＊ 과태료는 대통령령으로 정하는 바에 따라 국토교통부장관이 부과·징수한다.	

국토의 계획 및 이용에 관한 법률

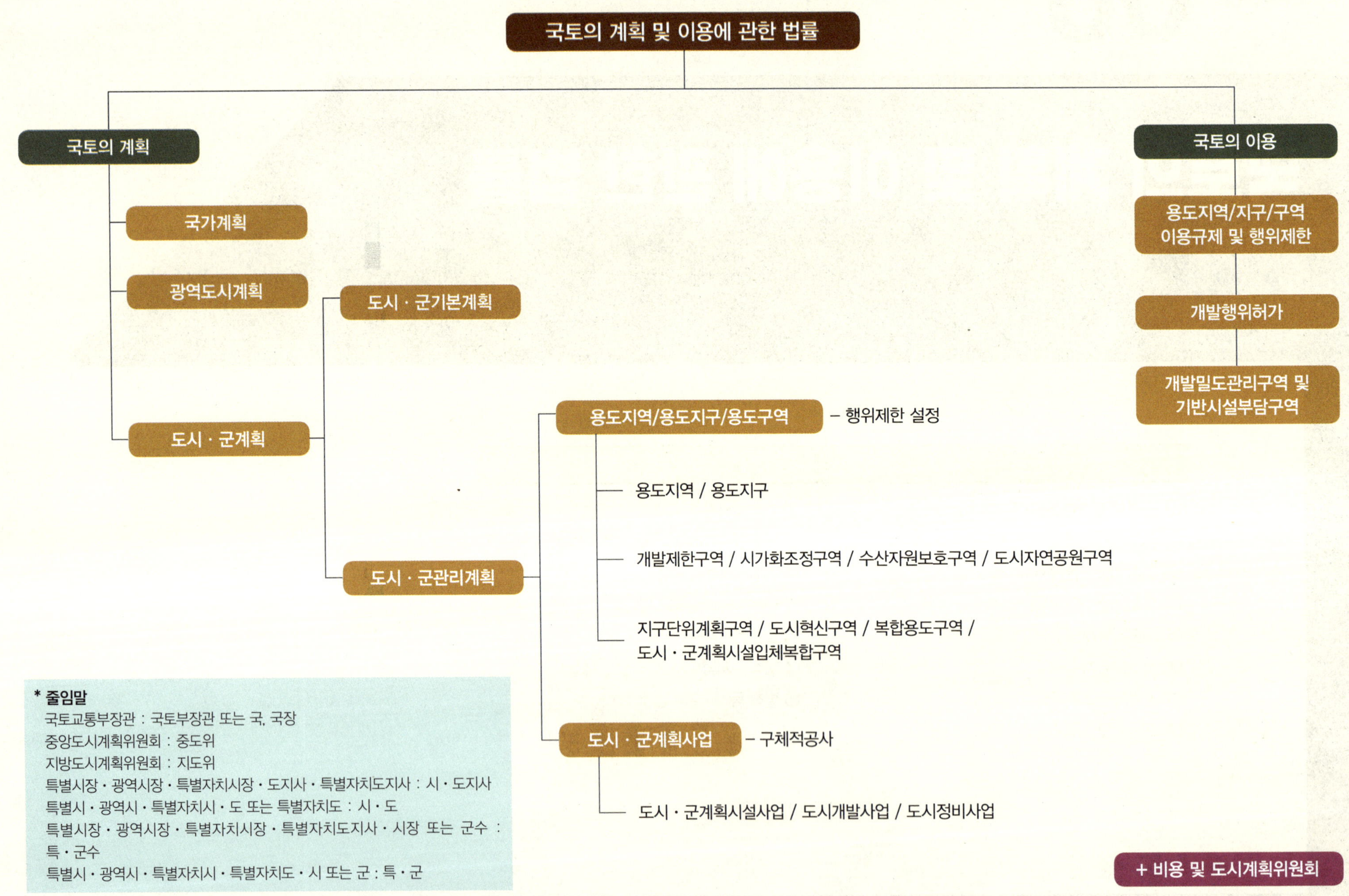

국토의 계획 및 이용에 관한 법률

국토의 계획
국가계획
광역도시계획
도시·군계획
도시·군기본계획
도시·군관리계획
용도지역/용도지구/용도구역 – 행위제한 설정
용도지역 / 용도지구
개발제한구역 / 시가화조정구역 / 수산자원보호구역 / 도시자연공원구역
지구단위계획구역 / 도시혁신구역 / 복합용도구역 / 도시·군계획시설입체복합구역
도시·군계획사업 – 구체적공사
도시·군계획시설사업 / 도시개발사업 / 도시정비사업

국토의 이용
용도지역/지구/구역 이용규제 및 행위제한
개발행위허가
개발밀도관리구역 및 기반시설부담구역

* 줄임말
국토교통부장관 : 국토부장관 또는 국, 국장
중앙도시계획위원회 : 중도위
지방도시계획위원회 : 지도위
특별시장·광역시장·특별자치시장·도지사·특별자치도지사 : 시·도지사
특별시·광역시·특별자치시·도 또는 특별자치도 : 시·도
특별시장·광역시장·특별자치시장·특별자치도지사·시장 또는 군수 : 특·군수
특별시·광역시·특별자치시·특별자치도·시 또는 군 : 특·군

+ 비용 및 도시계획위원회

국토의 계획 및 이용에 관한 법률 기본 골격

1. 국가계획

광역도시계획 (장기발전) → 도시·군계획 — 공간구조·발전방향

- 도시·군기본계획 — 공간구조·장기발전
- 도시·군관리계획 — 개발·정비·보전 목적

2. 도시·군관리계획

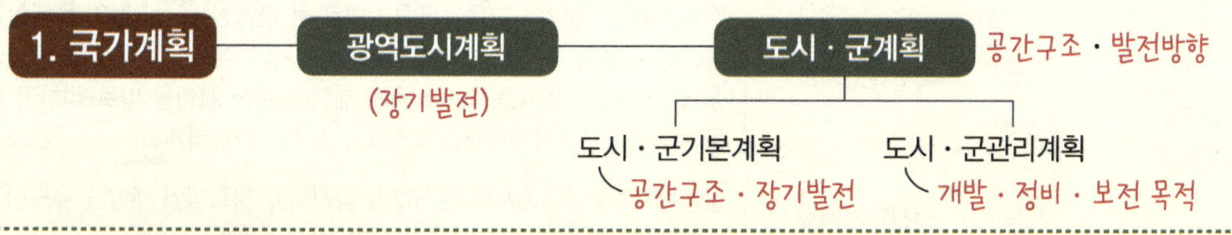

- 용도지역 : 도관농자 / 주상공녹 / 보생자 / 보생계
  - 토지의 경제적 이용
- 용도지구 : 방화, 방재, 보호, 경관, 고도, 복합용도, 특정용도제한, 개발진흥, 취락
- 용도구역
  - 구역별 계획수립이 필요치 않은 경우
    - 개발제한구역
    - 시가화조정구역
    - 수산자원보호구역
    - 도시자연공원
  - 구역별 계획수립이 필요한 경우
    - 지구단위계획구역
    - 도시혁신구역
    - 복합용도구역
    - 도시·군계획시설입체복합구역
- 도시·군계획사업
  - 도시·군계획시설사업 — 도시·군계획시설사업의 시행
  - 도시개발사업
  - 도시 및 주거환경정비사업

3. 비교 : 도시·군관리계획 외 "구역"

- 성장관리계획구역 — 녹지지역, 관리지역, 농림지역 및 자연환경보전지역
- 개발밀도관리구역 — 기반시설이 부족할 것으로 예상되나 기반시설을 설치하기 곤란한 지역 (주거·상업·공업)
- 기반시설부담구역 — 개발밀도관리구역 외의 지역으로서 기반시설의 설치가 필요한 지역

4. 개발행위허가 : 용도지역 / 지구 / 구역 내 행위제한에 기초하여 특정 개발행위 시 허가 필요

5. 비용 + 도시계획위원회 + 보칙(시범도시 등)

☆☆ 필수암기   (28회, 29회, 30회, 31회, 32회, 33회, 35회)

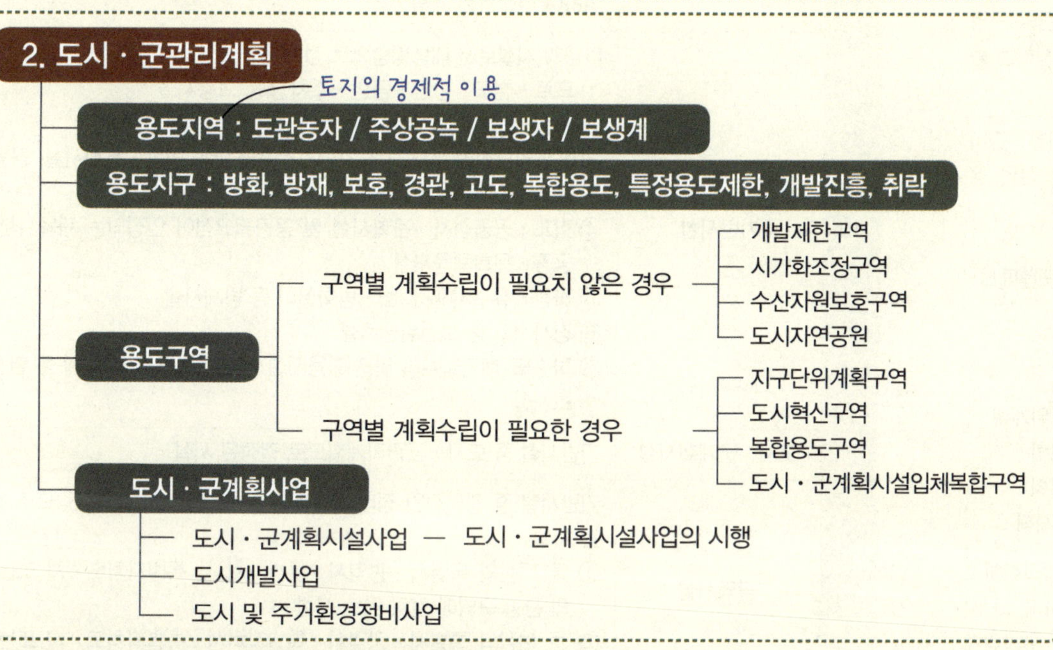

기반시설 종류 → "관리계획으로 결정되면 도시·군계획시설"

1. 교통시설 : 도로·철도·항만·공항·주차장·자동차정류장·궤도·차량검사 및 면허시설
2. 공간시설 : 광장·공원·녹지·유원지·공공공지
3. 유통·공급시설 : 유통업무설비, 수도·전기·가스·열공급설비, 방송·통신시설, 공동구·시장, 유류저장 및 송유설비
4. 공공·문화체육시설 : 학교·공공청사·문화시설·체육시설·연구시설·사회복지시설·공공직업훈련시설·청소년수련시설
5. 방재시설 : 하천·유수지·저수지·방화설비·방풍설비·방수설비·사방설비·방조설비
6. 보건위생시설 : 장사시설·도축장·종합의료시설
7. 환경기초시설 : 하수도·폐기물처리 및 재활용시설·폐차장·빗물저장 및 이용시설·수질오염방지시설

물자 포함
교육 포함

공공필요성이 인정되는 체육시설 ←

* 미리 정하지 않고 시행이 가능한 경우
도시지역·지구단위계획구역

- 내 : 밑줄 + 도시공원법상 공원안의 기반시설 (점용허가 대상), 도심공항터미널, 가스공급설비, 마을상수도, 유치원, 특수학교, 대안학교, 방송대학·통신대학 및 방송통신대학, 대지면적이 500제곱미터 미만인 도축장, 폐기물처리 및 재활용시설 중 재활용시설 (36회)
- 밖 : 내 + 궤도 및 전기공급설비 + (자동차정류장, 광장, 유류저장 및 송유설비)

1	광역도시계획 (36회)	광역계획권의 장기발전방향을 제시하는 계획
2	도시 · 군계획	특별시 · 광역시 · 특별자치시 · 특별자치도 · 시 또는 군(광역시의 군은 제외)의 관할 구역에 대하여 수립하는 공간구조와 발전방향에 대한 계획으로서 도시 · 군기본계획과 도시 · 군관리계획으로 구분
3	도시 · 군기본계획	특별시 · 광역시 · 특별자치시 · 특별자치도 · 시 또는 군의 관할 구역 및 생활권에 대하여 기본적인 공간구조와 장기발전방향을 제시하는 종합계획으로서 도시 · 군관리계획 수립의 지침이 되는 계획
4	도시 · 군관리계획 (28회, 32회, 33회, 36회)	특별시 · 광역시 · 특별자치시 · 특별자치도 · 시 또는 군의 개발 · 정비 및 보전을 위하여 수립하는 토지 이용, 교통, 환경, 경관, 안전, 산업, 정보통신, 보건, 복지, 안보, 문화 등에 관한 계획 ① 용도지역 · 용도지구의 지정 또는 변경에 관한 계획 ② 개발제한구역, 도시자연공원구역, 시가화조정구역(市街化調整區域), 수산자원보호구역의 지정 또는 변경에 관한 계획 ③ 기반시설의 설치 · 정비 또는 개량에 관한 계획 ④ 도시개발사업이나 정비사업에 관한 계획 ⑤ 지구단위계획구역의 지정 또는 변경에 관한 계획과 지구단위계획 ⑥ 도시혁신구역의 지정 또는 변경에 관한 계획과 도시혁신계획 ⑦ 복합용도구역의 지정 또는 변경에 관한 계획과 복합용도계획 ⑧ 도시 · 군계획시설입체복합구역의 지정 또는 변경에 관한 계획
5	지구단위계획	도시 · 군계획 수립 대상지역의 일부에 대하여 토지 이용을 합리화하고 그 기능을 증진시키며 미관을 개선하고 양호한 환경을 확보하며, 그 지역을 체계적 · 계획적으로 관리하기 위하여 수립하는 도시 · 군관리계획
6	공간재구조화계획	토지의 이용 및 건축물이나 그 밖의 시설의 용도 · 건폐율 · 용적률 · 높이 등을 완화하는 용도구역의 효율적이고 계획적인 관리를 위하여 수립하는 계획
7	도시혁신계획	창의적이고 혁신적인 도시공간의 개발을 목적으로 도시혁신구역에서의 토지의 이용 및 건축물의 용도 · 건폐율 · 용적률 · 높이 등의 제한에 관한 사항을 따로 정하기 위하여 공간재구조화계획으로 결정하는 도시 · 군관리계획
8	복합용도계획	주거 · 상업 · 산업 · 교육 · 문화 · 의료 등 다양한 도시기능이 융복합된 공간의 조성을 목적으로 복합용도구역에서의 건축물의 용도별 구성비율 및 건폐율 · 용적률 · 높이 등의 제한에 관한 사항을 따로 정하기 위하여 공간재구조화계획으로 결정하는 도시 · 군관리계획
9	성장관리계획	성장관리계획구역에서의 난개발을 방지하고 계획적인 개발을 유도하기 위하여 수립하는 계획
10	기반시설	다음의 시설로서 대통령령으로 정하는 시설 ① 도로 · 철도 · 항만 · 공항 · 주차장 등 교통시설 ② 광장 · 공원 · 녹지 등 공간시설 ③ 유통업무설비, 수도 · 전기 · 가스공급설비, 방송 · 통신시설, 공동구 등 유통 · 공급시설 ④ 학교 · 공공청사 · 문화시설 및 공공필요성이 인정되는 체육시설 등 공공 · 문화체육시설 ⑤ 하천 · 유수지(遊水池) · 방화설비 등 방재시설 ⑥ 장사시설 등 보건위생시설 ⑦ 하수도, 폐기물처리 및 재활용시설, 빗물저장 및 이용시설 등 환경기초시설
11	도시 · 군계획시설	기반시설 중 도시 · 군관리계획으로 결정된 시설
12	광역시설	기반시설 중 광역적인 정비체계가 필요한 시설로서 대통령령으로 정하는 시설 ① 둘 이상의 특별시 · 광역시 · 특별자치시 · 특별자치도 · 시 또는 군의 관할 구역에 걸쳐 있는 시설 ② 둘 이상의 특별시 · 광역시 · 특별자치시 · 특별자치도 · 시 또는 군이 공동으로 이용하는 시설
13	공동구	전기 · 가스 · 수도 등의 공급설비, 통신시설, 하수도시설 등 지하매설물을 공동 수용함으로써 미관의 개선, 도로구조의 보전 및 교통의 원활한 소통을 위하여 지하에 설치하는 시설물
14	도시 · 군계획시설 사업	도시 · 군계획시설을 설치 · 정비 또는 개량하는 사업
15	도시 · 군계획사업	도시 · 군관리계획을 시행하기 위한 ① 도시 · 군계획시설사업, ② 도시개발사업, ③ 도시 및 주거환경 정비사업
16	공공시설	도로 · 공원 · 철도 · 수도 등 공공용 시설

17	국가계획	중앙행정기관이 법률에 따라 수립하거나 국가의 정책적인 목적을 이루기 위하여 수립하는 계획 중 도시·군기분계획의 내용이나 도시·군관리계획으로 결정하여야 할 사항이 포함된 계획
18	용도지역	토지의 이용 및 건축물의 용도, 건폐율, 용적률, 높이 등을 제한함으로써 토지를 경제적·효율적으로 이용하고 공공복리의 증진을 도모하기 위하여 서로 중복되지 아니하게 도시·군관리계획으로 결정하는 지역
19	용도지구 (28회)	토지의 이용 및 건축물의 용도·건폐율·용적률·높이 등에 대한 용도지역의 제한을 강화하거나 완화하여 적용함으로써 용도지역의 기능을 증진시키고 경관·안전 등을 도모하기 위하여 도시·군관리계획으로 결정하는 지역
20	용도구역	토지의 이용 및 건축물의 용도·건폐율·용적률·높이 등에 대한 용도지역 및 용도지구의 제한을 강화하거나 완화하여 따로 정함으로써 시가지의 무질서한 확산방지, 계획적이고 단계적인 토지이용의 도모, 혁신적이고 복합적인 토지활용의 촉진, 토지이용의 종합적 조정·관리 등을 위하여 도시·군관리계획으로 결정하는 지역
21	개발밀도관리구역	개발로 인하여 기반시설이 부족할 것으로 예상되나 기반시설을 설치하기 곤란한 지역을 대상으로 건폐율이나 용적률을 강화하여 적용하기 위하여 지정하는 구역
22	기반시설부담구역 (33회, 36회)	개발밀도관리구역 외의 지역으로서 개발로 인하여 도로, 공원, 녹지 등 대통령령으로 정하는 기반시설의 설치가 필요한 지역을 대상으로 기반시설을 설치하거나 그에 필요한 용지를 확보하게 하기 위하여 지정·고시하는 구역

| 기반시설

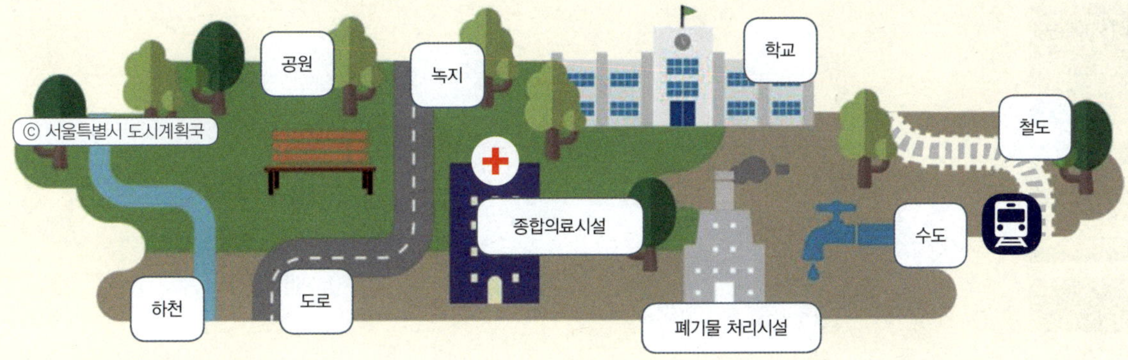

특별자치도에는 강원특별자치도, 전북특별자치도 및 제주특별자치도가 있다.
강원 및 전북은 일반적인 '도'와 동일한 형태이다.
제주특별자치도에는 지방자치단체인 시와 군을 두지 않고 지방자치단체가 아닌 시를 두는데 이를 행정시라고 한다(제주시, 서귀포시).

특별시, 광역시, 특별자치시, 도, 특별자치도 → 시 · 도

도시 : 인구 5만 이상

읍 : 인구 2만 이상

리 : 자연취락

중앙행정기관이란 정부조직법에 따라 설치된 부 · 처 · 청 및 위원회를 말한다.

특별시 · 광역시 및 특별자치시가 아닌 인구 50만 이상의 시(대도시 : 100만 이상은 특례시)에는 자치구가 아닌 구를 둘 수 있다.
도농복합도시는 도시지역(동)과 농촌지역(읍면)이 함께 존재하는 시를 말한다.

성남시(대도시 ○) → 행정구 → 동
원주시(대도시 ×) → 도농복합도시 → 읍면동
대도시이면서 행정구가 없는 도시는 세종특별자치시가 있다. → 읍면동

도농복합도시인 경우에는 동/읍 · 면을 둘 수 있고 일반 도시인 경우에는 동을 둔다.

(30회, 34회, 35회)

1. 광역계획권 지정

공간구조 및 기능을 상호 연계시키고 환경을 보전하며 광역시설을 체계적으로 정비하기 위하여 필요한 경우 광역계획권으로 지정가능

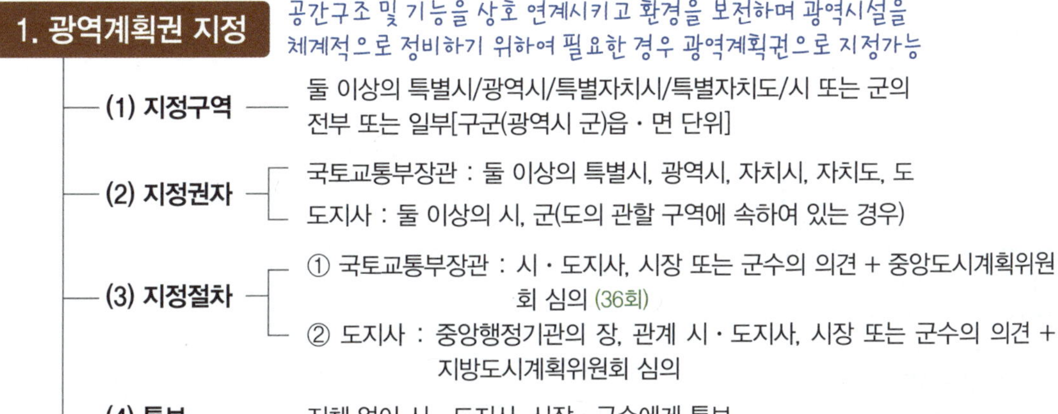

2. 광역도시계획 수립권자

기초조사, 공청회 개최결과 서류첨부 (33회)

① 시·도지사 공동수립 → 국토교통부장관 승인 (32회, 33회, 36회)
시장·군수 공동수립 → 도지사 승인

② 시·도지사 & 국토교통부장관 공동수립 → 시·도지사 요청 시 및 필요시 (36회)
시장·군수 & 도지사 공동수립 → 시장·군수 요청 시 및 필요시(국토교통부장관 승인 ×)

③ 국장 단독수립 : 3년 내 승인신청 ×, 국가계획 관련
도지사 단독수립 : 3년 내 승인신청 ×, 시장·군수 요청 시(국토교통부장관 승인 ×)

(31회, 35회, 36회)

3. 광역도시계획 수립절차

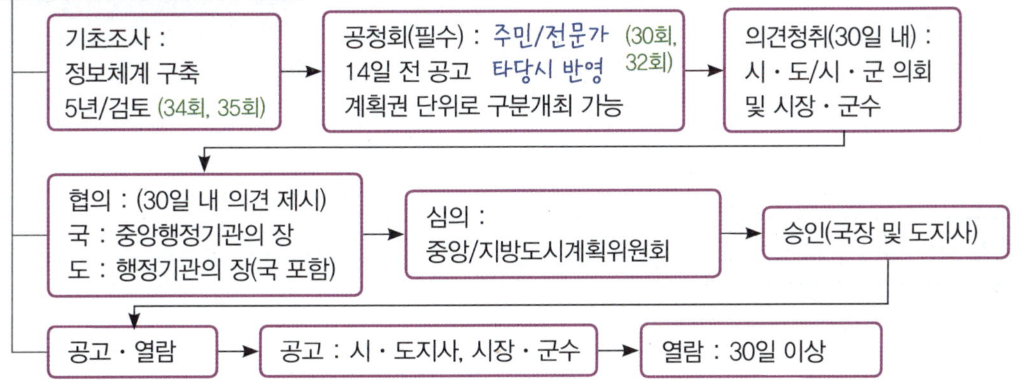

중앙행정기관의 장, 시·도지사, 시장 또는 군수는 광역계획권의 지정 및 변경을 요청할 수 있다.

광역도시계획의 내용

① 광역계획권의 공간 구조와 기능 분담에 관한 사항
② 광역계획권의 녹지관리체계와 환경 보전에 관한 사항
③ 광역시설의 배치·규모·설치에 관한 사항
④ 경관계획에 관한 사항
⑤ 광역계획권에 속하는 특별시·광역시·자치시·자치도·시 또는 군 상호 간의 기능 연계에 관한 사항
  └ 광역계획권의 교통 및 물류유통체계에 관한 사항
  └ 광역계획권의 문화·여가공간 및 방재에 관한 사항
+ 광역도시계획의 수립기준 등은 국토교통부장관이 정한다.

계획의 조정 (30회, 31회)

① 광역도시계획 공동수립 시 내용에 대한 협의가 성립되지 않으면 공동 또는 단독으로 국토교통부장관(도지사)에게 조정을 신청할 수 있다.
국토교통부장관(도지사)은 단독으로 조정신청을 받는 경우, 기한을 정하여 다시 협의를 하도록 권고할 수 있으며, 기한까지 협의가 이루어지지 아니하는 경우에는 직접 조정할 수 있다.
② 국토교통부장관(도지사)은 조정의 신청을 받거나 직접 조정하려는 경우에는 중앙도시계획위원회의 심의를 거쳐 광역도시계획의 내용을 조정하여야 한다.
③ 수립하는 자는 조정 결과를 광역도시계획에 반영해야 한다.

* 광역도시계획협의회 구성 및 운영 가능
  – 공동수립 시 협의, 조정, 자문을 위해 운영 가능
  – 협의·조정 시 시·도지사·시장·군수는 이에 따라 반영해야 한다.

국가계획, 광역도시계획 및 도시·군계획의 관계 등 (31회)

① 도시·군계획은 다른 법률에 따른 토지의 이용·개발 및 보전에 관한 계획의 기본이 된다.
② 국가계획은 광역도시계획 및 도시·군계획보다 우선한다.
③ 광역도시계획의 내용이 도시·군기본계획보다 우선한다. (33회, 36회)
④ 다른 법률에 따른 환경·교통 등 부문별 계획은 도시·군기본계획의 내용에 부합되어야 한다.

| 광역도시계획 수립 및 승인절차

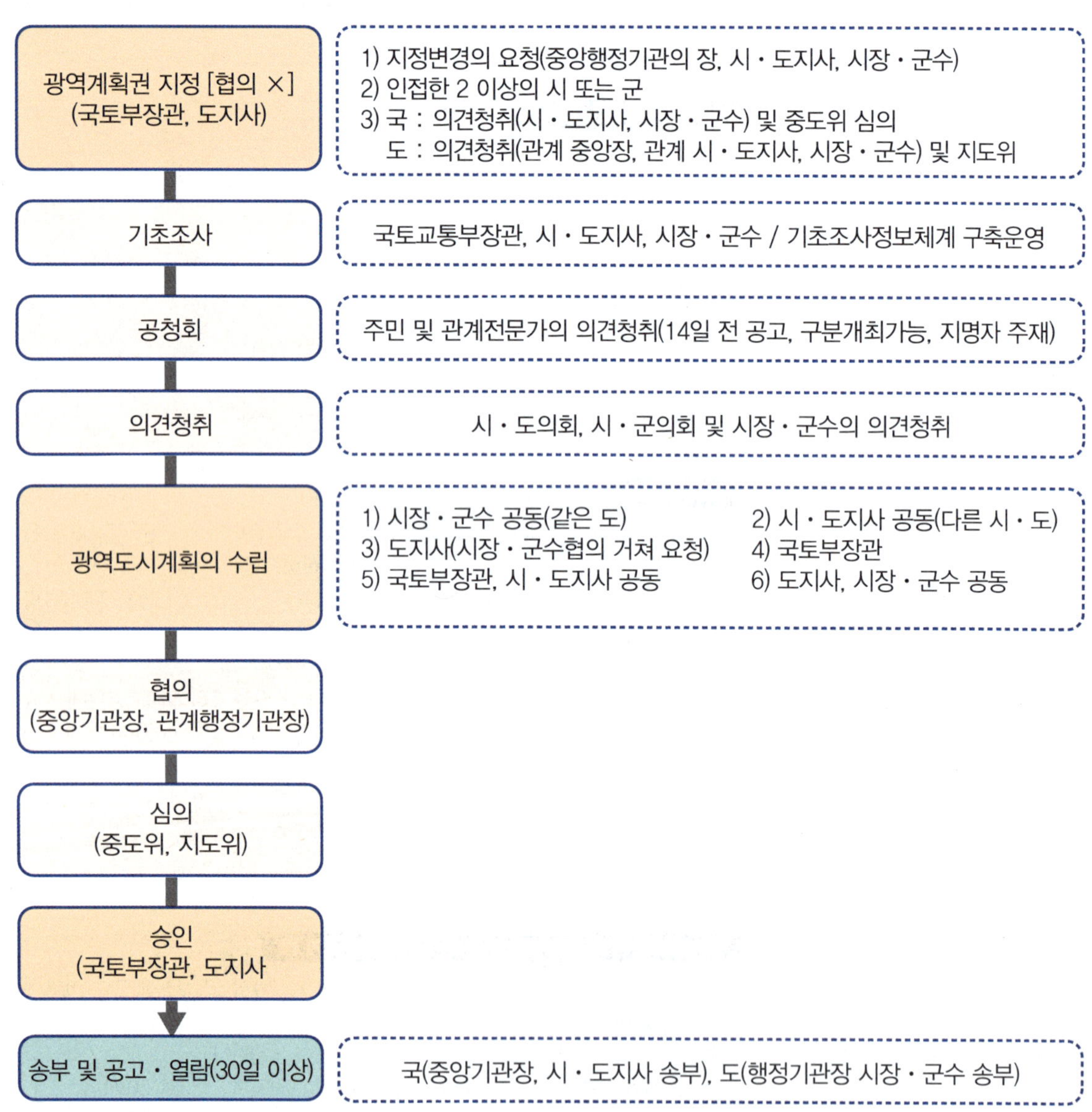

| 광역계획권의 지정

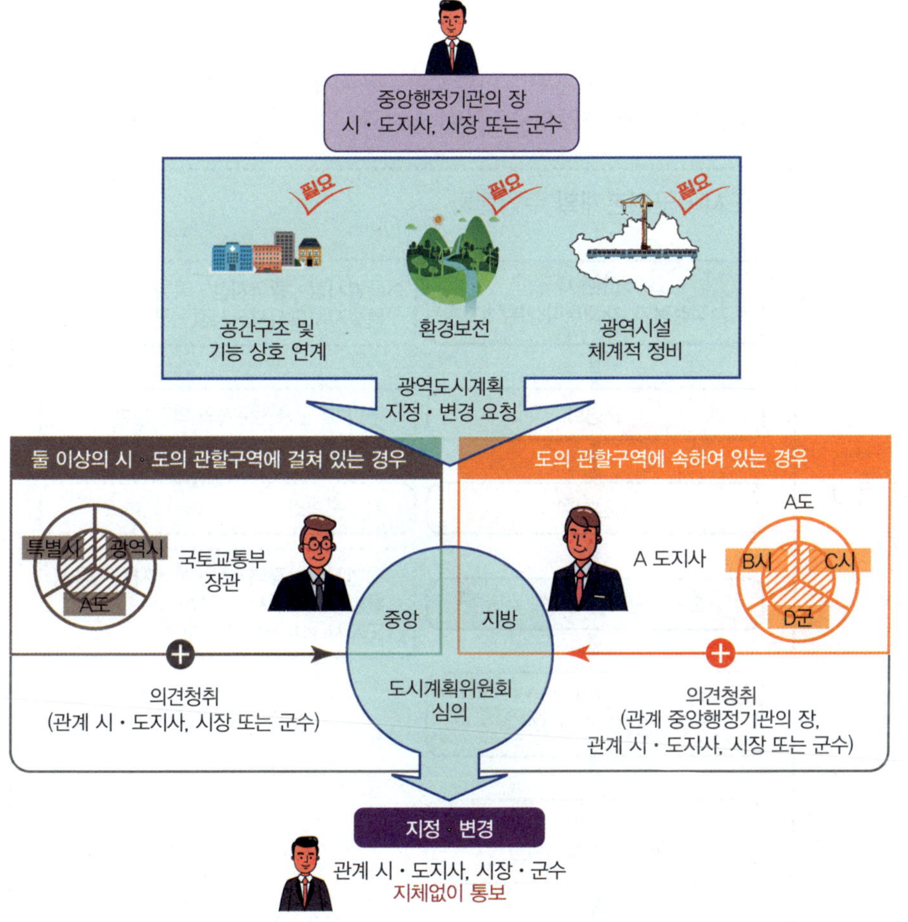

| 둘 이상의 시·도 관할구역에 걸쳐있는 경우

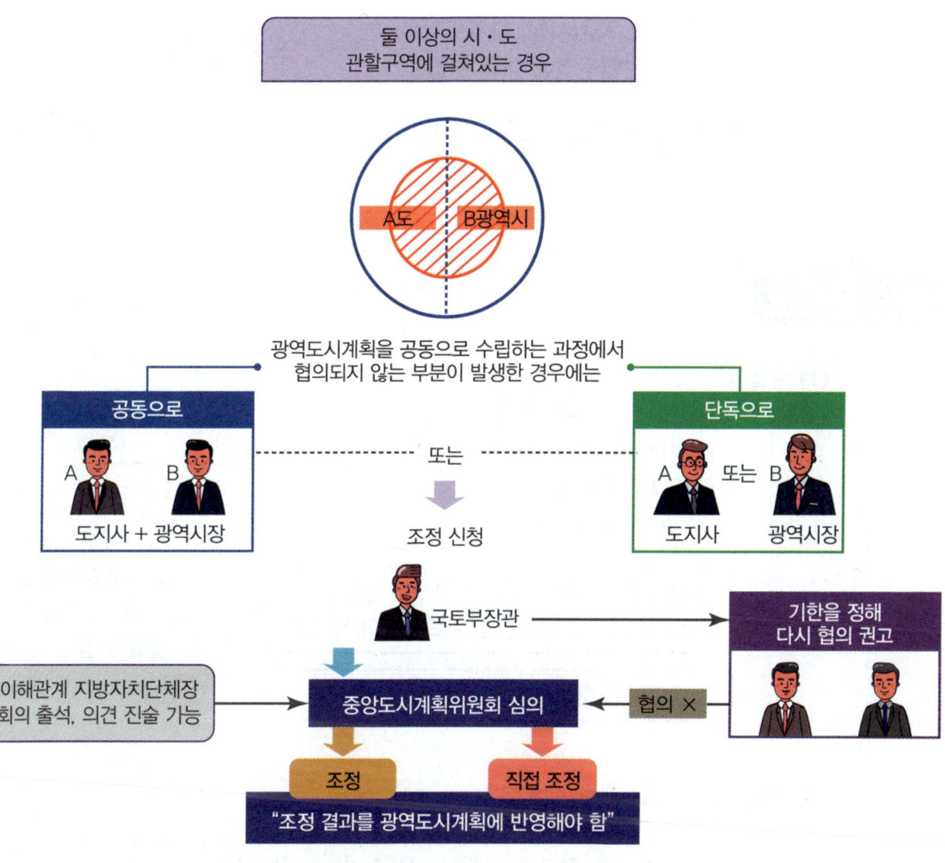

1. 수립지역 및 수립권자   국토교통부장관 및 도지사는 수립 X (32회)

— 특별시장, 광역시장, 자치시장, 자치도지사,
  시장 또는 군수가 관할구역에 대해 수립

— 다른 지역 전부 일부 포함 가능(미리 협의)

— * 도시·군기본계획을 수립하지 않을 수 있는 경우
  — ① 수도권(서울/경기/인천) 아니고 & 광역시 경계와 연접이 안 된 시 또는 군 & 인구 10만 이하 시 또는 군 (31회, 36회)
  — ② 관할구역 전부에 광역도시계획(도시·군기본계획 반영사항 모두 포함)이 수립된 시 또는 군

2. 수립절차

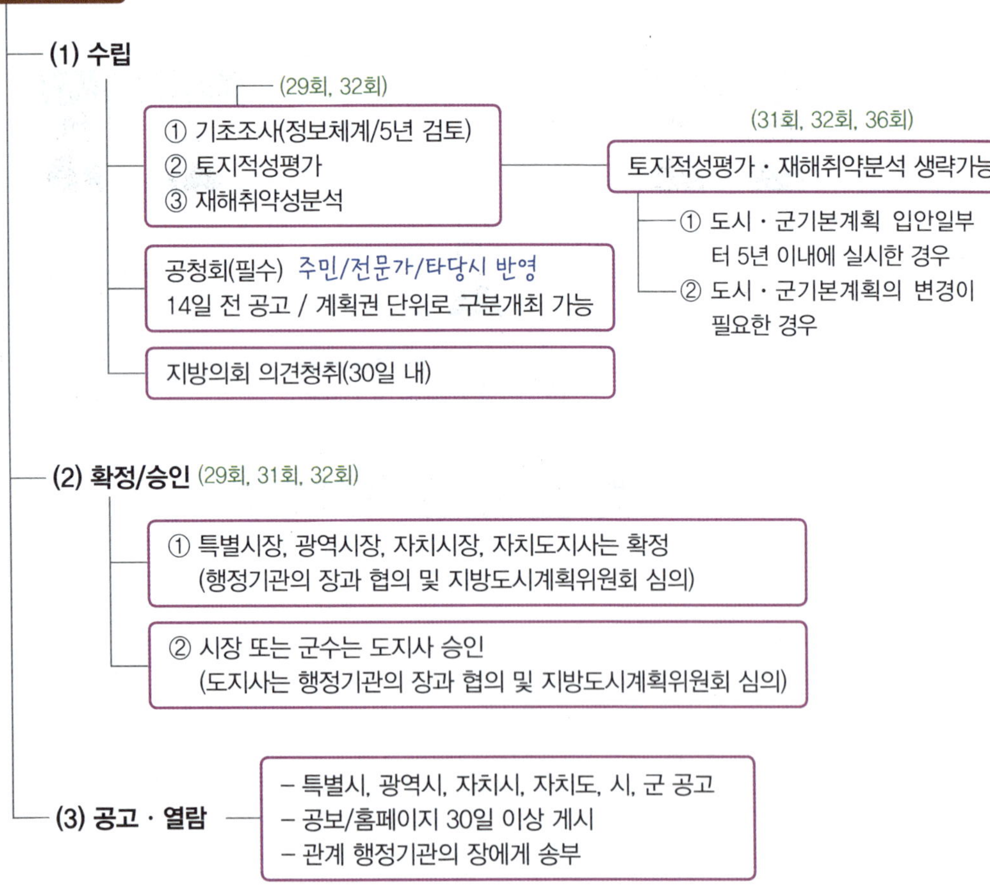

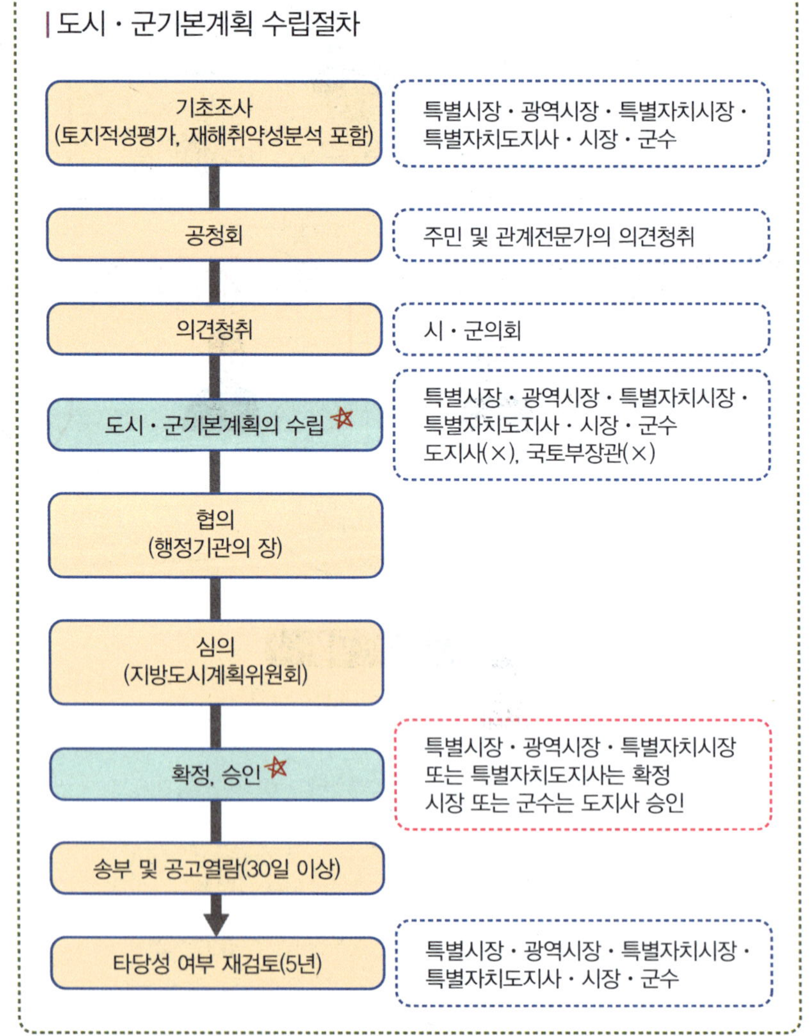

* 도시의 지속가능성 및 생활인프라 수준 평가

① 국토교통부장관 → 도시의 지속가능하고 균형 있는 발전과 주민의 편리하고 쾌적한 삶을 위하여 도시의 지속가능성 및 생활인프라(교육시설, 문화ㆍ체육시설, 교통시설 등) 수준 평가 가능

② 국가와 지방자치단체는 평가 결과를 도시ㆍ군계획의 수립 및 집행에 반영해야 함

③ 평가절차
특별시장ㆍ광역시장ㆍ특별자치시장ㆍ특별자치도지사ㆍ시장 또는 군수의 각 지역 자체평가 → 결과제출 → 최종평가(전문기관에 의뢰 가능) (34회) → 평가결과의 전부 또는 일부 공개 가능 → 도시재생 활성화를 위한 비용의 보조 또는 융자, 포괄보조금의 지원 등에 평가결과를 활용하도록 할 수 있음

> ### * 도시의 지속가능성 및 생활인프라 수준 평가의 기준ㆍ절차 (34회)
>
> 1. 지속가능성 평가기준 : 토지이용의 효율성, 환경친화성, 생활공간의 안전성ㆍ쾌적성ㆍ편의성 등에 관한 사항
> 2. 생활인프라 평가기준 : 보급률 등을 고려한 생활인프라 설치의 적정성, 이용의 용이성ㆍ접근성ㆍ편리성 등에 관한 사항

* 도시ㆍ군기본계획의 내용

1. 지역적 특성 및 계획의 방향ㆍ목표에 관한 사항
2. 공간구조 및 인구의 배분에 관한 사항
3. 생활권의 설정과 생활권역별 개발ㆍ정비 및 보전 등에 관한 사항
4. 토지의 이용 및 개발에 관한 사항
5. 토지의 용도별 수요 및 공급에 관한 사항
6. 환경의 보전 및 관리에 관한 사항
7. 기반시설, 공원ㆍ녹지, 경관에 관한 사항
8. 기후변화 대응 및 에너지절약에 관한 사항 (36회)
9. 방재ㆍ방범 등 안전에 관한 사항
10. 상기 각 사항의 단계별 추진에 관한 사항
11. 그 밖에 대통령령으로 정하는 사항
12. 도심 및 주거환경의 정비ㆍ보전에 관한 사항
13. 다른 법률에 따라 도시ㆍ군기본계획에 반영되어야 하는 사항
14. 도시ㆍ군기본계획의 시행을 위하여 필요한 재원조달에 관한 사항
15. 도시ㆍ군기본계획 승인권자가 필요하다고 인정하는 사항

*생활권계획을 수립 = 도시ㆍ군기본계획이 수립(변경)된 것으로 봄 (36회)

도시ㆍ군기본계획 수립기준(국토교통부장관이 정한다)

1. 기본적인 공간구조와 장기발전방향을 제시하는 토지이용ㆍ교통ㆍ환경 등에 관한 종합계획이 되도록 할 것
2. 여건변화에 탄력적으로 대응할 수 있도록 포괄적이고 개략적으로 수립하도록 할 것
3. 도시ㆍ군기본계획을 정비할 때에는 종전의 도시ㆍ군기본계획의 내용 중 수정이 필요한 부분만을 발췌하여 보완함으로써 계획의 연속성이 유지되도록 할 것
4. 도시와 농어촌 및 산촌지역의 인구밀도, 토지이용의 특성 및 주변환경 등을 종합적으로 고려하여 지역별로 계획의 상세정도를 다르게 하되, 기반시설의 배치계획, 토지용도 등은 도시와 농어촌 및 산촌지역이 서로 연계되도록 할 것
5. 부문별 계획은 도시ㆍ군기본계획의 방향에 부합하고 도시ㆍ군기본계획의 목표를 달성할 수 있는 방안을 제시함으로써 도시ㆍ군기본계획의 통일성과 일관성을 유지하도록 할 것
6. 도시지역 등에 위치한 개발가능토지는 단계별로 시차를 두어 개발되도록 할 것
7. 녹지축ㆍ생태계ㆍ산림ㆍ경관 등 양호한 자연환경과 우량농지, 보전목적의 용도지역, 국가유산 및 역사문화환경 등을 충분히 고려하여 수립하도록 할 것
8. 경관에 관한 사항에 대하여는 필요한 경우에는 도시ㆍ군기본계획도서의 별책으로 작성할 수 있도록 할 것
9. 「재난 및 안전관리 기본법」 제24조 제1항에 따른 시ㆍ도안전관리계획 및 같은 법 제25조 제1항에 따른 시ㆍ군ㆍ구안전관리계획과 「자연재해대책법」 제16조 제1항에 따른 시ㆍ군 자연재해저감 종합계획을 충분히 고려하여 수립하도록 할 것

* **생활권계획 수립(① 특별시장 · 광역시장 · 특별자치시장 · 특별자치도지사 · 시장 또는 군수)**

① 생활권역별 개발 · 정비 및 보전 등에 필요한 경우 생활권계획 따로 수립 가능

② 도시 · 군기본계획의 수립을 위한 절차 준용

③ 생활권계획이 수립 또는 승인된 때에는 해당 계획이 수립된 생활권에 대해서는 도시 · 군기본계획이 수립 또는 변경된 것으로 봄. 이 경우 생활권의 설정 및 인구의 배분에 관한 사항 등은 대통령령으로 정하는 범위에서 수립 · 변경하는 경우로 한정한다.

> * **"대통령령으로 정하는 범위에서 수립 · 변경하는 경우"**
> 1. 도시 · 군기본계획에서 정하는 생활권을 세분화하는 경우
> 2. 도시 · 군기본계획에서 정하는 생활권 간의 경계를 변경하는 경우
> 3. 전체 인구 규모의 범위에서 생활권별 인구의 배분에 관한 사항을 수립 · 변경하는 경우
> 4. 제3호에 따라 생활권별 인구의 배분에 관한 사항을 변경함에 따라 기반시설의 설치에 관한 사항을 수립 · 변경하는 경우

④ 생활권계획의 수립기준

1. 도시 · 군기본계획의 공간구조 설정 및 토지이용계획 등을 생활권역별로 구체화할 것

2. 해당 지방자치단체에서 생활권이 차지하는 공간적 위치 및 특성, 주변지역의 특성 등을 고려하여 생활권을 설정하고, 생활권별 특성에 맞추어 기반시설의 설치 · 관리 계획을 수립할 것

3. 그 밖에 지역경제의 활성화 및 주민 생활여건 개선 등을 위해 생활권별로 개발 · 정비 및 보전할 필요가 있는 사항을 포함할 것

1. 관리계획의 입안

(1) 입안권자

특별시장, 광역시장, 특별자치시장, 특별자치도지사, 시장, 군수 :
인접 특 · 군 전부 또는 일부 포함 가능 → 협의하여 입안자 결정
→ 협의 불성립 시 국장 및 도지사가 입안자 지정

— 직접 또는 관계 행정기관 장의 요청
국토교통부장관이 입안할 수 있는 경우(시 · 도 / 시 · 군 의견청취) (35회)

☆ ① 국가계획과 관련된 경우
② 둘 이상 시 · 도에 걸친 용도지역/지구/구역, 사업의 계획
③ 국장의 관리계획 조정 요구에 따라 정비하지 않는 경우

도지사가 입안할 수 있는 경우(직접 또는 시장 · 군수 요청)

① 둘 이상 시 · 군에 걸친 용도지역/지구/구역, 사업의 계획
② 도지사가 직접 수립하는 사업의 계획(도시 · 군관리계획으로 결정할 것이 포함된 경우)

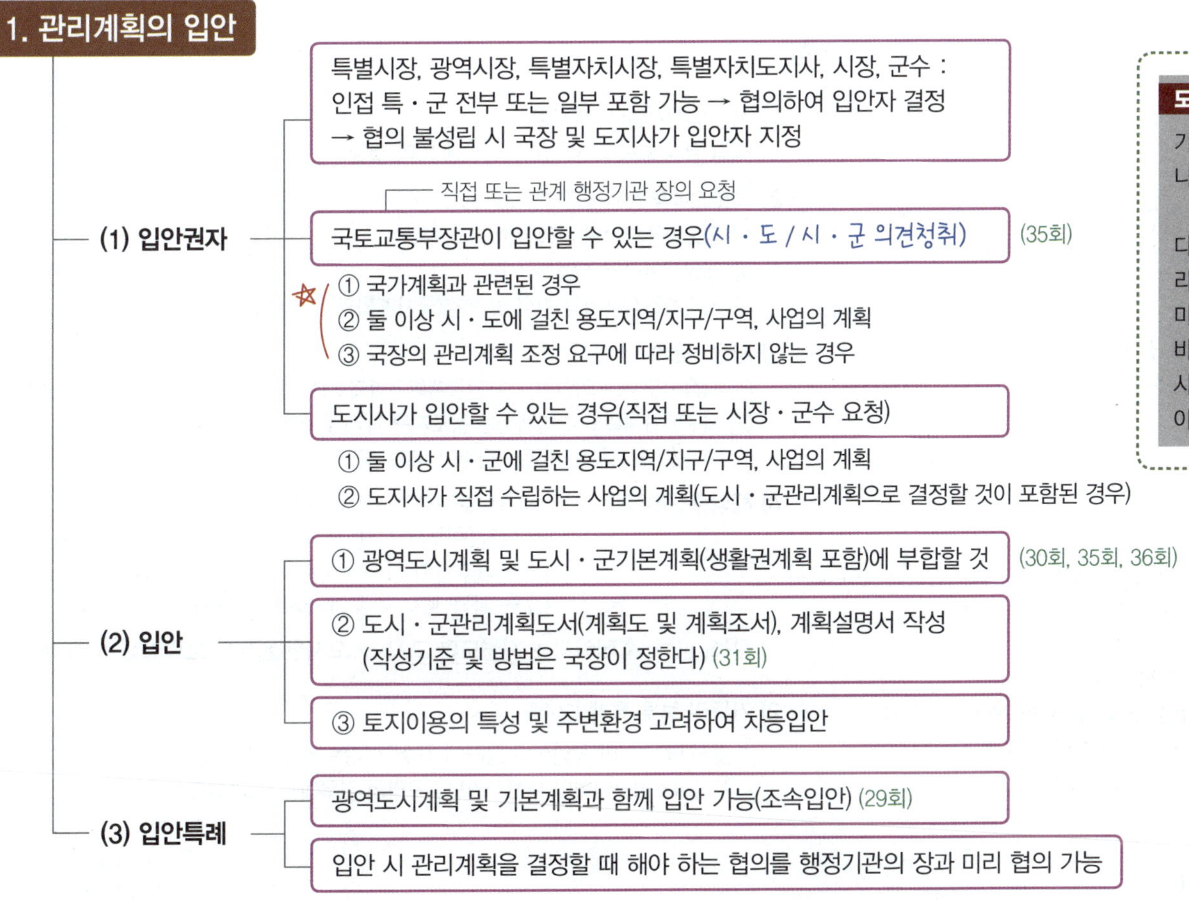

도시 · 군관리계획 종류

가. 용도지역 · 용도지구의 지정 또는 변경
나. 개발제한구역, 시가화조정구역, 수산자원보호구역, 도시자연공원구역의 지정 또는 변경
다. 기반시설의 설치 · 정비 또는 개량에 관한 계획
라. 도시개발사업이나 정비사업에 관한 계획
마. 지구단위계획구역의 지정 또는 변경에 관한 계획과 지구단위계획
바. 도시혁신구역의 지정 또는 변경에 관한 계획과 도시혁신계획
사. 복합용도구역의 지정 또는 변경에 관한 계획과 복합용도계획
아. 도시 · 군계획시설입체복합구역의 지정 또는 변경에 관한 계획

(2) 입안

① 광역도시계획 및 도시 · 군기본계획(생활권계획 포함)에 부합할 것 (30회, 35회, 36회)

② 도시 · 군관리계획도서(계획도 및 계획조서), 계획설명서 작성
(작성기준 및 방법은 국장이 정한다) (31회)

③ 토지이용의 특성 및 주변환경 고려하여 차등입안

(3) 입안특례

광역도시계획 및 기본계획과 함께 입안 가능(조속입안) (29회)

입안 시 관리계획을 결정할 때 해야 하는 협의를 행정기관의 장과 미리 협의 가능

2. 주민(이해관계자)의 입안제안 : 계획도서와 계획설명서 첨부 (반영 시 활용가능)

(28회, 29회, 30회, 31회, 34회, 35회)

① 기반시설의 설치, 정비, 개량(토지면적의 4/5 이상 동의) → 국 · 공유지는 제외
② 지구단위계획구역의 지정 및 변경과 지구단위계획의 수립 및 변경(2/3 이상 동의 필요)
③ 용도지구의 지정 및 변경(2/3 이상 동의 필요) (36회)
　가. 산업 · 유통개발진흥지구(① 지정면적 1만제곱미터 이상 3만제곱미터 미만일 것, ② 자연녹지 · 계획관리 또는 생산관리지역 일 것, ③ 전체면적 중 계획관리지역 면적이 50% 이상일 것)
　나. 용도지구에 따른 행위 제한을 지구단위계획으로 대체하기 위한 용도지구(둘 이상 용도지구 중첩되어 행위제한 내용 정비 또는 통합관리)
④ 도시 · 군계획시설입체복합구역의 지정 · 변경 및 건축제한 · 건폐율 · 용적률 · 높이 등에 관한 사항(4/5)

* 제안일로부터 45일 이내에(1회 30일 연장 가능) 처리결과를 제안자에게 통보(필요시 중앙/지방 도시계획위원회 자문 가능)
* 제안자와 협의하여 입안 및 결정에 필요한 비용의 전부 또는 일부를 제안자에게 부담시킬 수 있다. (35회)
* 도시 · 군관리계획의 제안, 제안을 위한 토지소유자의 동의 비율, 제안서의 처리 절차 등에 필요한 사항은 대통령령으로 정한다.

3. 수립절차

- **(1) 수립**

  - 1) 기초조사 / 토지적성평가 / 재해취약성 분석 / 환경성 검토

    기초 / 환경성 / 토지적성 / 재해취약성 분석 생략이 가능한 경우

    : 입안지역이 도심지에 위치하거나 개발이 끝나 나대지가 없는 경우 등 (28회, 35회)
    (상업지역과 상업지역에 연접) (구역면적의 2% 미달)

  - 2) 의견청취 : 주민(타당 시 반영) 및 지방의회 (32회)

    (주민의 의견청취에 필요한 사항은 지방자치단체의 조례로 정한다)

- **(2) 협의 및 심의**

  - 1) 협의 : (중앙)행정기관의 장과의 협의

    * 국토교통부장관과 협의해야 하는 경우_(국 광 개 2) (31회)

    시 · 도지사 또는 시장 · 군수는 국토교통부장관이 직접 입안한 관리계획을 변경
    하거나 중요한 사항에 관한 관리계획을 결정하려면 국토교통부장관과 협의하여야
    한다.

    ① 광역도시계획과 관련하여 시 · 도지사가 입안한 도시 · 군관리계획

    ② 개발제한구역이 해제되는 지역에 대해서 해제 이후 최초로 결정되는 관리 계획

    ③ 2 이상의 시 · 도에 걸치는 기반시설 설치/정비/개량에 관한 관리계획 중 국토교
    통부령이 정하는 관리계획(면적 1제곱킬로미터 이상인 공원의 면적을 5퍼센트
    이상 축소하는 것에 관한 것)

  - 2) 심의 : 중앙 / 시 · 도 · 시 · 군 · 구 도시계획위원회 심의

    시 · 도지사 또는 시장 · 군수가 지구단위계획이나 지구단위계획으로 대체하는 용
    도지구의 폐지에 관한 사항을 결정하려면 시 · 도 또는 시 · 군에 두는 건축위원회
    와 시 · 도 또는 시 · 군 · 구 도시계획위원회의 공동심의를 추가로 거쳐야 한다.

  - 3) 계획의 전부/일부에 대하여 협의/심의를 생략할 수 있는 경우

    : 국방상 / 국가안전보장상 기밀유지 필요시(관계 중앙행정기관의 장이 요청하는 경우만)

- **(3) 결정**

  - 1) 시 · 도지사(대도시시장)

    직접 결정 또는 시장 · 군수 신청에 따라 결정

  - 2) 국토교통부장관_(국 개 시) (30회)

    ① 국토교통부장관이 입안한 관리계획

    ② 개발제한구역 지정 및 변경

    ③ 시가화조정구역의 지정 및 변경(국가계획과 연계된 경우)

  - 3) 시장 · 군수

    ① 시장 · 군수가 입안한 지구단위계획구역의 지정/변경과 지구단위계획의 수립/변경

    ② 지구단위계획으로 대체하는 용도지구 폐지에 관한 도시 · 군관리계획 (36회)
    [시장(대도시시장 제외) · 군수가 도지사와 미리 협의한 경우로 한정]

  - 4) 해양수산부장관 : 수산자원보호구역의 지정 및 변경

- **(4) 고시**

  시장(대도시 시장 제외) · 군수는 도지사 승인(지구단위
  계획구역의 지정 · 변경과 지구단위계획의 수립 · 변경
  에 관한 도시 · 군관리계획은 제외)

  - 1) 관보, 공보, 홈페이지 + 지형도면 고시 → 고시한 날부터 효력발생 (29회, 30회, 31회, 36회)

  - 2) 기득권 보호 특례 (35회)

    : 결정 당시 이미 사업이나 공사에 착수한 자는 계속 공사 가능

    : 시가화조정구역이나 수산자원보호구역의 경우에는 신고 필요

    ① 3개월 내 신고 ② 신고행위가 건축을 위한 형질변경인 경우는 형질변경 완료후 3개월 내 건축허가 신청 ③ 건축목적의 형질변경완료후 1년 이내 관리계획 고시가 있는 경우는 고시일 ~6개월 내 건축허가 신청해야 건축 가능

국방상 · 국가안전보장상 기밀유지 필요시(관계 중앙행정기관의 장이 요청하는 경우만) 주민의견청취, 협의 및 심의를 생략할 수 있다.

도시 · 군관리계획의 수립기준 ✏

국토교통부장관(수산자원보호구역의 경우 해양수산부장관)은 도시 · 군관리계획의 수립기준을 정할 때에는 다음 각 호의 사항을 종합적으로 고려하여야 한다.

1. 광역도시계획 및 도시 · 군기본계획(생활권계획을 포함한다) 등에서 제시한 내용을 수용하고 개별 사업계획과의 관계 및 도시의 성장추세를 고려하여 수립하도록 할 것
2. 도시 · 군기본계획을 수립하지 아니하는 시 · 군의 경우 당해 시 · 군의 장기발전구상 및 도시 · 군기본계획에 포함될 사항 중 도시 · 군관리계획의 원활한 수립을 위하여 필요한 사항이 포함되도록 할 것
3. 도시 · 군관리계획의 효율적인 운영 등을 위하여 필요한 경우에는 특정지역 또는 특정부문에 한정하여 정비할 수 있도록 할 것
4. 공간구조는 생활권단위로 적정하게 구분하고 생활권별로 생활 · 편익시설이 고루 갖추어지도록 할 것 (33회)
5. 도시와 농어촌 및 산촌지역의 인구밀도, 토지이용의 특성 및 주변환경 등을 종합적으로 고려하여 지역별로 계획의 상세정도를 다르게 하되, 기반시설의 배치계획, 토지용도 등은 도시와 농어촌 및 산촌지역이 서로 연계되도록 할 것
6. 토지이용계획을 수립할 때에는 주간 및 야간활동인구 등의 인구규모, 도시의 성장추이를 고려하여 그에 적합한 개발밀도가 되도록 할 것
7. 녹지축 · 생태계 · 산림 · 경관 등 양호한 자연환경과 우량농지, 보전목적의 용도지역, 국가유산 및 역사문화환경 등을 충분히 고려하여 수립하도록 할 것 (33회)
8. 수도권안의 인구집중유발시설이 수도권외의 지역으로 이전하는 경우 종전의 대지에 대하여는 그 시설의 지방이전이 촉진될 수 있도록 토지이용계획을 수립하도록 할 것 (33회)
9. 도시 · 군계획시설은 집행능력을 고려하여 적정한 수준으로 결정하고, 기존 도시 · 군계획시설은 시설의 설치현황과 관리 · 운영상태를 점검하여 규모 등이 불합리하게 결정되었거나 실현가능성이 없는 시설 또는 존치 필요성이 없는 시설은 재검토하여 해제하거나 조정함으로써 토지이용의 활성화를 도모할 것
10. 도시의 개발 또는 기반시설의 설치 등이 환경에 미치는 영향을 미리 검토하는 등 계획과 환경의 유기적 연관성을 높여 건전하고 지속가능한 도시발전을 도모하도록 할 것 (33회)
11. 「재난 및 안전관리 기본법」 제24조 제1항에 따른 시 · 도안전관리계획 및 같은 법 제25조 제1항에 따른 시 · 군 · 구안전관리계획과 「자연재해대책법」 제16조 제1항에 따른 시 · 군 자연재해저감 종합계획을 고려하여 재해로 인한 피해가 최소화되도록 할 것

| 도시 · 군관리계획 절차흐름도

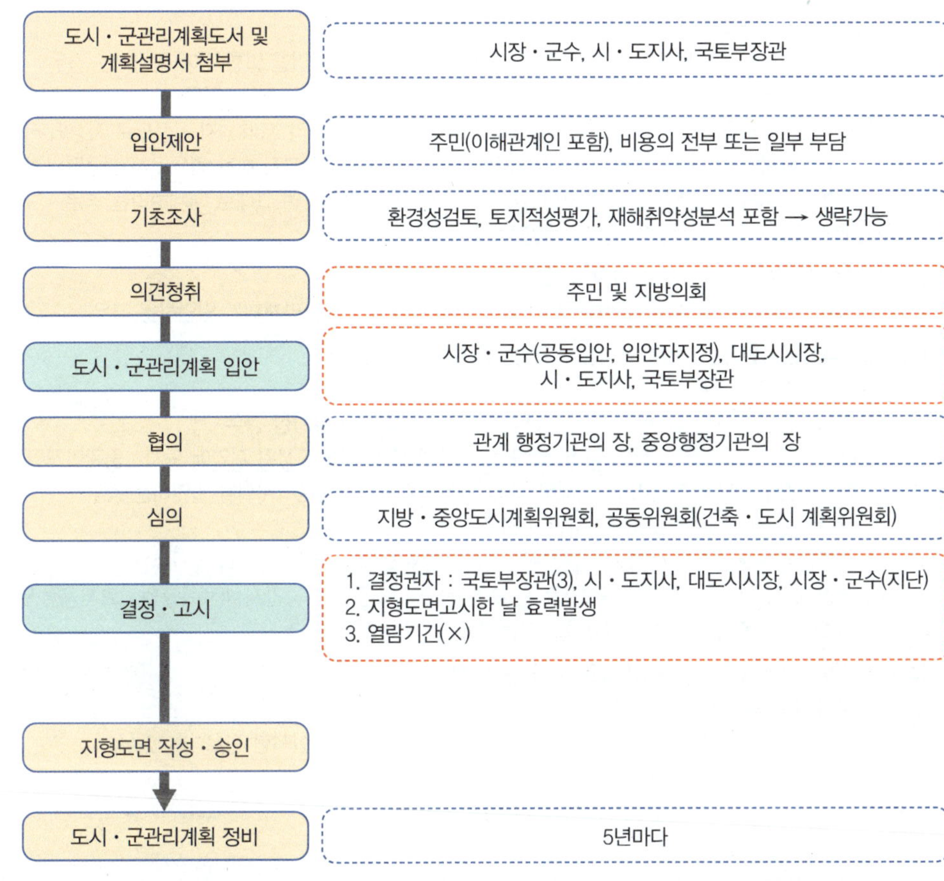

*** 입안지역이 도심지에 위치하거나 개발이 끝나 나대지가 없는 경우 등 기초/환경성/토지적성/재해취약성 분석 생략이 가능한 경우**

(1) 기초조사를 실시하지 아니할 수 있는 요건

① 지구단위계획구역이 도심지(상업지역과 상업지역에 연접한 지역을 말한다)에 위치하는 경우

② 지구단위계획구역 안의 나대지 면적이 구역면적의 2퍼센트에 미달하는 경우

③ 지구단위계획구역 또는 도시·군계획시설부지가 다른 법에 따라 지역·지구 등으로 지정되거나 개발계획이 수립된 경우

④ 지구단위계획구역의 지정목적이 해당 구역을 정비 또는 관리하고자 하는 경우로서 지구단위계획의 내용에 너비 12미터 이상 도로의 설치계획이 없는 경우

⑤ 기존 용도지구의 행위제한을 지구단위계획을 수립 또는 변경하여 그대로 대체하려는 경우

⑥ 해당 도시·군계획시설의 결정을 해제하려는 경우 등

(2) 환경성 검토를 실시하지 아니할 수 있는 요건

① 상기 "(1)"의 사유 및 ② 전략환경영향평가 대상인 도시·군관리계획을 입안하는 경우

(3) 토지적성평가를 실시하지 아니할 수 있는 요건

① 상기 "(1)"의 사유

② 도시·군관리계획 입안일부터 5년 이내에 토지적성평가를 실시한 경우

③ 주거지역·상업지역, 공업지역 및 법 또는 다른 법령에 따라 조성된 지역에 도시·군관리계획을 입안하는 경우 (35회)

④ 개발제한구역에서 조정 또는 해제된 지역에 대하여 도시·군관리계획을 입안하는 경우

⑤ 「도시개발법」에 따른 도시개발사업의 경우

⑥ 지구단위계획구역 또는 도시·군계획시설부지에서 도시·군관리계획을 입안하는 경우

⑦ 선형(도로, 철도, 수도, 가스 등)으로 된 교통시설 및 공급시설, 공간시설(체육공원·묘지공원 및 유원지는 제외한다), 방재시설 및 환경기초시설(폐차장은 제외한다), 개발제한구역 안에 기반시설을 설치하는 경우

(4) 재해취약성분석을 실시하지 않을 수 있는 요건

① 상기 "(1)"의 사유

② 도시·군관리계획 입안일부터 5년 이내에 재해취약성분석을 실시한 경우

③ 공간시설 중 녹지·공공공지에 기반시설을 설치하는 경우

*** 도시·군관리계획 및 공간재구조화계획 입안시 주민·지방의회의 의견청취와 행정기관의 장과의 협의 및 도시계획위원회 심의 생략**

Ⅰ. 도시·군관리계획

1. 주민의견청취 및 행정기관의 장과의 협의와 도시계획위원회 심의 생략이 가능한 경우

① 국방상 또는 국가안전보장상 기밀을 지켜야 할 필요가 있는 사항(관계 중앙행정기관의 장이 요청하는 것만 해당)

② 경미한 사항인 경우(시행령 제25조 제3항 및 제4항)

2. 지방의회의 의견청취

(1) 지방의회의 의견을 청취해야 하는 경우

① 용도지역·지구·구역의 지정 또는 변경지정. (용도·종류·규모 등 행위제한을 지구단위계획으로 대체하기 위해 용도지구를 폐지하는 경우는 제외)

② 광역시설의 설치·정비 또는 개량에 관한 도시·군관리계획의 결정 또는 변경결정

③ 주간선도로, 도시철도, 여객자동차터미널(시외버스운송사업용에 한함), 공원(소공원 및 어린이공원 제외), 유통업무설비, 대학, 지방자치단체의 청사, 하수도(하수종말처리시설에 한함), 폐기물처리 및 재활용시설, 수질오염방지시설인 기반시설의 설치·정비 또는 개량(지방의회의 권고에 따른 도시·군계획시설결정을 해제하기 위한 경우는 제외)

(2) 지방의회 의견을 생략할 수 있는 경우

시행령 제25조 제3항 및 지구단위계획으로 결정 또는 변경결정하는 사항

Ⅱ. 공간재구조화계획

1. 기초조사 및 의견청취(주민 의회)는 도시·군관리계획을 준용한다.
2. 행정기관의 장과(국장 포함)의 협의 및 도시계획위원회 심의 생략

시행령 제25조 제5항

시행령 제25조(도시·군관리계획의 결정)

③ 도시·군관리계획(지구단위계획, 도시혁신계획 및 복합용도계획은 제외)의 변경 시 협의 또는 심의 생략이 가능한 경우

1. 단위 도시·군계획시설부지 또는 도시·군계획시설입체복합구역 면적의 5퍼센트 미만의 변경인 경우
2. 지형사정으로 인한 도시·군계획시설의 근소한 위치변경 또는 비탈면 등으로 인한 시설부지의 불가피한 변경인 경우
3. 도시지역의 축소에 따른 용도지역·용도지구·용도구역 또는 지구단위계획구역의 변경인 경우
4. 도시지역 외의 지역에서 농업진흥지역 또는 보전산지를 농림지역으로 결정하는 경우
5. 공원구역(자연공원법), 상수원보호구역, 지정문화유산 및 천연기념물등과 그 보호구역을 자연환경보전지역으로 결정하는 경우
6. 체육시설·문화시설·장사시설 및 그 부지의 전부 또는 일부를 다른 체육시설·문화시설·장사시설 및 그 부지로 변경하는 경우

④ 지구단위계획의 경우 협의 또는 심의(공동위원회 심의 포함, 다만, 제7호에 해당하는 경우에는 공동위원회의 심의를 거쳐야 한다) 생략이 가능한 경우

1. 지구단위계획으로 결정한 용도지역·용도지구 또는 도시·군계획시설에 대한 변경결정으로서 제3항 어느 하나에 해당하는 변경인 경우(다른 호에 저촉되지 않는 경우로 한정)
2. 가구면적의 10퍼센트 이내의 변경인 경우, 획지면적의 30퍼센트 이내의 변경인 경우, 건축물높이의 20퍼센트 이내의 변경인 경우(층수변경이 수반되는 경우 포함)
3. 건축선의 1미터 이내의 변경인 경우 또는 교통영향평가서의 심의를 거쳐 결정된 경우로서 건축선 또는 차량출입구의 변경
4. 건축물의 배치·형태 또는 색채의 변경인 경우
5. 지구단위계획에서 경미한 사항으로 결정된 사항의 변경인 경우. 다만, 용도지역·용도지구·도시·군계획시설·가구면적·획지면적·건축물높이 또는 건축선의 변경에 해당하는 사항을 제외한다.
6. 지구단위계획구역 면적의 10퍼센트(용도지역 변경을 포함하는 경우에는 5퍼센트를 말한다) 이내의 변경 및 동 변경지역안에서의 지구단위계획의 변경
7. 「건축법」 등 다른 법령의 규정에 따른 건폐율 또는 용적률 완화 내용을 반영하기 위하여 지구단위계획을 변경하는 경우

⑤ 도시혁신계획 또는 복합용도계획 중 다음 각 호의 어느 하나에 해당하는 경우(다른 호에 저촉되지 않는 경우로 한정)

1. 도시혁신계획 또는 복합용도계획으로 결정한 용도지역·용도지구, 지구단위계획 또는 도시·군계획시설에 대한 변경결정으로서 제③항 각 호, 제④항 제2호부터 제4호까지의 어느 하나에 해당하는 변경인 경우(다른 호에 저촉되지 않는 경우로 한정)
2. 도시혁신계획 또는 복합용도계획에서 경미한 사항으로 결정된 사항의 변경인 경우. 다만, 용도지역·용도지구, 도시·군계획시설, 가구면적, 획지면적, 건축물 높이 또는 건축선의 변경에 해당하는 사항은 제외한다.
3. 도시혁신구역 면적 또는 복합용도구역 면적의 10퍼센트 이내의 변경 및 해당 변경지역 안에서의 도시혁신계획 또는 복합용도계획의 변경

* **의견청취 비교**
  1. 광역도시계획권역지정
     시·도지사, 시장 또는 군수 의견청취(+도지사는 중앙행정기관의 장 의견청취 추가)
  2. 광역도시계획수립
     ① 시·도지사, 시장 또는 군수가 수립하는 경우에는 관계 시·도/시·군 의회 및 시장·군수의 의견을(특별한 사정 없으면 30일 이내 의견제시) 들어야 한다.
     ② 국토교통부장관이 수립하는 경우에는 시·도지사에 송부하고 시·도지사는 시·도 의회 및 시장·군수의 의견을 청취하고(특별한 사정 없으면 30일 이내 의견제시) 「국」에게 송부해야 한다.
  3. 도시·군기본계획
     특별시장·광역시장·특별자치시장·특별자치도지사·시장 또는 군수는 의회의 의견을(특별한 사정 없으면 30일 이내 의견제시) 들어야 한다.
  4. 도시·군관리계획
     국토교통부장관(해양수산부장관), 시·도지사, 시장 또는 군수는 주민 및 지방의회의 의견을 들어야 한다.

용도지역

용도지역(국토교통부장관, 시·도지사, 대도시 시장이 관리계획으로 지정) (35회)

: 토지의 이용 및 건축물의 용도, 건폐율, 용적률, 높이 등을 제한하여 토지를 경제적·효율적으로 이용하고 공공복리의 증진을 도모하기 위해 중복되지 않게 도시·군관리계획으로 결정하는 지역

: 용도지역의 건폐율 및 용적률 → 후첨 [용도지역 개념 정의 및 건폐율·용적률 필수 암기표] 참조

*** 도시지역에서의 다른 법률의 배제**

① 도로법상 접도구역
② 농지법상 농지취득자격증명(다만, 녹지지역의 농지로서 도시·군계획시설사업에 필요하지 아니한 농지는 제외)

용도지구

: 용도지구 기본개념 → 후첨 [용도지구 개념 필수 암기표] 참조

용도구역 : 구체적 계획이 필요한 경우

- 지구단위계획구역
- 도시혁신구역
- 복합용도구역
- 도시·군계획시설입체복합구역

용도구역

개발제한구역 (31회, 36회)

- 국토교통부장관 지정 → 구역 지정·변경에 필요한 사항은 따로 법률로 정함
- 도시의 무질서한 확산방지 + 도시주변의 자연환경 보전 + 도시민의 건전한 생활환경 확보
- 국방부장관의 요청이 있어 보안상 도시개발을 제한할 필요가 인정되는 경우

시가화조정구역

- ① 시·도지사가 직접 또는 관계 행정기관의 장의 요청에 따라 지정
- ② 국토교통부장관이 지정(국가계획 연계하여 구역지정/변경 필요시)

- 도시의 무질서한 확산방지를 위해 도시지역·주변지역의 무질서한 시가화를 방지함
  계획적/단계적인 개발 도모 위해 5~20년 내 시가화 유보(유보기간 끝난 날 다음날 효력 상실) (35회)

　　┌ 실효고시(실효일자·사유·내용) (32회)
　　└ 관보·공보·홈페이지

수산자원보호구역 (31회)

- 해양수산부장관 지정 → 구역 지정·변경에 필요한 사항은 따로 법률로 정함
- 수산자원 보호·육성을 위해 공유수면이나 인접 토지에 도시·군관리계획으로 결정

도시자연공원 (28회, 29회)

- 시·도지사 및 대도시시장 지정 → 구역 지정·변경에 필요한 사항은 따로 법률로 정함
- 도시의 자연환경 및 경관을 보호하고 도시민에게 건전한 여가, 휴식공간을 제공 + 도시지역 안에서 식생(植生)이 양호한 산지(山地)의 개발을 제한할 필요가 있다고 인정

*** 건축물의 용도·종류 및 규모 등의 제한**
1. 농공단지 → 「산업입지 및 개발에 관한 법률」 적용
2. 농림지역 중 농업진흥지역, 보전산지, 초지 → 각 「농지법」, 「산지관리법」, 「초지법」 적용
3. 자연환경보전지역 중 각 법률상 구역에서는 각 법률에 따름
   「자연공원법」에 따른 공원구역,
   「수도법」에 따른 상수원보호구역,
   「문화유산의 보존 및 활용에 관한 법률」에 따라 지정된 지정문화유산과 그 보호구역,
   「자연유산의 보존 및 활용에 관한 법률」에 따라 지정된 천연기념물 등과 그 보호구역,
   「해양생태계의 보전 및 관리에 관한 법률」에 따른 해양보호구역인 경우
4. 자연환경보전지역 중 수산자원보호구역 → 「수산자원관리법」 적용

1. 용도지역 : 국토교통부장관, 시·도지사, 대도시 시장이 관리계획으로 지정 (35회)

(1) 도시지역

인구와 산업이 밀집되어 있거나 밀집이 예상되어 그 지역에 대하여 체계적인 개발·정비·관리·보전 등이 필요한 지역

→ 도시지역은 다음의 어느 하나로 구분하여 지정한다.

① 주거지역 : 거주의 안녕과 건전한 생활환경의 보호를 위하여 필요한 지역

② 상업지역 : 상업이나 그 밖의 업무의 편익을 증진하기 위하여 필요한 지역

③ 공업지역 : 공업의 편익을 증진하기 위하여 필요한 지역

④ 녹지지역 : 자연환경·농지 및 산림의 보호, 보건위생, 보안과 도시의 무질서한 확산을 방지하기 위하여 녹지의 보전이 필요한 지역

(2) 관리지역

도시지역의 인구와 산업을 수용하기 위하여 도시지역에 준하여 체계적으로 관리하거나 농림업의 진흥, 자연환경 또는 산림의 보전을 위하여 농림지역 또는 자연환경보전지역에 준하여 관리할 필요가 있는 지역

→ 관리지역은 다음의 어느 하나로 구분하여 지정한다.

① 보전관리지역 : 자연환경 보호, 산림 보호, 수질오염 방지, 녹지공간 확보 및 생태계 보전 등을 위하여 보전이 필요하나, 주변 용도지역과의 관계 등을 고려할 때 자연환경보전지역으로 지정하여 관리하기가 곤란한 지역

② 생산관리지역 : 농업·임업·어업 생산 등을 위하여 관리가 필요하나, 주변 용도지역과의 관계 등을 고려할 때 농림지역으로 지정하여 관리하기가 곤란한 지역

③ 계획관리지역 : 도시지역으로의 편입이 예상되는 지역이나 자연환경을 고려하여 제한적인 이용·개발을 하려는 지역으로서 계획적·체계적인 관리가 필요한 지역

(3) 농림지역

도시지역에 속하지 아니하는 「농지법」에 따른 농업진흥지역 또는 「산지관리법」에 따른 보전산지 등으로서 농림업을 진흥시키고 산림을 보전하기 위하여 필요한 지역

(4) 자연환경보전지역

자연환경·수자원·해안·생태계·상수원 및 「국가유산기본법」 제3조에 따른 국가유산의 보전과 수산자원의 보호·육성 등을 위하여 필요한 지역

* 국토교통부장관/시·도지사, 대도시 시장은 주거/상업/공업/녹지지역을 다시 세분하여 지정변경 가능 (28회, 29회, 30회)

* 시·도지사, 대도시 시장은 조례로 다시 세분된 주거/상업/공업/녹지지역을 추가적으로 세분하여 지정 가능

(5) 용도지역 세분(주거/상업/공업/녹지지역) (35회)

[용도지역 개념 정의 및 건폐율 · 용적률 필수 암기표 (1) : 용적률 및 건폐율의 최대한도는 관할 구역의 면적과 인구 · 규모, 용도지역의 특성 등을 고려하여 조례로 정함]

www.pmg.co.kr

(28회, 30회, 31회, 33회, 34회, 35회)

용도지역 : 국토교통부장관, 시 · 도지사, 대도시 시장이 관리계획으로 지정 주 · 상 · 공 · 녹 · 관리 : 다시 세분 가능 (28회, 29회, 30회, 35회)				건폐율상한(%)	용적률(%) (하한~상한)	
도시지역 : 인구, 산업 밀집 (예상)	주거지역	전용 (양호)	1종	단독주택 중심의 양호한 주거환경	50	50
			2종	공동주택 중심의 양호한 주거환경	50	50
		일반 (편리)	1종	저층주택 중심(4층 이하)	60	100
			2종	중층주택 중심	60	100
			3종	중고층주택 중심	50	100
		준주거		상업/업무기능 보완을 위하여 필요한 지역	70	200
	상업지역	중심		도심, 부도심의 상업, 업무기능 확충	90	200
		일반		일반적인 상업, 업무기능 담당	80	200
		유통		도시 내 및 지역 간 유통기능의 증진	80	200
		근린		근린지역에서의 일용품 및 서비스 공급	70	200
	공업지역	전용		주로 중화학 · 공해성 공업	70	150
		일반		환경 저해하지 않는 공업	70	150
		준공업		경공업 + 주거, 상업, 업무기능 보완	70	150
	녹지지역	보전		도시의 자연환경, 경관, 산림 · 녹지공간 보전	20	50
		생산		농업적 생산을 위한 개발유보 필요 지역	20	50
		자연		도시 녹지공간확보, 도시확산 방지, 장래 도시용지 공급 위한 보전 지역 + 제한적인 개발이 허용	20	50
관리지역	보전관리			자연환경 보호 등을 위한 보전 필요 자연환경보전지역으로 지정 곤란한 지역	20	50
	생산관리			농업 · 임업 · 어업 생산 등을 위하여 관리 필요 농림지역으로 지정 곤란한 지역	20	50
	계획관리			도시지역으로의 편입이 예상되거나 제한적인 이용 · 개발을 하려는 지역으로서 계획적 · 체계적인 관리가 필요한 지역	40	50
농림지역				농림업 진흥 및 산림 보전을 위하여 필요한 지역	20	50
자연환경보전지역				자연환경 · 수자원 · 해안 · 생태계 · 상수원 및 국가유산의 보전과 수산자원의 보호 · 육성 등을 위하여 필요	20	50

위 표의 용적률 상한 값은 (상한) 열: 100, 150, 200, 250, 300, 500, 1,500, 1,300, 1,100, 900, 300, 350, 400, 80, 100, 100, 80, 80, 100, 80, 80.

건축가능 건축물

* 주요 건축 내용
1. 1종 전용주거지역 (28회, 30회)
   단독주택(다가구 제외), 1종 근생(1,000제곱미터 미만)(공중화장실, 대피소, 지역아동센터 제외)
2. 2종 전용주거지역
   단독주택, 공동주택, 1종 근생(1,000제곱미터 미만)
3. 1종 일반주거지역
   4층 이하 건축물만 가능, 단독주택, 공동주택(아파트 제외), 1종 근생, 유치원, 초등학교, 중학교 및 고등학교, 노유자시설
4. 2종 및 3종 일반주거지역
   단독주택, 아파트, 1종 근생, 유치원, 초등학교, 중학교 및 고등학교, 노유자시설, 종교 시설

* 아파트 가능지역
   ① 2종 전용주거지역, ② 2종 일반주거지역, ③ 3종 일반주거지역, 준주거지역, ④ 중심상업지역[공동주택 불가하나 주상복합(주거연면적이 전체연면적의 90% 미만)은 가능], ⑤ 일반상업지역, ⑥ 근린상업지역, ⑦ 준공업지역, ⑧ 계획관리지역(아파트 불가하나 개발진흥지구로 지정된 경우에는 가능할 수 있음)

* 도시지역
   가. 주거지역 : 거주의 안녕과 건전한 생활환경의 보호를 위하여 필요한 지역
   나. 상업지역 : 상업이나 그 밖의 업무의 편익을 증진하기 위하여 필요한 지역
   다. 공업지역 : 공업의 편익을 증진하기 위하여 필요한 지역
   라. 녹지지역 : 자연환경 · 농지 및 산림의 보호, 보건위생, 보안과 도시의 무질서한 확산을 방지하기 위하여 녹지의 보전이 필요한 지역

* 공유수면 매립 및 법률에 따른 용도지역 의제
1. 공유수면(바다만 해당) 매립지에 관한 용도지역 지정
   ① 매립목적이 이웃 용도지역과 같은 경우 : 준공일부터 이웃 용도지역으로 지정된 것으로 봄(별고 고시 필요)
   ② 매립목적이 이웃 용도지역과 다르거나 둘 이상 용도지역에 걸쳐 있거나 이웃하고 있는 경우 : 도시 · 군관리계획결정으로 지정
2. 법률에 따른 용도지역 의제(항 어 산 택 전)
   (1) 도시지역으로 결정/고시된 것으로 보는 경우 (30회)
       ① 항만법에 따른 항만구역으로서 도시지역에 연접한 공유수면
       ② 어촌어항법에 따른 어항구역으로서 도시지역에 연접한 공유수면
       ③ 산업입지 및 개발에 관한 법률에 따른 국가산업단지, 일반산업단지 및 도시첨단산업단지 (농공단지 X) (35회)
       ④ 택지개발촉진법에 따른 택지개발지구
       ⑤ 전원개발촉진법에 따른 전원개발사업구역 및 예정구역(수력발전소 또는 송변전설비만을 설치하기 위한 경우는 제외)

       * 상기 지역, 단지, 지구 등이 해제된 경우(사업완료로 해제되는 경우 제외) 이전 용도지역으로 환원된 것으로 봄
         용도지역이 환원되는 당시 이미 사업이나 공사에 착수한 자는 그 용도지역의 환원과 관계없이 그 사업이나 공사를 계속할 수 있다. (35회)
   (2) 관리지역 (30회, 32회)
       ① 농지법에 따른 농업진흥지역으로 지정/고시된 지역은 농림지역으로 봄
       ② 산림 중 산지관리법에 따라 보전산지로 지정/고시된 지역은 그 고시에서 구분하는 바에 따라 농림지역 또는 자연환경보전지역으로 결정/고시된 것으로 봄

▶ 건축물, 그 밖의 시설의 용도, 종류 및 규모 등의 제한(용도지역/지구 목적에 부합하게 할 것)은 대통령령으로 정한다. 건축물이나 그 밖의 시설의 용도 · 종류 및 규모 등의 제한은 해당 용도지역의 지정목적에 적합하여야 한다. (28회, 30회)

[용도지역 개념 정의 및 건폐율 · 용적률 필수 암기표 (2)]

1. 건폐율(80% 이하의 범위에서 조례로 따로 정하는 경우)

① 자연 취락지구 : 60% 이하
② 도시지역 외 개발진흥지구 : 40% 이하(다만, 계획관리지역 내 산업 · 유통개발진흥지구 : 60% 이하)
③ 자연녹지지역 내 개발진흥지구 : 30% 이하
④ 수산자원보호구역 : 40% 이하
⑤ 자연공원 : 60% 이하
⑥ 농공단지 : 70% 이하
⑦ 공업지역 내 국가산업단지, 일반산업단지, 도시첨단산업단지, 준산업단지 : 80% 이하
⑧ 자연녹지지역에 설치되는 유원지 : 30% 이하

2. 용적률(조례로 200퍼센트 이하의 범위로 따로 정하는 경우)

① 도시지역 외의 지역에 지정된 개발진흥지구 : 100% 이하
② 수산자원보호구역 : 80% 이하
③ 자연공원 : 100% 이하
④ 농공단지(도시지역 외의 지역에 지정된 경우에 한함) : 150% 이하

3. 사회복지시설(어린이집, 노인복지관, 사회복지시설)을 기부채납하는 경우 용적률 완화 가능

① 기부시설 연면적의 2배 이하 범위에서 추가건축 허용 가능. 단 조례로 정하는 용적률의 120퍼센트(용도지역별 용적률의 최대한도 상한) 초과할 수 없다.

② 기부받은 사회복지시설은 용도변경 및 주요부분을 분양 또는 임대할 수 없고, 설치장소를 변경(면적/규모 확장, 지방자치단체에 기부한 경우는 그 관할 구역 내에서의 변경)하는 경우를 제외하고 국가나 지방자치단체 외에게 소유권을 이전할 수 없다.

4. 용도지역 미지정 또는 미세분 지역에서의 행위(건축제한, 건폐율, 용적률) 제한 등 (28회, 29회, 30회, 33회)

(1) 도시/관리/농림/자연환경보전지역 미지정 → 자연환경보전지역 적용
(2) 도시지역, 관리지역 미세분 → 보전녹지, 보전관리 적용
(3) 개발제한구역 → 개발제한구역의 지정 및 관리에 관한 특별조치법
(4) 도시자연공원구역 → 도시공원 및 녹지 등에 관한 법률
(5) 도시혁신구역 → 도시혁신계획으로 따로 정한다.
(6) 복합용도구역 → 복합용도계획으로 정한다(건폐율과 용적률은 용도지역별 최대한도의 범위에서 복합용도계획으로 정한다.)
(7) 시가화조정구역

① "국방상 또는 공익상 불가피한 것 & 관계 중앙행정기관의 장의 요청 & 국장이 시가화조정구역의 지정목적달성에 지장이 없다고 인정"하는 도시 · 군계획사업만 가능
② 도시 · 군계획사업 외에 허가를 득하고 행할 수 있는 경우(필요조치 조건부 허가 가능) (35회)

> 1. 농업 · 임업 또는 어업용의 건축물[축사, 퇴비사, 잠실, 창고(저장 및 보관시설 포함), 생산시설(단순가공시설 포함), 관리용건축물(33제곱미터 이하), 양어장]
> 2. 마을공동시설, 공익시설/공공시설, 광공업 등 주민의 생활을 영위하는 데에 필요한 행위[주택의 증축(기존주택 면적을 포함하여 100제곱미터 이하), 부속건축물의 건축(33제곱미터 이하), 농로 · 제방 및 사방시설의 설치, 새마을회관의 설치, 기존정미소의 증축 및 이축, 정자 등 간이휴게소의 설치, 농기계수리소 및 농기계용 유류판매소, 선착장 및 물양장(소형선 부두)의 설치, 공익시설 · 공용시설 및 공공시설 등의 설치, 광공업 등을 위한 건축물 및 공작물의 설치]
> 3. 입목의 벌채, 조림, 육림, 토석의 채취, 그 밖에 대통령령으로 정하는 경미한 행위 (35회)

5. 둘 이상의 용도지역 · 지구 · 구역에 걸치는 대지에 대한 적용 기준(제84조)

(1) 작은 부분의 규모가 330제곱미터 이하인 경우(도로변에 띠 모양으로 지정된 상업지역은 660제곱미터)
① 건폐율 및 용적률 → 가중평균
② 건폐율 및 용적률 외 건축제한 → 큰 면적이 속하는 용도지역 등에 관한 규정 적용
(단, 건축물이 고도지구에 걸쳐 있는 경우에는 건축물 및 대지 전부에 대하여 고도지구 규정 적용)

(2) 하나의 건축물이 방화지구와 그 밖의 용도지역 · 용도지구 또는 용도구역에 걸쳐 있는 경우에는 그 전부에 대하여 방화지구의 건축물에 관한 규정을 적용한다.
(단, 건축물이 있는 방화지구와 그 밖의 용도지역 · 지구 · 구역의 경계가 방화벽으로 구획되는 경우 그 밖의 용도지역 · 지구 · 구역에 대해서는 그러하지 아니한다.)

(3) 하나의 대지가 녹지지역과 그 밖의 용도지역 · 용도지구 또는 용도구역에 걸쳐 있는 경우
각각의 용도지역 · 지구 · 구역의 건축물 및 토지에 관한 규정을 적용한다(규모가 가장 작은 부분이 녹지지역으로서 해당 녹지지역이 330제곱미터 이하인 경우는 제외).
(단, 녹지지역이 고도지구나 방화지구에 걸쳐 있는 경우에는 상기 (1), (2) 동일)

[용도지구 개념 및 건축물이나 그 밖의 시설의 용도 · 종류 및 규모 등의 제한 사항 필수 암기표 (1)]

☆ 행위제한 완화를 위한 신설 x (32회)

www.pmg.co.kr

용도지구		건축물 등 용도, 종류, 규모 등 제한
1. 방화지구	화재의 위험을 예방하기 위하여 필요한 지구	
2. 방재지구	풍수해, 산사태, 지반의 붕괴 등 재해 예방을 위한 지구 가. 시가지방재지구 : 건축물 · 인구가 밀집되어 재해 예방이 필요한 지구 (35회) 나. 자연방재지구 : 해안변, 하천변, 급경사지 주변 등 재해 예방이 필요한 지구 ♠ 재해저감대책 포함 연안침식 진행 중 또는 우려 지역	조례로 정함
3. 경관지구 (32회)	경관의 보전 · 관리 및 형성을 위하여 필요한 지구 가. 자연경관지구 : 산지 · 구릉지 등 자연경관 나. 시가지경관지구 : 지역 내 주거지, 중심지 등 시가지의 경관 다. 특화경관지구 : 특별한(수변, 문화적 보존가치) 경관 리모델링이 필요한 건축물은 높이 · 규모제한 완화 가능	조례로 정함
4. 고도지구	건축물 높이의 최고한도를 규제할 필요가 있는 지구	도시 · 군관리계획으로 정하는 높이 초과 ×
5. 보호지구 (29회, 30회, 31회, 32회)	국가유산, 중요 시설물(항만, 공항, 공용시설, 교정시설, 군사시설 등) 및 문화적 · 생태적으로 보존가치가 큰 지역의 보호와 보존을 위하여 필요한 지구 (29회) 가. 역사문화환경보호지구 : 국가유산 · 전통사찰 등 나. 중요시설물보호지구 : 중요시설물 다. 생태계보호지구 : 야생동식물서식처 등	조례로 정함
6. 복합용도지구 (32회)	[주거지역(일반) · 공업지역(일반) · 관리지역(계획)] (36회) 효율적이고 복합적인 토지이용도모를 위해서 특정시설의 입지를 완화할 필요가 있는 지구	
7. 특정용도제한지구 (31회)	주거 및 교육 환경 보호나 청소년 보호 등의 목적으로 오염물질 배출시설, 청소년 유해시설 등 특정시설의 입지를 제한할 필요가 있는 지구	조례로 정함
8. 개발진흥지구	주거 · 상업 · 공업 · 유통물류 · 관광 · 휴양기능 등 집중 개발 · 정비할 필요가 있는 지구 가. 주거개발진흥지구 : 주거기능 중심 나. 산업 · 유통개발진흥지구 : 공업기능 및 유통 · 물류기능 중심 다. 관광 · 휴양개발진흥지구 : 관광 · 휴양기능 중심 라. 복합개발진흥지구 : 주거, 공업, 유통 · 물류 및 관광 · 휴양기능 중 2 이상 기능 중심 (28회) 마. 특정개발진흥지구 : 주거, 공업, 유통 · 물류 및 관광 · 휴양기능 외의 기능 중심	
9. 취락지구	'녹 · 관 · 농 · 자' · 개발제한구역 또는 도시자연공원구역의 취락 정비 가. 자연취락지구 : '녹 · 관 · 농 · 자' 안의 취락 정비 나. 집단취락지구 : 개발제한구역 안의 취락 정비 (35회)	

| 용도지구(자료출처 법제처)

방화지구

방재지구

경관지구

고도지구

보호지구

복합용도지구

특정용도제한지구

개발진흥지구

취락지구

[용도지구 개념 및 건축물이나 그 밖의 시설의 용도 · 종류 및 규모 등의 제한 사항 필수 암기표 (2)]

용도지구	건축물 등 용도, 종류, 규모 등 제한
자연취락지구 (4층 이하)	① 단독주택(단독주택, 다중주택, 다가구주택, 공관) ② 1종근생 ③ 2종근생(휴게음식점, 제과점, 일반음식점, 제조업소, 수리점, 단란주점, 안마시술소) ④ 운동시설 ⑤ 창고(농업 · 임업 · 축산업 · 수산업용만 해당) ⑥ 동물 및 식물관련시설 ⑦ 교정시설 ⑧ 국방 · 군사시설 ⑨ 방송통신시설 ⑩ 발전시설
집단취락지구	개발제한구역의 지정 및 관리에 관한 특별 조치 법령
개발진흥지구	① 지구단위계획 또는 법률에 따른 개발계획을 수립하는 경우 → 각 계획에 부합되는 건축 ② 지구단위계획 또는 법률에 따른 개발계획이 수립되기 전 → 조례로 정하는 건축물 건축 ③ 지구단위계획 또는 법률에 따른 개발계획을 수립하지 아니하는 개발진흥지구 → 해당 용도지역에서 허용되는 건축물
복합용도지구	① 일반주거지역 : 해당 용도지역 허용 건축물 + 준주거지역에서 허용되는 건축(단, 안마시술소, 관람장, 공장, 위험물 저장 및 처리시설, 동물 및 식물 관련시설, 장례시설은 제외) 중 조례로 정하는 건축물 ② 일반공업지역 : 해당 용도지역 허용 건축물 + 준공업지역에서 허용되는 건축물(단, 아파트, 단란주점, 안마시술소, 노유자시설은 제외) 중 조례로 정하는 건축물 ③ 계획관리지역 : 해당 용도지역 허용 건축물 + 일반음식점, 휴게음식점, 제과점, 판매시설, 숙박시설, 유원시설업 중 조례로 정하는 건축물

1. 지정구역 (28회, 31회, 34회, 35회, 36회)

아래 지역 전부 또는 일부 지정 가능 : 국토교통부장관, 시ㆍ도지사, 시장 또는 군수가 지정

1. 용도지구, 대지조성사업지구, 산업단지(준산업단지), 도시개발구역, 관광단지(관광특구)
2. 개발제한구역 및 도시자연공원구역에서 해제되는 구역
3. 새로 도시지역으로 편입되는 구역 중 관리가 필요한 지역
4. 도시지역의 체계적ㆍ계획적인 관리 또는 개발이 필요한 지역
5. 정비구역(사업이 끝난 후 10년이 지난 지역은 필수)   5, 6 필수인 경우는 '포함내용'
6. 택지개발지구(사업이 끝난 후 10년이 지난 지역은 필수)   1, 4 유지할 것(건축물의 용도제한 제외)
   → 5. 6.의 경우 관계 법률에 따라 토지이용과 건축에 관한 계획이 수립되어 있는 경우에는 필수 X   필수지역 확인
7. 시가화조정구역 또는 공원에서 해제되는 구역(면적이 30만㎡ 이상인 경우는 필수)
   (다만, 녹지지역으로 지정 또는 존치되거나 개발계획이 수립되지 않는 경우는 필수 ×)
8. 녹지에서 주거ㆍ상업ㆍ공업지역으로 변경되는 구역(면적이 30만㎡ 이상인 경우는 필수)
9. 도시지역 내 주거ㆍ상업ㆍ업무 기능의 복합적 토지 이용을 증진시킬 필요가 있는 지역
10. 도시지역 내 유휴토지, 교정시설/군사시설 이전(재배치) 등 집중정비가 필요한 지역
    + 철도, 항만, 공항, 공장, 병원, 학교, 공공청사, 공공기관, 시장, 운동장 및 터미널
    5천㎡ 이상

2. 도시지역 외

(1) 계획관리지역(구역 전체면적의 50% 이상) + 계획관리지역 외에는 생산관리 또는 보전관리지역일 것

- ① 면적요건
  가. 아파트ㆍ연립주택 건설계획 포함 시 : 30만㎡ 이상일 것(자연보전권역인 경우는 10만㎡ 이상)
  나. 그 외의 경우 : 3만㎡ 이상일 것
- ② 기반시설 공급이 가능할 것(도로, 수도공급설비, 하수도)
- ③ 자연환경ㆍ경관ㆍ미관ㆍ국가유산의 훼손우려가 없을 것

(2) 개발진흥지구

- ① "(1)"의 ①~③ 요건에 해당할 것
- ② 당해 개발진흥지구가 다음의 지역에 위치할 것
  - 가. 주거ㆍ복합(주거기능이 포함된 경우에 한함) 및 특정개발진흥지구 : 계획관리지역
  - 나. 산업ㆍ유통 및 복합개발진흥지구(주거기능 미포함의 경우) : 계획. 생산 또는 농림지역
  - 다. 관광ㆍ휴양개발진흥지구 : 도시지역 외의 지역

(3) 용도지구를 폐지하고 그 용도지구에서의 행위 제한 등을 지구단위계획으로 대체하려는 지역

3. 실효   * 실효 시 종전 도시ㆍ군관리계획으로 환원된 것으로 봄 (30회, 32회, 34회)

(1) 고시일 ~ 3년 이내 계획결정고시가 없는 경우

3년 다음날 실효

(2) 고시일 ~ 5년 이내 공사 미착수 시(주민 입안 계획)

5년 다음날 실효

지구단위계획구역에서의 건축

건축, 용도변경 및 공작물의 설치는 지구단위계획에 맞게 해야 한다.
(일정기간 내 철거예정된 가설건축물 제외)

* **심화 : 지구단위계획구역 지정가능 구역**

  양호한 환경의 확보나 기능 및 미관증진을 위하여 필요한 지역

  1. 시범도시, 개발행위허가제한지역, 공동주택을 건축하는 지역
  2. 지하 및 공중공간을 효율적으로 개발하고자 하는 지역
  3. 용도지역의 지정·변경에 관한 도시·군관리계획을 입안하기 위하여 열람공고된 지역
  4. 지구단위계획구역으로 지정하고자 하는 토지와 접하여 공공시설을 설치하고자 하는 자연녹지지역
  5. 양호한 환경확보 또는 기능 및 미관증진을 위해 조례로 정하는 지역

* **도시지역 내 주거·상업·업무기능의 복합적 이용증진이 필요한 지역지정 가능**

  일반주거지역, 준주거지역, 준공업지역 및 상업지역에서 낙후된 도심기능을 회복하거나 도시균형발전을 위한 중심지 육성이 필요한 경우의 아래 지역

  1. 주요 역세권, 고속버스 및 시외버스 터미널, 간선도로의 교차지 등 양호한 기반시설을 갖추고 있어 대중교통 이용이 용이한 지역
  2. 역세권의 체계적·계획적 개발이 필요한 지역
  3. 세 개 이상의 노선이 교차하는 대중교통 결절지로부터 1킬로미터 이내에 위치한 지역
  4. 역세권개발구역, 고밀복합형 재정비촉진지구로 지정된 지역

* **용도지역변경으로 인한 가치상승범위 내에서 공공시설(기반시설) 설치 및 부지를 제공해야 함**

  → 공공시설 등이 충분한 경우에는 다른 지구단위계획으로 정하는 시설설치에 필요한 비용을 납부하는 것으로 갈음할 수 있음.

* 지구단위계획은 도로, 상하수도 등(도로·주차장·공원·녹지·공공공지, 수도·전기·가스·열공급설비, 초등학교 및 중학교·하수도·폐기물처리 및 재활용시설) 도시·군계획시설의 처리·공급 및 수용능력이 지구단위계획구역에 있는 건축물의 연면적, 수용인구 등 개발밀도와 적절한 조화를 이룰 수 있도록 하여야 한다.

* **심화 : 지구단위계획 포함 내용**

  토지 이용의 합리화, 도시나 농·산·어촌의 기능 증진 등에 필요한 아래 사항

  1. 지하 또는 공중공간에 설치할 시설물의 높이·깊이·배치 또는 규모
  2. 대문·담 또는 울타리의 형태 또는 색채
  3. 간판의 크기·형태·색채 또는 재질
  4. 장애인·노약자 등을 위한 편의시설계획
  5. 에너지 및 자원의 절약과 재활용에 관한 계획
  6. 생물서식공간의 보호·조성·연결 및 물과 공기의 순환 등에 관한 계획
  7. 국가유산 및 역사문화환경 보호에 관한 계획

4. 지구단위계획 포함 내용

"2, 4" 포함한 둘 이상의 사항(결국 총 4가지 이상)
→ "1의2"의 경우는 그러하지 아니하다(4가지 ×)

1. 용도지역 및 용도지구를 세분하거나 변경하는 사항
   : 주거·상업·공업·녹지지역 각 지역 내에서 변경 가능
   : 지정구역 중 "9·10" 구역은 용도지역 간 변경 가능(주거, 상업, 공업, 녹지 간)
1의2. 기존 용도지구 폐지하고 그 용도지구에서의 행위제한을 대체하는 사항
2. 기반시설의 배치와 규모
3. 도로로 둘러싸인 일단의 지역 또는 계획적인 개발·정비를 위하여 구획된 일단의 토지의 규모와 조성계획
4. 건축물 용도제한, 건폐율, 용적률, 높이의 최고 또는 최저한도 (30회)
5. 건축물의 배치, 형태, 색채 또는 건축선
6. 환경관리계획 또는 경관계획, 교통처리계획(보행안전 고려)

5. 지구단위계획구역 내 완화적용

(1) 용도지역·지구에서의 건축물의 건축 제한 및 대지조경, 공개공지확보, 대지와 도로의 관계, 높이 제한, 부설주차장의 설치지정 및 설치계획

(2) 도시지역 내·외 지구단위계획구역 (28회, 34회)

   내 : 건폐율(150% 초과 ×), 용적률(200% 초과 ×) 완화적용
   외 : 건폐율(150% 이내), 용적률(200% 이내) 완화적용

(3) 개발진흥지구

   도시지역 내 : 용적률120%, 높이 제한 120% 범위 내 완화적용 (36회)
   도시지역 외 : 건폐율(150% 초과 ×), 용적률(200% 초과 ×) 완화적용

(4) 도시지역 외 산업·유통개발진흥지구

   건폐율 120% 범위 내 완화적용

(5) 한옥마을 보존, 차 없는 거리 조성 (36회)
   → 주차장 설치기준 100퍼센트 완화

6. 계획수립 시 고려사항

수립기준은 국토교통부장관이 정한다.
① 도시의 정비·관리·보전·개발 등 지구단위계획구역의 지정 목적
② 주거·산업·유통·관광휴양·복합 등 지구단위계획구역의 중심기능
③ 해당 용도지역의 특성 (29회)
④ 그 밖에 대통령령으로 정하는 사항 (29회)
   1. 지역 공동체의 활성화
   2. 안전하고 지속가능한 생활권의 조성
   3. 토지 이용을 고려한 토지이용계획과 건축계획의 조화

* 용도지역변경으로 인한 가치상승범위 내에서 공공시설(기반시설) 설치 및 부지를 제공해야 함 → 공공시설 등이 충분한 경우에는 다른 지구단위계획으로 정하는 시설설치에 필요한 비용을 납부하는 것으로 갈음할 수 있음.

* 지구단위계획은 도로, 상하수도 등(도로·주차장·공원·녹지·공공공지, 수도·전기·가스·열공급설비, 초등학교 및 중학교·하수도·폐기물처리 및 재활용시설) 도시·군계획시설의 처리·공급 및 수용능력이 지구단위계획구역에 있는 건축물의 연면적, 수용인구 등 개발밀도와 적절한 조화를 이룰 수 있도록 하여야 한다.

* 심화 : 지구단위계획 포함 내용
   토지 이용의 합리화, 도시나 농·산·어촌의 기능 증진 등에 필요한 아래 사항
   1. 지하 또는 공중공간에 설치할 시설물의 높이·깊이·배치 또는 규모
   2. 대문·담 또는 울타리의 형태 또는 색채
   3. 간판의 크기·형태·색채 또는 재질
   4. 장애인·노약자 등을 위한 편의시설계획
   5. 에너지 및 자원의 절약과 재활용에 관한 계획
   6. 생물서식공간의 보호·조성·연결 및 물과 공기의 순환 등에 관한 계획
   7. 국가유산 및 역사문화환경 보호에 관한 계획

＊ 심화 : 지구단위계획 수립기준 고려사항

1. 개발제한구역에 지구단위계획을 수립할 때에는 개발제한구역의 지정 목적이나 주변환경이 훼손되지 아니하도록 하고, 「개발제한구역의 지정 및 관리에 관한 특별조치법」을 우선하여 적용할 것 (32회)

1의2. 보전관리지역에 지구단위계획을 수립할 때에는 녹지 또는 공원으로 계획하는 등 환경 훼손을 최소화할 것(이미 개발된 토지, 토석의 채취가 완료된 토지로서 준보전산지에 해당하는 토지 및 해당 토지를 개발하여도 주변지역의 환경오염ㆍ환경훼손 우려가 없는 경우로서 해당 도시계획위원회 또는 공동위원회의 심의를 거쳐 지구단위계획구역에 포함되는 토지는 제외)

1의3. 문화유산의 보존 및 활용에 관한 법률」 제13조에 따른 역사문화환경 보존지역 및 「자연유산의 보존 및 활용에 관한 법률」 제10조에 따른 역사문화환경 보존지역에서 지구단위계획을 수립하는 경우에는 국가유산 및 역사문화환경과 조화되도록 할 것 (32회)

2. 지구단위계획구역에서 원활한 교통소통을 위하여 필요한 경우에는 지구단위계획으로 건축물부설주차장을 해당 건축물의 대지가 속하여 있는 가구에서 해당 건축물의 대지 바깥에 단독 또는 공동으로 설치하게 할 수 있도록 할 것. 이 경우 대지 바깥에 공동으로 설치하는 건축물부설주차장의 위치 및 규모 등은 지구단위계획으로 정한다.

3. 제2호에 따라 대지 바깥에 설치하는 건축물부설주차장의 출입구는 간선도로변에 두지 아니하도록 할 것. 다만, 특별시장ㆍ광역시장ㆍ특별자치시장ㆍ특별자치도지사ㆍ시장 또는 군수가 해당 지구단위계획구역의 교통소통에 관한 계획 등을 고려하여 교통소통에 지장이 없다고 인정하는 경우에는 그러하지 아니하다.

4. 지구단위계획구역에서 공공사업의 시행, 대형건축물의 건축 또는 2필지 이상의 토지소유자의 공동개발 등을 위하여 필요한 경우에는 특정 부분을 별도의 구역으로 지정하여 계획의 상세 정도 등을 따로 정할 수 있도록 할 것

5. 지구단위계획구역의 지정 목적, 향후 예상되는 여건변화, 지구단위계획구역의 관리 방안 등을 고려하여 경미한 사항을 정하는 것이 필요한지를 검토하여 지구단위계획에 반영하도록 할 것

6. 지구단위계획의 내용 중 기존의 용도지역 또는 용도지구를 용적률이 높은 용도지역 또는 용도지구로 변경하는 사항이 포함되어 있는 경우 변경되는 구역의 용적률은 기존의 용도지역 또는 용도지구의 용적률을 적용하되, 공공시설부지의 제공현황 등을 고려하여 용적률을 완화할 수 있도록 계획할 것

7. 건폐율ㆍ용적률 등의 완화 범위를 포함하여 지구단위계획을 수립하도록 할 것 (32회)

8. 도시지역 내 주거ㆍ상업ㆍ업무 등의 기능을 결합하는 복합적 토지 이용의 증진이 필요한 지역은 지정 목적을 복합용도개발형으로 구분하되, 3개 이상의 중심기능을 포함하여야 하고 중심기능 중 어느 하나에 집중되지 아니하도록 계획할 것 (32회)

9. 도시정비사업 및 택지개발사업이 끝난 후 10년이 경과된 지역에 수립하는 지구단위계획의 내용 중 ① 용도지역이나 용도지구를 세분하거나 변경하는 사항, ② 건축물의 건폐율 또는 용적률, 건축물 높이의 최고한도 또는 최저한도(건축물의 용도제한은 제외된다)의 사항은 해당 지역에 시행된 사업이 끝난 때의 내용을 유지함을 원칙으로 할 것 (32회)

10. 도시지역 외의 지역에 지정하는 지구단위계획구역은 해당 구역의 중심기능에 따라 주거형, 산업ㆍ유통형, 관광ㆍ휴양형 또는 복합형 등으로 지정 목적을 구분할 것 (32회)

11. 도시지역 외의 지구단위계획구역에서 건축할 수 있는 건축물의 용도ㆍ종류 및 규모 등은 해당 구역의 중심기능과 유사한 도시지역의 용도지역별 건축제한 등을 고려하여 지구단위계획으로 정할 것

공간재구조화계획 : 토지의 이용 및 건축물이나 그 밖의 시설의 용도·건폐율·용적률·높이 등을 완화하는 용도구역의 효율적이고 계획적인 관리를 위하여 수립하는 계획

공간재구조화계획 → 이하 아래 ①②③을 "(도복입체)"라 한다.

① 도시혁신구역 및 도시혁신계획
② 복합용도구역 및 복합용도계획   ⊕ 인접 특·군 전부·일부 포함 가능(관리계획 준용)
③ 도시·군계획시설입체복합구역(상기 ① 또는 ②와 함께 구역을 지정하거나 계획을 입안하는 경우로 한정한다)

1. 공간재구조화계획의 입안
   (도시·군관리계획 절차 준용)

(1) 입안권자
   ① 특별시장·광역시장·특별자치시장·특별자치도지사·시장 또는 군수
   ② 국토교통부장관(①의 요청 시) (36회)

(2) 국토교통부장관(해양수산부장관), 시·도지사, 시장 또는 군수는 공간재구조화계획도
   서(계획도와 계획조서) 및 계획설명서(기초조사결과·재원조달방안 및 경관계획 포함)
   작성

(3) 공간재구조화계획의 입안범위와 기준, 공간재구조화계획도서 및 계획설명서의 작성기
   준·작성방법 등은 국토교통부장관이 정한다.

공간재구조화계획의 내용 등
① (도복입체)용도구역 지정 위치 및 용도구역에 대한 계획 등에 관한 사항
② (도복입체)용도구역을 지정함에 따라 인근 지역의 주거·교통·기반시설 등에
   미치는 영향 등 대통령령으로 정하는 사항

인근 지역의 주거·교통·기반시설 등에 미치는 영향 등 대통령령으로 정하는 사항
1. 공간재구조화계획의 범위 설정에 관한 사항
2. 공간재구조화계획 기본구상 및 토지이용계획
3. 도시혁신구역 및 복합용도구역 내의 도시·군기본계획 변경 및 도시·군관리계
   획 결정·변경에 관한 사항
4. 도시혁신구역 및 복합용도구역 외의 지역에 대한 주거·교통·기반시설 등에 미
   치는 영향 및 이에 대한 관리방안(도시·군관리계획 결정·변경에 관한 사항을
   포함한다)
5. 환경관리계획 또는 경관계획

2. 주민(이해관계인)의 입안제안 : 계획도서와 계획설명서 첨부
   → (반영 시 활용가능) → 45일(+30일) 내 통보

45일(+30일) 내 회신 / 비용의 전부 또는 일부를 제안자 또는 제3자에게 부담시킬 수 있음

① 국·공유재산이 포함된 경우(전체면적의 50/100 초과 시) 입안권자는 제안자 외의 제3자에
   의한 제안이 가능하도록 제안 내용의 개요를 공고하여야 한다(90일 이상).
   (입안하지 않기로 결정한 때에는 그러하지 않는다).
② 제안자(및 제3자)와 협의하여 필요한 비용의 전부 또는 일부를 부담시킬 수 있다.
③ 공간재구조화계획 제안의 기준, 절차 등에 필요한 사항은 대통령령으로 정한다.

3. 공간재구조화계획 입안 제안에 대한 토지소유자 동의(국유지 및 공유지 제외)

① 도시혁신구역 또는 복합용도구역 지정 제안 : 대상 토지면적의 3분의 2 이상 (36회)
② 입체복합구역의 지정을 제안하는 경우(도시혁신구역 또는 복합용도구역과 함께 입체복합구역을 지정하거나 도
   시혁신계획 또는 복합용도계획과 함께 입체복합구역 지정에 관한 공간재구조화계획을 입안하는 경우로 한정한
   다) : 대상 토지면적의 5분의 4 이상

4. 수립절차

(1) 입안
- ① 공간재구조화계획 수립을 위한 기초조사, 의견청취 등 → 도시·군관리계획절차 준용
- ② 기초조사, 환경성 검토, 토지적성평가 또는 재해취약성분석은 '입안일부터 5년 이내 기초조사를 실시한 경우 등' 생략가능

(2) 협의 및 심의

　1) 협의
　관계 행정기관의 장(국토교통부장관 포함)과의 협의[특별한 사유가 없으면 그 요청을 받은 날부터 30일(도시혁신구역 지정을 위한 공간재구조화계획 결정의 경우에는 근무일 기준으로 10일) 이내에 의견을 제시하여야 한다.]

　2) 중앙/지방 도시계획위원회 심의
- ① 중앙도시계획위원회의 심의를 거치는 경우 (36회)
　가) 국토교통부장관이 결정하는 공간재구조화계획
　나) 시·도지사가 결정하는 공간재구조화계획 중 (도복입체)구역 지정 및 입지 타당성 등에 관한 사항
- ② 중앙도시계획위원회의 심의를 거치는 경우가 아닌 경우에는 지방도시계획위원회의 심의를 거친다.

(3) 결정

　공간재구조화계획의 결정
- ① 시·도지사가 직접 또는 시장·군수의 신청에 따라 결정 및 고시한다.
- ② 국토교통부장관이 입안한 공간재구조화계획은 국토교통부장관이 결정 및 고시한다.

(4) 고시 및 효력
- ① 공간재구조화계획 결정의 효력 등(기득권 보호)
　공간재구조화계획 결정의 효력은 지형도면을 고시한 날부터 발생한다(지형도면 고시가 필요 없는 경우에는 결정고시일부터 효력 발생). (36회)
　고시 당시 이미 사업이나 공사에 착수한 자는 계속할 수 있다.
- ② 고시한 경우 고시한 내용에 따라 도시·군기본계획의 수립·변경(인구의 배분 등은 대통령령으로 정하는 범위에서 변경하는 경우로 한정)과 도시·군관리계획의 결정(변경) 고시를 한 것으로 본다.
- ③ 지형도면 고시 등에 관하여는 도시·군관리계획을 준용한다.
- ④ 고시된 공간재구조화계획의 내용은 도시·군계획으로 관리하여야 한다.

---

* 공간재구조화계획의 입안을 위한 기초조사, 환경성 검토, 토지적성평가 또는 재해취약성분석 생략가능한 경우

1. 기초조사, 환경성 검토, 토지적성평가 또는 재해취약성분석 생략가능한 경우
　가. 공간재구조화계획의 입안일부터 5년 이내에 각 기초조사, 환경성 검토, 토지적성평가, 재해취약성분석을 실시한 경우
　나. 도심지(상업지역과 상업지역에 연접한 지역을 말한다)에 위치하는 경우
　다. 나대지면적이 구역면적의 2퍼센트에 미달하는 경우
　라. 법률에 따라 지역·지구 등으로 지정되거나 개발계획이 수립된 경우
　마. 공간재구조화계획의 내용에 너비 12미터 이상 도로의 설치계획이 없는 경우
2. 환경성 검토를 생략할 수 있는 경우 : 전략환경영향평가 대상인 공간재구조화계획을 입안하는 경우
3. 토지적성평가를 생략할 수 있는 경우
　가. 주거지역·상업지역 또는 공업지역에 공간재구조화계획을 입안하는 경우 및 「도시개발법」에 따른 도시개발사업의 경우 (36회)
　나. 법 또는 다른 법률에 따라 조성된 지역에 공간재구조화계획을 입안하는 경우
　다. 지구단위계획구역 또는 도시·군계획시설부지에서 공간재구조화계획을 입안하는 경우
4. 재해취약성분석을 생략할 수 있는 경우 : 공간시설 중 녹지·공공공지의 기반시설을 설치하는 경우

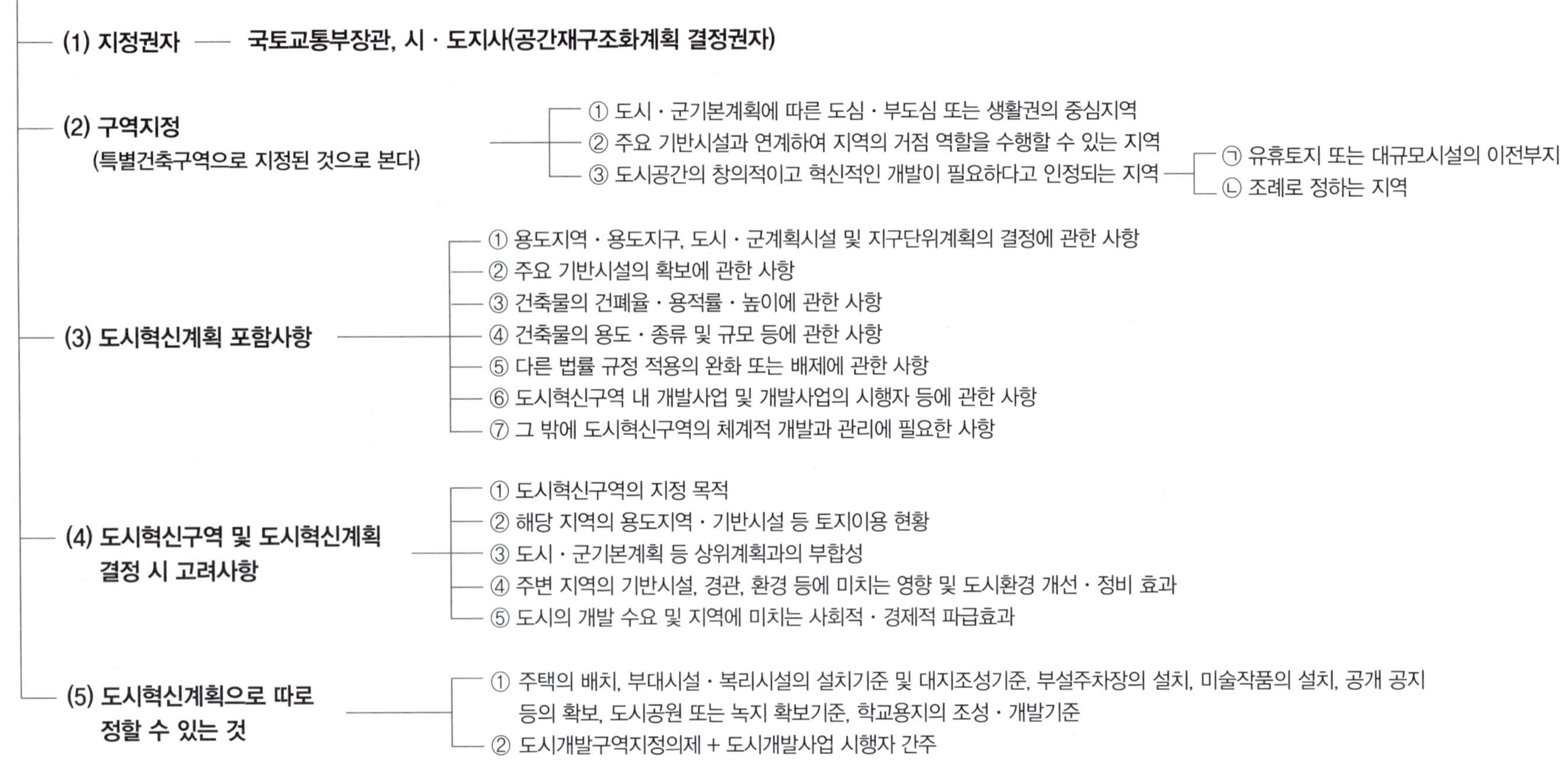

① 국토계획법에 의해서만 도시혁신구역의 지정 및 계획을 결정할 수 있다(의제규제 적용 ×).
② 구역지정(변경) 및 계획수립(변경)에 세부적인 사항은 국토교통부장관이 정한다.
③ 계획결정을 위해 협의 요청을 받은 관계행정기관의 장은 요청을 받은 날부터 10일(근무일 기준) 이내에 의견을 회신하여야 한다.
④ 시·도지사 또는 시장·군수·구청장은 건축법 제73조에 따라 건축기준 등의 특례사항을 적용하여 건축할 수 있는 건축물에 포함시킬 수 있다.
⑤ 도시·군관리계획 결정의 실효, 구역에서의 건축 등에 관하여는 지구단위계획구역 및 지구단위계획 내용을 준용한다.
⑥ 도시혁신계획에 대한 도시계획위원회 심의 시 지역교육환경보호위원회, 문화유산위원회 또는 자연유산위원회와 공동으로 심의를 개최하고 그 결과에 따라 교육환경보호구역에서의 행위제한 및 역사문화환경
보존지역에서의 행위제한 규정을 완화하여 적용할 수 있다. 완화 여부는 각각 지역교육환경보호위원회, 문화유산위원회 및 자연유산위원회의 의결에 따른다.

복합용도구역

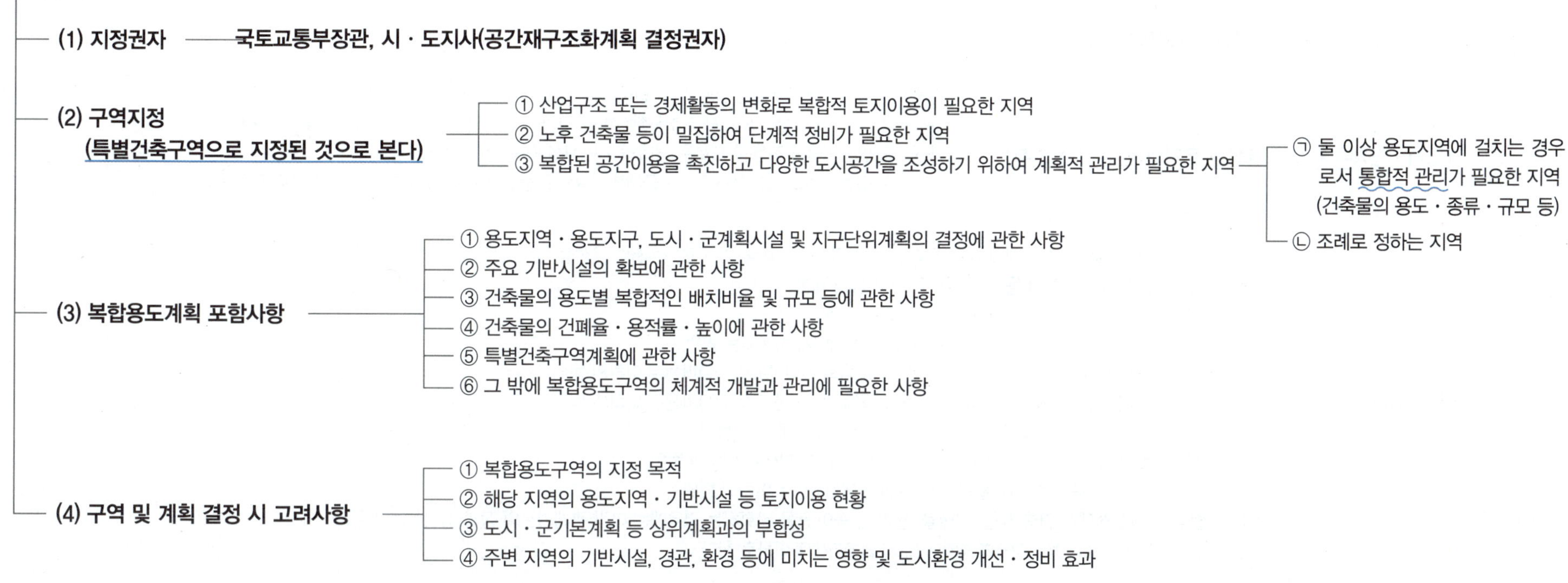

① 세부적인 사항은 국토교통부장관이 정하여 고시한다.
② 시·도지사 또는 시장·군수·구청장은 건축법 제73조에 따라 건축기준 등의 특례사항을 적용하여 건축할 수 있는 건축물에 포함시킬 수 있다.
③ 복합용도구역 및 복합용도계획에 관한 도시·군관리계획 결정의 실효, 복합용도구역에서의 건축 등에 관하여는 지구단위계획구역 및 지구단위계획 내용을 준용한다.

1. 도시·군계획시설입체복합구역

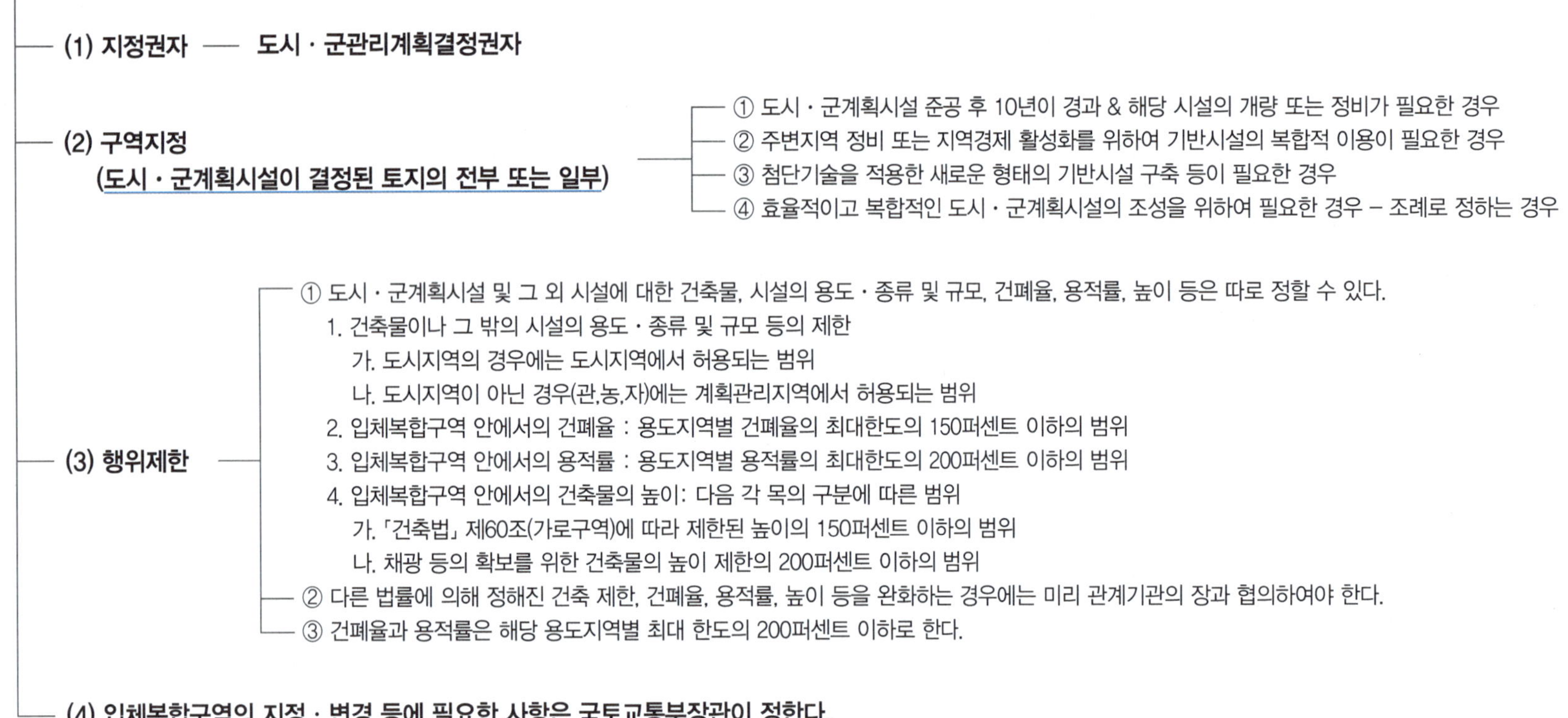

(1) 지정권자 — 도시·군관리계획결정권자

(2) 구역지정
(도시·군계획시설이 결정된 토지의 전부 또는 일부)
- ① 도시·군계획시설 준공 후 10년이 경과 & 해당 시설의 개량 또는 정비가 필요한 경우
- ② 주변지역 정비 또는 지역경제 활성화를 위하여 기반시설의 복합적 이용이 필요한 경우
- ③ 첨단기술을 적용한 새로운 형태의 기반시설 구축 등이 필요한 경우
- ④ 효율적이고 복합적인 도시·군계획시설의 조성을 위하여 필요한 경우 – 조례로 정하는 경우

(3) 행위제한
- ① 도시·군계획시설 및 그 외 시설에 대한 건축물, 시설의 용도·종류 및 규모, 건폐율, 용적률, 높이 등은 따로 정할 수 있다.
  1. 건축물이나 그 밖의 시설의 용도·종류 및 규모 등의 제한
     가. 도시지역의 경우에는 도시지역에서 허용되는 범위
     나. 도시지역이 아닌 경우(관,농,자)에는 계획관리지역에서 허용되는 범위
  2. 입체복합구역 안에서의 건폐율 : 용도지역별 건폐율의 최대한도의 150퍼센트 이하의 범위
  3. 입체복합구역 안에서의 용적률 : 용도지역별 용적률의 최대한도의 200퍼센트 이하의 범위
  4. 입체복합구역 안에서의 건축물의 높이: 다음 각 목의 구분에 따른 범위
     가. 「건축법」 제60조(가로구역)에 따라 제한된 높이의 150퍼센트 이하의 범위
     나. 채광 등의 확보를 위한 건축물의 높이 제한의 200퍼센트 이하의 범위
- ② 다른 법률에 의해 정해진 건축 제한, 건폐율, 용적률, 높이 등을 완화하는 경우에는 미리 관계기관의 장과 협의하여야 한다.
- ③ 건폐율과 용적률은 해당 용도지역별 최대 한도의 200퍼센트 이하로 한다.

(4) 입체복합구역의 지정·변경 등에 필요한 사항은 국토교통부장관이 정한다.

2. 도시혁신구역, 복합용도구역, 입체복합구역에 대한 공공시설 등의 설치비용 등

- ① (도복입체)구역 안에서 개발사업이나 개발행위를 하려는 자(도시·군관리계획 및 공간재구조화계획 입안 제안자 포함)는 행위 제한 완화(건폐율, 용적률 등)로 인한 토지 가치 상승분의 범위에서 공공시설 등의 부지를 제공하거나 설치하여야 한다.
  * "공공시설 등": 공공시설, 기반시설, 공공임대주택 또는 기숙사 등 조례로 정하는 시설
- ② 공공시설 등의 부지제공과 설치, 비용납부 등에 관하여는 지구단위계획구역 및 지구단위계획의 내용을 준용한다.
- ③ ① 및 ②는 ①의 구역이 의제되는 경우에도 적용하되, '개발부담금 및 재건축부담금'이 부과(면제 포함)되는 경우에는 적용 ×

1. 도시 · 군계획시설(광역)의 설치 및 관리

└─ 기반시설의 종류 · 명칭 · 위치 · 규모 등을 미리 관리계획으로 결정 (28회)

2. 공동구

미관개선
도로구조 보존 및 교통의 원활한 소통 (28회, 29회, 30회, 31회, 32회, 35회)

(1) 대상사업(200만제곱미터 초과) 공 도 경 택

─ 도시개발구역, 택지개발지구, 경제자유구역
─ 도시정비구역, 공공주택지구, 도청이전신도시

(2) 설치항목

─ 필수 : 전선로, 통신선로, 수도관, 열수송관, 중수도관, 쓰레기수송관
─ 임의 : 가스관, 하수도관, 그 밖의 시설

(3) 비용부담(비용 미부담자는 허가를 받아 점용 · 사용가능)

─ ① 점용예정자(개별설치비용 범위 내)와 사업시행자가 부담
─ ② 국가 및 지방자치단체는 비용의 일부를 보조 또는 융자 가능
─ ③ 점용예정자는 공사 착수 전에 3분의 1 이상 납부 / 공사기간 만료 전까지 나머지 납부
   (만료일 전에 공사가 완료된 경우에는 공사완료일 전까지)

(4) 공동구 관리("특군") 효율적 관리를 위해 지방공사, 지방공단, 국토안전관리원 및
조례로 정하는 기관에 관리운영 위탁가능 (28회)

─ ① 5년마다 공동구의 안전 및 유지관리계획 수립(관계 행정기관의 장의 협의 및 공동구협의회 심의)
─ ② 1년에 1회 이상 안전점검 실시(이상 시 지체 없이 필요조치) (29회, 30회, 32회)

(5) 공동구점용자가 관리비용 함께 부담(연 2회 분할 납부)

3. 실효 및 고시

(1) 20년 이내에 실행하지 않으면 다음날 효력소멸 (33회)
   시 · 도지사, 대도시 시장은 지체 없이 고시

(2) 현황 보고 및 해제

─ ① "특군"은 필요 없거나 10년 내 미시행된 경우 각 현황과 단계별 집행계획을 지방의회에 보고해야 한다(그 후 해제되지 않은 시설은 2년마다 보고).
─ ② 지방의회는 90일 이내에 시설결정의 해제 권고 가능
─ ③ "특군"은 1년 이내에 해제를 위한 도시 · 군관리계획을 결정(권고일로부터 1년 이내)하거나 소명해야 한다(6개월 이내).
─ ④ 시장 · 군수는 도지사에게(도지사가 결정한 관리계획) 그 결정을 신청해야 한다.
   도지사는 특별한 사정이 없으면 해제를 위한 도시 · 군관리계획을 결정해야 한다(신청일로부터 1년 이내).

특별시장 · 광역시장 · 특별자치시장 · 특별자치도지사 · 시장 또는 군수 → "특군"

심화 : 미리 결정하지 않아도 되는 경우

1. 도시지역 또는 지구단위계획구역에서 설치하는 기반시설의 경우
   가. 주차장, 차량 검사 및 면허시설, 공공공지, 열공급설비, 방송 · 통신시설, 시장 · 공공청사 · 문화시설 · 공공필요성이 인정되는 체육시설 · 연구시설 · 사회복지시설 · 공공직업 훈련시설 · 청소년수련시설 · 저수지 · 방화/방풍/방수/사방/방조설비 · 장사시설 · 종합의료시설 · 빗물저장 및 이용시설 · 폐차장
   나. 점용허가대상이 되는 공원 안의 기반시설
2. 도시지역 및 지구단위계획구역 외의 지역에서 설치하는 경우
   상기 "1." + 궤도 및 전기공급설비

광역시설

1) "특군"은 협약체결 및 협의회를 구성하여 광역시설을 설치 · 관리할 수 있다.
   협약 및 협의회 미구성 시 같은 도 내에서는 도지사가 설치 · 관리할 수 있다.
2) 국가계획 광역시설은 별도 법인으로 관리 가능(인천공항 : 인천국제공항공사)
3) 다른 구역에 환경오염유발 및 개발위축시설을 설치하는 경우
   환경오염방지 사업, 주민의 편익증진사업 시행 또는 자금지원을 해야 한다.

---

① 공중, 수중, 수상 또는 지하에 설치하는 경우 보상 등에 관하여는 따로 법률로 정한다(조례 ×).
② 도시 · 군계획시설의 결정, 구조 및 설치의 기준 등에 필요한 사항은 국토교통부령으로 정하고 세부사항은 조례로 정한다.

1. 집행계획의 수립

국토교통부장관 및 도지사가 직접 수립한 경우 특군에게 송부가능 (34회)   공보, 홈페이지, 일간신문

(1) 도시 · 군계획시설결정 고시일부터 3개월 내 단계별 집행계획 수립 및 공고 (29회, 34회)
- (수립 시 관계행정기관의 장과 협의하고 지방의회 의견을 들어야 한다)
- ① 1단계 : 3년 이내 시행
- ② 2단계 : 3년 후 시행(매년 검토하여 1단계로 포함시킬 수 있다)

(2) 도시 · 군관리계획 의제사업의 경우에는 2년 이내 수립 가능 (34회)
- ① 도시 및 주거환경정비법
- ② 도시재정비 촉진을 위한 특별법
- ③ 도시재생 활성화 및 지원에 관한 특별법

2. 사업시행자

(1) "특군" 원칙 (29회, 34회) ── 둘 이상 걸친 경우에는 협의 → 협의불성립 시 국토교통부장관 및 도지사가 지정

(2) 국토교통부장관 ── 국가계획과 관련된 경우 및 필요시

(3) 도지사 ── 광역도시계획과 관련된 경우 및 필요시

(4) 국가/지방자치단체/공공기관 등이 아닌 경우로서 국토교통부장관/시 · 도지사/시장 또는 군수가 지정한 자 (29회, 34회)
[토지(국공유지 제외) 면적의 2/3 이상 소유 & 소유자 총수의 1/2 이상 동의 필요]

(5) 분할 시행 가능 (29회, 34회)

> *공공기관 등 : 한국농수산식품유통공사, 대한석탄공사, 한국토지주택공사, 한국관광공사, 한국농어촌공사, 한국도로공사, 한국석유공사, 한국수자원공사, 한국전력공사, 한국철도공사, 지방공사 및 지방공단. 다른 법률에 의하여 시행자로 지정된 자, 관리청에 무상귀속되는 공공시설을 설치하는 자, 기부를 조건으로 시설물을 설치하려는 자

(6) 행정심판
1) 도시 · 군계획시설사업 시행자의 처분에 대하여는 행정심판법에 따라 행정심판을 제기할 수 있다.
2) 행정청이 아닌 시행자의 처분에 대하여는 그 시행자를 지정한 자에게 행정심판을 제기하여야 한다.

3. 실시계획의 작성 및 인가

(1) 국토교통부장관, 시 · 도지사, 대도시 시장의 인가(경미한 사항의 변경은 인가 X) ⊕ 14일 이상 일반인 열람

(2) 조건부 인가 가능(기반시설의 설치, 용지 확보, 위해 · 환경오염 방지, 경관 조성, 조경 등)

(3) 실시계획 포함사항
: 사업의 종류 및 명칭, 면적 또는 규모, 사업시행자의 성명 및 주소, 착수 및 준공예정일, 자금조달계획 (34회)
(+ 실시계획에는 설계도서, 자금계획, 시행기간 등 첨부)

(4) 경미한 사항의 변경(인가 X)
1. 사업명칭을 변경하는 경우
2. 구역경계의 변경이 없는 범위 안에서 행하는 건축물의 연면적 10퍼센트 미만의 변경과 「학교시설사업 촉진법」에 의한 학교시설의 변경인 경우
3. 다음 각 목의 공작물 설치
   가. 도시지역 또는 지구단위계획구역에 설치되는 공작물로서 무게는 50톤, 부피는 50세제곱미터, 수평투영면적은 50제곱미터를 각각 넘지 않는 공작물
   나. 도시지역 · 자연환경보전지역 및 지구단위계획구역 외의 지역에 설치되는 공작물로서 무게는 150톤, 부피는 150세제곱미터, 수평투영면적은 150제곱미터를 각각 넘지 않는 공작물
4. 기존 시설의 일부 또는 전부에 대한 용도변경을 수반하지 않는 대수선 · 재축 및 개축인 경우
5. 도로의 포장 등 기존 도로의 면적 · 위치 및 규모의 변경을 수반하지 아니하는 도로의 개량인 경우
6. 구역경계의 변경이 없는 범위에서 측량결과에 따라 면적을 변경하는 경우

4. 실효

- (1) 결정 고시일부터 10년 이후 사업시행되는 경우
  실시계획 고시일 ~ 5년 내 재결신청 없으면 다음 날 실효(고시)
  단, 5년 이내 토지면적의 2/3 이상 소유 또는 사용권원 확보 시는 7년
  이내 재결신청 없으면 실효
  재결신청 없이 모든 토지/건축물(정착된 물건)을 소유하거나 사용권원
  확보 시에는 실효되지 않음
- (2) 도시 · 군계획시설결정 고시일 ~ 20년 이내에 실시계획이 폐지/실효
  되면 20년이 되는 날의 다음 날 실효
- (3) 도시 · 군계획시설결정 고시일 ~ 20년 이후에 실시계획이 폐지/실효
  되면 그 날 실효

5. 공공시설 귀속

- * 공공시설 귀속 → 관리청 의견 청취 필요
  (관리청 불분명 시 : 도로는 국토교통부장관, 하천은 환경부장관, 그 외
  재산은 기획재정부장관)
- (1) 행정청이 사업시행자인 경우
  - ① 설치되는 시설 및 종래 시설 무상귀속
  - ② 준공검사 시 세목을 관리청에 통지
  - ③ 통지한 날에 각각 귀속된 것으로 봄
- (2) 행정청 외 사업시행자
  - ① 설치되는 시설은 관리청에 무상귀속, 용도폐지되는 시설
    은 설치비용 범위 내 무상양도
  - ② 개발행위 완료 전에 세목을 통지해야 함
  - ③ 준공검사 받음으로써 각각 귀속 · 양도된 것으로 봄

6. 기타

- (1) **수용 및 사용 등(토지보상법 준용)**
  - 1) 필요한 경우 수용 · 사용 가능 / 인접한 경우는 사용가능
  - 2) 실시계획 고시 → '사업인정 및 고시' 의제, 재결신청은 사업시행기간 내
- (2) **원상회복 등** (29회)
  - 1) 원상회복 명령 가능(대집행 가능)
  - 2) 이행보증금 예치(국가/지방자치단체/공공기관 등 제외) 공기업, 위탁
    : 기반시설의 설치, 용지 확보, 위해 · 환경오염 방지, 집행형 준정부
    경관 조성, 조경 등을 위해 필요한 경우 기관, 지방공사
                                                         및 지방공단
    (국공유지의 경우)
- (3) **도시 · 군관리계획 외 목적의 매각 · 양도 ×(위반 시 무효)**
- (4) **도시 · 군계획시설사업(토지 및 건축물) 처분 시**
  - 다음 순위에 따라 처분 가능
  - ① 수용된 토지 또는 건축물 소유자에의 양도
  - ② 다른 도시 · 군계획시설사업에 필요한 토지와의 교환

| 도시 · 군계획시설 사업시행절차

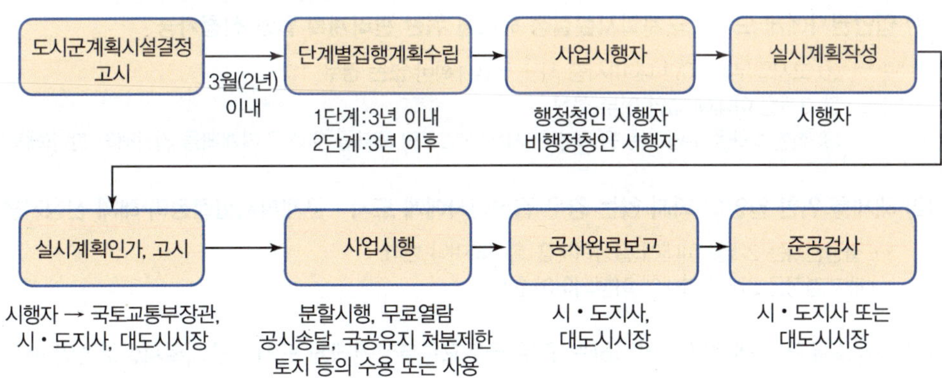

1. 매수청구

(1) 대상 및 매수 의무자 (30회)

도시 · 군계획시설 결정고시일부터 10년 이내에 시행 안 된, 지목이 대(건축물 및 정착물 포함)인 부지.
사업시행자 매수 원칙(단, 설치 및 관리 의무자가 있으면 그 의무자, 설치 및 관리 의무자가 다른 경우에는 설치의무자에게 매수) (32회)

(2) 절차

① 매수청구 6개월 이내 가부 회신 (소유자 및 '특군'에 통지) (34회)
② 매수결정 시 2년 이내 매수
③ 현금 지급 원칙(가격 및 절차는 토지보상법 준용). 단, 매수의무자가 지방자치단체로서 아래 경우는 채권지급 가능 (상환기간은 10년, 1년 만기 정기예금금리의 평균 이상, 채권 발행 절차는 지방재정법에 따름) (32회, 34회)
   1. 토지 소유자가 원하는 경우
   2. 부재부동산 또는 비업무용 토지로서 매수대금 3천만원 초과

(3) 건축물 또는 공작물의 설치 (29회, 34회)

① 매수하지 않기로 결정한 경우 및 2년 이내에 매수하지 않은 경우
② 허가를 받아 건축물 또는 공작물 설치 가능 → 3층 이하만 가능
단독주택, 1종 근생, 2종 근생(다중생활시설, 단란주점, 안마시술소, 노래연습장은 제외), 공작물 설치 가능
   → (다중주택 ×, 다가구주택 ×, 공관 ×)

2. 도시 · 군계획시설결정의 해제 신청 등

(1) 입안권자에게 도시 · 군계획시설결정 해제를 위한 관리계획 입안 신청가능

① 고시일부터 10년 내 미시행 시 + 집행계획이 없는 경우
② 3개월 이내에 입안 여부 회신
③ 집행계획을 수립하는 등 특별한 사유가 없으면 해제를 위한 관리계획을 입안해야 한다(해제입안 통지일부터 6개월 이내).

(2) 해제를 위한 입안이 되지 않는 경우 결정권자에게 도시 · 군계획시설결정의 해제 신청가능

→ 결정권자는 2개월 이내에 결정여부를 회신하여야 한다.
→ 해제결정은 6개월 이내에 이행되어야 한다.

(3) 토지소유자는 해제되지 아니하는 경우 국토교통부장관에게 도시 · 군계획시설결정의 해제 심사 신청가능

(4) 국토교통부장관(중앙도시계획위원회 심의 후)은 결정권자에게 해제 권고가능

→ 특별한 사유 없으면 권고받은 날로부터 6개월 이내에 해제해야 한다.

1. 개발행위 허가 대상_(도시 · 군계획사업은 제외)  도시 · 군계획사업을 의제한 사업을 포함한다.
└─ 도시 · 군계획사업 + 도시개발사업, 정비사업

① 건축물의 건축	건축법상 건축
② 공작물의 설치	인공을 가하여 제작한 시설물(건축법상 건축물 제외)
③ 토지의 형질변경	절토, 성토, 정지, 포장 등 토지형상 변경 + 공유수면 매립　경작목적 형질변경은 제외(지목의 변경을 수반하는 경우(전 · 답 간 변경은 제외)는 허가대상)
④ 토석의 채취	형질변경을 목적으로 하는 경우 제외 * 타법의제(도시지역 및 계획관리지역이 아니면 산지관리법) 　– 도시지역 및 계획관리지역에서 형질변경 및 토석채취의 개발행위 중 임도설치와 사방사업을 하는 경우에는 「산림자원의 조성 및 관리에 관한 법률」과 「사방사업법」에 따른다. 　– 보전관리지역, 생산관리지역, 농림지역, 자연환경보전지역에서 형질변경(농업/임업/어업 목적만 해당) 및 토석채취의 개발행위 중 임도설치와 사방사업을 하는 경우에는 「산지관리법」에 따른다.
⑤ 토지분할	• 녹지/관리/농림/자연환경보전지역 안에서 관계법령상 허가 등을 받지 않고 행하는 토지분할 • 건축법상 분할제한면적 미만으로의 토지의 분할 ☆ (주거/기타지역 60m², 상업 150m², 공업 150m², 녹지 200m² 미만) • 관계법령상 허가 등을 받지 않고 행하는 너비 5미터 이하로의 토지의 분할
⑥ 물건을 쌓아놓는 행위	녹지, 관리 또는 자연환경보전지역 내에 사용승인을 받은 건축물의 울타리 안(적법하게 조성된 대지에 한함)에 위치하지 않은 토지에 물건을 1개월 이상 쌓아놓는 행위 농림지역은 해당되지 않음!!

도시 · 군계획시설 부지에서의 개발행위

1) 도시 · 군계획시설이 아닌 건축물 및 공작물 설치 불가

2) "특군"은 시설결정 고시일부터 2년 이내 미이행된 사업 중 단계별 집행계획 미수립 및 1단계 집행계획 미포함 시설에 대하여 허가 가능
　① 가설건축물의 건축 및 필요범위 내 형질변경
　② 도시 · 군계획시설 설치에 지장이 없는 공작물의 설치 및 필요범위 내 형질변경
　③ 건축물의 개축, 재축 및 필요범위 내 형질변경(건축법상 신고대상인 경우 제외)

3) 도시 · 군계획시설사업 시행 시 그 시행예정일 3개월 전까지 소유자의 부담으로 철거 등 원상회복에 필요한 조치를 명해야 함(대집행 가능)

2. 허가절차

15일 내 회신(협의·심의 기간 제외) + 허가내용 및 불허가사유를 서면 또는 국토이용정보체계를 통해서 알려야 함.

(1) 신청	기반시설의 설치·용지확보(개발밀도관리구역 안에서는 제외), 위해방지, 환경오염 방지, 경관, 조경 등에 관한 계획서를 첨부하여 신청 (건축법 적용 건축 및 공작물은 건축법상 절차에 따라 신청서 제출) * 기반시설 설치 등 조건부 허가 가능(미리 신청자의 의견을 들어야 함) (31회, 34회) * 도시·군계획사업에 영향을 주는 경우에는 도시·군계획사업 시행자의 의견을 들어야 함

(2) 도시계획위원회 심의 :
(건축, 공작물, 형질변경, 토석채취)

관계행정기관의 장이 건축, 공작물설치, 형질변경, 토석채취를 허가 또는 협의하는 경우 도시계획위원회 심의 필수

* 다음 하나에 해당하면 중앙/지방도시계획위원회 심의를 거치지 아니한다. "지성"인 "농사(방)"는 심의 X (29회, 31회, 33회, 34회)
  1. 도시계획위원회 심의 받는 구역에서 하는 개발행위
  2. 지구단위계획 또는 성장관리계획을 수립한 지역에서 하는 개발행위
  3. 주거, 상업, 공업지역에서 조례로 정하는 규모, 위치 등에 해당하지 아니하는 개발행위
  4. 환경영향평가를 받은 개발행위
  5. 교통영향평가에 대한 검토를 받은 개발행위
  6. 농어촌정비사업(농업생산기반 정비사업, 생활환경 정비사업, 농어촌산업 육성사업, 한계농지 등의 정비사업)을 위한 개발행위
  7. 사방사업을 위한 개발행위, 산림사업을 위한 개발행위

심의 기본 내용 (31회, 35회)

1. 형질변경		
30만m² 미만	이상 ~ 미만	1㎢ 이상
(시군구 심의)	(시도 심의)	(중앙 심의)

2. 토석채취		
3만㎥ 이상 ~ 50만㎥ 미만	이상 ~ 미만	1백만㎥ 이상
(시군구 심의)	(시도 심의)	(중앙 심의)

(3) 허가

1) 허가기준에 맞는 경우에만 허가/변경하여야 한다.
  ① 용도지역별 특성을 고려하여 대통령령으로 정하는 개발행위의 규모에 적합할 것(농어촌정비사업 제외)
  ② 도시·군관리계획 및 성장관리계획의 내용에 어긋나지 아니할 것
  ③ 도시·군계획사업의 시행에 지장이 없을 것 (29회)
  ④ 주변환경이나 경관과 조화를 이룰 것
  ⑤ 해당 개발행위에 따른 기반시설의 설치나 그에 필요한 용지의 확보계획이 적절할 것

2) 토지 형질변경 면적 기준(관리지역 및 농림지역은 조례로 따로 정할 수 있음)
  ① 주거지역, 상업지역, 자연녹지지역, 생산녹지지역 : 1만m² 미만
  ② 공업지역, 관리지역, 농림지역 : 3만m² 미만
  ③ 보전녹지지역, 자연환경보전지역 : 5천m² 미만

* 둘 이상의 용도지역에 걸친 경우 : 각 용도지역 규정을 적용하되, 면적이 큰 용도지역 총 면적규모를 초과할 수 없음

(4) 허가기준

허가기준은 지역의 특성, 지역의 개발상황, 기반시설의 현황 등을 고려하여 정함
① 시가화용도 : 주거, 상업, 공업지역
② 유보용도 : (심의 후 허가기준 강화 또는 완화 가능)계획관리지역, 생산관리지역 및 자연녹지지역
③ 보전용도 : (심의 후 허가기준 강화 가능)보전관리지역, 농림지역, 자연환경보전지역 및 생산녹지지역, 보전녹지지역

(5) 허가 없이 가능한 경우	① 재해복구나 재난수습을 위한 응급조치 – 1개월 내 신고 (31회) ② 건축법상 신고대상 건축물의 개축, 증축, 재축 및 필요범위 내의 토지형질변경 ③ 아래 경미한 행위 등 　가. 건축허가 및 신고대상이 아닌 경우(가설건축물 포함) 　나. 사도개설허가를 받은 토지의 분할 (34회) 　다. 행정재산 중 국유지 또는 공유지로 하거나 공공시설로 사용하기 위한 토지의 분할 　라. 용도폐지되는 부분의 분할 또는 일반재산을 매각·교환 또는 양여하기 위한 분할 　마. 토지의 일부가 도시·군계획시설로 지형도면고시가 된 당해 토지의 분할 　바. 너비 5미터 이하로 이미 분할된 토지의 「건축법」상 분할제한면적 이상으로의 분할 　사. 녹지지역·관리지역 또는 농림지역 안에서의 농림어업용 비닐하우스(양식업을 하기 위하여 비닐하우스 안에 설치하는 양식장은 제외)의 설치
(6) 준공검사	① 공작물의 설치(건축법에 따라 설치되는 것 제외), ② 토지형질변경, ③ 토석채취　　　* 토지분할 및 물건쌓기행위는 준공검사대상 ×
(7) 경미한 사항(허가 X, 특별시장·광역시장·특별자치시장·특별자치도지사·시장 또는 군에게 통지) (29회)	① 사업기간을 단축하는 경우 ② 부지면적 또는 건축물 연면적을 5퍼센트 범위에서 축소하는 경우 (29회, 34회) 　[공작물의 무게, 부피 또는 수평투영면적(하늘에서 내려다보이는 수평 면적) 또는 토석채취량을 5퍼센트 범위에서 축소하는 경우 포함] ③ 관계 법령의 개정 또는 관리계획의 변경에 따라 허가받은 사항을 불가피하게 변경하는 경우 ④ 공간정보법 및 건축법상 허용되는 오차를 반영하기 위한 변경인 경우

허가제한

(1) **국토교통부장관, 시 · 도지사, 시장 또는 군수**

(도시계획위원회 심의 + 시장 · 군수 의견청취)

(2) **[녹계 수조 오염(3년) + 달라 지 기(+2년)]** (29회, 31회, 34회)

한 차례만 3년 이내 기간 제한 가능
(③~⑤는 심의 없이 한 차례만 2년 내 연장 가능)
① 녹지 · 계획관리지역 + 수목 · 조수류 집단서식 및 우량 농지
② 개발로 인한 환경, 경관, 미관 및 국가유산 등 오염 및 손상우려
③ 도시 · 군기본계획/관리계획 수립하고 있는 지역으로 허가기준이
　크게 달라질 것으로 예상되는 지역
④ 지구단위계획구역으로 지정된 지역
⑤ 기반시설부담구역으로 지정된 구역

이행보증

(1) **이행보증**(개발행위허가의 이행담보 및 이행보증금)

– 기반시설의 설치 및 용지의 확보, 위해 방지, 환경오염 방지, 경관,
　조경 등 필요한 경우
– 국가 · 지방자치단체 · 공공기관 · 공공단체는 예치 (×) (31회, 33회)
　① 이행담보가 필요한 경우
　② 총공사비의 20퍼센트 이내(산지개발의 경우는 복구비 포함) (33회)
　③ 현금납입(이행보증서 갈음 가능)
　④ 준공검사를 받은 때 즉시 반환 (33회)

(2) **원상회복** (29회, 33회)

무허가 및 허가내용과 다른 개발 : 원상회복 명령(대집행 가능 : 이행보증금
사용 가능)

공공시설 귀속

* 공공시설 귀속 → 관리청 의견 청취 필요
　(관리청 불분명 시 : 도로는 국토교통부장관,
　하천은 환경부장관, 그 외 재산은 기획부장관)

(1) **행정청이 사업시행자인 경우** (30회, 33회, 35회)

① 설치되는 시설 및 종래 시설 무상귀속
② 준공검사 시 세목을 관리청에 통지
③ 통지한 날에 각각 귀속된 것으로 봄
④ 귀속된 공공시설의 처분으로 인한 수익금은
　도시 · 군계획사업 외의 목적에 사용불가

(2) **행정청 외 사업시행자**

① 설치되는 시설은 관리청에 무상귀속,
　용도폐지되는 시설은 설치비용 범위 내 무상양도 가능
② 개발행위 완료 전에 세목을 통지해야 함
③ 준공검사 받음으로써 각각 귀속 · 양도된 것으로 봄

* 다른 법률에 귀속에 관한 규정이 있는 경우는 그에 따름

개발행위허가 변경

개발행위를 변경하는 경우도 허가 대상임
경미한 사항 변경은 제외("특군"에게 통지)

① 사업기간 단축
② 부지면적 또는 건축물 연면적, 공작물의 무게, 부피, 수평투영면적
　또는 토석채취량 5퍼센트 범위 내 축소
③ 법령개정 및 관리계획 변경에 따른 불가피한 변경
④ 공간정보법/건축법상 허용오차 반영을 위한 변경

기반시설부담구역

도로
공원 (36회)
녹지
학교(대학제외)

수도
하수도
폐기물처리
(재활용)

—— **(1) 구역지정(필수)**

— **1) "특군"** — 주민의견청취 (36회) + 지방도시계획위원회 심의 + 고시(지방자치단체 공보) _ 최소 10만 제곱미터 이상 규모 : 도로, 하천 등 지형지물로 경계구분
① 행위 제한이 완화되거나 해제되는 지역, ② 용도지역 등이 변경되거나 해제되어 행위 제한이 완화되는 지역
③ 개발행위허가 현황 및 인구증가율 등을 고려하여 대통령령으로 정하는 지역
 – 해당 지역의 전년도 개발행위허가 건수가 전전년도 대비 20퍼센트 이상 증가한 지역
 – 해당 지역의 전년도 인구증가율이 그 지역이 속하는 "특군(광역시 군 제외)"의 전년도 인구증가율보다 20퍼센트 이상 높은 지역

— **2) 지구단위계획을 수립한 경우에는 기반시설설치계획을 수립한 것으로 본다.**

— **3) 지정해제** (36회)
도시·군관리계획에 반영
구역 지정고시일부터 1년 이내에 기반시설설치계획을 수립하지 않으면 다음 날 구역해제

— **4) 개발행위가 집중되어 해당 지역의 계획적인 관리의 필요성이 인정되면 상기 "1)"에 해당하지 않아도 지정할 수 있다.**

—— **(2) 기반시설설치비용의 부과대상 및 산정기준과 납부 및 체납처분**

— **1) 부과대상** — 200제곱미터(기존 연면적 포함) 초과 신축/증축 행위_(기존건물 철거 후 신축의
(34회, 36회) 경우는 기존 연면적 초과부분) → 납무의무자 : 건축행위를 하는 자

— **2) 감면** — 기반시설의 설치 및 필요한 용지를 확보한 경우 + 도로법상 원인자 부담금 등 대통령령으로 정하는 비용을 납부한 경우

— **3) 부과납부** — ① 건축허가(의제되는 사업승인 포함)를 받은 날부터 2개월 이내에 부과 → 사용승인(준공검사) 신청 시까지 납부
② 지방행정제재·부과금의 징수 등에 관한 법률에 따라 징수 가능

— **4) 예정통지** — * 부과기준시점부터 30일 이내에 납부의무자에게 부과기준 및 설치비용을 통지해야 함
→ 통지일부터 15일 이내에 '고지 전 심사' 청구 가능
→ 15일 이내에 심사결과 회신

— **5) 납부 및 연기/분할** — 현금, 신용카드(또는 직불카드), 물납(토지) 가능 → 고지서 받은 날부터 15일 이내에 신청 → 15일 이내에 통지 → 유예기간에 대해 국세기본법령상 이자 가산) → 연기(1년 범위)/분할(2년 범위) 가능
① 재해나 도난으로 재산에 심한 손실을 입은 경우
② 사업에 뚜렷한 손실을 입은 때 및 사업이 중대한 위기에 처한 경우
③ 납부의무자나 그 동거 가족의 질병이나 중상해로 장기치료가 필요한 경우

— **6) 기타** — ① (독촉) 납부기한이 지난 후 10일 이내에 독촉장 발송
② 기반시설부담구역별로 특별회계 설치(필요사항은 조례로 정함) (32회, 36회)

— **7) 기반시설유발계수**

1. 0.5 : 창고시설
2. 0.7 : 단독주택, 공동주택, 위험물저장 및 처리시설, 자동차관련시설, 동물 및 식물관련시설, 교육연구시설, 노유자시설, 수련시설, 운동시설, 업무시설, 교정시설, 발전시설, 묘지 관련 시설, 장례시설, 야영장시설, 국방·군사시설
3. 08 : 방송통신시설
4. 0.9 : 의료시설
5. 1.0 : 숙박시설, 가죽, 가방 및 신발제조공장
6. 1.3 : 제1종 근린생활시설, 판매시설, 비금속 광물제품 제조공장
7. 1.4 : 자원순환 관련 시설, 문화 및 집회시설, 종교시설, 운수시설
8. 1.6 : 제2종 근린생활시설
9. 1.9 : 관광휴게시설
10. 2.1 : 위락시설, 목재 및 나무제품 제조공장(가구제조공장 제외), 코크스, 석유정제품 및 핵연료
11. 2.5 : 펄프, 종이 및 종이제품 제조공장 : 2.5

개발밀도관리구역 * 주민의견청취 ✕

(1) 절차 (31회, 33회, 35회)

> "특군"(지방도시계획위원회 심의 필수)은 주거/상업/공업지역에서 기반시설(도시·군계획시설 포함)의 설치가 곤란한 지역(변경) 지정 가능 + 고시 *(공보에 게시하는 방법)*

① 건폐율 및 용적률(최대한도의 50퍼센트)을 강화 적용해야 한다.
② 개발밀도관리구역 경계선을 명확하게 구분 : 도로·하천 등 특색 있는 지형지물을 이용하거나 용도지역의 경계선을 따라 설정

(2) 지정기준 및 관리방법(국토교통부장관이 정한다)

> 도로·수도공급설비·하수도·학교 등 기반시설의 용량이 부족할 것으로 예상 + 기반시설의 설치가 곤란한 지역 (35회)

① 도로서비스 수준이 매우 낮아 차량통행이 현저하게 지체되는 지역
② 당해 지역의 도로율이 용도지역별 도로율에 20퍼센트 이상 미달하는 지역
③ 향후 2년 이내에 당해 지역의 수도에 대한 수요량이 수도시설의 시설용량을 초과할 것으로 예상되는 지역
④ 향후 2년 이내에 당해 지역의 하수발생량이 하수시설의 시설용량을 초과할 것으로 예상되는 지역
⑤ 향후 2년 이내에 당해 지역의 학생 수가 학교수용능력을 20퍼센트 이상 초과할 것으로 예상되는 지역

성장관리계획구역

1. 성장관리계획구역

* 구역 내 개발행위 및 건축물의 용도변경은 성장관리계획에 부합되어야 한다. (36회)

(1) 구역지정

1) "특군"

녹지, 관리, 농림, 자연환경보전지역 중 다음 지역의 전부/일부 지정가능 (33회, 36회)
① 개발수요가 많아 무질서한 개발이 진행되고 있거나 진행될 것으로 예상되는 지역
② 주변의 토지이용이나 교통여건 변화 등으로 향후 시가화가 예상되는 지역
③ 주변지역과 연계하여 체계적인 관리가 필요한 지역
④ 지역·지구 등의 변경으로 토지이용에 대한 행위제한이 완화되는 지역
⑤ 난개발의 방지와 체계적인 관리가 필요한 지역으로서 대통령령으로 정하는 지역
  – 인구감소/경제성장 정체 등으로 압축적이고 효율적인 도시성장관리가 필요한 지역
  – 공장 등과 입지 분리 등을 통해 쾌적한 주거환경 조성이 필요한 지역
  – 난개발의 방지와 체계적인 관리가 필요한 지역으로서 조례로 정하는 지역

2) 절차

① 주민(14일 이상 열람) 및 지방의회(60일 내) 의견청취 (36회)
② 관계 행정기관과의 협의(30일 내)
③ 지방도시계획위원회의 심의 : 경미한 경우는 생략가능(면적 10% 이내 변경)
* 주민의견청취 : 열람기간 내 의견제출 시 열람기간 종료일부터 30일 이내에 통보해야 한다.

3) 성장관리계획구역의 지정(변경) 고시사항

구역의 지정 또는 변경 목적, 구역의 위치 및 경계, 면적 및 규모

2. 성장관리계획

(1) 계획수립(구역지정 절차 준용) + 재검토("특군" 5년/타당성 검토)

1) "주민, 의회의견청취, 협의 및 심의" 생략가능한 경우

① 구역면적 10% 이내 변경 (36회)
② 기반시설부지 면적의 10% 미만의 변경 및 기반시설의 근소한 위치변경 또는 불가피한 변경

(2) 계획수립 포함사항

1) 성장관리계획 수립 내용

① 도로, 공원 등 기반시설의 배치와 규모에 관한 사항
② 건축물의 용도제한, 건축물의 건폐율 또는 용적률, 배치, 형태, 색채 및 높이 건축선 X
③ 환경관리 및 경관계획
④ 난개발의 방지 및 체계적인 관리에 필요한 사항
  – 성장관리계획구역 내 토지개발·이용, 기반시설, 생활환경 등의 현황 및 문제점 (34회)

2) 완화적용

조례로 정하는 비율까지 건폐율을 완화하여 적용 가능 (35회, 36회)
① 계획관리지역 : 50퍼센트 이하
② 생산관리지역, 농림지역 및 자연·생산녹지 : 30퍼센트 이하
계획관리지역에서 용적률 125퍼센트 이내에서 완화 가능

1. 비용부담의 원칙

(1) 계획수립 및 도시·군계획시설사업에 관한 비용은 국가, 지방자치단체, 행정청이 아닌 사업자가 각각 부담함이 원칙임

(2) 지방자치단체의 비용 부담

① 국토교통부장관/시·도지사는 그가 시행한 시설사업으로 이익을 받는 시·도/시·군에 사업비용 일부를 부담시킬 수 있음
  + 국토교통부장관은 비용 부담시키기 전에 행정안전부장관과 협의해야 함
② 시·도지사가 다른 "특군"에 비용부담을 시키는 경우에는 해당 지방자치단체장과 협의(협의불성립 시 행정안전부장관 결정에 따름)
③ 시장 또는 군수는 그 이익을 받는 다른 지방자치단체와 협의하여 부담시키고, 협의불성립 시 같은 도는 도지사가, 다른 시·도는 행정안전부장관 결정에 따름
④ 비용부담 총액은 사업소요비용의 50퍼센트를 넘지 못한다(조사·측량비, 설계비 및 관리비를 포함하지 아니함).

(3) 보조 또는 융자

① 기초조사 및 지형도면 작성 비용 : 80퍼센트 범위 내 비용의 전부 또는 일부를 국가예산에서 보조 가능
② 행정청이 시행하는 도시·군계획시설사업에 드는 비용(조사·측량비, 설계비 및 관리비를 제외한 공사비와 감정비를 포함한 보상비를 말함)
  : 50퍼센트 이하의 범위 안에서 그 비용의 전부 또는 일부를 국가예산에서 보조하거나 융자 가능
③ 행정청이 아닌 자가 시행하는 도시·군계획시설사업에 드는 비용
  : 3분의 1 이하의 범위 안에서 국가 또는 지방자치단체가 보조하거나 융자 가능

2. 취락지구에 대한 지원

(1) 집단취락지구

개발제한구역의 지정 및 관리에 관한 특별조치법령에서 정하는 바에 의한다.

(2) 자연취락지구 (36회)

① 자연취락지구 안에 있거나 자연취락지구에 연결되는 도로·수도공급설비·하수도 등의 정비
② 어린이놀이터·공원·녹지·주차장·학교·마을회관 등의 설치·정비
③ 쓰레기처리장·하수처리시설 등의 설치·개량
④ 하천정비 등 재해방지를 위한 시설의 설치·개량
⑤ 주택의 신축·개량

*** 우선지원 가능지역**
1. 도로, 상하수도 등 기반시설이 인근지역에 비하여 부족한 지역
2. 광역도시계획에 반영된 광역시설이 설치되는 지역
3. 개발제한구역(집단취락만 해당한다)에서 해제된 지역
4. 도시·군계획시설결정의 고시일부터 10년이 지날 때까지 그 도시·군계획시설의 설치에 관한 도시·군계획시설사업이 시행되지 아니한 경우로서 해당 도시·군계획시설의 설치 필요성이 높은 지역

3. 방재지구에 대한 지원

국가나 지방자치단체는 이 법률 또는 다른 법률에 따라 방재사업을 시행하거나 그 사업을 지원하는 경우 방재지구에 우선적으로 지원할 수 있나.

1. 도시계획위원회

(1) 중앙도시계획위원회(분과위원회 및 전문위원을 둘 수 있다)

1) 위원장 · 부위원장 각 1명 포함한 25명 이상 30명 이하(임기는 2년) * 위원장과 부위원장은 위원 중에서 국토교통부장관이 임명하거나 위촉한다.

2) 직무 및 회의
① 위원장은 중앙도시계획위원회의 업무를 총괄하며, 중앙도시계획위원회의 의장이 된다.
② 위원장이 직무를 수행하지 못할 때에는 부위원장이 직무를 대행한다.
③ 위원장/부위원장 모두 직무를 수행하지 못할 때에는 위원장이 미리 지명한 위원이 그 직무를 대행한다.
④ 회의는 재적위원 과반수의 출석으로 개의하고, 출석위원 과반수의 찬성으로 의결한다.

3) 분과위원회(위원장 1인 포함한 5인 이상 17인 이하 위원으로 구성 / 위원장은 위원 중 호선)
* 심의사항
1. 토지 이용에 관한 구역 등의 지정 · 변경 및 용도지역 등의 변경계획에 관한 사항 (36회)
2. 개발행위에 대한 도시계획위원회의 심의에 관한 사항
3. 중앙도시계획위원회에서 위임하는 사항

** 분과위원회의 심의는 중앙도시계획위원회의 심의로 본다. 다만 "중앙도시계획위원회에서 위임하는 사항"은 중앙도시계획위원회가 분과위원회의
심의를 중앙도시계획위원회의 심의로 보도록 하는 경우만 해당한다.

> **비교 : 지방분과위원회의 심의사항** (36회)
> 1. 용도지역 등의 변경계획에 관한 사항
> 2. 지구단위계획구역 및 지구단위계획의 결정 또는 변경결정에 관한 사항
> 3. 개발행위에 대한 심의에 관한 사항
> 4. 지방도시계획위원회에서 위임하는 사항

4) 전문위원(도시 · 군계획 등에 관한 중요사항 조사 · 연구 목적) (29회)
① 전문위원은 위원장 및 중앙도시계획위원회나 분과위원회의 요구가 있을 때에는 회의에 출석하여 발언할 수 있다.
② 전문위원은 토지이용, 건축, 주택, 교통, 공간정보, 환경, 법률, 복지, 방재, 문화, 농림 등 도시 · 군계획과 관련된 분야에 관한 학식과 경험이 풍부한
자 중에서 국토교통부장관이 임명한다.

5) 간사 및 서기
① 중앙도시계획위원회에 간사와 서기를 둔다.
② 간사와 서기는 국토교통부 소속 공무원 중에서 국토교통부장관이 임명한다.
③ 간사는 위원장의 명을 받아 중앙도시계획위원회의 서무를 담당하고, 서기는 간사를 보좌한다.

(2) 지방도시계획위원회(분과위원회 및 전문위원을 둘 수 있다)

① 시 · 도도시계획위원회 : 위원장, 부위원장 포함 25~30명/위원장은 시 · 도지사 임명 · 위촉, 부위원장은 호선

> *** 시 · 도도시계획위원회 심의 및 자문**
> 1. 시 · 도지사가 결정하는 도시 · 군관리계획의 심의 등 시 · 도지사의 권한에 속하는 사항과 다른 법률에서 시 · 도도시계획위원회의 심의를 거치도록 한 사항의 심의
> 2. 국토교통부장관의 권한에 속하는 사항 중 중앙도시계획위원회의 심의 대상에 해당하는 사항이 시 · 도지사에게 위임된 경우 그 위임된 사항의 심의
> 3. 도시 · 군관리계획과 관련하여 시 · 도지사가 자문하는 사항에 대한 조언

② 시 · 군 · 구도시계획위원회 : 위원장, 부위원장 포함 15~25명/위원장은 시 · 군 · 구청장이 임명 · 위촉, 부위원장은 호선 (2 이상 시 · 군 · 구 공동설치 시는 30명까지 가능)

> *** 시 · 군(광역시 군 포함) · 구도시계획위원회 심의 및 자문**
> 1. 시장 또는 군수가 결정하는 도시 · 군관리계획의 심의와 국토교통부장관이나 시 · 도지사의 권한에 속하는 사항 중 시 · 도도시계획위원회의 심의대상에 해당하는 사항이 시장 · 군수 또는 구청장에게 위임되거나 재위임된 경우 그 위임되거나 재위임된 사항의 심의
> 2. 도시 · 군관리계획과 관련하여 시장 · 군수 또는 구청장이 자문하는 사항에 대한 조언
> 3. 개발행위의 허가 등에 관한 심의

(3) 회의록의 공개(회의록의 공개는 열람 또는 사본을 제공하는 방법)

① 중앙도시계획위원회 회의록 : 심의 종결 후 6개월 후부터 가능
② 지방도시계획위원회 회의록 : 6개월 이하의 범위에서 조례로 정하는 기간이 지난 후부터 가능

(4) 중앙 · 지방도시계획위원회 위원의 제척 · 회피

1. 자기나 배우자 또는 배우자이었던 자가 당사자이거나 공동권리자 또는 공동의무자인 경우
2. 자기가 당사자와 친족관계이거나 자기 또는 자기가 속한 법인이 당사자의 법률 · 경영 등에 대한 자문 · 고문 등으로 있는 경우
3. 자기 또는 자기가 속한 법인이 당사자 등의 대리인으로 관여하거나 관여하였던 경우
4. 그 밖에 해당 안건에 자기가 이해관계인으로 관여한 경우로서 대통령령으로 정하는 경우

위원이 위의 각 호의 사유에 해당하는 경우에는 스스로 그 안건의 심의 · 자문에서 회피할 수 있다.

(5) 벌칙 적용 시의 공무원 의제

중앙도시계획위원회의 위원 · 전문위원 및 지방도시계획위원회의 위원 · 전문위원 중 공무원이 아닌 위원이나 전문위원은 그 직무상 행위와 관련하여 「형법」 제129조부터 제132조까지의 규정을 적용할 때에는 공무원으로 본다.

---

2. 청문

국토교통부장관, 시 · 도지사, 시장 · 군수 또는 구청장은 다음 어느 하나에 해당하는 처분을 하려면 청문을 하여야 한다.
① 개발행위허가의 취소
② 도시 · 군계획시설사업의 시행자 지정의 취소
③ 실시계획인가의 취소

1. 시범도시

(1) 시범도시 : 국토교통부장관이 지정

① 직접 또는 관계 중앙행정기관의 장, 시·도지사 요청에 의해 시범도시·지구·단지 지정 가능
→ 요청 시 미리 주민 및 관계 지방자치단체 장의 의견을 들어야 함
→ 시·도지사는 요청 시 미리 시·도도시계획위원회의 자문을 거쳐야 함
② 국토교통부장관은 분야별로 시범도시의 지정에 관한 세부기준을 정할 수 있음
③ 국토교통부장관은 시범도시를 지정하려면 중앙도시계획위원회의 심의를 거쳐야 함
④ 시범도시 지정 시 홈페이지에 공고하고 관계 행정기관의 장에게 통보해야 함

> 국토교통부장관은 도시의 경제·사회·문화적인 특성을 살려 개성 있고 지속가능한 발전을 촉진하기 위하여 필요하면 직접 또는 관계 중앙행정기관의 장이나 시·도지사의 요청에 의하여 경관, 생태, 정보통신, 과학, 문화, 관광, 그 밖에 대통령령으로 정하는 분야별로 시범도시(시범지구나 시범단지를 포함한다)를 지정할 수 있다.
> ↳ 교육·안전·교통·경제활력·도시재생 및 기후변화 분야
> ↳ 국토교통부장관은 분야별로 시범도시의 지정에 관한 세부기준을 정할 수 있다.

(2) 비용지원 등

국토교통부장관, 관계 중앙행정기관의 장 또는 시·도지사는
① 지정된 시범도시에 대해 예산·인력 등 필요한 지원 가능
② 비용보조 또는 융자 가능
– 시범도시사업계획의 수립에 소요되는 비용의 80퍼센트 이하
– 시범도시사업의 시행에 소요되는 비용(보상비를 제외)의 50퍼센트 이하

(3) 시범도시 지정기준

① 시범도시의 지정이 도시의 경쟁력 향상, 특화발전 및 지역균형발전에 기여할 수 있을 것
② 시범도시의 지정에 대한 주민의 호응도가 높을 것
③ 시범도시의 지정목적 달성에 필요한 사업(이하 "시범도시사업"이라 한다)에 주민이 참여할 수 있을 것
④ 시범도시사업의 재원조달계획이 적정하고 실현가능할 것

(4) 시범도시사업계획의 수립·시행

1) 시범도시를 관할하는 특별시장·광역시장·특별자치시장·특별자치도지사·시장·군수 또는 구청장은 다음 각호의 구분에 따라 시범도시사업의 시행에 관한 계획을 수립(변경)·시행하여야 한다.
   1. 시범도시가 시·군 또는 구의 관할구역에 한정되어 있는 경우 : 관할 시장·군수 또는 구청장이 수립·시행
   2. 그 밖의 경우 : 특별시장·광역시장·특별자치시장 또는 특별자치도지사가 수립·시행

2) 시범도시사업계획 포함사항 (36회)
   1. 시범도시사업의 목표·전략·특화발전계획 및 추진체제에 관한 사항
   2. 시범도시사업의 시행에 필요한 도시·군계획 등 관련계획의 조정·정비에 관한 사항
   3. 시범도시사업의 시행에 필요한 도시·군계획사업에 관한 사항
   4. 시범도시사업의 시행에 필요한 재원조달에 관한 사항
   5. 주민참여 등 지역사회와의 협력체계에 관한 사항
   6. 그 밖에 시범도시사업의 원활한 시행을 위하여 필요한 사항

3) 시범도시사업계획 수립 시 주요내용을 해당 지방자치단체의 공보와 인터넷 홈페이지에 고시한 후 그 사본 1부를 국토교통부장관에게 송부해야 한다.

(5) 시범도시사업의 평가 · 조정

① 시범도시를 관할하는 특별시장 · 광역시장 · 특별자치시장 · 특별자치도지사 · 시장 · 군수 또는 구청장은 매년 말까지 당해 연도 시범도시사업계획의 추진실적을 국토교통부장관과 당해 시범도시의 지정을 요청한 관계 중앙행정기관의 장 또는 시 · 도지사에게 제출하여야 한다.

② 국토교통부장관, 관계 중앙행정기관의 장 또는 시 · 도지사는 상기 규정에 의하여 제출된 추진실적을 분석한 결과 필요하다고 인정하는 때에는 시범도시사업계획의 조정요청, 지원내용의 축소 또는 확대 등의 조치를 할 수 있다.

③ 국토교통부장관은 시범도시의 공모 및 평가 등에 관한 업무를 원활하게 수행하기 위하여 필요한 때에는 전문기관에 자문하거나 조사 · 연구를 의뢰할 수 있다.

(6) 기타

1) 시장/군수/구청장은 시범도시사업의 시행을 위하여 ① 시범도시사업의 예산집행에 관한 사항, ② 주민의 참여에 관한 사항을 조례로 정할 수 있음

2) 시범도시의 지정 및 지원의 기준 · 절차 등에 관하여 필요한 사항은 대통령령으로 정한다.

3) 국토교통부장관은 대상 도시를 공모할 수 있으며 특별시장 · 광역시장 · 특별자치시장 · 특별자치도지사 · 시장 · 군수 또는 구청장은 공모에 응할 수 있음

2. 타인토지출입

1) 국토교통부장관, 시 · 도지사, 시장 또는 군수나 도시 · 군계획시설사업의 시행자는 "타인토지에 출입할 수 있음" + "일시사용 및 장애물을 제거(변경)할 수 있음(소유자 · 점유자 또는 관리인의 동의 필요)"
① 도시 · 군계획 · 광역도시 · 군계획에 관한 기초조사
② 개발밀도관리구역, 기반시설부담구역 및 기반시설설치계획에 관한 기초조사
③ 지가의 동향 및 토지거래의 상황에 관한 조사
④ 도시 · 군계획시설사업에 관한 조사 · 측량 또는 시행

2) "특군"의 허가를 받고(행정청은 허가 ×) 출입하려는 날의 7일 전까지 소유자 · 점유자(관리인)에게 통지해야 함

3) 일시사용 및 장애물의 변경(제거)는 3일 전까지 소유자 · 점유자(관리인)에게 통지해야 함

4) 일출 전이나 일몰 후에는 그 토지 점유자의 승낙 없이 택지나 담장 또는 울타리로 둘러싸인 타인의 토지에 출입할 수 없음

5) 타인 토지출입 시 증표와 허가증을 관계인에게 보여야 함

6) 증표와 허가증에 관하여 필요한 사항은 국토교통부령으로 정한다.

7) 토지에의 출입 등에 따른 손실 보상 : 그 행위자가 속한 행정청이나 도시 · 군계획시설사업의 시행자가 손실을 보상(협의 → 재결)

3. 기타

(1) 국토이용정보체계의 활용

1) 국토교통부장관, 시·도지사, 시장 또는 군수가 국토이용정보체계를 구축하여 도시·군계획에 관한 정보를 관리하는 경우에는 해당 정보를 도시·군계획을 수립하는 데에 활용하여야 한다.

2) 특별시장·광역시장·특별자치시장·특별자치도지사·시장 또는 군수는 개발행위허가 민원 간소화 및 업무의 효율적인 처리를 위하여 국토이용정보체계를 활용하여야 한다.

(2) 전문기관에 자문 등

1) 국토교통부장관은 필요하다고 인정하는 경우에는 광역도시계획이나 도시·군기본계획의 승인, 그 밖에 도시·군계획에 관한 중요 사항에 대하여 도시·군계획에 관한 전문기관에 자문을 하거나 조사·연구를 의뢰할 수 있다.

2) 국토교통부장관은 자문을 하거나 조사·연구를 의뢰하는 경우에는 그에 필요한 비용을 예산의 범위에서 해당 전문기관에 지급할 수 있다.

3년 이하의 징역 또는 3천만원 이하의 벌금	① 개발행위 허가(변경허가) × 또는 속임수나 부정한 방법으로 허가(변경)받고 개발 시 ② 시가화조정구역에서 허가 없이 행위 시
3년 이하 징역 또는 면탈 · 감경하려 한 설치비용 3배 이하 상당하는 벌금	기반시설설치비용을 면탈 · 경감할 목적 또는 하게 할 목적으로 거짓 계약을 체결 및 거짓 자료를 제출한 자
2년 이하의 징역 또는 2천만원 이하의 벌금	① 도시 · 군관리계획의 결정이 없이 기반시설을 설치한 자 ② 공동구 필수 수용시설을 미수용한 자 ③ 지구단위계획에 맞지 아니하게 건축물을 건축하거나 용도를 변경한 자 ④ 용도지역 또는 용도지구에서 행위제한(용도 · 종류 및 규모 등)을 위반한 건축물
1년 이하의 징역 또는 1천만원 이하의 벌금	이 법에 따른 허가 · 인가 등의 취소, 공사의 중지, 공작물 등의 개축 또는 이전 등의 처분 또는 조치명령을 위반한 자
양벌규정	① 법인의 대표자나 법인 또는 개인의 대리인, 사용인, 그 밖의 종업원이 그 법인 또는 개인의 업무에 관하여 벌칙규정 어느 하나에 해당하는 위반 행위를 하면 그 행위자를 벌할 뿐만 아니라 그 법인 또는 개인에게도 해당 조문의 벌금형을 과한다. ② 다만, 법인/개인이 그 위반행위 방지를 위하여 해당 업무에 관한 상당한 주의 · 감독을 게을리하지 않은 경우는 제외한다.
과태료	(1) 1천만원 이하의 과태료 　① 무단으로 공동구를 점용하거나 사용한 자 　② 정당한 사유 없이 타인토지출입/일시사용/장애물 변경 · 제거 행위를 방해/거부한 자 　③ 타인토지출입 시 허가 또는 동의를 받지 않고 출입 시 　④ 개발행위에 관한 업무상황 검사를 거부 · 방해하거나 기피한 자 (2) 500만원 이하의 과태료 　① 재해복구/재난수습을 위한 응급조치를 하고 1개월 내 미신고 　② 개발행위에 관한 업무상황에 따른 보고 또는 자료 제출을 하지 아니하거나, 거짓된 보고 또는 자료 제출을 한 자 (3) 과태료 부과 · 징수의 주체 　① (1)의 ② · ④ 및 (2)의 ②의 경우 : 국토교통부장관(수산자원보호구역의 경우 해양수산부장관), 시 · 도지사, 시장 또는 군수 　② (1)의 ① · ③ 및 (2)의 ①의 경우 : 특 · 광 · 특 · 특 · 시 또는 군수

국유재산법

단원

1. "국유재산"이란 국가의 부담, 기부채납이나 법령 또는 조약에 따라 국가 소유로 된 재산을 말한다.
2. "기부채납"이란 국가 외의 자가 소유권을 무상으로 국가에 이전하여 국가가 이를 취득하는 것을 말한다.
3. "관리"란 국유재산의 취득·운용과 유지·보존을 위한 모든 행위를 말한다.
4. "처분"이란 매각, 교환, 양여, 신탁, 현물출자 등의 방법으로 국유재산의 소유권이 국가 외의 자에게 이전되는 것을 말한다.
5. "관리전환"이란 일반회계와 특별회계·기금 간 또는 서로 다른 특별회계·기금 간에 국유재산의 관리권을 넘기는 것을 말한다.
6. "정부출자기업체"란 정부가 출자하였거나 출자할 기업체로서 대통령령으로 정하는 기업체를 말한다.
7. "사용허가"란 행정재산을 국가 외의 자가 일정 기간 유상이나 무상으로 사용·수익할 수 있도록 허용하는 것을 말한다.
8. "대부계약"이란 일반재산을 국가 외의 자가 일정 기간 유상이나 무상으로 사용·수익할 수 있도록 체결하는 계약을 말한다.
9. "변상금"이란 사용허가나 대부계약 없이 국유재산을 사용·수익하거나 점유한 자에게 부과하는 금액을 말한다. (31회, 35회)
10. "총괄청"이란 기획재정부장관을 말한다.
11. "중앙관서의 장등"이란 중앙관서의 장과 일반재산의 관리·처분에 관한 사무를 위임·위탁받은 자를 말한다.

1. 국유재산

- **국유재산** 국가의 부담, 기부채납, 법령·조약에 따른 국가 소유 재산
- **관리** 국유재산의 취득·운용과 유지·보존을 위한 모든 행위
- **처분** 매각, 교환, 양여, 신탁, 현물출자 등 소유권이 이전되는 것
- **사용허가** 행정재산의(유상·무상) 사용·수익 허용
- **대부계약** 일반재산의(유상·무상) 사용·수익체결 계약
- 중앙관서의 장은 국유재산의 관련법령의 제정·개정·폐지 시 총괄청 및 감사원과 협의하여야 함 (32회)

2. 국유재산의 범위 (30회, 32회, 35회)

- **(1) 부동산과 그 종물**
- **(2) 선박, 부표, 부잔교, 부선거 및 항공기와 그들의 종물**
- **(3) 정부기업이나 정부시설에서 사용하는 기계와 기구**(기관차·전차·객차·화차·기동차 등 궤도차량 → 해당 기업이나 시설의 폐지와 함께 포괄적으로 용도 폐지된 것은 해당 기업이나 시설이 폐지된 후에도 국유재산으로 한다.)
- **(4) 지상권, 지역권, 전세권, 광업권, 그 밖에 이에 준하는 권리**
- **(5) 증권**
- **(6) 지식재산**
  - 가. 특허권, 실용신안권, 디자인권 및 상표권
  - 나. 저작권, 저작인접권 및 데이터베이스제작자의 권리
  - 다. 품종보호권
  - 라. 법령 및 조약 등에 따라 인정 또는 보호되는 등록된 지식재산

3. 국유재산의 구분과 종류 등 (36회)

- **(1) 행정재산**
  - ① 공용재산 : 사무용·사업용·공무원주거용 사용 (5년 내 사용 예정 포함)
  - ② 공공용재산 : 공공용 사용(5년 내 사용)
  - ③ 기업용재산 : 사무용·사업용·직원의 주거용 사용 (5년 내 사용 예정 포함)
  - ④ 보존용재산 : 필요에 따라 보존하는 재산

  > * 총괄청은 주거용 국유재산의 관리·처분 방법을 따로 정할 수 있음

- **(2) 일반재산(총괄청은 보존용재산으로 전환 관리가능)** (30회, 31회, 35회)
  행정재산 이외의 재산
- **(3) 사용 또는 보존여부 결정**
  행정재산의 사용 또는 보존 여부는 총괄청이 중앙관서의 장의 의견을 들어 결정한다.

*** 공용재산 중 주거용 시설**_(기업용 재산 중 주거용 시설은 아래 4~6번만 해당)

1. 대통령 관저 (29회)
2. 국무총리, 국회·대법원·헌법재판소 및 중앙선거관리위원회 및 중앙관서(중앙행정기관)의 장이 사용하는 공관 (29회)
3. 국방·군사시설 중 주거용으로 제공되는 시설

   > "국방·군사시설"이란 다음 각 목의 어느 하나에 해당하는 시설을 말한다.
   > 가. 군사작전, 전투준비, 교육·훈련, 병영생활 등에 필요한 시설
   > 나. 국방·군사에 관한 연구 및 시험 시설
   > 다. 군용 유류(油類) 및 폭발물의 저장·처리 시설
   > 라. 진지(陣地) 구축시설
   > 마. 군사 목적을 위한 장애물 또는 폭발물에 관한 시설
   > 바. 대한민국에 주둔하는 외국군대의 부대시설(部隊施設)과 그 구성원·군무원·가족의 거주를 위한 주택시설 등 군사 목적을 위하여 필요한 시설
   > 사. 그 밖에 군부대에 부속된 시설로서 군인의 주거·복지·체육 또는 휴양 등을 위하여 필요한 시설

4. 원래의 근무지와 다른 지역에서 근무하게 되는 사람 또는 인사명령에 의하여 지역을 순환하여 근무하는 사람에게 제공되는 주거용 시설
5. 비상근무에 종사하는 사람에게 제공되는 해당 근무지의 구내 또는 이와 인접한 장소에 설치된 주거용 시설 (29회)
6. 그 밖에 해당 재산의 위치, 용도 등에 비추어 직무상 관련성이 있다고 인정되는 주거용 시설

*** 중앙관서의 장 등 : 중앙관서의 장과 위임 · 위탁받은 자**

* 영구시설물의 축조 금지 _ 국가 외의 자는 축조 ✕ (34회)

(1) 가능한 경우(원상회복 계획서 제출 + 이행보증금 착공 전까지 예치)

1. 기부조건 축조
2. 국가에 소유권이 귀속되는 공공시설 축조
2의2. 매각대금을 나누어 내고 있는 일반재산
3. 지방자치단체 및 지방공기업의 사회기반시설(문화, 체육시설) 축조
   (중앙관서의 장과 협의 및 총괄청 승인)
4. 일반재산을 민간사업자와 공동으로 개발하는 경우
5. 학교시설(초, 중, 고, 특수)의 증축 또는 개축
   (총괄청 및 중앙관서의 장과의 협의 + 교육부장관 승인)
6. 대부계약 목적 달성을 위해 중앙관서의 장등이 필요하다고 인정하는 경우

*** 이행보증금(현금, 지급보증서) 구체적 내용**
(1)의 "3, 5, 6"의 경우 원상회복에 필요한 이행보증금을 착공 전까지 예치
시설물이 국유재산의 활용가치를 높일 수 있다고 인정되는 경우 무상취득 가능
이행보증금을 현금으로 납부하여 이자가 발생한 경우는 이자를 함께 반환

* 국유재산의 보호

(1) 국유재산법 외의 법령에 의한 국유재산 사용 · 수익 금지

(2) 행정재산 시효취득 금지 (36회)

(3) 행정재산 사권설정 금지 (30회, 31회, 32회)

(4) 사권설정재산취득 금지(판결 취득은 가능)

(5) 일반재산 중 사권 설정이 가능한 경우
① 법률/확정판결(화해 포함)에 따른 사권설정
② 중앙관서의 장등이 필요하다고 인정하는 경우

(6) 국유재산사무 종사직원의 행위제한(위반 시 무효) (34회)
① 국유재산 취득금지
② 자기재산과의 교환 금지
③ 총괄청 및 중앙관서의 장의 허가를 받은 경우는 가능

1. 국유재산 사무의 총괄과 관리

- **(1) 총괄청**
  - ① 국유재산 사무 총괄
  - ② 소관 중앙관서의 장 지정
  - ③ 중앙관서의 장에게 용도폐지 및 변경요구 가능
    - → 미이행 시 직권 용도폐지 가능

  - + 국유재산 관리상황에 관한 보고 요구
  - + 자금의 차입 등

- **(2) 중앙관서의 장**
  - ① 특별회계 및 기금에 속하는 국유재산
  - ② 용도폐지 후 인계 부적절 재산의 관리 · 처분
    우선사용승인 신청(용도폐지된 날부터 1개월 이내에 신청)
    - → 승인~3년 이내 사용승인을 받지 못하면 실효됨

- **(3) 사용승인철회(용도폐지된 것으로 봄) + 지체 없이 총괄청에 인계**

  > ** 승인철회(국유재산정책심의위원회 심의 거쳐 철회─미리 중앙관서의 장에게 의견제출
  > 기회부여)
  > 1. 다른 국가기관의 행정목적을 달성하기 위하여 우선적으로 필요한 경우
  > 2. 총괄청 감사 결과 위법하거나 부당한 재산관리가 인정되는 경우
  > 3. 감사원 감사 결과 위법하거나 부당한 재산관리가 인정되는 등 사용승인철회가 불가피하다
  >   고 인정되는 경우 (36회)

- **(4) 관리전환(총괄청, 중앙관서의 장 간 협의 필요)** + 협의불성립시 총괄청이 결정
  - ① '일반회계'와 '특별회계 및 기금' 간 전환가능
  - ② 유상 관리전환 원칙. 단, 아래는 무상 가능
    1. 직접 공공용(도로 하천 등)으로 사용하기 위한 경우 (31회)
    2. 무상 관리전환으로 합의하는 경우
       - 가. 감정평가 비용이 재산가액에 비해 과다한 경우
       - 나. 유상관리전환 예산 확보가 곤란한 경우
       - 다. 특별회계 및 기금의 경우 국유재산정책심의위원회의 심의를 거친 경우

- **(5) 총괄청은 국유재산의 관리 · 처분에 관한 소관 중앙관서의 장이 없거나 분명하지
  아니한 국유재산에 대하여 그 소관 중앙관서의 장을 지정한다.** (30회)

- **(6) 용도폐지 등**
  - 1) 용도폐지 사유
    - ① 행정목적으로 사용되지 아니하게 된 경우
    - ② 행정재산으로 사용하기로 결정한 날부터 5년이 지난날까지 행정재산으
      로 사용되지 아니한 경우 (31회, 32회)
    - ③ 개발하기 위하여 필요한 경우

      > 1. 건축법상 건축, 대수선, 리모델링 등의 행위
      > 2. 개별법률에 따라 토지를 조성하는 행위

  - 2) 총괄청 → 중앙관서의 장에게(미리 의견제출 기회 부여) ① 용도폐지 및 변
    경요구 가능, ② 정당한 사유 없이 용도폐지 미이행 시 직권으로 용도폐지
    가능(행정재산 사용 승인이 철회된 것으로 봄) + 용도폐지된 재산에상 건축,
    대수선 대해서 그 처리방법을 지정하거나 이를 인계받아 직접 처리할 수 있
    음, ③ 국유재산을 관리전환하게 하거나 총괄청에 인계하게 할 수 있음

  - 3) 용도폐지시 지체 없이 총괄청에 인계

    > ** 용도폐지시 총괄청 인계가 부적절한 재산
    > 1. 관리전환, 교환 또는 양여의 목적으로 용도를 폐지한 재산
    > 2. 선박, 부표, 부잔교, 부선거 및 항공기와 그들의 종물의 재산
    > 3. 공항 · 항만 또는 산업단지에 있는 재산으로서 그 시설운영에 필요한
    >   재산
    > 4. 총괄청이 그 중앙관서의 장에게 관리 · 처분하도록 하거나 다른 중앙
    >   관서의 장에게 인계하도록 지정한 재산

2. 국유재산종합계획(총괄청)

- **(1) 4월 30일까지** 국유재산의 관리 · 처분에 관한 계획의 작성을 위한 지침을 중앙관서의 장에게 통보 (30회)
- **(2) 6월 30일까지** (1)의 지침에 따라 다음 연도의 계획을 작성하여 총괄청에 제출 (34회)
- **(3) 회계연도 개시 120일 전까지** 국유재산종합계획을 국무회의의 심의를 거쳐 대통령의 승인을 받아 확정하고 국회에 제출
- **(4) 1월 31일까지** 중앙관서의 장은 확정된 국유재산종합계획의 반기별 집행계획을 수립하여 총괄청에 제출
- **(5)** 총괄청은 협의에도 불구하고 독립기관의 계획을 조정하려는 때에는 국무회의에서 독립기관의 장의 의견을 들어야 하며, 총괄청이 그 계획을 조정한 때에는 그 규모 및 이유, 조정에 대한 독립기관의 장의 의견을 국유재산종합계획과 함께 국회에 제출해야 한다.

> *** 국유재산종합계획 포함사항**
> ① 국유재산을 효율적으로 관리 · 처분하기 위한 중장기적인 국유재산 정책방향
> ② 대통령령으로 정하는 국유재산 관리 · 처분의 총괄 계획
>   (국유재산의 취득/처분, 행정재산의 사용 · 일반재산의 개발 · 국유재산의 사용허가, 대부 등 관리에 관한 계획)
> ③ 국유재산 처분의 기준에 관한 사항
> ④ 「국유재산특례제한법」 제8조에 따른 국유재산특례 종합계획에 관한 사항
> ⑤ ①부터 ④까지의 규정에 따른 사항 외에 국유재산의 관리 · 처분에 관한 중요한 사항

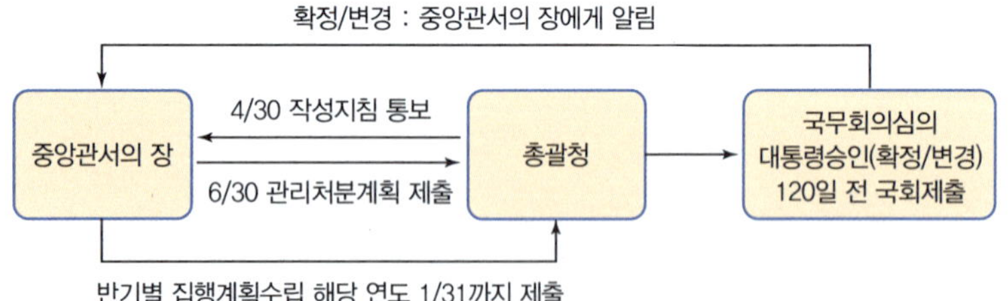

3. 등기 · 등록 등

- **(1) 소유자 없는 부동산 취득** (35회)
  - ① 관보와 일간신문에 6개월 이상 공고(정당한 권리주장 없으면 취득한다는 뜻)
    (+ 지방조달청 홈페이지에 14일 이상 게재)
  - ② 10년간 처분 금지(단, 공익사업 목적 매각 가능)
- **(2) 등기 · 등록 등**
  - ① 취득 시 지체 없이(소관에 속하게 된 날부터 60일 이내) 등기, 등록, 명의개서
  - ② 권리자의 명의는 '국'으로 하되 소관중앙관서의 명칭을 함께 기재
  - ③ 총괄청 및 중앙관서의 장등은 증권을 한국은행이나 법인(은행,한국예탁결제원)에 보관 · 취급하게 하여야 함(한국예탁결제원에 예탁하는 증권은 권리자의 명의를 한국예탁결제원)로 할 수 있음) (34회, 35회)
- * 중앙관서의 장은 국유재산이 지적공부와 일치하지 않으면 등록전환, 분할/합병 또는 지목변경 등 필요한 조치 강구(공간정보법상 수수료 면제)

4. 총괄청 감사 등

- **(1) 총괄청 감사**
  중앙관서의 장 등에 해당 국유재산의 관리상황에 관하여 보고하게 하거나 자료를 제출하게 할 수 있음. (30회) 총괄청은 중앙관서의 장등의 재산관리 상황과 유휴 행정재산 현황을 감사(監査)하거나 그 밖에 필요한 조치를 할 수 있다. (30회)
- **(2) 유휴 행정재산(행정재산으로 사용하지 않거나 필요 없는 재산) 현황보고**
  중앙관서의 장은 매년 1월 31일까지 총괄청에 보고해야 함
  - ① 전년도 말 기준의 유휴 행정재산 총괄 현황 및 세부 재산 명세
  - ② 유휴 행정재산의 발생 사유
  - ③ 전년도 관리 현황 및 향후 활용계획
  - ④ 그 밖에 총괄청이 유휴 행정재산의 현황을 파악하기 위하여 필요하다고 인정하는 사항

5. 총괄사무의 위임 및 위탁

(1) 총괄청의 행정재산의 관리 · 처분에 관한 사무는 그 일부를 중앙관서의 장에게 위임할 수 있다.

> *** 행정재산 관리 · 처분의 사무 위임**
> 1. 기부채납에 따른 재산의 취득에 관한 사무 (36회)
> 2. 행정재산(공용재산 중 부동산과 그 종물은 제외)의 매입 등에 따른 취득에 관한 사무
> 3. 국방 · 군사시설의 취득에 관한 사무
> 4. 행정재산의 관리(취득에 관한 사무는 제외)에 관한 사무
> 5. 용도가 폐지된 행정재산(부동산과 그 종물은 제외)의 처분에 관한 사무
> 6. 총괄청이 행정재산의 효율적인 관리 · 처분을 위하여 필요하다고 인정하여 지정하는 사무
>
> 중앙관서의 장이 제1호부터 제3호까지의 규정에 따라 취득하는 행정재산의 사용에 대해서는 사용승인을 받은 것으로 본다.

(2) **총괄청은 총괄사무의 일부 위임 및 위탁 가능 → 조달청장(위임), 지방자치단체의 장(위임), 정부출자기업체(위탁), 특별법에 따라 설립된 법인(위탁)**

> *** 총괄사무의 위임 및 위탁**
> ① 총괄청은 각 호의 사무를 조달청장에게 위임한다.
> 1. 총괄사무를 지원하기 위한 국유재산 현황의 조사 등에 관한 사무(한국자산관리공사에 위탁하는 사무는 제외한다)
> 2. 감사(監査) 및 그 밖에 필요한 조치를 지원하기 위한 국유재산 관리 실태의 확인 · 점검에 관한 사무
> 3. 소관 중앙관서의 장의 지정에 관한 사무
> 4. 은닉된 국유재산, 소유자 없는 부동산 및 은닉재산 등의 사실조사와 국가 환수 및 귀속에 관한 사무
> 5. 장래의 행정수요에 대비하기 위한 비축용 토지의 취득에 관한 사무
> 6. 중앙관서의 장등 소관 행정재산의 무상귀속 사전협의에 관한 사무
> 7. 청사, 관사 등의 신축에 필요한 토지 · 건물의 조사에 관한 사무

② 총괄청은 다음 각 호의 사무를 한국자산관리공사에 위탁한다. 이 경우 위탁비용 등 필요한 사항은 기획재정부령으로 정한다.
1. 총괄사무를 지원하기 위한 국유재산 현황의 전수조사 사무로서 항공조사 사무 및 그에 부수하는 사무
2. 총괄청 소관 일반재산에 대한 도시 · 군관리계획의 협의에 관한 사무
3. 관리 · 처분에 관한 사무가 위탁된 총괄청 소관 일반재산의 「국토의 계획 및 이용에 관한 법률」 및 그 밖의 법률에 따른 무상귀속 협의에 관한 사무

③ 조달청장 또는 한국자산관리공사가 위임받거나 위탁받은 사무를 수행하기 위하여 특별시장 · 광역시장 · 특별자치시장 · 도지사 또는 특별자치도지사와 중앙관서의 장등에게 협조를 요청하는 경우 시 · 도지사와 중앙관서의 장등은 이에 따라야 한다.

④ 조달청장은 사무를 수행하기 위하여 매년 2월 말일까지 국유재산 현황의 조사 계획 및 국유재산 관리 실태의 확인 · 점검 계획을 수립하여 총괄청에 보고하고, 해당 중앙관서의 장등에 통지하여야 한다.

⑤ 조달청장은 제1항 제1호에 따른 조사 결과, 같은 항 제2호에 따른 확인 · 점검 결과 및 국유재산의 관리에 필요한 사항 등을 총괄청에 보고하여야 한다.

> *** 기부채납**
> * 특별회계나, 기금에 속하는 국유재산으로 기부받는 경우만 해당
>
> ① 관리 곤란 및 불필요한 경우 또는 조건이 붙는 경우는 기부채납 × (32회)
> ② 기부자(상속인 포함) 또는 포괄승계인에게 무상 사용허가 조건은 가능 (36회)
> ③ 용도폐지 대체시설을 제공하는 자(상속인 포함) 또는 포괄승계인의 비용부담 범위 내에서의 용도폐지 재산 양여조건은 가능
> ④ 기부조건 건물 축조 : 사용허가 전에 기부계약을 체결하거나 이행각서를 받아야 함

> *** 국유재산관리 · 처분의 기본원칙**
>
> ① 국가 전체의 이익에 부합되도록 할 것
> ② 취득과 처분이 균형을 이룰 것
> ③ 공공가치와 활용가치를 고려할 것
> ④ 경제적 비용을 고려할 것
> ⑤ 투명하고 효율적인 절차를 따를 것

1. 국유재산정책심의위원회 구성

① 위원장 포함 20명 이내 / 위원장 = 기획재정부장관 / 위원은 기획재정부장관이
② 임명 / 공무원이 아닌 위원이 과반수가 되어야 한다.
위원의 임기는 2년(한 차례 연임 가능)_(분야별 분과위원회 둘 수 있음)

2. 심의사항

① 국유재산의 중요 정책방향에 관한 사항
② 국유재산과 관련한 법령 및 제도의 개정·폐지에 관한 중요 사항
③ 행정재산의 사용 승인 철회에 관한 사항
④ 국유재산종합계획의 수립 및 변경에 관한 중요 사항
⑤ 관리전환에 대한 협의 불성립 시 소관 중앙관서의 장의 지정 및 직권 용도폐지에 관한 사항
⑥ 국유재산정책심의위원회의 심의를 거친 경우(특별회계 및 기금에 속하는 일반재산의 효율적인 활용을 위하여 필요한 경우) 무상 관리전환에 관한 사항
⑦ 국유재산관리기금의 관리·운용에 관한 사항
⑧ 일반재산의 개발에 관한 사항
⑨ 현물출자에 관한 중요 사항
⑩ 국유재산특례제한법에 따른 국유재산특례의 신설 등 및 국유재산특례의 점검·평가에 관한 사항
⑪ 그 밖에 국유재산의 관리·처분 업무와 관련하여 총괄청이 중요하다고 인정한 사항

3. 국유재산관리기금

① 국유재산의 원활한 수급과 개발 등을 통한 국유재산의 효용을 높이기 위하여 국유재산관리기금을 설치
② 총괄청은 국유재산관리기금의 관리·운용을 위한 자금차입 가능 (30회) / 일시차입금은 해당 회계연도 내에 상환하여야 한다.
③ 국유재산관리기금은 총괄청이 관리·운용(사무의 일부를 한국자산관리공사에 위탁할 수 있다.)
④ 국유재산관리기금에서 취득한 재산은 일반회계 소속으로 한다.

*** 국유재산관리기금 조성 재원**

① 정부의 출연금 또는 출연재산
② 다른 회계 또는 다른 기금으로부터의 전입금
③ 차입금
④ 다음 어느 하나에 해당하는 총괄청 소관 일반재산(증권은 제외한다)과 관련된 수입금
　가. 대부료, 변상금 등 재산관리에 따른 수입금
　나. 매각, 교환 등 처분에 따른 수입금
⑤ 총괄청 소관 일반재산에 대한 개발에 따른 관리·처분 수입금
⑥ ①부터 ⑤까지의 규정에 따른 재원 외에 국유재산관리기금의 관리·운용에 따른 수입금

*** 국유재산관리기금 용도**

1. 국유재산의 취득에 필요한 비용의 지출
2. 총괄청 소관 일반재산의 관리·처분에 필요한 비용의 지출
3. 차입금의 원리금 상환
4. 국유재산관리기금의 관리·운용에 필요한 위탁료 등의 지출
5. 총괄청 소관 일반재산 중 부동산의 관리·처분에 관한 사무의 위임·위탁에 필요한 귀속금 또는 위탁료 등의 지출
6. 개발에 필요한 비용의 지출 (36회)
7. 다른 회계 또는 다른 기금으로의 전출금
8. 제1호부터 제7호까지의 규정에 따른 용도 외에 국유재산관리기금의 관리·운용에 필요한 비용의 지출

04 행정재산

1. 처분제한 _ 교환 및 양여는 가능

일반재산 규정 준용

① 교환재산을 행정재산으로 관리하려는 경우 공유 또는 사유재산과 교환 가능 (31회)
② 지방자치단체가 직접 공용·공공용으로 사용하려는 경우(10년 내 양여목적과 달리 사용한 경우는 취소 가능)에는 양여 가능

2. 중앙관서장의 행정재산 관리, 위임, 위탁

(1) 관리책임관 임명　고위 공무원 임명(직위 지정으로 갈음 가능) (30회, 32회)

> *** 국유재산책임관의 업무**
> ① 국유재산 관리·처분에 관한 계획과 집행계획에 관한 업무
> ② 국유재산관리운용보고에 관한 업무
> ③ 국유재산 관리·처분 업무와 관련하여 대통령령으로 정하는 업무

(2) 관리사무 위임(감사원에 통지)　소속공무원, 다른 중앙관서의 소속 공무원, 지방자치단체의 장 또는 그 소속 공무원에 관리 사무 위임 가능

(3) 관리위탁(5년 이내 _ 5년 초과 않는 범위 내 갱신 가능)

① 국가기관 외의 자에게 관리 위탁 가능(선관주의 관리)
② 중앙관서의 장의 승인을 받아 위탁재산 일부를 사용·수익하거나 다른 사람에게 사용·수익하게 할 수 있음(위탁기간 내에서만)
③ 위탁 재산의 연간 관리현황 보고(다음 연도 1월 31일까지 중앙관서의 장에게 보고)

(4) 갱신불가사유

① 관리위탁한 재산을 국가나 지방자치단체가 직접 공용이나 공공용으로 사용하기 위하여 필요한 경우
② 관리위탁을 받은 자가 관리위탁을 받을 자격을 갖추지 못하게 된 경우
③ 관리수탁자가 관리위탁 조건을 위반한 경우
④ 관리위탁이 필요하지 아니하게 된 경우

(5) 관리위탁 재산의 관리

위탁재산의 원형이 변경되는 대규모 수리 및 보수는 중앙관서의 장의 승인 필요(긴급한 경우에는 최소한의 조치를 한 후 지체 없이 그 내용 보고)

(6) 관리위탁 재산의 사용료 등

관리수익 > 관리비용 → 차액 국고납입
관리수익 < 관리비용 → 차액 수탁자에게 지급(보조)

3. 행정재산의 사용허가 목적 및 철회 등

(1) 사용허가(허가 받은 자 외의 자는 사용·수익 ×)

　① 공용·공공용·기업용 재산 : 용도 및 목적에 장애되지 않는 범위 내
　② 보존용재산 : 보존목적 수행에 필요한 범위 내

> * 중앙관서의 장의 승인을 얻어 다른 사람에게 사용·수익하게 할 수 있는 경우
> 　① 기부재산의 기부자이거나 그 상속인, 그 밖의 포괄승계인인 경우
> 　② 사회기반시설로 사용·수익하기 위한 사용허가를 받은 경우

(2) 사용허가의 취소와 철회 → 청문 필수 (31회, 32회, 34회, 35회)

　① 거짓진술, 부실 증명서류 등 부정한 방법으로 허가받은 경우
　② 사용허가 받은 재산을 허가 없이 다른 사람에게 사용·수익하게 한 경우
　③ 보존해태 및 목적위배의 경우 (36회)
　④ 사용료 미납 및 보증금 예치나 이행보증조치 미이행
　⑤ 무단 형태 변경
　⑥ 국가나 지방자치단체가 직접 공용·공공용으로 사용하기 위한 경우
　　(손실보상 : 시설비 or 이전비, 영업손실)

(3) 관리 소홀 제재 _ 사용료를 넘지 않는 범위 내 가산금 징수

　가산금은 사용허가를 할 때 정하고 미리 문서로 고지해야 함
　납부기한은 고지한 날부터 60일 이내

(4) 용도폐지 (31회, 32회)

　① 행정목적으로 사용되지 아니하게 된 경우 (지체없이 용도 폐지)
　② 5년이 지난 날까지 행정재산으로 사용되지 아니한 경우 (지체없이 용도 폐지)
　③ 개발하기 위하여 필요한 경우

1. 행정재산의 사용허가 방법(사용허가부 작성 · 관리)

① 공용 · 공공용 · 기업용 : 용도나 목적에 장애가 되지 않는 범위 내 (36회)
② 보존용 : 보존목적 필요범위 내 (32회)

(1) 일반경쟁(1개 이상 유효 입찰 중 최고가격 응찰자) (31회, 32회)

2회 유찰 시 → 세 번째 입찰부터 20/100 최저한도 + 매회 10/100만큼 감액가능 (34회)

(2) 제한경쟁/지명경쟁

① 인접 토지 소유자 (36회)
② 수의계약 사용허가 신청 경합
③ 제한하거나 지명할 필요가 있는 경우

(3) 수의계약　주경비천 사면 공유 6개월 두번(은) 곤란 (31회, 32회, 35회)

① 주거용, ② 실경작자, ③ 비밀유지(외교 또는 국방상 이유), ④ 재해 복구나 구호(천재지변 등), ⑤ 사회기반시설로 사용하려는 지방자치단체나 지방공기업에 사용허가를 하는 경우, ⑥ 사용료 면제 대상자, ⑦ 국가재산 공유자에게 사용허가를 하는 경우, ⑧ 6개월 미만의 사용허가를 하는 경우, ⑨ 두 번 유찰된 경우, ⑩ 경쟁입찰이 곤란한 경우

(4) 사용허가기간

① 5년 이내. 기부채납의 경우는 사용료 총액이 기부받은 재산가액에 이르는 기간 이내 (36회)
② 5년을 초과하지 않는 범위 내에서 갱신가능(수의방법 외에는 1회만 갱신가능)
　　허가기간 만료 1개월 전에 갱신신청 (34회)

(5) 허가 외의 자에 대한 사용 · 수익(중앙관서의 장의 승인 필요. 단 그 용도나 목적에 장애가 되거나 원상회복이 어려운 경우에는 승인하여서는 아니 된다)

① 기부를 받은 재산에 대하여 사용허가를 받은 자가 그 재산의 기부자이거나 그 상속인, 그 밖의 포괄승계인인 경우
② 지방자치단체나 지방공기업이 행정재산에 대하여 사회기반시설로 사용 · 수익하기 위한 사용허가를 받은 후 이를 지방공기업 등으로 하여금 사용 · 수익하게 하는 경우

(6) 사용허가를 받은 재산에 대한 시설 (35회)

행정재산의 사용허가를 받은 자가 그 재산에 대하여 유지 · 보수 외의 시설을 설치하려는 때에는 그 경비조서를 갖추어 소관 중앙관서의 장의 승인을 받아야 한다(경비에 대한 증명서류를 제출 보관하여야 한다).

2. 사용료산출 및 납부(매년 선납 _ 월/일/시간 단위로 계산 가능)

(1) 일반경쟁(1개 이상 유효 입찰 중 최고가격 응찰자)

① 경작용, 목축용, 어업, 내수면어업, 양식업, 임산물생산업, 육림업 : 1% 이상
② 주거용 : 2% 이상(국민기초생활 보장법에 따른 수급자는 1% 이상)
③ 행정목적, 사회기반시설, 사회복지사업, 종교단체 고유목적사업 : 2.5% 이상
④ 사회적기업, 협동조합 및 사회적협동조합, 자활기업, 마을기업 : 2.5% 이상
⑤ 소상공인 : 3% 이상(천재지변, 재난, 경기침체, 대량실업 등 경영부담 완화목적은 1% 이상)
⑥ 중소기업 : 천재지변, 재난, 경기침체, 대량실업 등 경영부담 완화를 위한 경우는 3% 이상
⑦ 공무원 후생목적 : 4% 이상

(2) 사용료 산정을 위한 재산가액(매년 결정. 단 평가액은 평가일부터 3년 이내만 적용 가능)

① 토지 : 개별공시지가
② 주택 : 개별주택가격, 공동주택가격, 미공시의 경우에는 시가표준액
③ 그 외의 재산 : 시가표준액(시가표준액이 없는 경우 1개 감정평가법인등 평가액 적용)

(3) 국유재산인 토지의 공중 또는 지하 부분을 사용허가하는 경우의 사용료는 산출된 사용료에 그 공간을 사용함으로 인하여 토지의 이용이 저해되는 정도에 따른 적정한 비율을 곱하여 산정한 금액으로 한다.

(4) 사용료는 공개하여야 하며, 그 공개한 사용료 미만으로 응찰한 입찰서는 무효로 한다.

(5) 보존용재산을 사용허가하는 경우에 재산의 유지 · 보존을 위하여 관리비가 특히 필요할 때에는 사용료에서 그 관리비 상당액을 뺀 나머지 금액을 징수할 수 있다. (36회) 해당 보존용재산이 훼손되었을 때에는 공제된 관리비 상당액을 추징한다.

3. 행정재산의 사용료 납부 (매년 징수, 선납, 월 · 일 · 시간 단위로 계산가능)

(1) 일납 및 분납

20만원 이하인 경우 : 사용허가기간 동안의 사용료 일납 가능 (증감반영 ×)

50만원 초과 : 연 12회 이내 분납 가능

1천만원 이상 : 연간 사용료의 50% 범위 내 보증금 예치 및 이행보증조치

(2) 사용료 납부기한

① 사용허가 ~ 60일 내 선납원칙(사용 · 수익 시작 전까지)

② 천재지변, 재난, 경기침체, 대량실업 등 : 1년 범위 내 연장 가능

(3) 2년차 사용료 (33회)

= 입찰사용료 × 재산가액 / 입찰 시 재산가액

(4) 동일인(상속인/포괄승계인)이 1년 초과 사용 시 사용료 조정

① 경작용, 목축용, 어업, 내수면어업, 양식업, 임산물생산업, 육림업, 주거용

　: 전년 대비 5% 이상 증가 시(허가 갱신의 경우 포함) 5% 증가

② 상가건물 임대차보호법상 상가

　: 전년 대비 5% 이상 증가 시(허가 갱신의 경우 포함) 5% 증가

　(단, 2회차 이상에 해당하는 갱신기간의 각 최초 연도의 경우는 제외)

③ 그 외

　: 전년 대비 9% 이상 증가 시(허가 갱신의 최초 연도는 제외) 9% 증가

4. 행정재산 사용료의 면제 및 감면 (31회, 32회)

(1) 면제할 수 있는 경우

① 기부자나 그 상속인, 그 밖의 포괄승계인에게 사용허가하는 경우

　: 사용료 총액이 기부받은 재산의 가액이 될 때까지 면제가능

　: 기간은 20년을 넘을 수 없음(지식재산인 경우에는 20년으로 함) (33회)

　: 건물 · 시설물의 기부인 경우는 부지사용료 합산

② 기부목적 건축물의 신축기간 동안의 부지사용료

③ 지방자치단체가 공용 · 공공용 · 비영리 공익사업용으로 사용하려는 경우

　: 사용허가 기간은 1년을 초과할 수 없음

④ 공공단체가 직접 비영리 공익사업용으로 사용하려는 경우

　: 정부가 자본금 및 기본재산을 전액출자한 법인

⑤ 천재지변 · 재난으로 사용하지 못하게 된 경우 그 기간에 대한 사용료

(2) 감면할 수 있는 경우

활용성이 낮거나 보수가 필요한 재산

*** 활용성이 낮거나 보수가 필요한 행정재산의 사용료 감면 기준**

1. 통행이 어렵거나 경사지거나 부정형(不定形) 등의 사유로 활용이 곤란한 토지로서 면적이 100제곱미터(m^2) 이하이고 재산가액이 1천만원 이하인 경우 : 사용료의 100분의 30을 감면

2. 면적이 30제곱미터 이하인 토지로서 재산가액이 100만원 이하인 경우 : 사용료의 100분의 30을 감면

3. 다음 어느 하나에 해당하는 건물로서 사용허가를 받은 자가 시설보수 비용을 지출하는 경우 : 지출하는 보수비용에 상당하는 금액을 사용료에서 감면(최초 1회로 한정한다)

　가. 준공 후 20년이 지난 건물로서 원활한 사용을 위하여 보수가 필요한 경우

　나. 「시설물의 안전 및 유지관리에 관한 특별법 시행령」 제12조에 따른 시설물의 안전등급 기준이 같은 영 별표 8에 따른 C등급 이하인 건물로서 안전관리를 위하여 보수가 필요한 경우

　다. 천재지변이나 그 밖의 재해 등으로 인하여 파손된 건물로서 별도의 보수가 필요한 경우

5. 원상회복 (34회, 35회)

허가기간 종료, 사용허가의 취소 또는 철회시 원상회복하여 반환(단, 중앙관서의 장이 미리 상
태변경을 승인한 경우는 제외)

6. 관리소홀에 대한 제재(제39조)

사용료를 넘지 않는 범위에서 가산금을 징수할 수 있다.
→ 가산금은 사용허가할 때 정해야 한다.
→ 가산금은 중앙관서의 장 또는 위임받은 자가 징수해야 한다.
→ 가산금을 징수할 때에는 그 금액, 납부기한, 납부장소와 가산금 산출근거를 명시하여 문서로 고지해야 한다.
→ 납부기한은 고지한 날부터 60일 이내로 한다.

일반재산

대부 또는 처분 가능 (30회)
철거가능(위험한 경우, 유지·보수비용이 과다한 경우, 철거가 불가피한 경우)

*** 관리·처분사무의 위임/위탁**

1. 총괄청은 ① 일반재산의 관리·처분사무의 일부를 총괄청 소속공무원, 중앙관서의 장 또는 그소속공무원, 지방자치단의 장 또는 그 소속공무원에게 위임하거나 ② 정부출자기업체, 금융기관, 투자매매업자, 투자중개업자, 특별법에 따라 설립된 법인에 위탁할 수 있다. (31회)

2. 일반재산의 관리·처분에 관한 사무를 위임·위탁받은 자가 해당 일반재산의 대부료를 면제하려는 경우에는 미리 총괄청의 승인을 받아야 한다(영 제50조 제3항).

3. 총괄청은 일반재산의 관리·처분에 관한 사무의 일부를 위탁받을 수 있으며 중앙관서의 장과 협의하여 특별법에 따라 설립된 법인에게 재위탁할 수 있다. → 총괄청은 위탁받은 일반재산의 관리·처분에 관한 사무를 한국자산관리공사에 위탁한다.

4. 중앙관서의 장이 특별회계나 기금에 속하는 일반재산을 위탁개발하려는 경우에는 '1'을 준용하여 위탁할 수 있다.

5. 일반재산의 관리·처분에 관한 사무를 위임이나 위탁한 총괄청이나 중앙관서의 장은 위임이나 위탁을 받은 자가 해당 사무를 부적절하게 집행하고 있다고 인정되거나 일반재산의 집중적 관리 등을 위하여 필요한 경우에는 그 위임이나 위탁을 철회할 수 있다.

1. 처분방법(증권구분!!)

처분이란? 매각, 교환, 양여, 신탁, 현물출자 등 소유권이 이전되는 것

(1) 일반경쟁(1개 이상 유효입찰 최고가격 응찰자) (34회)

2회 유찰 시 → 최초 가격의 50/100을 최저한도로, 매회 10/100만큼 감액 가능

(2) 제한경쟁/지명경쟁 사유

① 인접 토지 소유자
② 농경지의 실경작자
③ 용도지정매각
④ 수의계약 신청 경합

(3) 수의계약 사유

① 외교 또는 국방상 비밀유지
② 천재지변 등 재해 복구 및 구호 목적
③ 양여자 및 무상대부에게 매각하는 경우
④ 지방자치단체가 직접 공용·공공용으로 사용하려는 경우
⑤ 공공기관의 사무용 또는 사업용으로 필요한 경우
⑥ 개척·매립·간척 또는 조림 사업의 매각예약자
⑦ 은닉된 국유재산을 국가에 반환한 자에게 매각하는 경우
⑧ 경쟁입찰 2회 유찰
⑨ 뚜렷하게 국가에 유리한 가격으로 계약할 수 있는 경우
⑩ 이주대책, 외교목적, 공유지분자 매각, 지분증권 매각 등

*** 증권인 경우 매각방법** (33회)
① 자본시장과 금융투자업에 관한 법률상 매출의 방법
② 증권시장에서 거래되는 증권을 그 증권시장에서 매각하는 방법
③ 공개매수에 응모하는 방법
④ 상법에 따른 주식매수청구권을 행사하는 방법
⑤ 다른 법령에 따른 증권의 매각방법

2. 처분재산의 예정가격결정_예정가격은 공개해야 함(지분증권 제외 가능)

(1) 일반경쟁 등 처분방식에 의해 처분하는 경우 (31회, 32회, 33회, 34회)

1) 기본원칙(증권제외 일반재산의 처분가격(시가 고려)_(평가유효기간 1년)
① 대장가격 3천만원 이상 : 2개 감정평가법인등 산술평균
② 대장가격 3천만원 미만 : 1개 감정평가법인등
③ 지방자치단체 또는 공공기관에 처분하는 경우 : 1개 감정평가법인등
  (3,000만원 넘어도 1개)

2) 일단의 국유지 중 개별공시지가로 결정하는 경우 (33회)
① 면적 100제곱미터 이하인 경우(특별시·광역시 제외)
② 대장가격이 1천만원 이하인 경우

3) 지식재산의 처분가격
① 존속기간 중의 사용료 또는 대부료 추정 총액
② 추정불가 시 감정평가액으로 결정(유효기간 1년)
③ '①, ②' 적용 곤란 시 유사 지식재산의 매매실례가격에 따라 결정

* 일반재산 처분신청 철회 시 신청인에게 감정평가 및 측량비용 전가(부담) 가능

(2) 일반적인 매각방식 외의 방법으로 처분하는 경우(처분 상대방이 특정된 경우)

1) 공익사업 목적으로 사업시행자에게 매각하는 경우
보상액으로 처분 가능

2) 일반재산의 개척, 매립, 간척 또는 조림 및 개량한 자에게 매각하는 경우의 매각가격
개량상태의 가격에서 개량비 상당액을 뺀 금액(개량 전 상태의 가격을 하한으로 한다)

3) 공유재산과 교환하려는 경우(중앙관서의 장등과 지방자치단체 협의)
개별공시지가 및 1개 이상 감정평가법인등의 평가액 적용 가능

4) 양여재산(아래 경우는 대장가격을 기준한다)
① 일반재산을 직접 공용이나 공공용으로 사용하려는 지방자치단체에 양여하는 경우
② 국가가 보존·활용할 필요가 없고 대부·매각이나 교환이 곤란하여 양여하는 경우

(3) 물납증권의 처분제한

물납한 본인(배우자, 직계혈족 등 포함)에게 수납가보다 적은 금액으로 처분할 수 없음
(단, 증권시장에서 거래되는 증권을 증권시장에서 매각하는 경우에는 그러하지 않음)

(4) 개간 관련

1) 일반재산을 개척, 매립, 간척 또는 조림하거나 그 밖에 정당한 사유(다른 법률에 따라 국유재산의 매각을 예약한 경우)로 점유하고 개량한 자에게 해당 재산을 매각하는 경우에는 매각 당시의 개량한 상태의 가격에서 개량비 상당액을 뺀 금액을 매각대금을 한다. 다만, 매각을 위한 평가일 현재 개량하지 아니한 상태의 가액이 개량비 상당액을 빼고 남은 금액을 초과하는 경우에는 그 가액 이상으로 매각대금을 결정하여야 한다.

2) 토지보상법상 공익사업 시행자가 해당 점유·개량자에게 개량비 상당액을 지급한 경우에 관하여는 "물납된 증권의 겨우 물납한 본인 등에게 수납가액보다 적은 금액으로 처분할 수 없다"는 내용을 준용한다.

3) 개량비(중앙관서의 장 등이 심사·결정)의 범위
중앙관서의 장 등이 승인한 형질 변경, 조림, 부속시설 설치 등에 사용된 인건비, 시설비, 공과금 등 국유재산을 개량하기 위하여 지출한 비용으로 한다.

1. 비상장증권의 예정가격

(1) 자산가치, 수익가치 및 상대가치를 고려하여 산출한 가격 이상

(2) 국세물납으로 취득한 지분증권의 경우

물납재산의 수납가액 또는 증권시장 외의 시장에서 형성되는 시세가격을 고려하여 예정가격 산출가능

(3) 지분증권을 현물출자하는 경우

증권발행 법인의 재산 상태 및 수익성을 고려하여 기획재정부장관이 재산가격 결정

(4) '(1)' 외의 비상장증권의 예정가격은 기대수익 또는 예상수익률을 고려하여 산출한 가격 이상

2. 상장증권의 예정가격

(1) 아래 중 어느 하나에 해당하는 가격 이상으로 함

① 평가기준일 최근 30일간 가중평균 가액
② 공개매수가격에 응모하는 경우에는 그 공개매수 가격
③ 주식매수청구권 행사가격
④ 매각가격을 특정할 수 있는 경우 그 가격

(2) '(1)' 외의 상장증권

평가기준일 1년 이내의 최근거래 시세가격 및 수익률 등을 고려하여 산출한 가격 이상

(3) '(1), (2)'에도 불구하고 증권시장 또는 기재부장관이 고시하는 시장에서 매각하는 경우에는 예정가격 없이 그 시장에서 형성되는 시세가격에 따름

3. 증권의 평가기관

① 감정평가법인등, ② 신용평가회사, ③ 회계법인 등에 의뢰 가능

일반재산의 관리

(1) 총괄청의 일반재산 관리 · 처분 사무의 위임 · 위탁

① 사무의 일부를 총괄청 소속공무원, 중앙관서의 장 또는 지방자치단체의 장 및 그 소속공무원에게 위임가능
② 정부출자기업체, 금융기관, 투자매매업자, 투자중개업자, 특별법에 따라 설립된 법인에 위탁가능
(관리사무를 위임 · 위탁받은 자가 대부료를 면제하려는 경우에는 미리 총괄청의 승인을 받아야 함)

(2) 총괄청은 일반재산의 관리 · 처분 사무의 일부를 위탁받을 수 있음

중앙관서의 장과 협의하여 한국자산관리공사에 재위탁 가능

참고 : 증권의 매각방법 (33회)

① 자본시장과 금융투자업에 관한 법률상 매출의 방법
② 증권시장에서 거래되는 증권을 증권시장에서 매각하는 방법
③ 공개매수에 응모하는 방법
④ 상법에 따른 주식매수청구권을 행사하는 방법
⑤ 다른 법령에 따른 증권의 매각방법

1. 대부 : 대부의 제한, 대부료, 감면, 계약에 관한 사항은 행정재산 사용 준용

(1) 대부기간(각 기간 이내)
- 1) 조림목적의 토지 및 정착물 ── 20년 (31회)
- 2) 대부 받은 자의 비용으로 시설을 보수하는 건물 ── 10년
- 3) 상기 1) 및 2) 외의 토지와 그 정착물 ── 5년
- 4) 신탁개발 및 민간참여개발로 개발된 일반재산 ── 30년 이내(+ 20년 연장가능) (36회)
- 5) 영구시설물 축조 시 ── 10년 이내
- 6) 그 밖의 재산 ── 1년

> * 영구시설물 축조가 가능한 경우
> ① 기부조건 축조, ② 국가귀속 공공시설 축조, ③ 매각대금을 나누어 내고 있는 일반재산
> ④ 주민생활을 위한 문화시설, 생활체육시설 등 사회기반시설 축조
> ⑤ 민간참여개발의 경우, ⑥ 학교시설을 증축 또는 개축하는 경우
> ⑦ 대부계약의 목적 달성을 위해 중앙관서의 장등이 필요하다고 인정하는 경우

(2) 갱신(대부기간 종료 1개월 전에 신청) (34회)
　① 그 대부기간을 초과치 않는 범위 갱신 가능, ② 수의계약 외에는 1회만 갱신가능

(3) 대부보증금 및 대부료감면
대부보증금으로 환산 납입가능(기간 만료, 계약 해제·해지 시 보증금 반환) (28회)
국가와 상호점유하는 경우 해당 재산 소유자에게 점유 중인 일반재산의 대부료를 감면할 수 있음

2. 개척/매립/간척/조림사업을 위한 예약

(1) 예약
- 사업완성의 조건으로 대부·매각·양여 예약 가능
- 계약일부터 1년 이내 사업 시작(시작하지 않으면 해제·해지 사유)
- 중앙관서의 장등이 매각·양여를 예약하려는 경우에는 총괄청과 협의

(2) 예약기간
- 1) 계약일로부터 10년 이내
  천재지변·부득이한 사유발생 시 총괄청과 협의하여 5년 범위 내 예약기간 연장가능
- 2) 예약상대방은 "사업기간 중 예약된 재산 또는 기성부분의 무상 사용·수익 가능"

(3) 예약의 해제(해지)
- 1) 지정된 기한까지 사업을 시작하지 않는 경우, 사업을 완성할 수 없는 경우
- 2) 기성부분의 전부 또는 일부를 예약 상대방에게 대부/매각 또는 양여할 수 있음

3. 매각

(1) 매각불가사유 (32회)
- ① 행정목적으로 사용하기 위한 경우
- ② 법령 등 처분이 제한되는 경우 (36회)
- ③ 국가가 관리할 필요(개발, 비축, 분쟁 등)가 있다고 총괄청이나 중앙관서의 장이 지정하는 경우

(2) 협의
- 1) 총괄청과의 협의
  - ① 공용재산으로 사용 후 용도폐지된 토지나 건물
  - ② 일단의 토지 면적이 3천제곱미터를 초과하는 재산
- 2) 국토교통부장관 : 장기공공임대주택(임대의무기간 10년 이상)의 용도로 필요한지
  - ① 용도폐지된 군부대, 교도소 및 학교의 부지
  - ② 일단의 토지 면적이 1만제곱미터를 초과하는 토지

(3) 용도지정 매각
- 1) 용도 및 사용기간(10년 이상) 지정매각 가능 (36회)
- 2) 용도대로 미사용 및 기간 내 용도폐지 시 계약해제에 대한 특약등기 必

(4) 매각대금의 납부
- 1) 계약체결일부터 60일 내 중앙관서의 장등이 정하는 기한까지 전액 납부
- 2) 납부기간 연장가능
  - ① 천재지변, 재난
  - ② 국가가 재산인도일과 매각대금의 납부기간을 따로 정하는 경우
- 3) 매각대금의 분할납부(1년 만기 정기예금 금리수준) ── 일납 곤란 시 이자 붙여 20년 이내 분납가능

(5) 소유권의 이전 등
- 1) 매각대금 완납 후 소유권 이전 (31회, 32회)
- 2) 매각대금을 분납하는 경우로서 원활한 공익사업의 시행을 위한 경우에는 완납 전에 이전 가능 + 저당권 설정 등 필요 조치 (34회, 35회)

(6) 매매계약 해제 가능 사유
- ① 매각대금 체납 (34회, 35회)
- ② 거짓 진술, 부실한 증명서류 제시, 부정한 방법으로 매수한 경우
- ③ 용도지정 매각 시 용도미사용 및 기간 내 용도폐지한 경우

(7) 건물 등의 매수　　시가고려
매각계약 해제 시 그 재산에 설치된 건물·물건을 중앙관서의 장이 결정한 가격으로 매수할 것을 알린 경우 정당한 사유 없이 매수를 거절하지 못함

1. 교환 : 중앙관서의 장 등은 일반재산을 교환하려면 감사원에 보고해야 함 (31회)

(1) '토지 · 건물 · 정착물 · 동산' 간 교환 가능 (30회, 32회)

- 재산의 종류와 가격 등은 제한 가능
- 재산 간 차액은 금전납부
- 교환 시 감사원보고

① 국가가 직접 행정재산으로 사용하기 위하여 필요한 경우
② 효용증대를 위해 소규모 재산을 한 곳에 모아 관리할 필요가 있는 경우 (36회)
③ 매각 등 다른 방법으로 해당 재산의 처분이 곤란한 경우
④ 상호점유 재산 소유자가 사유토지만으로 진 · 출입이 곤란한 경우 등
ㄴ 사유토지만으로는 진입 · 출입이 곤란한 경우
ㄴ 국가의 점유로 인해 사유재산의 효용이 현저하게 감소된 경우

(2) 유사재산 교환

(1) 서로 유사한 재산을 교환해야 함

① 토지를 토지와 교환하는 경우
② 건물을 건물과 교환하는 경우
③ 건물(공작물 포함)이 있는 토지인 경우는 주된 재산이 서로 일치해야 한다.
(그 재산의 가액이 전체 재산가액의 2분의 1 이상인 재산을 말함)
④ 동산을 동산과 교환하는 경우(미리 중앙관서의 장은 총괄청과 협의해야 함)

(2) 유사하지 않아도 되는 경우

① 공유재산과 교환하는 경우
② 신(新)관사 취득목적으로 노후화된 기존 관사와 교환하는 경우

(3) 쌍방이 가격이 같지 않으면 그 차액을 금전으로 납부

(4) 일반재산의 교환금지 ①~⑦ 어느 하나에 해당하는 경우에는 교환할 수 없음

① 법률에 따라 그 처분이 제한되는 경우
② 도로 · 항만 · 공항 등 공공용 시설로 활용가능하여 보존 · 관리할 필요가 있는 경우
③ 교환으로 취득하는 재산에 대한 구체적인 사용계획 없이 교환하려는 경우
④ 한쪽 재산의 가격이 다른 쪽 재산 가격의 4분의 3 미만인 경우
(교환 대상 재산이 공유재산인 경우 제외)
(효용증대를 위해 소규모 재산을 한 곳에 모아 관리할 필요가 있는 경우에는 1/2)
⑤ 교환한 후 남는 국유재산의 효용이 뚜렷하게 감소되는 경우
⑥ 교환 상대방에게 건물을 신축하게 하고 그 건물을 교환으로 취득하려는 경우
⑦ 국유재산 처분기준에서 정한 교환제한 대상에 해당하는 경우

③ 또는 ④에 해당하는 일반재산이 아래 어느 하나에 해당하는 경우에는 가능(상호 점유 재산)
– 사유재산 소유자가 사유토지만으로는 진입 · 출입이 곤란한 경우
– 국가의 점유로 인해 해당 사유재산의 효용이 현저하게 감소된 경우

(5) 일반재산의 위임 · 위탁자가 교환하려는 경우에는 총괄청의 승인 필요

2. 양여

(1) 지방자치단체가 직접 공용 · 공공용으로 사용하려는 경우

(10년 내 양여목적과 달리 사용된 때에는 양여 취소가능)

(2) 지방자치단체나 공공단체(정부 전액 출자 · 출연)가 유지 · 보존비용을 부담한 공공용재산이 용도폐지되는 경우, 부담비용의 범위에서 해당 지방자치단체나 공공단체에 양여하는 경우

(3) 대체시설 제공자의 비용범위 내에서 용도폐지 재산을 양여하는 경우

① 토지보상법상 사업인정을 받은 공익사업의 사업지구에 편입되는 행정재산
② 대규모 국책사업(군사시설 이전 등)을 위해 용도폐지가 불가피한 행정재산

(4) 국가가 보존 · 활용할 필요가 없고 대부 · 매각이나 교환이 곤란한 경우

① 국가 외의 자가 소유하는 토지에 있는 국가 소유의 건물(부대시설 포함)
② 국무회의의 심의를 거쳐 대통령의 승인을 받아 양여하기로 결정한 일반재산

(5) 협의 및 승인

① 중앙관서의 장등이 양여하는 경우 총괄청과 협의
(단, 500억 이하의 일반재산을 상기 '(3)'에 따라 양여하는 경우는 협의 ×)
② 일반재산 사무의 위임 · 위탁자가 양여하려는 경우 총괄청의 승인 必

(6) 중앙관서의 장 등은 일반재산을 교환하려는 경우에는 기획재정부령으로 정하는 바에 따라 교환목적, 교환대상자, 교환재산의 가격 및 교환자금의 결제방법 등을 명백히 하여야 함

(7) 공유재산과 교환하려는 경우에는 중앙관서의 장 등과 지방자치단체가 협의하여 개별공시지가로 산출된 금액이나 하나 이상의 감정평가법인등의 평가액을 기준으로 하여 교환할 수 있음

1. 개발

- **(1) 개발**
    - 1) 일반재산은 개발, 신탁개발, 위탁개발, 민간참여개발 후 대부·분양 가능
    - 2) 개발이란
        - ① 건축법에 따른 건축, 대수선, 리모델링 등의 행위
        - ② 법률에 따라 토지를 조성하는 행위(위탁개발로 한정)
    - 3) 일반재산 개발 시 고려사항
        - ① 재정수입의 증대 등 재정관리의 건전성
        - ② 공공시설의 확보 등 공공의 편익성
        - ③ 주변환경의 개선 등 지역발전의 기여도
        - ④ 행정목적 달성을 위한 필요성

- **(2) 신탁개발 시 총괄청 승인 필요**
    - ① 중앙관서의 장등은 신탁계약 체결 전 총괄청과 협의 및 승인 필요
    - ② 일반재산 사무를 위임·위탁받은 자가 개발하려는 경우 총괄청 승인 필요

- **(3) 위탁개발**[일반재산 사무위탁자(수탁자)는 위탁받은 재산을 개발할 수 있다.]

- **(4) 민간참여 개발**(민간사업자와 공동개발 가능) (32회)
    - ① 5년 이상 활용되지 아니한 재산 (30회, 34회)
    - ② 개발필요 인정 재산(국유재산정책심의위원회의 심의를 거쳐)

---

* 심화 : 민간참여 개발

(1) 총괄청은 국유지개발목적회사와 자산관리회사에 국유재산관리기금운용계획에 따라 출자할 수 있다(자본금의 30/100 초과 X). → 이 법 외의 사항은 상법에 따른다.

(2) 민간참여 개발의 절차
  ① 민간참여 개발사업에 관한 기본계획 수립
    1. 개발대상 재산 및 시설물의 용도에 관한 사항
    2. 개발사업의 추정 투자금액·건설기간 및 규모에 관한 사항
    3. 사전사업타당성 조사 결과에 관한 사항(예비타당성조사 포함)
    4. 민간사업자 모집에 관한 사항
    5. 협상대상자 선정 기준 및 방법에 관한 사항
    6. 그 밖에 개발과 관련된 중요 사항
  ② 국유재산정책심의위원회의 심의(분과위원회를 거쳐)
  ③ 총괄청은 민간사업자를 공개적으로 모집하고 선정하여야 한다.

(3) 민간참여 개발사업의 평가
  ① 총괄청은 매년 민간참여 개발사업의 추진현황 및 실적을 평가하여 위원회에 보고하여야 한다.
  ② 총괄청은 평가결과 사업부실 등 개발목적을 달성할 수 없다고 판단하는 경우에는 위원회의 심의를 거쳐 출자지분의 회수 등 필요한 조치를 하여야 한다.

(4) 손해배상책임
  협상대상자로 지정받은 자가 사업제안서를 거짓으로 작성하여 국가에 손해를 발생하게 한 때에는 국가에 손해를 배상할 책임을 진다.

2. 현물출자
(30회, 32회)

① 정부출자기업체를 새로 설립하려는 경우
② 정부출자기업체의 고유목적사업을 원활히 수행하기 위하여 자본의 확충이 필요한 경우
③ 정부출자기업체의 운영체제와 경영구조의 개편을 위하여 필요한 경우
④ 총괄청은 현물출자를 요청받은 경우에는 현물출자계획서를 작성하여 국무회의의 심의를 거쳐 대통령의 승인을 받아야 한다.
⑤ 출자가액은 시가를 고려하여 결정한다(단, 지분증권의 산정가액이 액면가에 미달하는 경우는 그 지분증권의 액면가에 따른다).
⑥ 정부출자기업체가 현물출자를 받는 경우에는 「상법」 제295조 제2항, 제299조 제1항, 제299조의2와 제422조를 적용하지 아니한다.

> * 일반재산의 출자가액은 시가를 고려하여 결정
> 단, 지분증권의 산정가액이 액면가에 미달하는 경우에는 액면가에 따름

3. 정부배당

(1) 정부배당

국가가 지분을 가지고 있는 기업으로부터 배당
(현물로 납입받은 지분을 가지고 있는 기업은 제외)

(2) 정부배당결정의 원칙(고려사항)

① 배당대상이 되는 이익의 규모
② 정부출자수입 예산 규모의 적정성 및 정부의 재정여건
③ 각 정부배당대상기업의 배당률 및 배당성향
④ 같거나 유사한 업종의 민간부문 배당률 및 배당성향
⑤ 정부배당대상기업의 자본금 규모, 내부자금 적립 규모, 부채비율, 국제결제은행의 기준에 따른 자기자본비율, 과거 배당실적, 투자재원 소요의 적정성 등 경영여건
⑥ 그 밖에 대통령령으로 정하는 배당결정 기준

(3) 배당내역의 국회 보고 등

보고자 : 총괄청 및 중앙관서의 장
보고 : 국회 소관 상임위원회와 예산결산특별위원회에 보고 + 공표

1. 지식재산의 사용허가 등

1) 중앙관서의 장 등의 승인을 받아 다른 사람에게 사용·수익하게 할 수 있음
2) 중앙관서의 장 등의 승인을 받아 그 저작물의 변형, 변경 또는 개작 가능 (33회)

2. 지식재산의 사용허가 등의 방법

1) 수의방법 원칙 : 다수에게 일시 또는 여러 차례에 걸쳐 가능 (33회)
2) 다른 사용허가자의 이용 방해 ×, 방해 시 철회 가능
3) 특정인에 대한 사용허가

　사용허가 등의 기간 동안 신청자 외에 사용허가 등을 받으려는 자가 없거나 지식재산의 효율적인 관리를 위하여 특히 필요하다고 인정하는 경우
　(사용허가방법은 일반경쟁에 따른다.)

3. 지식재산의 사용허가 및 대부기간

1) 5년 이내에서 대통령령으로 정함
　(상표권 5년 이내 / 그 외 3년 이내)
2) 갱신가능(특정인에 대한 사용허가의 경우에는 한 번만 갱신 가능)

4. 지식재산의 사용료 등

1) 지식재산으로부터의 매출액 등을 고려하여 사용료 또는 대부료 징수
2) 동일인이 계속 사용·수익하는 경우에는 사용료 조정 ×

5. 지식재산 사용료 및 대부료의 면제 및 감면

(1) 면제

　농업인·어업인의 소득증대,
　중소기업의 수출 증진,
　창업기업/재창업기업에 대한 지원 및 벤처기업의 창업 촉진,
　국가시책추진을 위해 중앙관서의 장이 인정하는 경우

(2) 감면(공익목적 활용으로 중앙관서의 장등이 인정하는 경우) (33회)
　① 지방자치단체에 사용허가 등을 하는 경우 : 면제
　② 그 밖의 경우 : 사용료 등의 50/100

6. 저작권의 귀속 등

1) 저작물 제작을 위한 계약을 체결하는 경우 결과물 귀속에 관한 사항을 계약에 포함해야 함
2) 국가 외의 자와 공동으로 창작하기 위한 계약을 체결하는 경우 공동소유 및 균등지분
　(협의로 귀속주체 또는 지분율 등을 달리 정할 수 있음)
3) 중앙관서의 장 등은 그 결과물에 대한 저작권의 전부를 국가 외의 자에게 귀속시키는 내용의 계약체결 불가

7. 사용허가 등의 기간에 아래 기간 연장 가능 (단, 연장된 기간을 합산한 기간은 5년을 초과하지 못함)

해당 지식재산을 실시하는 데에 필요한 준비기간이 1년 이상 걸리는 경우
: 그 준비기간
해당 지식재산의 존속기간이 계약일부터 4년 이내에 만료되는 경우
: 그 존속기간 만료 시까지의 남은 기간

1. 대장과 실태조사

(1) 중앙관서의 장등

국유재산의 대장 · 등기사항증명서 및 도면 구비(전산자료 대신 가능)
매년 소관 국유재산 실태 조사 + 대장 정비

(2) 총괄청

중앙관서별로 국유재산에 관한 총괄부를 갖추어 두어
그 상황을 명백히 하여야 한다(전산자료로 대신 가능).

(3) 필요서류의 열람, 등사 또는 그 등본, 초본 또는 등기사항증명서의 교부 청구 가능

2. 다른 사람의 토지 등의 출입 (허가규정 없음 : 출입주체가 행정기관이기 때문)

→ 조사 위해 타인 토지 출입 가능
→ 소유자, 점유자, 관리인에게 통지(모르면 ×)   * 출입 몇 일 전까지 통지해야
→ 정당한 사유 없이 출입 거부 · 방해 ×   한다는 기간 규정은 없음.
→ 신분표시 증표 휴대

3. 국유재산관리운용보고서

① 다음 연도 2월 말일까지 총괄청에 제출
② 총괄청은 국유재산관리운용총보고서 작성
   다음 해 4월 10일까지 감사원에 제출하여 검사를 받아야 함
③ 감사원의 검사를 받은 국유재산관리운용총보고서와 감사원의 검사보고서
   를 다음 연도 5월 31일까지 국회에 제출해야 함

*** 국유재산관리운용보고서에 포함되어야 할 사항**
① 국유재산종합계획에 대한 집행 실적 및 평가 결과
② 연도 말 국유재산의 증감 및 보유 현황
③ 「국유재산특례제한법」 제9조에 따른 운용실적
④ 그 밖에 국유재산의 관리 · 처분 업무와 관련하여 중앙관서의 장이 중요하다
   고 인정하는 사항

---

4. 멸실 등의 보고

멸실 · 철거된 경우 : 지체 없이 총괄청과 감사원에 보고

*** 적용 제외**

국방부장관이 관리하는 선박, 항공기 및
중앙관서의 장이 총괄청과 협의하여 정하는 재산은
국유재산관리운용보고서 및 멸실보고 규정을 적용하지 않음

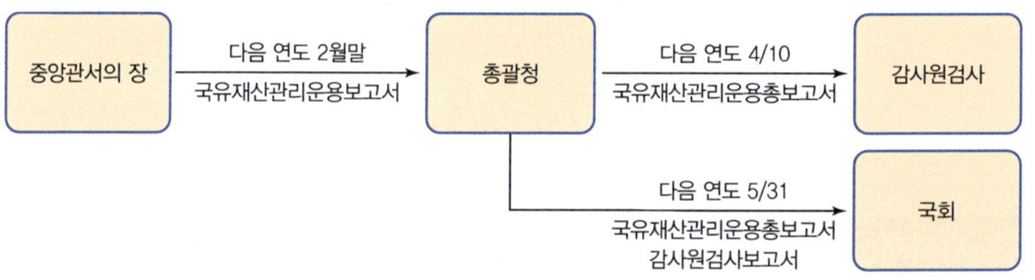

1. 변상금(무단점유자)

- **(1) 대부료의 100분의 120에 상당하는 변상금 징수** (30회)
  (사용료)
- **(2) 납부기한**   고지한 날부터 60일 이내
- **(3) 50만원 초과**   3년 이내 분납 가능
- **(4) 5년의 범위에서 연기 및 분납 가능**

  변상금을 미루어 내거나 나누어 내려는 자는 납부기한 다음 날부터 기산해 1년이 되는 날까지 기획재정부령으로 정하는 신청서를 중앙관서의 장 등에게 제출해야 한다.

- **(5) 변상금의 최초 납부기한부터 1년의 범위에서 징수를 미룰 수 있는 경우**
  - ① 재해나 도난으로 재산에 심한 손실을 입은 경우 (30회)
  - ② 무단점유자(동거가족)의 질병이나 중상해로 장기 치료가 필요한 경우
  - ③ 국민기초생활 수급자인 경우
- **(6) 변상금을 징수하는 경우에도 사용료와 대부료는 조정 ✕**
- **(7) 다음 어느 하나에 해당하는 경우에는 변상금 징수 ✕**
  - ① 정당하게 취득한 재산이 후에 국유재산으로 밝혀져 국가에 귀속된 경우
  - ② 재해대책 등 불가피한 사유로 국유재산을 점유하게 하거나 사용·수익하게 한 경우

2. 연체료 징수(60개월 초과 ✕) (30회)

① 국유재산의 사용료, 관리소홀에 따른 가산금, 대부료, 매각대금, 교환자금 및 변상금 미납 시 연체료 징수 가능
② 국세징수법상 체납처분 준용 가능
③ 15일 이내의 기한을 정하여 납부를 고지
④ 고지기한까지 미납 시 두 번 이내의 범위에서 다시 납부를 고지하되, 마지막 고지에 의한 납부기한은 '③'에 따른 고지일로부터 3개월 이내가 되도록 하여야 하며,
⑤ 이후 1년에 한 번 이상 독촉하여야 한다.
   +
연체기간이 1개월 미만인 경우 : 연 7%
연체기간이 1개월 이상 3개월 미만인 경우 : 연 8%
연체기간이 3개월 이상 6개월 미만인 경우 : 연 9%
연체기간이 6개월 이상인 경우 : 연 10%
⑥ 고지한 납부기한까지 고지한 금액을 내는 경우에는 고지한 날부터 낸 날까지의 연체료는 징수하지 아니한다.

3. 소멸시효 등

① 국가채권의 소멸시효는 5년
② 불법시설물의 철거(대집행법 준용가능) (30회)
③ 가산금
   과오납된 사용료, 대부료, 매각대금 또는 변상금을 반환하는 경우
   과오납된 날의 다음 날부터 반환하는 날까지의 기간이자를 가산하여 반환
④ 국유재산 관리사무의 위임자가 고의·중과실로 그 재산에 손해를 끼친 경우 변상책임 발생
⑤ 국유재산의 사용료, 관리소홀에 따른 가산금, 대부료, 변상금 및 연체료는 납부고지, 독촉, 교부청구, 압류에 의하여 소멸시효는 중단된다. (36회)
⑥ 금전의 급부를 목적으로 하는 국가의 권리의 소멸시효에 관하여 이 법에 특별한 규정이 있는 것을 제외하고는 「민법」과 「국가재정법」에 따른다.

4. 변상책임

국유재산의 관리에 관한 사무를 위임받은 자가 고의나 중대한 과실로 그 임무를 위반한 행위를 함으로써 그 재산에 손해를 끼친 경우에는 변상책임이 있다.

5. 군사분계선 이북지역에 있는 회사의 청산절차

① 국가가 지분증권의 2분의 1 이상을 보유하는 회사로 본점이나 주사무소가 군사분계선 이북지역에 있는 회사의 청산에 관하여는 상법을 준용한다(다음 각 사항은 제외).
  1. 회사의 해산등기
  2. 청산인의 신고 및 등기
  3. 「상법」 제533조에 따른 재산목록 및 대차대조표의 제출
  4. 청산종결의 등기

② 청산절차가 진행 중인 회사소유 부동산의 소유권이 무단점유하고 있는 자에게 이전될 우려가 있으면 청산절차의 종결 전에도 총괄청이 그 부동산을 국가로 귀속시킬 수 있다. 이 경우 청산종결 후 남은 재산의 분배에서 주주나 그 밖의 지분권자의 권리는 영향을 받지 아니한다.

③ 회사를 청산하려면 '해당 회사의 회사명 및 재산명세 및 공고 후 6개월이 지날 때까지 신고를 하지 아니하는 주주, 채권자, 그 밖의 권리자는 청산에서 제외된다는 뜻'을 관보에 공고하고, 전국을 보급지역으로 하여 발행되는 일간신문이나 인터넷 홈페이지, 방송 등을 통해서도 이를 공고해야 한다.

④ 청산절차종결에 의하여 남은 재산의 분배에 따라 국가가 해당 회사의 부동산에 대한 소유권이전등기를 촉탁하는 경우의 등기절차는 「부동산등기법」의 규정에도 불구하고 대통령령으로 정하는 바에 따른다.

②의 후단 또는 청산절차종결에 의한 잔여재산의 분배에 따라 국가가 해당 회사의 부동산에 대한 소유권이전등기를 촉탁하는 경우에는 등기의무자의 승낙서를 첨부하지 아니하며, 등기원인을 증명하는 서면은 총괄청이 관계기관, 법인의 청산업무에 관한 학식과 경험이 풍부한 사람 등의 의견을 들어 정한 서면으로 갈음한다.

은닉재산 보상금

1. 국가 외의 자의 명의로 등기 또는 등록되어 있고, 국가가 그 사실을 인지하지 못하고 있는 국유재산
   → 재산가액의 10/100, 3천만원 한도
   → 지방자치단체인 경우에는 재산가격의 2분의 1의 범위 내 양여 또는 보상금 지급

* 재산가격의 2분의 1의 범위 내 양여 및 보상금 지급
  1. 은닉재산을 발견·신고한 경우 : 총괄청이 지정하는 재산으로서 지방자치단체가 신고한 해당 재산 가격의 30/100을 넘지 아니하는 금액에 상당하는 재산을 양여
  2. 다음 중 어느 하나에 해당하는 소유자 없는 부동산을 발견·신고한 경우 : 총괄청이 지정하는 재산으로서 지방자치단체가 신고한 해당 재산 가격의 15/100를 넘지 않는 금액에 상당하는 재산을 양여
     가. 공공용재산(폐쇄도로/폐하천 포함) 외에 처음부터 등기부등본 또는 지적공부에 등기 또는 등록된 사실이 없는 재산
     나. 공유수면 매립 등으로 조성된 토지의 이해관계인이 없어 소유권 취득 절차를 밟지 아니한 재산

2. 신고자가 둘 이상인 경우 : 먼저 신고한 자에게 보상금 지급

3. ① 자진 반환, ② 재판상의 화해를 원인으로 반환하는 경우 매각대금을 이자 없이 12년 이하에 걸쳐 나누어 내게 하거나 매각 가격에서 8할 이하의 금액을 뺀 잔액을 그 매각대금으로 하여 전액을 한꺼번에 내게 할 수 있음

기타

1. 중앙관서의 장 등(위임 또는 위탁받은 자 포함)은 국유재산인 공공시설의 귀속에 관한 사항이 포함된 개발행위에 관한 인·허가 등을 하려는 자에게 의견을 제출하려는 경우에는 총괄청과 미리 협의해야 함
2. 총괄청이나 중앙관서의 장 등은 국유재산을 효율적으로 관리하고 그 활용도를 높이기 위하여 필요하다고 인정하는 경우 도시관리계획의 입안권자에게 해당 도시관리계획의 변경을 요청할 수 있음

벌칙 : 2년 이하 징역 또는 2천만원 이하 벌금

└ 법령상 절차와 방법에 따르지 않고 국유재산을 사용 · 수익한 경우

*** 도시관리계획의 협의 등**
1. 중앙관서의 장이나 지방자치단체의 장은 국유재산에 대하여 도시관리계획을 결정 · 변경하거나 다른 법률에 따라 이용 및 보전에 관한 제한을 하는 경우 대통령령으로 정하는 바에 따라 미리 해당 국유재산을 소관하는 총괄청이나 중앙관서의 장과 협의하여야 한다.
2. 중앙관서의 장 등은 공공시설의 귀속에 관한 사항이 포함된 개발행위에 관한 인 · 허가 등을 하려는 자에게 의견을 제출하려는 경우에는 대통령령으로 정하는 바에 따라 총괄청과 미리 협의하여야 한다.
3. 총괄청이나 중앙관서의 장 등은 국유재산을 효율적으로 관리하고 그 활용도를 높이기 위하여 필요하다고 인정하는 경우 도시관리계획의 입안권자에게 해당 도시관리계획의 변경을 요청할 수 있다.

*** 심화**
I. 총괄청 및 감사원과 협의해야 하는 경우
1. 중앙관서의 장이 「국가재정법」에 따라 설치된 특별회계와 기금의 재원으로 공용재산 용도의 토지나 건물을 매입하려는 경우에는 총괄청과 협의하여야 한다.
2. 각 중앙관서의 장은 국유재산의 관리 · 처분에 관련된 법령을 제정 · 개정하거나 폐지하려면 그 내용에 관하여 총괄청 및 감사원과 협의하여야 한다.
3. 일반재산은 개척 · 매립 · 간척 또는 조림 사업을 시행하기 위하여 그 사업의 완성을 조건으로 대통령령으로 정하는 바에 따라 대부 · 매각 또는 양여를 예약할 수 있다. 중앙관서의 장등이 그 재산의 매각이나 양여를 예약하려는 경우에는 총괄청과 협의하여야 한다.
4. 중앙관서의 장이 소관 특별회계나 기금에 속하는 일반재산 중 대통령령으로 정하는 일반재산을 매각하려는 경우에는 총괄청과 협의하여야 한다.
5. 중앙관서의 장등은 일반재산을 양여하려면 총괄청과 협의하여야 한다.
6. 중앙관서의 장이 소관 특별회계나 기금에 속하는 일반재산을 개발하려는 경우에는 신탁업자의 선정, 신탁기간, 신탁보수, 자금차입의 한도, 시설물의 용도 등에 대하여 대통령령으로 정하는 바에 따라 총괄청과 협의하여야 한다.
7. 수탁자가 개발하려는 경우에는 위탁기간, 위탁보수, 자금차입의 한도, 시설물의 용도 등에 대하여 대통령령으로 정하는 바에 따라 총괄청이나 중앙관서의 장의 승인을 받아야 한다. 중앙관서의 장이 개발을 승인하려는 경우에는 대통령령으로 정하는 바에 따라 총괄청과 협의하여야 한다.
8. 정부배당대상기업은 정부배당을 결정하는 경우 이사회 · 주주총회 등 정부배당결정 관련 절차를 거치기 전에 총괄청과 중앙관서의 장과 각각 미리 협의하여야 한다.
9. 중앙관서의 장이나 지방자치단체의 장은 국유재산에 대하여 도시관리계획을 결정 · 변경하거나 다른 법률에 따라 이용 및 보전에 관한 제한을 하는 경우 대통령령으로 정하는 바에 따라 미리 해당 국유재산을 소관하는 총괄청이나 중앙관서의 장과 협의하여야 한다.
10. 중앙관서의 장 등(다른 법령에 따라 국유재산의 관리 · 처분에 관한 사무를 위임 또는 위탁받은 자를 포함한다)은 국유재산인 공공시설의 귀속에 관한 사항이 포함된 개발행위에 관한 인 · 허가 등을 하려는 자에게 의견을 제출하려는 경우에는 대통령령으로 정하는 바에 따라 총괄청과 미리 협의하여야 한다.

II. 총괄청 및 감사원에 보고해야 하는 경우
1. 중앙관서의 장 등이 일반재산을 교환하는 경우에는 감사원에 보고하여야 한다.
2. 중앙관서의 장 등의 소관에 속하는 국유재산이 멸실되거나 철거된 경우에는 지체 없이 그 사실을 총괄청과 감사원에 보고하여야 한다.

III. 총괄청 승인이 필요한 경우
1. 중앙관서의 장이 국유재산을 행정재산으로 사용하려는 경우
2. 일반재산의 관리 · 처분에 관한 사무를 위임 · 위탁받은 자가 개발하려는 경우
3. 일반재산의 관리 · 처분에 관한 사무를 위임 · 위탁받은 자가 해당 일반재산의 대부료를 면제하려는 경우, 매각하려는 경우, 교환하려는 경우, 양여하려는 경우
4. 중앙관서의 장 등이 신탁 개발하려는 경우 신탁계약을 체결하기 전에 신탁계약의 내용을 명백히 하여 총괄청과 협의하거나 총괄청의 승인을 받아야 한다.

건축법

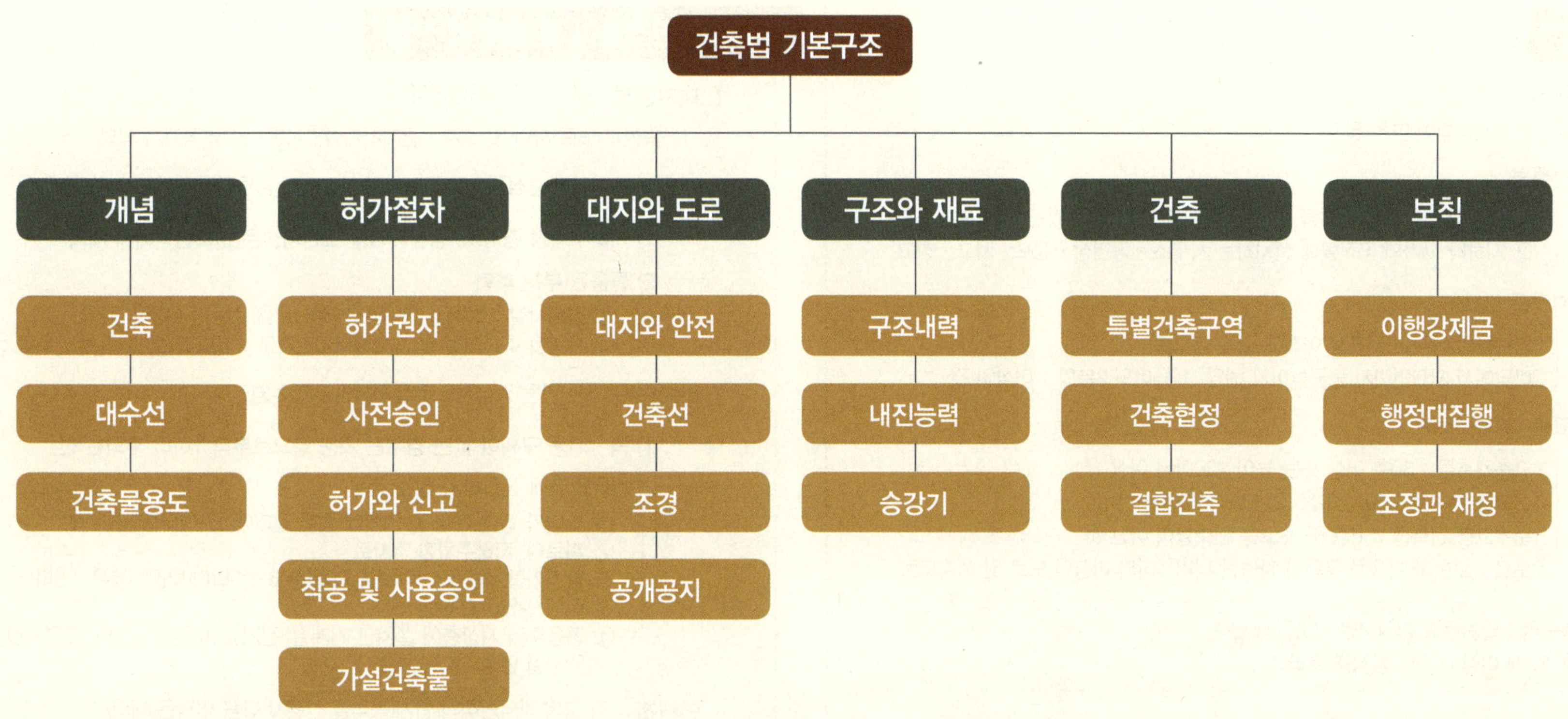

건축법 기본구조
개념
허가절차
대지와 도로
구조와 재료
건축
보칙
건축
허가권자
대지와 안전
구조내력
특별건축구역
이행강제금
대수선
사전승인
건축선
내진능력
건축협정
행정대집행
건축물용도
허가와 신고
조경
승강기
결합건축
조정과 재정
착공 및 사용승인
공개공지
가설건축물

필수개념

1. 대지
공간정보관리법에 따른 필지

2. 건축물
① 토지에 정착하는 공작물 중 지붕과 기둥 또는 벽이 있는 것(시설물 포함)
② 지하나 고가의 공작물에 설치하는 사무소·공연장·점포·차고·창고

3. 지하층 (33회)
건축물의 바닥이 지표면 아래에 있는 층으로
바닥에서 지표면까지 평균높이가 해당 층 높이의 2분의 1 이상인 것

4. 고층 (32회, 35회)
고층건축물 : 30층 이상 또는 높이 120미터 이상
초고층 건축물 : 50층 이상 또는 높이 200미터 이상
준초고층 건축물 : 고층 중 초고층 건축물이 아닌 것
도로 : 보행과 자동차 통행이 가능한 너비 4미터 이상의 도로 및 예정도로

특별건축구역 : 조화롭고 창의적인 건축물의 건축
결합건축 : 2개 이상 대지의 용적률 결합

---

* 건축법 적용 제외 (30회)

① 지정문화유산, 임시지정문화유산, 천연기념물(임시지정 포함), 임시지정명승, 임시지정시·도자연유산, 임시자연유산자료
② 철도나 궤도의 선로 부지에 있는 다음 시설
　가. 운전보안시설
　나. 철도 선로의 위나 아래를 가로지르는 보행시설
　다. 플랫폼
　라. 해당 철도 또는 궤도사업용 급수·급탄 및 급유 시설
③ 고속도로 통행료 징수시설
④ 컨테이너 간이창고(공장용도 + 이동이 쉬운 것)
⑤ 하천구역 내 수문조작실

---

* 심화 : 면적높이 및 층수의 산정

1. 대지면적 : 대지의 수평투영면적
(건축선과 도로 사이 및 도시·군계획시설면적은 대지면적에서 제외)

2. 건축면적 : 외벽 중심선으로 둘러싸인 부분의 수평투영면적
1) 지하주차장 경사로, 생활폐기물 보관시설은 건축면적에서 제외
2) 돌출된 부분 후퇴
　① 전통사찰 : 4미터, ② 축사 : 3미터, ③ 한옥 : 2미터
　④ 자동차 충전시설 및 제로에너지건축물 : 2미터, ⑤ 그 밖의 건축물 : 1미터

3. 바닥면적 : 벽, 기둥 중심선으로 둘러싸인 수평투영면적
1) 벽·기둥 구획이 없는 경우는 지붕 끝으로부터 1미터 후퇴한 선
2) 바닥면적에 산입하지 않는 경우
　① 노대가 접한 가장 긴 외벽에 접한 길이에 1.5미터를 곱한 값
　② 피로티, 지하주차장 경사로
　③ 승강기탑, 계단탑, 장식탑, 다락[층고 1.5미터(박공지붕은 1.8미터) 이하]은 바닥면적에 산입하지 않음
　④ 공동주택 지상층에 설치한 기계실, 전기실, 어린이놀이터, 조경시설, 생활폐기물 보관시설 면적

4. 연면적 : 각 층의 바닥면적의 합계(용적률 산정시 다음 면적은 제외)
지하층, 지상층의 주차용(부속용도인 경우), 피난안전구역(초고층·준초고층), 경사지붕 아래 대피공간

5. 건축물의 높이 : 지표면으로부터 그 건축물의 상단까지의 높이(1층 필로티 높이 제외)
승강기탑·계단탑·망루·장식탑·옥탑 등 건축면적의 8분의 1(전용 $85m^2$ 이하 공동주택은 6분의 1) 이하인 경우는 12미터를 넘는 부분만 높이에 산입

6. 층고 : 방의 바닥구조체 윗면으로부터 위층 바닥구조체의 윗면까지의 높이

7. 층수
1) 층의 구분이 명확하지 아니한 경우에는 4미터마다 하나의 층
2) 건축물이 부분에 따라 층수가 다른 경우에는 가장 많은 층수
3) 승강기탑, 계단탑, 망루, 장식탑, 옥탑면적의 합계가 건축면적의 8분의 1(전용 $85m^2$ 이하 공동주택은 6분의 1) 이하인 경우 및 지하층은 층수에 산입하지 않음
4) 지하층은 층수에 산입하지 아니한다.

구분	대상건축물 또는 지역	적용이 제외되는 내용
건축법 전면 적용지역	도시지역, 지구단위계획구역(도시지역 내, 밖), 동이나 읍(섬의 경우는 500명 이상)	–
전면 부적용 건축물 [철도역사 ×]	1. 지정문화유산, 임시지정문화유산, 천연기념물(임시지정 포함), 임시지정명승, 임시지정 시·도 자연유산, 임시자연유산자료 2. 철도 또는 궤도의 선로 부지에 있는 운전보안시설, 철도 선로의 위아래를 횡단하는 보행시설, 플랫폼, 해당 철도 또는 궤도사업용 급수·급탄 및 급유시설 3. 고속도로 통행료징수시설 4. 컨테이너를 이용한 간이창고(공장용도, 건축물의 대지 안에 설치, 이동이 쉬운 것) 5. 하천구역 내의 수문조작실	건축법 전체 부적용
일부 부적용 건축물	도시·군계획시설로 결정된 도로의 예정지 안에 건축하는 건축물	• 도로의 지정·폐지 또는 변경 • 건축선의 지정 • 건축선에 따른 건축제한
일부 부적용 지역	도시지역 및 지구단위계획구역 외의 지역 중 동이나 읍의 지역(섬의 경우에는 그 인구가 500명 이상인 경우만 해당) 외의 지역	• 대지와 도로의 관계 • 도로의 지정·폐지 또는 변경 • 건축선의 지정 • 건축선에 따른 건축제한 • 방화지구 안의 건축물 • 대지의 분할 제한

| 건축물

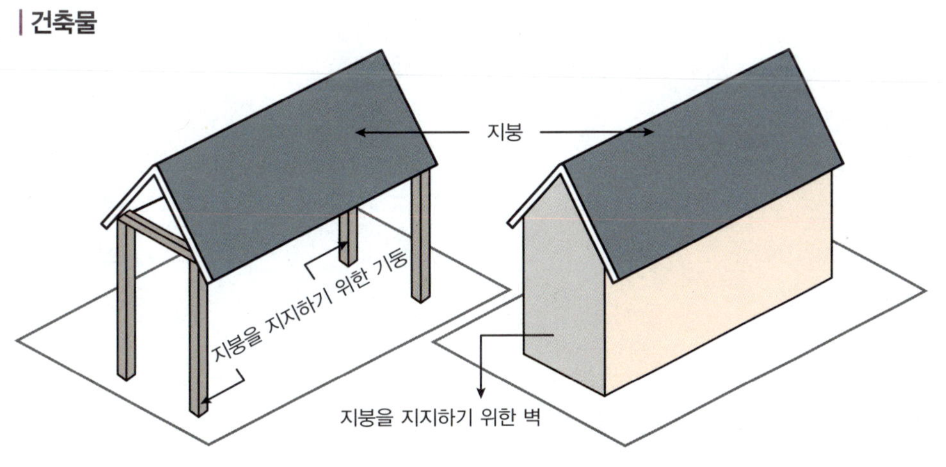

| 건축물 주요구조부

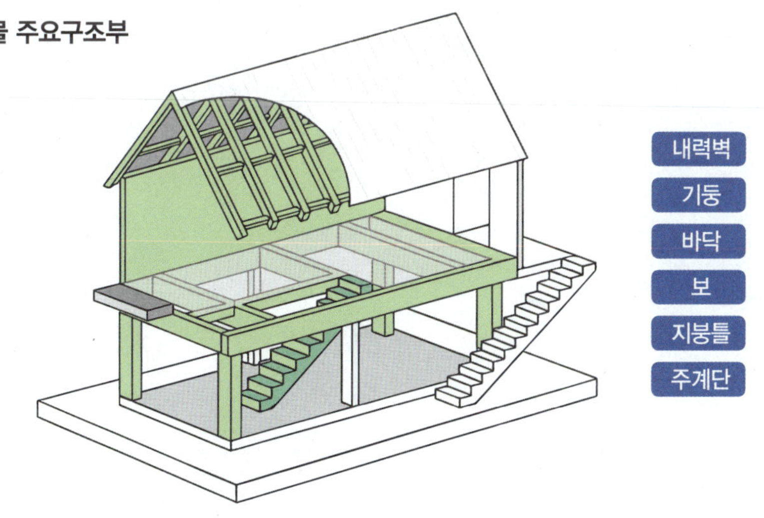

| 지하에 설치하는 사무소 등

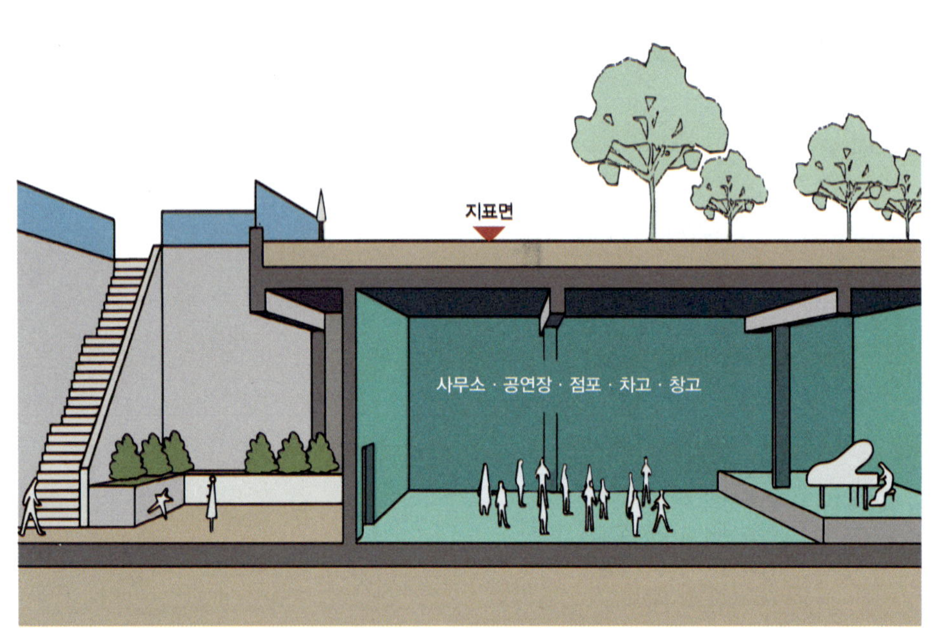

| 고가에 설치하는 사무소 등

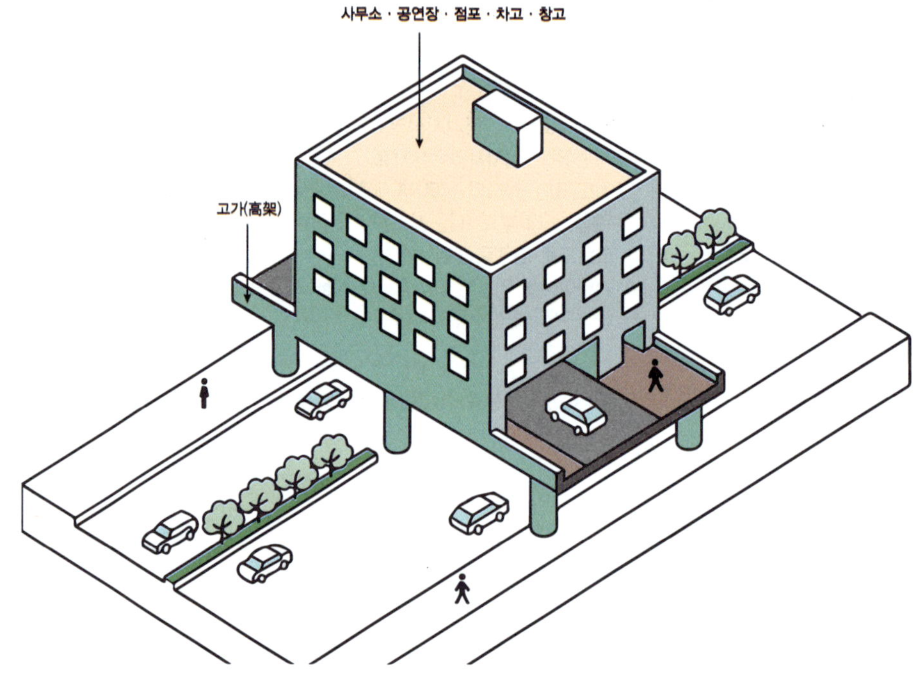

www.pmg.co.kr

1. 건축

건축 : 신축 · 증축 · 개축 · 재축 · 이전 (32회, 35회)

(1) 신축 : 나대지(기존 건축물 해체 · 멸실된 대지 포함)에 새로 건축물을 축조하는 것 (해체 및 멸실의 경우에는 전부 해체 및 멸실 후 종전 규모보다 크게 건축하는 경우를 말함)
(부속건축물만 있는 대지에 새로 주된 건축물을 축조하는 것 포함하되, 개축 또는 재축은 제외)

(2) 증축 : 건축물의 건축면적, 연면적, 층수 또는 높이를 늘리는 것

(3) 개축 : 건축물의 전부 또는 일부[내력벽 · 기둥 · 보 · 지붕틀(한옥 서까래는 제외) 중 셋 이상이 포함되는 경우]를 해체하고 종전과 동일규모 건축

(4) 재축 : 천재지변 · 재해로 멸실된 경우 다시 축조
  - 가. 연면적 합계는 종전 규모 이하로 할 것
  - 나. 동수, 층수 및 높이는 다음의 어느 하나에 해당할 것
    - 1) 동수, 층수 및 높이가 모두 종전 규모 이하일 것
    - 2) 동수, 층수 또는 높이의 어느 하나가 종전 규모를 초과하는 경우에는 해당 동수, 층수 및 높이가 건축법 또는 조례에 적합할 것

(5) 이전 : 주요구조부의 해체 없이 대지 내의 다른 위치로 옮기는 것

2. 대수선 (34회)

> * **주요구조부** : 내력벽, 기둥, 바닥, 보, 지붕틀 및 주계단
> (사이 기둥, 최하층 바닥, 작은 보, 차양, 옥외 계단 및 구조상 중요하지 아니한 부분은 제외)
> * **대수선**(증축 · 개축 또는 재축에 해당하지 않는 것)

(1) 증설 · 해체 및 세 개 이상 수선 · 변경
  - ① 지붕틀(서까래 제외)
  - ② 기둥
  - ③ 보

(2) 증설 · 해체 및 30m² 이상 수선 · 변경
  - ④ 내력벽
  - ⑤ 외벽에 사용하는 마감재료(방화에 지장이 없는 재료)

(3) 증설 · 해체 및 수선 · 변경 → 방화 계단 경계
  - ⑥ 방화벽 및 방화구획을 위한 바닥 또는 벽
  - ⑦ 주계단 · 피난계단 또는 특별피난계단
  - ⑧ 다가구주택의 가구 간 경계벽 또는 다세대주택의 세대 간 경계벽

추가 주요 개념

1. "건축물의 용도" : 건축물의 종류를 유사한 구조, 이용 목적 및 형태별로 묶어 분류한 것
2. "거실" : 건축물 안에서 거주, 집무, 작업, 집회, 오락, 그 밖에 이와 유사한 목적을 위하여 사용되는 방
3. "대수선" : 건축물의 기둥, 보, 내력벽, 주계단 등의 구조나 외부 형태를 수선 · 변경하거나 증설하는 것
4. "리모델링" : 건축물의 노후화를 억제하거나 기능 향상 등을 위하여 대수선하거나 건축물의 일부를 증축 또는 개축하는 행위
5. "특수구조건축물"
   - 가. 한쪽 끝은 고정되고 다른 끝은 지지(支持)되지 아니한 구조로 된 보 · 차양 등이 외벽(외벽이 없는 경우에는 외곽 기둥을 말한다)의 중심선으로부터 3미터 이상 돌출된 건축물
   - 나. 기둥과 기둥 사이의 거리(기둥의 중심선 사이의 거리를 말하며, 기둥이 없는 경우에는 내력벽과 내력벽의 중심선 사이의 거리를 말한다.)가 20미터 이상인 건축물 (35회)
   - 다. 무량판 구조(보가 없이 바닥판 · 기둥으로 구성된 구조를 말한다.)를 가진 건축물로서 무량판 구조인 어느 하나의 층에 수직으로 배치된 주요구조부의 전체 단면적에서 보가 없이 배치된 기둥의 전체 단면적이 차지하는 비율이 4분의 1 이상인 건축물
   - 라. 특수한 설계 · 시공 · 공법 등이 필요한 건축물로서 국토교통부장관이 정하여 고시하는 구조로 된 건축물
6. "도로"란 보행과 자동차 통행이 가능한 너비 4미터 이상의 도로(지형적으로 자동차 통행이 불가능한 경우와 막다른 도로의 경우에는 대통령령으로 정하는 구조와 너비의 도로)나 그 예정도로를 말한다. └─ "뒷 페이지 참조"
   - 가. 「국토의 계획 및 이용에 관한 법률」, 「도로법」, 「사도법」, 그 밖의 관계 법령에 따라 신설 또는 변경에 관한 고시가 된 도로
   - 나. 건축허가 또는 신고 시에 특별시장 · 광역시장 · 특별자치시장 · 도지사 · 특별자치도지사 또는 시장 · 군수 · 구청장이 위치를 지정하여 공고한 도로(= 토지보상법상 사실상 사도)

＊ 대통령령으로 정하는 구조와 너비의 도로

1. 특별자치시장·특별자치도지사 또는 시장·군수·구청장이 지형적 조건으로 인하여 차량 통행을 위한 도로의 설치가 곤란하다고 인정하여 그 위치를 지정·공고하는 구간의 너비 3미터 이상(길이가 10미터 미만인 막다른 도로인 경우에는 너비 2미터 이상)인 도로

– 너비 3미터 이상

– 길이 10미터 미만인 막다른 도로인 경우

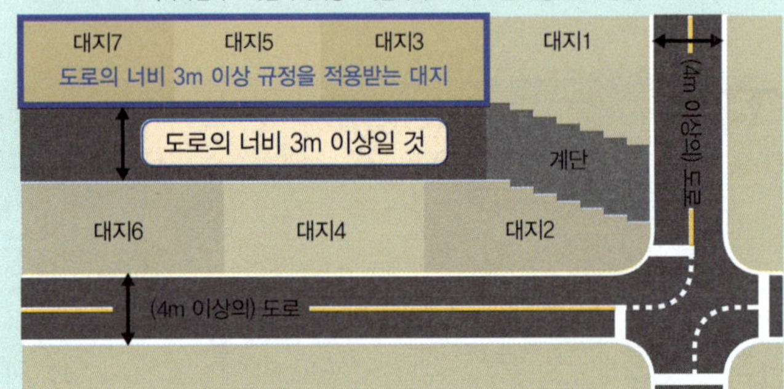

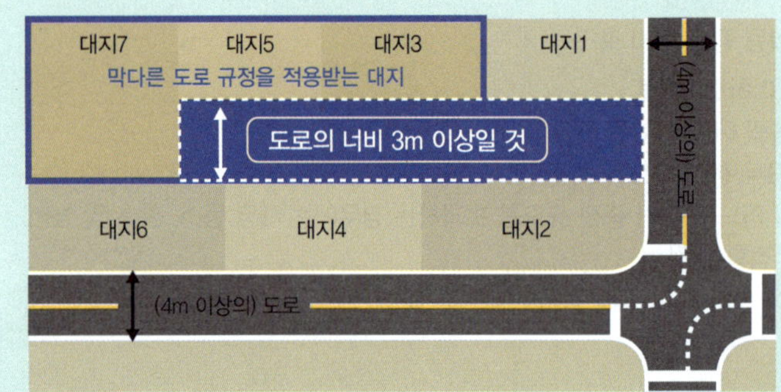

2. 제1호에 해당하지 아니하는 막다른 도로로서 그 도로의 너비가 그 길이에 따라 각각 다음 표에 정하는 기준 이상인 도로

막다른 도로의 길이	도로의 너비
10미터 미만	2미터
10미터 이상 35미터 미만	3미터
35미터 이상	6미터 (도시지역이 아닌 읍·면지역은 4미터)

* 건축위원회
  – 국토교통부장관, 시·도지사 및 시장·군수·구청장은 건축위원회를 두어야 함.
  – 아래의 전문위원회를 두어 운영할 수 있음.
  1. 건축분쟁전문위원회(국토교통부에 설치하는 건축위원회에 한정한다)
  2. 건축민원전문위원회(시·도 및 시·군·구에 설치하는 건축위원회에 한정한다)
  3. 건축계획·건축구조·건축설비 등 분야별 전문위원회

* 건축위원회의 건축 심의 등(건축·대수선을 하는 경우)
  시·도지사 또는 시장·군수·구청장에게 건축위원회 심의 신청 → 심의결과 통보 → 1개월 이
  내에 시·도지사 또는 시장·군수·구청장에게 건축위원회의 재심의 신청가능 → 15일 이내에
  건축위원회에 재심의 안건을 상정하고, 재심의 결과를 통보해야 함.

* 건축위원회 회의록의 공개
  건축위원회의 심의 결과를 통보한 날부터 6개월까지 공개를 요청한 자에게 열람 또는 사본을 제
  공하는 방법으로 공개하여야 한다. 개인 식별 정보에 관한 부분의 경우에는 그러하지 아니하다.

* 건축민원전문위원회
  – 건축법령의 운영 및 집행에 관한 민원(건축허가권자의 처분이 완료되기 전의 것으로 한정)을
    심의하기 위해 건축민원전문위원회 설치
  – 시·도지사가 설치하는 건축민원전문위원회(광역지방건축민원전문위원회)와 시장·군수·구
    청장이 설치하는 건축민원전문위원회(기초지방건축민원전문위원회)로 구분함
  – 건축물의 건축 등과 관련된 질의민원의 심의를 신청하려는 자는 문서로 신청하되, 특별한 사정
    이 있는 경우에는 구술로 신청할 수 있다.
    → 건축민원전문위원회는 신청인의 질의민원을 받으면 15일 이내(15일 범위 내 연장 가능)에
      심의절차를 마쳐야 한다.
    → 건축민원전문위원회는 민원심의의 결정내용을 지체 없이 신청인 및 해당 허가권자 등에게
      통지하여야 한다.
    → 심의 결정내용을 통지받은 허가권자 등은 이를 존중하여야 하며, 통지받은 날부터 10일 이
      내에 그 처리결과를 해당 건축민원전문위원회에 통보하여야 한다.
    → 처리결과를 통보받은 건축민원전문위원회는 신청인에게 그 내용을 지체없이 통보하여야 한다.
  – 건축민원전문위원회는 심의에 필요하다고 인정하면 위원 또는 사무국의 소속 공무원에게 관계
    서류를 열람하게 하거나 관계 사업장에 출입하여 조사하게 할 수 있다.
  – 건축민원전문위원회는 필요하다고 인정하면 신청인, 허가권자의 업무담당자, 이해관계자 또는
    참고인을 위원회에 출석하게 하여 의견을 들을 수 있다.

* 심화 : 둘 이상의 필지를 하나의 대지로 보는 경우와 하나 이상의 필지의 일부를 하나의 대지로
  할 수 있는 경우

* 둘 이상의 필지를 하나의 대지로 할 수 있는 토지
  1. 하나의 건축물을 두 필지 이상에 걸쳐 건축하는 경우
  2. 공간정보법상 합병이 불가한 경우 중 다음 어느 하나에 해당하는 경우 : 그 합병이 불가능한 필지의
     토지를 합한 토지. 다만, 토지의 소유자가 서로 다르거나 소유권 외의 권리관계가 서로 다른 경우는
     제외한다.
     가. 각 필지의 지번부여지역이 서로 다른 경우
     나. 각 필지의 도면의 축척이 다른 경우
     다. 서로 인접하고 있는 필지로서 각 필지의 지반이 연속되지 아니한 경우
  3. 도시·군계획시설이 설치되는 일단의 토지
  4. 주택법에 따라 주택과 그 부대시설 및 복리시설을 건축하는 경우(주택단지)
  5. 도로의 지표 아래에 건축하는 건축물의 경우(예 : 지하상가)
  6. 사용승인 신청 시 둘 이상의 필지를 하나의 필지로 합칠 것을 조건으로 건축허가를 하는 경우(토지
     소유자가 다른 경우는 제외)

* 필지의 일부를 하나의 대지로 할 수 있는 토지
  1. 도시·군계획시설이 결정·고시된 부분의 토지
  2. 농지 및 산지전용허가를 받은 부분의 토지
  3. 개발행위허가를 받은 경우
  4. 사용승인신청 시 필지를 나눌 것을 조건으로 하는 건축허가

* 심화 : 신고대상 공작물
  공작물을 축조(건축물과 분리하여 축조하는 것)하려는 자는 특별자치시장·특별자치도지사 또는 시
  장·군수·구청장에게 신고해야 함.
  1. 높이 2미터를 넘는 옹벽 또는 담장
  2. 높이 4미터를 넘는 장식탑, 기념탑, 첨탑, 광고탑, 광고판
  3. 높이 6미터를 넘는 굴뚝
  4. 높이 6미터를 넘는 골프연습장 등의 운동시설을 위한 철탑, 주거지역·상업지역에 설치하는 통신용
     철탑
  5. 높이 8미터를 넘는 고가수조나 그 밖에 이와 비슷한 것
  6. 높이 8미터(위험을 방지하기 위한 난간의 높이는 제외한다) 이하의 기계식 주차장 및 철골 조립식
     주차장(바닥면이 조립식이 아닌 것을 포함한다)으로서 외벽이 없는 것
  7. 높이 5미터를 넘는 태양에너지를 이용하는 발전설비
  8. 바닥면적 30제곱미터를 넘는 지하대피호

건축물의 용도 : 건축물의 종류를 유사한 구조, 이용 목적 및 형태별로 묶어 분류한 것 (29회, 31회)

시설군	용도분류	비고
1. 자동차 관련 시설군	자동차 관련 시설	① 상위시설로 이동하는 경우는 허가대상
2. 산업 등 시설군	운수시설, 창고시설, 공장, 위험물저장 및 처리시설, 자원순환 관련 시설, 묘지 관련 시설, 장례시설	② 하위시설로 이동하는 경우는 신고대상 ③ 시설 내에서 이동하는 경우는 기재사항 변경
3. 전기통신시설군	방송통신시설, 발전시설	복수용도 가능(복수용도 : 같은 시설군 내에서 허용함이 원칙이나 지방건축위원회의 심의를 거쳐 다른 시
4. 문화집회시설군	문화 및 집회시설, 종교시설, 위락시설, 관광휴게시설	설군의 용도 간의 복수용도를 허용할 수 있다)
5. 영업시설군	판매시설, 운동시설, 숙박시설, 제2종 근린생활시설 중 다중생활시설	④ 기재사항 변경신청 제외 : 건축법 시행령 [별표] 건축물의 종류 같은 호에 속하는 건축물 용도변경
6. 교육 및 복지시설군	의료시설, 교육연구시설, 노유자시설, 수련시설, 야영장 시설	(예) 단독주택 → 다가구) 및 법령에서 정하는 용도제한에 적합한 범위에서 제1종·제2종 근린생활시설
7. 근린생활시설군	제1종 근린생활시설, 제2종 근린생활시설(다중생활시설은 제외)	상호 간의 용도변경
8. 주거업무시설군 (36회)	단독주택, 공동주택, 업무시설, 교정시설, 국방·군사시설	* 동물원, 식물원, 수족관은 문화집회시설임
9. 그 밖의 시설군	동물 및 식물 관련 시설(축사, 가축시설, 도축장, 작물재배사, 화초 및 분재 등의 온실 등)	

* 허가나 신고 대상인 경우로서 용도변경하려는 부분의 바닥면적의 합계가 100제곱미터
  이상인 경우는 사용승인 신청
  (다만, 용도변경하려는 부분의 바닥면적의 합계가 500제곱미터 미만으로서 대수선에 해
  당되는 공사를 수반하지 아니하는 경우에는 그러하지 아니하다)
  → 허가 대상인 경우로서 용도변경하려는 부분의 바닥면적의 합계가 500제곱미터 이상
    인 용도변경의 설계에 관하여는 건축물의 설계(건축사 설계대상)를 준용한다. 단 1층
    인 축사를 공장으로 용도변경하는 경우로서 증축·개축 또는 대수선이 수반되지 아
    니하고 구조 안전이나 피난 등에 지장이 없는 경우는 제외한다.

* 용도변경 제한가능
  1. 국토교통부장관
     국토관리를 위하여 특히 필요하다고 인정거나 주무부장관이 국방, 국가유산의 보존, 환경보전
     또는 국민경제를 위하여 특히 필요하다고 인정하여 요청하는 경우
  2. 특별시장·광역시장·도지사
     지역계획이나 도시·군계획에 특히 필요하다고 인정되는 경우

* 다중이용 : (1) 또는 (2) 문종판 운의숙 (36회)

(1) 다음 용도 중 바닥면적 합계 5천m² 이상인 건축물

① 문화 및 집회시설(동물원 및 식물원은 제외)
② 종교시설
③ 판매시설
④ 운수시설 중 여객용 시설
⑤ 의료시설 중 종합병원
⑥ 숙박시설 중 관광숙박시설

(2) 16층 이상인 건축물 (35회)

* 준다중이용

다중이용 건축물 외의 건축물 & 바닥면적 1천m² 이상 건축물

① 문화 및 집회시설(동물원 및 식물원은 제외)
② 종교시설
③ 판매시설
④ 운수시설 중 여객용 시설
⑤ 의료시설 중 종합병원
⑥ 교육연구시설
⑦ 노유자시설
⑧ 운동시설
⑨ 숙박시설 중 관광숙박시설
⑩ 위락시설
⑪ 관광 휴게시설
⑫ 장례시설

문종판 운의숙
ㅣ ㅣ
노유 자
ㅣ ㅣ
관광 교육
장례 운동
 위락

1. 단독주택

가. 단독주택

나. 다중주택(①~④ 모두 충족 and 요건)

　① 학생 또는 직장인 등 여러 사람이 장기간 거주할 수 있는 구조 + ② 독립된 주거의 형태를 갖추지 않은 것(욕실설치는 가능하나 취사시설 설치는 안됨) + ③ 660제곱미터 이하 + ④ 3개 층 이하

다. 다가구주택(3개 층 이하 + 660제곱미터 이하 + 19세대 이하)

라. 공관(公館)

2. 공동주택

가. 아파트 : 주택으로 쓰는 층수가 5개 층 이상인 주택

나. 연립주택 : 주택으로 쓰는 1개 동의 바닥면적 합계 660제곱미터 초과 + 4개 층 이하인 주택

다. 다세대주택 : 주택으로 쓰는 1개 동의 바닥면적 합계 660제곱미터 이하 + 4개 층 이하인 주택

라. 기숙사(일반기숙사, 임대형기숙사)

3. 제1종 근린생활시설

가. 이용원, 미용원, 목욕장, 세탁소

나. 의원, 치과의원, 한의원, 침술원, 접골원(接骨院), 조산원, 안마원, 산후조리원 등 주민의 진료 · 치료 등을 위한 시설

다. 탁구장, 체육도장으로서 같은 건축물에 해당 용도로 쓰는 바닥면적의 합계가 500제곱미터 미만인 것

라. 금융업소, 사무소, 부동산중개사무소, 결혼상담소 등 소개업소, 출판사 등 일반업무시설로서 같은 건축물에 해당 용도로 쓰는 바닥면적의 합계가 30제곱미터 미만인 것

4. 제2종 근린생활시설

가. 공연장(극장, 영화관, 연예장, 음악당, 서커스장, 비디오물감상실, 비디오물소극장)으로서 같은 건축물에 해당 용도로 쓰는 바닥면적의 합계가 500제곱미터 미만인 것

나. 자동차영업소로서 같은 건축물에 해당 용도로 쓰는 바닥면적의 합계가 1천제곱미터 미만인 것

다. 서점(제1종 근린생활시설에 해당하지 않는 것), 총포판매소, 사진관, 표구점

라. 일반음식점

마. 장의사, 동물병원, 동물미용실

바. 학원(자동차학원 · 무도학원 및 정보통신기술을 활용하여 원격으로 교습하는 것 제외) 교습소(자동차교습 · 무도교습 및 정보통신기술을 활용하여 원격으로 교습하는 것 제외), 직업훈련소(운전 · 정비 관련 직업훈련소 제외)로서 같은 건축물에 해당 용도로 쓰는 바닥면적의 합계가 500제곱미터 미만인 것

사. 독서실, 기원

아. 금융업소, 사무소, 부동산중개사무소, 결혼상담소 등 소개업소, 출판사 등 일반업무시설로서 같은 건축물에 해당 용도로 쓰는 바닥면적의 합계가 500제곱미터 미만인 것(제1종 근린생활시설에 해당하는 것은 제외한다.)

자. 단란주점으로서 같은 건축물에 해당 용도로 쓰는 바닥면적의 합계가 150제곱미터 미만인 것

차. 안마시술소, 노래연습장

5. 문화 및 집회시설

공연장, 집회장(예식장 등), 관람장(경마장, 경륜장, 경정장, 자동차 경기장), 전시장(박물관, 미술관, 과학관, 문화관, 체험관, 기념관, 산업전시장, 박람회장), 동 · 식물원(동물원, 식물원, 수족관)

6. 종교시설

종교집회장, 종교집회장에 설치하는 봉안당(奉安堂)

7. 판매시설

도매시장(농수산물도매시장, 농수산물공판장), 소매시장

8. 운수시설

여객자동차터미널, 철도시설, 공항시설, 항만시설

9. 의료시설

가. 병원(종합병원, 병원, 치과병원, 한방병원, 정신병원 및 요양병원을 말한다)

나. 격리병원(전염병원, 마약진료소, 그 밖에 이와 비슷한 것을 말한다)

10. 교육연구시설(제2종 근린생활시설에 해당하는 것은 제외한다)

가. 학교(유치원, 초등학교, 중학교, 고등학교, 전문대학, 대학, 대학교)

나. 직업훈련소(운전 및 정비 관련 직업훈련소는 제외한다)

다. 도서관

11. 노유자시설

가. 아동 관련 시설(어린이집, 아동복지시설)

나. 노인복지시설(단독주택과 공동주택에 해당하지 아니하는 것을 말한다)

12. 수련시설

청소년수련관, 청소년문화의집, 청소년특화시설, 청소년야영장, 유스호스텔 야영장 시설로서 제29호에 해당하지 아니하는 시설

13. 운동시설

가. 탁구장, 체육도장, 테니스장, 체력단련장, 에어로빅장, 볼링장, 당구장, 실내낚시터, 골프연습장, 놀이형시설

나. 체육관으로서 관람석이 없거나 관람석의 바닥면적이 1천제곱미터 미만인 것

다. 운동장(육상장, 구기장, 볼링장, 수영장, 스케이트장, 롤러스케이트장, 승마장, 사격장, 궁도장, 골프장 등과 이에 딸린 건축물을 말한다)으로서 관람석이 없거나 관람석의 바닥면적이 1천 제곱미터 미만인 것

14. 업무시설

가. 공공업무시설(국가 또는 지방자치단체의 청사와 외국공관의 건축물)

나. 일반업무시설: 다음 요건을 갖춘 업무시설을 말한다.
    1) 금융업소, 사무소, 결혼상담소 등 소개업소, 출판사, 신문사, 그 밖에 이와 비슷한 것으로서 제1종 근린생활시설 및 제2종 근린생활시설에 해당하지 않는 것
    2) 오피스텔(업무를 주로 하며, 분양하거나 임대하는 구획 중 일부 구획에서 숙식을 할 수 있도록 한 건축물로서 국토교통부장관이 고시하는 기준에 적합한 것을 말한다)

15. 숙박시설

가. 일반숙박시설 및 생활숙박시설
나. 관광숙박시설(관광호텔, 수상관광호텔, 한국전통호텔, 가족호텔, 호스텔, 소형호텔, 의료관광호텔 및 휴양 콘도미니엄)
다. 다중생활시설(제2종 근린생활시설에 해당하지 아니하는 것을 말한다)

16. 위락시설

가. 단란주점으로서 제2종 근린생활시설에 해당하지 아니하는 것
나. 유흥주점이나 그 밖에 이와 비슷한 것
다. 무도장, 무도학원
라. 카지노영업소

17. 공장

물품의 제조·가공[염색·도장(塗裝)·표백·재봉·건조·인쇄 등을 포함한다] 또는 수리에 계속적으로 이용되는 건축물로서 제1종 근린생활시설, 제2종 근린생활시설, 위험물저장 및 처리시설, 자동차 관련 시설, 자원순환 관련 시설 등으로 따로 분류되지 아니한 것

18. 창고시설(위험물 저장 및 처리 시설 또는 그 부속용도에 해당하는 것은 제외한다)

가. 창고(물품저장시설로서 「물류정책기본법」에 따른 일반창고와 냉장 및 냉동 창고를 포함한다)
나. 하역장
다. 「물류시설의 개발 및 운영에 관한 법률」에 따른 물류터미널
라. 집배송 시설

19. 위험물 저장 및 처리 시설

가. 주유소(기계식 세차설비를 포함한다) 및 석유 판매소
나. 액화석유가스 충전소·판매소·저장소(기계식 세차설비를 포함한다)
다. 위험물 제조소·저장소·취급소
라. 액화가스 취급소·판매소
마. 유독물 보관·저장·판매시설
바. 고압가스 충전소·판매소·저장소
사. 도료류 판매소
아. 도시가스 제조시설
자. 화약류 저장소

20. 자동차 관련 시설(건설기계 관련 시설을 포함한다)

가. 주차장
나. 세차장
다. 폐차장
라. 검사장
마. 매매장
바. 정비공장
사. 운전학원 및 정비학원(운전 및 정비 관련 직업훈련시설을 포함한다)
아. 「여객자동차 운수사업법」, 「화물자동차 운수사업법」 및 「건설기계관리법」에 따른 차고 및 주기장
자. 전기자동차 충전소로서 제1종 근린생활시설에 해당하지 않는 것

21. 동물 및 식물 관련 시설

가. 축사(양잠·양봉·양어·양돈·양계·곤충사육 시설 및 부화장 등을 포함한다)
나. 가축시설[가축용 운동시설, 인공수정센터, 관리사(管理舍), 가축용 창고, 가축시장, 동물검역소, 실험동물 사육시설, 그 밖에 이와 비슷한 것을 말한다]
다. 도축장
라. 도계장
마. 작물 재배사
바. 종묘배양시설
사. 화초 및 분재 등의 온실
아. 동물 또는 식물과 관련된 가목부터 사목까지의 시설과 비슷한 것(동·식물원은 제외한다)

22. 자원순환 관련 시설

가. 하수 등 처리시설
나. 고물상
다. 폐기물재활용시설
라. 폐기물 처분시설
마. 폐기물감량화시설

23. 교정 및 군사 시설(제1종 근린생활시설에 해당하는 것은 제외한다)

가. 교정시설(보호감호소, 구치소 및 교도소를 말한다)
나. 갱생보호시설, 그 밖에 범죄자의 갱생·보육·교육·보건 등의 용도로 쓰는 시설
다. 소년원 및 소년분류심사원

23의2 국방·군사시설

24. 방송통신시설(제1종 근린생활시설에 해당하는 것은 제외한다)

가. 방송국(방송프로그램 제작시설 및 송신·수신·중계시설을 포함한다)
나. 전신전화국

　다. 촬영소
　라. 통신용 시설
　마. 데이터센터

25. 발전시설
　발전소(집단에너지 공급시설을 포함한다)로 사용되는 건축물.

26. 묘지 관련 시설
　화장시설, 봉안당(종교시설에 해당하는 것은 제외한다), 묘지와 자연장지에 부수되는 건축물, 동물화장
　시설, 동물건조장(乾燥葬)시설 및 동물 전용의 납골시설

27. 관광 휴게시설
　야외음악당, 야외극장, 어린이회관, 관망탑, 휴게소, 공원·유원지 또는 관광지에 부수되는 시설

28. 장례시설
　가. 장례식장(의료시설의 부수시설에 해당하는 것은 제외)
　나. 동물 전용의 장례식장

29. 야영장 시설
　「관광진흥법」에 따른 야영장 시설로서 관리동, 화장실, 샤워실, 대피소, 취사시설 등의 용도로 쓰는 바
　닥면적의 합계가 300제곱미터 미만인 것

* 비고 : 안전영향평가 실시 대상
  ① 초고층 건축물
  ② 연면적 10만㎡ 이상 & 16층 이상

1. 사전결정

(1) 사전결정 대상 (29회)

　① 건축허용여부 및 건축물의 규모(건축기준 및 건축제한, 완화)
　② 건축허가를 받기 위하여 신청자가 고려하여야 할 사항

(2) 절차 및 실효

　허가권자에게 사전결정 신청(건축허가 전)
　허가권자는 사전결정일부터 7일 이내에 통지
　2년 이내 건축허가 미신청 시 효력 상실 (28회)

> * "건축위원회 심의 및 교통영향평가서 검토" 동시신청 가능
> * 허가권자는 대지면적이 소규모 환경영향평가 대상사업인 경우 환경부
>   장관 및 지방환경관서의 장과 협의를 해야 함

(3) 의제규정 : 관계 행정기관의 장과 협의(15일 내 의견 제출) (31회)

　① 개발행위허가
　② 산지전용허가 · 신고, 산지일시사용허가 · 신고
　　(다만, 보전산지인 경우에는 도시지역만 해당된다.)
　③ 농지전용허가 · 신고 및 협의
　④ 하천점용허가

3. 허가 및 착공 제한

(1) 제한기간 : 2년 이내 + 1년 연장 가능(1회)

(2) 국토교통부장관 : 국토관리를 위해 필요한 경우 및 주무부장관이 요청
　　하는 경우

(3) 특별시장 · 광역시장 · 도지사 : 지역계획 및 도시 · 군계획에 특히 필요하
　다고 인정하는 경우

　→ 제한 즉시 국토교통부장관에게 보고
　　(제한 내용이 지나치다고 인정하면 해제를 명할 수 있음)

(4) 착공 제한 시 "주민의견 청취 + 건축위원회의 심의"

(5) 허가권자에게 통보 → 지체 없이 공고

2. 건축허가

(1) 허가권자 : 특별자치시장 · 특별자치도지사 또는 시장 · 군수 · 구청장

(2) 특별시장 또는 광역시장이 허가권자가 되는 경우 (28회, 30회, 32회)

　① 21층 이상(연면적 3/10 이상 증축하여 21층 이상 되는 경우 포함)
　② 연면적 10만㎡ 이상(연면적 3/10 이상 증축하여 10만㎡ 이상 되는 경우 포함)
　③ 예외 : 공장, 창고, 지방건축위원회 심의를 거친 건축물(초고층 건축물은 제외)

(3) 시장 · 군수의 경우 도지사의 승인이 필요한 경우

　① 특별시장 또는 광역시장의 허가대상 건축물
　② 자연환경 및 수질보호를 위하여 도지사가 지정한 구역 (30회, 33회, 36회)
　　& 3층 이상 또는 연면적 1천㎡ 이상인 위락시설 및 숙박시설 등 건축물

> * 위락시설과 숙박시설 등
>   공동주택, 제2종 근린생활시설(일반음식점만 해당),
>   업무시설(일반업무시설만 해당), 숙박시설, 위락시설

　③ 주거 및 교육환경 보호를 위해 도지사가 지정 · 공고한 구역 (32회)
　　& 위락시설 및 숙박시설에 해당하는 건축물

(4) 건축위원회의 심의를 거쳐 건축허가를 하지 아니할 수 있는 경우 (28회, 30회)

　① 위락시설 및 숙박시설이 주거환경 및 교육환경을 고려할 때 부적합한 경우 ☆
　② 상습침수 및 우려지역에 거실을 설치하는 것이 부적합한 경우

(5) 건축허가 시 의제사항(공장건축물은 산업집적법상 인 · 허가 등을 받은 것으로 봄)
(30회)

　개발행위허가, 사도개설허가, 농지전용허가 · 신고
　도시 · 군계획시설사업 시행자의 지정 및 실시계획의 인가
　산지전용허가 · 신고, 산지일시사용허가 · 신고(보전산지는 도시지역만 해당)
　도로점용 허가, 하천점용 허가, 배수설비의 설치신고, 초지전용허가 및 신고, 자연공원
　법에 따른 행위신고, 공사용 가설건축물의 축조신고, 공작물의 축조신고

(6) 허가취소사유

　① 허가일부터 2년(공장은 3년) 이내 공사 미착수(→ 정당한 사유 시 1년 연장 가능)
　② 공사에 착수하였으나 공사의 완료가 불가능하다고 인정되는 경우
　③ 착공신고 전에 경 · 공매 등으로 건축주가 대지의 소유권을 상실한 때부터
　　6개월이 지난 이후 공사의 착수가 불가능하다고 판단되는 경우

(7) 건축허가를 받으려는 자는 대지소유권을 확보해야 함(아래 경우는 제외)

① 사용권원을 확보한 경우. 단, 분양을 목적으로 하는 공동주택은 제외 (32회)
② 건축하려는 대지에 포함된 국유지 또는 공유지에 대하여 허가권자가 해당 토지의 관리청이 해당 토지를 건축주에게 매각하거나 양여할 것을 확인한 경우
③ 건축주가 집합건물의 공용부분을 변경하기 위하여 결의가 있었음을 증명한 경우
④ 건축주가 집합건물을 재건축하기 위하여 결의가 있었음을 증명한 경우

5. 허가와 신고사항의 변경

: 건축주 · 설계자 · 공사시공자 또는 공사감리자를 변경하는 경우는 신고대상임 (28회)
(신축 · 증축 · 개축 · 재축 · 이전 또는 용도변경에 해당하지 아니하는 변경은 제외)

4. 건축신고

건축허가 의제

(1) 특별자치시장 · 특별자치도지사 또는 시장 · 군수 · 구청장에게 신고 시 건축허가 의제

① 증축 · 개축 또는 재축 : 바닥면적 합계 85m² 이내(3층 이상인 경우에는 연면적의 10분의 1 이내인 경우로 한정)
② 관리지역, 농림지역 또는 자연환경보전지역에서 연면적이 200제곱미터 미만이고 3층 미만인 건축물의 건축
   (지구단위계획구역, 방재지구 및 붕괴위험지역에서의 건축은 제외)
③ 연면적이 200제곱미터 미만이고 3층 미만인 건축물의 대수선 (34회)
④ 주요구조부의 해체가 없는 등 대통령령으로 정하는 대수선 (34회)
⑤ 그 밖에 소규모 건축물로서 대통령령으로 정하는 건축물의 건축 (34회)

(2) 주요구조부의 해체가 없는 등 대통령령으로 정하는 대수선(심화)

① 내력벽의 면적을 30제곱미터 이상 수선하는 것 (34회)
② 기둥을 세 개 이상 수선하는 것
③ 보를 세 개 이상 수선하는 것 (34회)
④ 지붕틀을 세 개 이상 수선하는 것
⑤ 방화벽 또는 방화구획을 위한 바닥 또는 벽을 수선하는 것
⑥ 주계단 · 피난계단 또는 특별피난계단을 수선하는 것

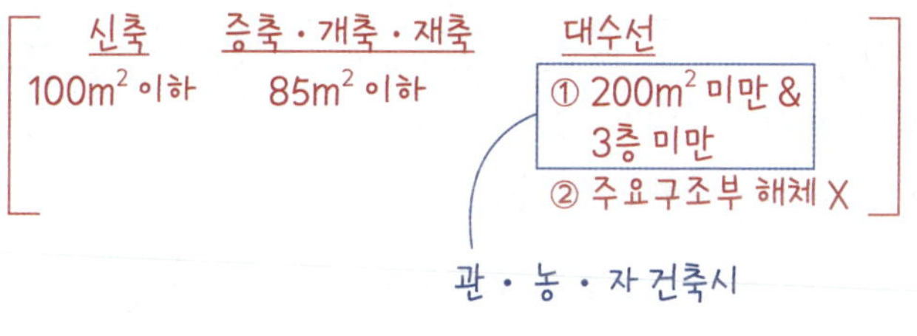

(3) 소규모 건축물

① 연면적의 합계가 100제곱미터 이하인 건축물 (34회)
② 건축물의 높이를 3미터 이하의 범위에서 증축하는 건축물 (34회)
③ 용도 및 규모가 주위환경이나 미관에 지장이 없다고 인정하여 건축조례로 정하는 건축물
④ 공업지역, 지구단위계획구역, 산업단지에서 건축하는 2층 이하 & 연면적 합계 500m² 이하 공장(제조업소 등 물품의 제조 · 가공을 위한 시설 포함)
⑤ 농업이나 수산업을 경영하기 위하여 읍 · 면지역(지역계획 및 도시 · 군계획에 지장이 있다고 지정 · 공고한 구역은 제외)에서 건축하는 연면적 200m² 이하의 창고 및 연면적 400제곱미터 이하의 축사, 작물재배사, 종묘배양시설, 화초 및 분재 등의 온실

(4) 절차 및 효력소멸

신고일부터 5일 이내에 수리여부 통지 → 1년 이내 공사 미착수 시 효력소멸(정당한 사유인정 시 1년 연장 가능)

*** 신고대상 가설건축물**

1. 재해구역 및 인접구역에서 일시사용을 위한 건축
2. 가설흥행장, 가설전람회장, 농·수·축산물 직거래용 가설점포
3. 공사에 필요한 규모의 공사용 가설건축물 및 공작물
4. 전시를 위한 견본주택이나 그 밖에 이와 비슷한 것
5. 가설점포(물건 판매 목적)로서 안전·방화 및 위생에 지장이 없는 것
6. 조립식 구조로 된 경비용으로 쓰는 가설건축물로서 연면적이 10제곱미터 이하인 것
7. 조립식 경량구조로 된 외벽이 없는 임시 자동차 차고
8. 컨테이너 또는 이와 비슷한 것으로 된 가설건축물로서 임시사무실·임시창고 또는 임시숙소로 사용되는 것(건축물의 옥상에 축조하는 것은 제외한다. 다만, 2009년 7월 1일부터 2015년 6월 30일까지 및 2016년 7월 1일부터 2019년 6월 30일까지 공장의 옥상에 축조하는 것은 포함한다)
9. 도시지역 중 주거지역·상업지역 또는 공업지역에 설치하는 농업·어업용 비닐하우스로서 연면적이 100제곱미터 이상인 것
10. 연면적이 100제곱미터 이상인 간이축사용, 가축분뇨처리용, 가축운동용, 가축의 비가림용 비닐하우스 또는 천막(벽 또는 지붕이 합성수지 재질로 된 것과 지붕 면적의 2분의 1 이하가 합성강판으로 된 것을 포함한다)구조 건축물
11. 농업·어업용 고정식 온실 및 간이작업장, 가축양육실
12. 물품저장용, 간이포장용, 간이수선작업용 등으로 쓰기 위하여 공장 또는 창고시설에 설치하거나 인접 대지에 설치하는 천막(벽 또는 지붕이 합성수지 재질로 된 것을 포함한다), 그 밖에 이와 비슷한 것
13. 유원지, 종합휴양업 사업지역 등에서 한시적인 관광·문화행사 등을 목적으로 천막 또는 경량구조로 설치하는 것
14. 야외전시시설 및 촬영시설
15. 야외흡연실 용도로 쓰는 가설건축물로서 연면적이 50제곱미터 이하인 것
16. 그 밖에 조례로 정하는 경우

6. 착공 및 사용승인

(1) 착공신고(공사계획 신고)

① 건축허용여부 및 건축물의 규모(건축기준 및 건축제한, 완화)

② 건축허가를 받기 위하여 신청자가 고려하여야 할 사항

(2) 건축 공사현장 안전관리 예치금 등(공사중단 및 장기간 방치할 경우 대비)

1) 예치금부과(허가권자)

연면적 1천m² 이상 건축물 + 건축공사비의 1퍼센트 범위에서 예치
[예치금 반환 시 이자포함 반환(보증서 예치는 제외)]

2) 개선명령(미이행 시 대집행 가능 + 예치금으로 대집행비용 충당 가능)

(3) 사용승인(허가 및 신고대상 건축물, 허가대상 가설건축물)

건축주는 감리완료보고서 및 공사완료도서를 첨부하여 사용승인 신청

허가권자는 7일 내에 사용승인을 위한 현장검사 실시 + 합격된 건축물에 사용승인서 발급 …… (기간 내 미교부시 사용 가능)

건축주는 사용승인을 받은 후 건축물 사용

(4) 임시사용승인

① 식수 등 조경에 필요한 조치를 하기에 부적합한 시기인 경우(필요조치 조건)

② 임시사용승인 기간은 2년 이내(공사기간이 긴 건축물은 연장가능)

(5) 사용승인 · 준공검사 또는 등록신청 등 의제

① 배수설비의 준공검사 및 개인하수처리시설의 준공검사

② 지적공부의 변동사항 등록신청

③ 승강기, 보일러 설치검사

④ 기계설비, 전기설비, 정보통신공사의 사용전검사

⑤ 도로점용 공사의 준공확인

⑥ 개발행위 및 도시 · 군계획시설사업의 준공검사

⑦ 수질오염 및 대기오염물질 배출시설의 가동개시의 신고

---

* 건축물 안전영향평가(건축위원회의 심의를 거처 확정)

1) 건축허가 전에 건축물의 구조, 지반 및 풍환경 등이 건축물의 구조안전과 인접 대지의 안전에 미치는 영향 등을 안전영향평가기관에 의뢰하여 실시해야 함 (29회, 30회, 34회)

2) 다른 법률에 따라 구조안전과 인접대지의 안전에 미치는 영향 등을 평가받은 경우에는 안전영향평가의 해당 항목을 평가받은 것으로 본다. (33회)

* 안전영향평가 실시 대상

① 초고층 건축물

② 연면적 10만m² 이상 & 16층 이상

7. 가설건축물　가설건축물대장에 기재하여 관리함

도시 · 군계획시설 및 도시 · 군계획시설예정지에서 가설건축물을 건축하는 경우

(1) 허가권자(가설건축물대장 기재 및 관리)

특별자치시장 · 특별자치도지사 또는 시장 · 군수 · 구청장의 허가 必

(2) 허가대상 (32회)

① 도시 · 군계획시설 부지에서의 개발행위에 위배되지 않을 것
② 3층 이하인 경우
③ 철근콘크리트조 또는 철골철근콘크리트조가 아닐 것
④ 존치기간이 3년 이내일 것(도시 · 군계획사업 시행 전까지 연장 가능)
⑤ 전기 · 수도 · 가스 등 공급설비의 설치를 필요로 하지 아니할 것
⑥ 분양목적 건축물이 아닐 것

(3) 신고대상

① 재해복구, 흥행, 전람회, 공사용 가설건축물 등
② 가설건축물의 존치기간은 3년 이내(횟수별 3년의 범위에서 기간 연장 가능 / 공사용 가설건축물 및 공작물은 공사완료일까지 연장 가능)

(4) 존치기간 연장 신청

① 허가 대상 가설건축물 : 존치기간 만료일 14일 전까지 허가 신청
② 신고 대상 가설건축물 : 존치기간 만료일 7일 전까지 신고

1. 대지와 조경

(1) 대지의 안전 : 인접한 도로면보다 높아야 함
(배수에 지장없는 경우, 방습이 필요없는 경우는 낮아도 됨)

(2) 대지의 조경 : 대지면적 200m² 이상인 경우 조경조치 (31회)

1) **조경이 필요하지 아니한 건축물** (28회, 31회)

① 녹지지역에 건축하는 건축물
② 면적 5천제곱미터 미만인 대지에 건축하는 공장
③ 연면적의 합계가 1천500제곱미터 미만인 공장
④ 산업단지의 공장
⑤ 염분함유 또는 용도상 조경이 곤란하거나 불합리한 경우
⑥ 축사 및 가설건축물
⑦ 연면적의 합계가 1천500제곱미터 미만인 물류시설(주거·상업지역 제외)
⑧ 자연환경보전지역·농림지역·관리지역(지구단위계획구역 제외)의 건축물
⑨ 관광지 또는 관광단지에 설치하는 관광시설
⑩ 전문휴양업의 시설 또는 종합휴양업의 시설
⑪ 관광·휴양형 지구단위계획구역에 설치하는 관광시설
⑫ 골프장

(3) 옥상 조경 등
옥상조경면적의 2/3에 해당하는 면적을 대지 조경면적으로 인정(조경면적의 50/100 초과 X)
배수설비, 옹벽설치, 습지 및 매립지의 경우에는 필요조치 강구

(28회)

2. 대지와 도로의 관계

+ 연면적의 합계가 2천m²(공장은 3천m²) 이상인 건축물(축사, 작물재배사 제외)의 대지는 너비 6미터 이상의 도로에 4미터 이상 접하여야 함.

대지는 2미터 이상이 도로에 접해야 함(자동차만의 통행에 사용되는 도로는 제외한다.)
출입에 지장 없는 경우, 주변에 광장, 공원, 유원지 등 공지가 있는 경우 및 농막을 건축하는 경우는 제외

2-1. 도로의 지정·폐지 또는 변경

① 건축허가권자의 지정도로는 이해관계인의 동의 필요(아래 경우 제외, 건축의원회 심의 필요) (28회)
  1. 허가권자가 이해관계인이 해외에 거주하는 등의 사유로 이해관계인의 동의를 받기가 곤란하다고 인정하는 경우
  2. 주민이 오랫동안 통행로로 이용하고 있는 사실상의 통로로서 해당 지방자치단체의 조례로 정하는 것인 경우
② 도로의 폐지·변경시에도 이해관계인의 동의 필요(예외 규정 없음), 도로부지 토지의 소유자, 건축주 등이 허가권자에게 ①에 따라 지정된 도로의 폐지나 변경을 신청하는 경우에도 또한 같다.
③ 허가권자는 ①, ②에 따라 도로를 지정하거나 변경하면 도로관리대장에 이를 적어서 관리하여야 한다.

3. 건축선

(1) 건축할 수 있는 기준선 : 대지와 도로의 경계선

① 도로가 4m에 못 미치는 경우 도로 중심선으로부터 그 소요 너비의 2분의 1의 수평거리만큼 후퇴

② 도로의 반대쪽에 경사지, 하천, 철도, 선로부지 등이 있는 경우에는 도로경계선에서 소요 너비에 해당하는 수평거리만큼 후퇴

③ 도로의 모퉁이에서의 건축선(가각전제)

너비 8미터 미만인 도로의 모퉁이에 위치한 대지의 도로모퉁이 부분의 건축선은 그 대지에 접한 도로경계선의 교차점으로부터 도로경계선에 따라 다음의 표에 따른 거리를 각각 후퇴한 두 점을 연결한 선으로 한다.

도로의 교차각	해당 도로의 너비		교차되는 도로의 너비
	6 이상 8 미만	4 이상 6 미만	
90° 미만	4	3	6 이상 8 미만
	3	2	4 이상 6 미만
90° 이상 120° 미만	3	2	6 이상 8 미만
	2	2	4 이상 6 미만

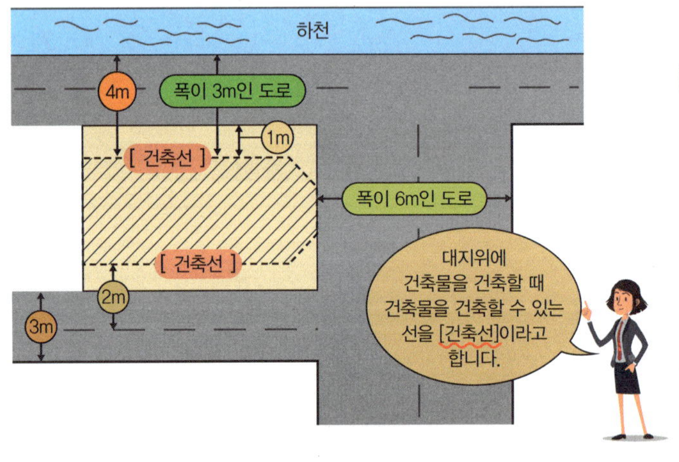

도로 모퉁이 부분 건축선 후퇴

[예시 1 – 90° 미만으로 4m, 6m 도로와 접한 경우]

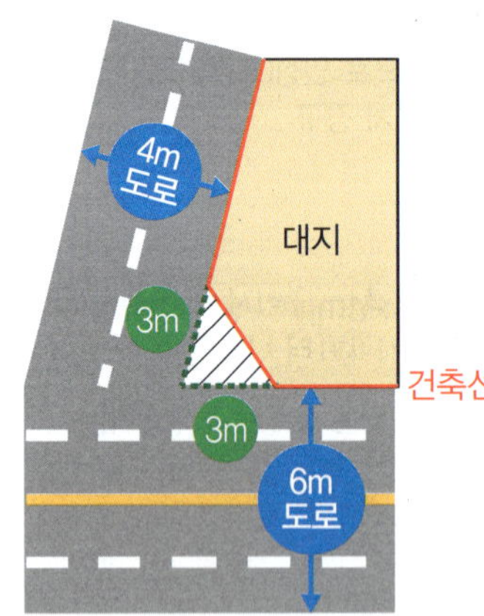

[예시 2 – 90~120° 미만으로 4m, 6m 도로와 접한 경우]

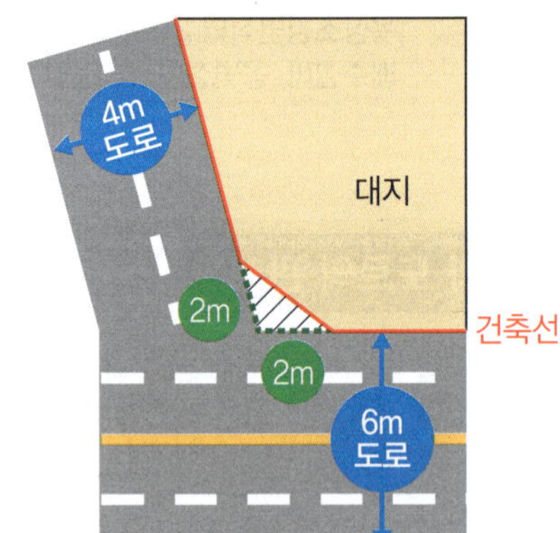

교차각 90° 미만	4m 이상 6m 미만	6m 이상 8m 미만	교차각 90°~120 미만	4m 이상 6m 미만	6m 이상 8m 미만
4m 이상 6m 미만	2m 후퇴	3m 후퇴	4m 이상 6m 미만	2m 후퇴	2m 후퇴
6m 이상 8m 미만	3m 후퇴	4m 후퇴	6m 이상 8m 미만	2m 후퇴	3m 후퇴

* 건축선과 도로의 사이(△)는 대지면적에서 제외됨

(2) 허가권자는 건축물의 위치나 환경을 정비하기 위하여 건축선을 따로 지정할 수 있음

(3) 건축물과 담장은 건축선의 수직면을 넘을 수 없음(지표 아래 부분 제외)

   도로로부터 높이 4.5미터 이하의 출입구 및 창문 개폐 시 건축선의 수직면을 넘지 못함 (28회)

건축선에 따른 건축제한 : 도로면으로부터 높이 4.5m 이하 구조물

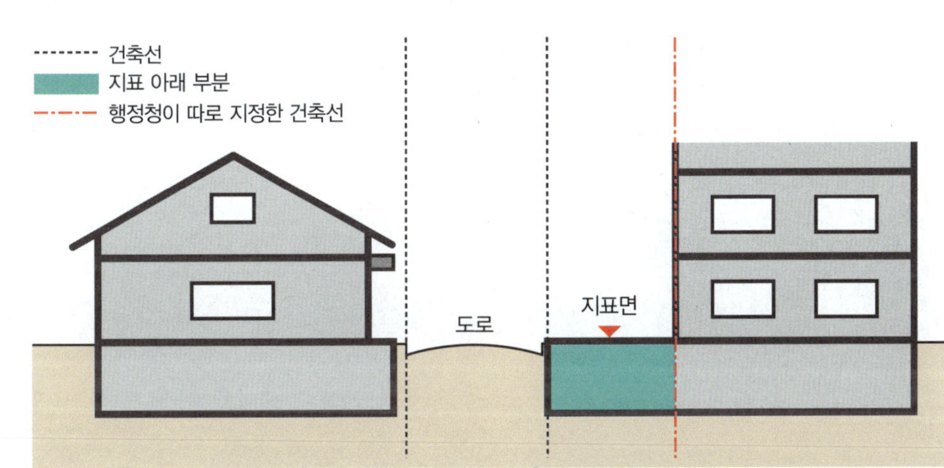

[건축선 및 건축지정선 : 자료출처 법제처]

[건축수직선 : 자료출처 법제처]

4. 공개공지 등의 확보

소규모 휴식시설 설치(긴 의자 또는 조경시설 등)
대지면적의 100분의 10 이하 범위(조경면적과 매장유산의 현지보존 조치면적을 공개공지 등의 면적으로 할 수 있음) (28회)

(1) 대상지역 (33회, 36회)

① 일반주거지역, 준주거지역
② 상업지역
③ 준공업지역
④ 허가권자가 지정·공고하는 지역

(2) 완화적용 (28회)

건폐율, 용적률(1.2배 이하) 및 건축물의 높이(1.2배 이하)
완화 적용 가능

(3) 방해금지

누구든지 물건을 쌓아놓거나 출입을 차단하는 시설을 설치
하는 등 행위 금지

(4) 문화행사 등

① 연간 60일 이내의 기간 동안 주민을 위한 문화행
사 및 판촉활동 가능
② 울타리 설치 등 공중이용에 지장을 주는 행위는 X

(5) 공개공지 등의 확보(필로티 구조 가능) (33회)

1) 바닥면적의 합계가 5천제곱미터 이상인 건축물 (28회, 33회)

① 문화 및 집회시설
② 종교시설
③ 판매시설(농수산물유통시설 제외)
④ 운수시설(여객용 시설만 해당)
⑤ 업무시설
⑥ 숙박시설

2) 조례로 정하는 다중이용시설

1. 특별건축구역

(1) 특별건축구역

① 조화롭고 창의적인 건축물의 건축
② 도시경관의 창출, 건설기술 수준향상 및 건축 관련 제도개선 도모
③ 법령상 규정을 적용하지 아니하거나 완화 또는 통합하여 적용 가능

(2) 특별건축구역의 지정

1) 국토교통부장관이 지정하는 경우 (30회)

① 국가의 국제행사 개최 도시 또는 지역의 사업구역
② 국가정책사업구역 (행정중심복합도시, 혁신도시, 택지개발사업구역, 도시개발구역 등)

2) 시 · 도지사가 지정하는 경우 (30회)

① 지단의 국제행사 개최 도시 또는 지역의 사업구역
② 도시개발, 도시재정비사업 등

3) 특별건축구역 지정 안 되는 경우

① 개발제한구역
② 자연공원
③ 접도구역
④ 보전산지

4) 국방부장관과의 사전 협의 (군사기지 및 군사시설 보호구역에 해당하는 경우) (30회)

5) 특별건축구역의 지정절차 등 (30회)

"중앙행정기관의 장, 시 · 도지사 또는 시장 · 군수 · 구청장"(지정신청기관)은 특별건축구역의 지정 신청가능 + 30일 내 건축위원회 심의 → 관보(공보) 고시 (중앙행정기관의 장 또는 시 · 도지사는 국토교통부장관에게, 시장 · 군수 · 구청장은 특별시장 · 광역시장 · 도지사에게)

* 지정신청기관 외의 자는 시 · 도지사에게 특별건축구역의 지정을 제안할 수 있음
* 국토교통부장관 또는 시 · 도지사는 필요한 경우 직권으로 특별건축구역 지정 가능 (건축위원회 심의 필요)

6) 지정효과

도시 · 군관리계획의 결정이 있는 것으로 봄(용도지역 · 지구 · 구역의 지정 및 변경은 제외)

(3) 특별건축구역의 건축물 (30회)

건축기준 등의 특례사항을 적용하여 건축할 수 있는 건축물
① 국가 또는 지방자치단체가 건축하는 건축물
② 대통령령으로 정하는 공공기관이 건축하는 건축물

> *** 대통령령으로 정하는 공공기관**
> 한국토지주택공사, 한국수자원공사, 한국도로공사, 한국철도공사, 국가철도공단, 한국관광공사, 한국농어촌공사

③ 대통령령으로 정하는 용도 · 규모의 건축물로서 도시경관의 창출, 건설기술 수준향상 및 건축 관련 제도개선을 위하여 특례 적용이 필요하다고 허가권자가 인정하는 건축물

(4) 변경 및 해제사유

1) 지정신청기관은 특별건축구역 지정 이후 변경이 있는 경우 변경지정을 받아야 한다. 이 경우 변경지정을 받아야 하는 변경의 범위, 변경지정의 절차 등 필요한 사항은 대통령령으로 정한다. (30회)

2) 다음 사유에 해당하는 경우 국토교통부장관 또는 시 · 도지사는 전부 또는 일부에 대하여 지정을 해제할 수 있다(국토교통부장관 또는 특별시장 · 광역시장 · 도지사는 지정신청기관의 의견을 청취하여야 한다)

> 1. 지정신청기관의 요청이 있는 경우
> 2. 거짓이나 그 밖의 부정한 방법으로 지정을 받은 경우
> 3. 특별건축구역 지정일부터 5년 이내에 특별건축구역 지정목적에 부합하는 건축물의 착공이 이루어지지 아니하는 경우
> 4. 특별건축구역 지정요건 등을 위반하였으나 시정이 불가능한 경우

(5) 기타

특별건축구역을 지정하거나 변경한 경우에는 「국토의 계획 및 이용에 관한 법률」 제30조에 따른 도시 · 군관리계획의 결정(용도지역 · 지구 · 구역의 지정 및 변경은 제외한다)이 있는 것으로 본다.

(6) 관련 법령의 적용특례

특별건축구역에 건축하는 건축물에 대하여는 다음을 적용하지 아니할 수 있다.

대지의 조경
건축물의 건폐율
건축물의 용적률
대지 안의 공지
건축물의 높이 제한
일조 등의 확보를 위한 건축물의 높이 제한

(7) 통합적용계획의 수립 및 시행

특별건축구역에서는 다음 관계 법령의 규정에 대하여는 개별 건축물마다 적용하지 아니하고 특별건축구역 전부 또는 일부를 대상으로 통합하여 적용할 수 있다.

① 「문화예술진흥법」 제9조에 따른 건축물에 대한 미술작품의 설치
② 「주차장법」 제19조에 따른 부설주차장의 설치
③ 「도시공원 및 녹지 등에 관한 법률」에 따른 공원의 설치

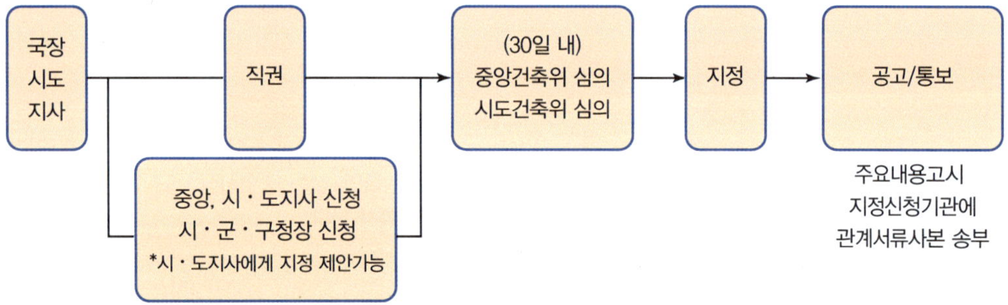

2. 건축협정

(1) 토지 또는 건축물의 소유자(공유자 포함) 및 지상권자는 전원의 합의로 건축·대수선 또는 리모델링에 관한 협정체결 가능(1인 건축협정 가능)

(2) 건축협정운영회 설립가능

협정체결자 과반수의 동의를 받아 건축협정운영회의 대표자를 선임하고, 건축협정인가권자에게 신고하여야 한다.

(3) 건축협정의 폐지

- 협정체결자 과반수의 동의를 받아 건축협정인가권자의 인가를 받아야 함
- 착공신고 이후에는 신고일부터 20년이 지난 후 협정의 폐지 인가 신청 가능

(4) 건축협정 승계가능

(5) 건축협정 대상 지역 또는 구역

① 「국토의 계획 및 이용에 관한 법률」 제51조에 따라 지정된 지구단위계획구역
② 「도시 및 주거환경정비법」 주거환경개선사업 지정·고시 정비구역
③ 「도시재정비 촉진을 위한 특별법」에 따른 존치지역
④ 「도시재생 활성화 및 지원에 관한 특별법」에 따른 도시재생활성화지역
⑤ 그 밖에 조례로 정하는 구역

(6) 건축협정 포함사항

① 건축물의 건축·대수선 또는 리모델링에 관한 사항
② 건축물의 위치·용도·형태 및 부대시설에 관하여 대통령령으로 정하는 사항

> *** 대통령령으로 정하는 사항**
> 1. 건축선
> 2. 건축물 및 건축설비의 위치
> 3. 건축물의 용도, 높이 및 층수
> 4. 건축물의 지붕 및 외벽의 형태
> 5. 건폐율 및 용적률
> 6. 담장, 대문, 조경, 주차장 등 부대시설의 위치 및 형태
> 7. 차양시설, 차면시설 등 건축물에 부착하는 시설물의 형태
> 8. 맞벽 건축의 구조 및 형태
> 9. 그 밖에 건축물의 위치, 용도, 형태 또는 부대시설에 관하여 건축조례로 정하는 사항

(7) 건축협정의 인가

① 협정체결자 또는 건축협정운영회의 대표자는 건축협정서를 작성하여 건축협정인가권자(건축위원회 심의 거쳐야 한다)의 인가를 받아야 한다. 인가사항 변경 시에는 변경인가(경미한 경우는 생략), 인가 시 건축협정 관리대장을 작성하여 관리하여야 한다.
② 건축협정 체결 대상 토지가 둘 이상의 특별자치시 또는 시·군·구에 걸치는 경우 건축협정 체결 대상 토지면적의 과반이 속하는 건축협정인가권자에게 인가를 신청할 수 있다. 이 경우 인가 신청을 받은 건축협정인가권자는 건축협정을 인가하기 전에 다른 특별자치시장 또는 시장·군수·구청장과 협의하여야 한다.

(8) 건축협정에 따른 특례

건축협정의 인가를 받은 건축협정구역에서 연접한 대지에 대하여는 다음 관계 법령의 규정을 개별 건축물마다 적용하지 아니하고 건축협정구역의 전부 또는 일부를 대상으로 통합하여 적용할 수 있다.

> ① 대지의 조경
> ② 대지와 도로와의 관계
> ③ 지하층의 설치
> ④ 건폐율
> ⑤ 「주차장법」 제19조에 따른 부설주차장의 설치
> ⑥ 「하수도법」 제34조에 따른 개인하수처리시설의 설치

3. 결합건축

(1) 대상지역

① 상업지역
② 역세권개발구역
③ 주거환경개선사업의 시행을 위한 구역
④ 도시 및 주거환경 개선과 효율적인 토지이용이 필요한 지역
　　(건축협정구역, 특별건축구역, 리모델링 활성화 구역, 도시재생 활성화 지역, 건축자산진흥구역)

(2) 2개의 대지

① 동일 대상지역에 속하고 ② 대지 간 최단거리가 100미터 이내

(3) 3개의 대지

① 동일 대상지역에 속하고 ② 대지 간 최단거리가 500미터 이내
예 코엑스 : 상업, 전시, 호텔, 엔터테인먼트 등이 결합된 복합 건축물

(4) 협정체결 유지기간

최소 30년. 다만, 결합건축협정서의 용적률 기준을 종전대로 환원하여 신축 · 개축 · 재축하는 경우에는 그러하지 아니한다.

(5) 폐지

결합건축협정서를 폐지하려는 경우에는 결합건축협정체결자 전원이 동의하여 허가권자에게 신고하여야 하며, 허가권자는 용적률을 이전받은 건축물이 멸실된 것을 확인한 후 결합건축의 폐지를 수리하여야 한다.

1. 위반건축물 등에 대한 조치 (32회, 34회)

- **(1) 위반 건축물 등에 대한 조치 등** — 허가 또는 승인 취소, 공사 중지명령, 건축물의 해체 · 개축 · 증축 · 수선 · 용도변경 · 사용금지 · 사용제한, 그 밖에 필요한 조치를 해야 한다(시정명령을 하는 경우 건축물대장에 위반내용 적시).

- **(2) 이행강제금**_(미리 문서로 계고)

  - 1) 시정명령 미이행 시 이행강제금 부과
  - 2) 위반면적 * 시가표준액(1m^2) * 50/100 * 아래 각 비율
    - ① 무신고 : 100분의 70
    - ② 건폐율 초과 : 100분의 80
    - ③ 용적률 초과 : 100분의 90
    - ④ 무허가 : 100분의 100

    상습 · 상업 목적 → 100% 가산 가능

  - 2-1) "무허가 · 무신고 · 건폐율위반 · 용적률위반 건축물 외의 위반 건축물"에 해당하는 경우에는 「지방세법」에 따라 그 건축물에 적용되는 시가표준액에 해당하는 금액의 100분의 10의 범위에서 위반내용에 따라 대통령령으로 정하는 금액 부과
  - 2-2) "연면적(공동주택의 경우에는 세대 면적 기준)이 60제곱미터 이하인 주거용 건축물" 및 "2-1) 건축물 중 주거용 건축물로서 사용승인 위반, 조경의무면적 위반, 건축물의 높이제한, 일조 등의 확보를 위한 높이제한을 위반한 경우"에는 상기 2) 및 2-1)에서 정하는 금액의 2분의 1의 범위에서 해당 지방자치단체의 조례로 정하는 금액을 부과한다.
  - 3) 1년에 2회 이내의 범위에서 이행될 때까지 반복하여 이행강제금을 부과 · 징수 가능
  - 4) 이행하면 새로운 이행강제금의 부과를 즉시 중지하되, 이미 부과된 이행강제금은 징수하여야 함
  - 5) 「지방행정제재 · 부과금의 징수 등에 관한 법률」에 따라 징수
  - 6) 이행강제금의 부과 및 징수절차는 「국고금관리법 시행규칙」 준용
  - 7) 이행강제금 부과에 관한 특례

    허가권자는 다음에서 정하는 바에 따라 감경할 수 있다. 다만, 지방자치단체의 조례로 정하는 기간까지 위반내용을 시정하지 아니한 경우는 제외한다.
    ① 축사 등 농업용 · 어업용 시설로서 500제곱미터(「수도권정비계획법」 제2조 제1호에 따른 수도권 외의 지역에서는 1천제곱미터) 이하인 경우는 5분의 1을 감경
    ② 그 밖에 위반 동기, 위반 범위 및 위반 시기 등을 고려하여 대통령령으로 정하는 경우(가중부과 사유에 해당하는 경우는 제외한다)에는 100분의 75의 범위에서 대통령령으로 정하는 비율을 감경

- **(3) 긴급한 경우 및 필요시** 「행정대집행법」상 절차를 거치지 않고 실행 가능

- **(4) 청문** : 위반 건축물 등에 대한 조치 등에 따라 허가나 승인을 취소하는 경우 청문 必

2. 건축분쟁전문위원회(국토교통부에 둠) (34회)

(1) 조정 및 재정의 분쟁 대상 : 건축관계자, 관계전문기술자 및 인근주민 간의 분쟁(허가권자 ×)

(2) 구성
1) 위원장 · 부위원장 포함 15명 이내(위원장 · 부위원장은 국토교통부장관이 위촉)
2) 재적위원 과반수의 출석 · 출석위원 과반수의 찬성으로 의결

(3) 조정 또는 재정 신청 (34회)
1) 분쟁위원회는 조정 신청은 60일 이내에, 재정 신청은 120일 이내에 절차를 마쳐야 함(부득이한 경우 분쟁위원회의 의결로 기간 연장 가능)
2) 필요시 당사자나 참고인을 조정위원회에 출석하게 하여 의견을 들을 수 있다. (34회)

(4) 조정의 효력(재판상 화해)
1) 조정위원회가 조정안을 제시 → 제시받은 날부터 15일 이내에 수락 여부 회신 (34회)
2) 조정안 수락 시 조정서를 작성하고 조정위원과 각 당사자는 이에 기명날인해야 함

(5) 재정의 효력(재판상 화해)
1) 재정을 한 경우 재정문서가 송달된 60일 이내에 재정대상인 건축물의 건축 등의 분쟁을 원인으로 하는 소송이 제기되지 아니하거나 그 소송이 철회되면 그 재정 내용은 재판상 화해와 동일한 효력을 갖음
2) 분쟁위원회는 재정신청이 된 사건을 조정에 회부하는 것이 적합하다고 인정하면 직권으로 직접 조정할 수 있음 (34회)

(6) 조정위원회와 재정위원회
1) 조정은 3명의 위원으로 구성되는 조정위원회에서, 재정은 5명의 위원으로 구성되는 재정위원회에서 한다.
2) 조정위원회와 재정위원회의 회의는 구성원 전원의 출석으로 열고 과반수의 찬성으로 의결한다.

(7) 선정대표자(분쟁위원회 → 대표자선정 권고 가능)
① 여러 사람이 공동으로 조정 등의 당사자가 될 때에는 그 중에서 3명 이하의 대표자를 선정할 수 있다. → 대표자는 다른 신청인 또는 피신청인을 위하여 그 사건의 조정 등에 관한 모든 행위를 할 수 있다. 다만, 신청을 철회하거나 조정안을 수락하려는 경우에는 서면으로 다른 신청인 또는 피신청인의 동의를 받아야 한다.
② 대표자가 선정된 경우에는 다른 신청인 또는 피신청인은 그 선정대표자를 통해서만 그 사건에 관한 행위를 할 수 있다.
③ 대표자를 선정한 당사자는 필요하다고 인정하면 선정대표자를 해임하거나 변경할 수 있다. 이 경우 당사자는 그 사실을 지체 없이 분쟁위원회에 통지하여야 한다.

| 건축분쟁전문위원회

구분	건축분쟁전문위원회
소속	국토교통부
구성	위원장, 부위원장 포함 15명 이내 위원
위촉	위원장, 부위원장은 위원 중에서 국토교통부장관이 위촉
의결	재적위원 과반수 출석, 출석위원 과반수 찬성
분쟁의 조정 / 재정 대상	건축관계자, 인근주민, 관계전문기술자간 분쟁 [허가권자 ×]

| 조정과 재정

구분	조정	재정
신청자	당사자 중 1인 이상	당사자 간의 합의
처리기간	60일 내 절차 완료	120일 내 절차 완료
위원회	3인 위원	5인 위원
효력	조정서 기명날인 → 재판상 화해	재정문서 정본 송달된 날부터 60일 내에 소송이 제기되지 않거나 또는 소송 철회 → 재판상 화해
의결	조정위원회, 재정위원회 구성원 전원출석 과반수찬성	

3. 구조내력

(1) 구조내력

① 건축물은 고정하중, 적재하중, 적설하중, 풍압, 지진, 진동 및 충격 등에 안전한 구조를 가져야 함 (31회)

② 지방자치단체의 장은 내진성능을 확인해야 함 (31회)

(2) 건축물 내진등급의 설정

국토교통부장관은 지진으로부터 건축물의 구조 안전을 확보하기 위하여 건축물의 용도, 규모 및 설계구조의 중요도에 따라 내진등급을 설정해야 함 (31회)

(3) 건축물의 내진능력 공개

① 2층(목구조는 3층) 이상

② 연면적 200m²(목구조는 500m²) 이상(창고, 축사, 작물재배사는 제외)

사용승인을 받는 즉시 건축물이 지진 발생 시에 견딜 수 있는 능력을 공개해야 함

(4) 건축물을 건축하거나 대수선하는 경우 → 구조안전 확인

* **구조안전 확인대상 건축물(표준설계도서에 따라 건축하는 건축물은 제외)**
1. 층수가 2층(목구조 건축물은 3층) 이상인 건축물
2. 연면적 200제곱미터(목구조 건축물은 500제곱미터) 이상인 건축물. 다만, 창고, 축사, 작물 재배사는 제외한다.
3. 높이가 13미터 이상인 건축물
4. 처마높이가 9미터 이상인 건축물
5. 기둥과 기둥 사이의 거리가 10미터 이상인 건축물
6. 국가적 문화유산으로 보존할 가치가 있는 건축물로서 국토교통부령으로 정하는 것
7. 단독주택 및 공동주택

4. 승강기

① 6층 이상으로서 연면적 2천m² 이상인 건축물

② 높이 31m 초과 시 비상용승강기 추가 설치

③ 고층건축물은 1대 이상을 피난용승강기로 설치

5. 건축물의 범죄예방

(1) 국토교통부장관은 범죄를 예방하고 안전한 생활환경을 조성하기 위하여 건축물, 건축설비 및 대지에 관한 범죄예방 기준을 정하여 고시할 수 있다.

(2) 아래 건축물은 범죄예방 기준에 따라 건축하여야 한다.
  ① 다가구주택, 아파트, 연립주택 및 다세대주택
  ② 제1종 근린생활시설 중 일용품을 판매하는 소매점
  ③ 제2종 근린생활시설 중 다중생활시설
  ④ 문화 및 집회시설(동·식물원은 제외한다)
  ⑤ 교육연구시설(연구소 및 도서관은 제외한다)
  ⑥ 노유자시설
  ⑦ 수련시설
  ⑧ 업무시설 중 오피스텔
  ⑨ 숙박시설 중 다중생활시설

6. 건축물의 대지가 지역·지구 또는 구역에 걸치는 경우의 조치

(1) **대지가 용도지역·지구(녹지지역과 방화지구는 제외) 또는 구역에 걸치는 경우**
  건축물과 대지의 전부에 대하여 대지의 과반이 속하는 지역·지구 또는 구역 안의 건축물 및 대지 등에 관한 규정 적용(조례로 따로 정하는 경우에는 그에 따른다)

(2) **하나의 건축물이 방화지구와 그 밖의 구역에 걸치는 경우**
  그 전부에 대하여 방화지구 안의 건축물에 관한 규정 적용(다만 방화벽으로 경계가 구획된 경우에는 그러하지 아니하다)

(3) **대지가 녹지지역과 그 밖의 지역·지구 또는 구역에 걸치는 경우**
  각 지역·지구 또는 구역 안의 건축물과 대지에 관한 규정 적용
  다만, 녹지지역 안의 건축물이 방화지구에 걸치는 경우에는 (2)에 따른다.

7. 건축물의 건폐율

대지면적에 대한 건축면적(대지에 건축물이 둘 이상 있는 경우에는 이들 건축면적의 합계로 한다)의 비율(건폐율)

8. 건축물의 용적률

대지면적에 대한 연면적(대지에 건축물이 둘 이상 있는 경우에는 이들 연면적의 합계로 한다)의 비율

9. 대지의 분할 제한

(1) 건축물이 있는 대지는 대통령령으로 정하는 범위에서 해당 지방자치단체의 조례로 정하는 면적에 못 미치게 분할할 수 없다.

> *** 대통령령으로 정하는 범위**
> 1. 주거지역 : 60제곱미터   2. 상업지역 : 150제곱미터
> 3. 공업지역 : 150제곱미터   4. 녹지지역 : 200제곱미터
> 5. 제1호부터 제4호까지의 규정에 해당하지 아니하는 지역 : 60제곱미터

(2) 건축물이 있는 대지는 제44조(대지와 도로의 관계), 제55조(건폐율), 제56조(용적률), 제58조(대지 안 공지), 제60조(높이 제한) 및 제61조(일조 높이 제한)에 따른 기준에 못 미치게 분할할 수 없다.

(3) 상기에도 불구하고 건축협정이 인가된 경우 그 건축협정의 대상이 되는 대지는 분할할 수 있다.

10. 건축물의 높이 제한

(1) **가로구역**
  ① 허가권자는 가로구역(도로로 둘러싸인 일단의 지역)을 단위로 건축물의 높이를 지정·공고할 수 있음 + 지방건축위원회의 심의 필요
  ② 다만, 특별자치시장·특별자치도지사 또는 시장·군수·구청장은 가로구역의 높이를 완화하여 적용할 필요가 있다고 판단되는 대지에 대하여는 건축위원회의 심의를 거쳐 높이를 완화하여 적용할 수 있음

> *** 가로구역별로 건축물의 높이를 지정·공고할 때 고려사항**
> 1. 도시·군관리계획 등의 토지이용계획
> 2. 해당 가로구역이 접하는 도로의 너비
> 3. 해당 가로구역의 상·하수도 등 간선시설의 수용능력
> 4. 도시미관 및 경관계획
> 5. 해당 도시의 장래 발전계획

(2) 특별시장이나 광역시장은(시장·군수 ✕) 도시의 관리를 위하여 필요하면 가로구역별 건축물의 높이를 특별시나 광역시의 조례로 정할 수 있다.

(3) 허가권자는 같은 가로구역에서 건축물의 용도 및 형태에 따라 건축물의 높이를 다르게 정할 수 있다.

11. 피난시설 등의 유지 · 관리에 대한 기술지원

국가 또는 지방자치단체는 건축물의 소유자나 관리자에게 제49조 제1항 및 제2항에 따른 피난
시설 등의 설치, 개량 · 보수 등 유지 · 관리에 대한 기술지원을 할 수 있다. (31회)

12. 일조 등의 확보를 위한 건축물의 높이 제한

(1) 전용주거지역 및 일반주거지역

건축물의 높이는 일조 등의 확보를 위하여 정북방향의 인접 대지경계선으로부터의 일정거리 이상을 띄어야 한다.

① 높이 10미터 이하인 부분 : 인접 대지경계선으로부터 1.5미터 이상

② 높이 10미터를 초과하는 부분 : 인접 대지경계선으로부터 해당 건축물 각 부분 높이의 2분의 1 이상

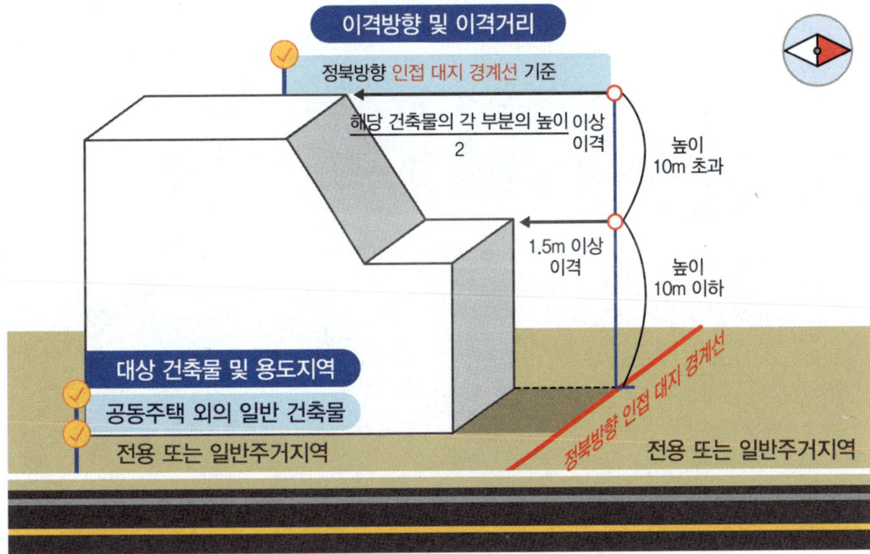

용도지역의 지정 및 세분 「국토의 계획 및 이용에 관한 법률」, 제36조 및 「동법 시행령」 제30조

용도지역						
도시지역						비도시지역
주거지역			상업지역	공업지역	녹지지역	
전용주거	일반주거	준주거				

[그림 출처 : 법제처]

(2) 공동주택(일반상업지역과 중심상업지역에 건축하는 것은 제외)

채광 등의 확보를 위하여 대통령령으로 정하는 높이 이하로 하여야 한다.

① 인접 대지경계선 등의 방향으로 채광을 위한 창문 등을 두는 경우

② 하나의 대지에 두 동(棟) 이상을 건축하는 경우

(3) 2층 이하로서 높이가 8미터 이하인 건축물에는 조례로 정하는 바에 일조 등의 확보를 위한 건축물의 높이제한을 적용하지 아니할 수 있다.

PART 09

도시 및 주거환경정비법

단원

01 기본개념

02 정비사업계획 기본절차

03 사업시행

04 공사완료 등에 따른 조치 등

05 공공재개발 및 공공재건축

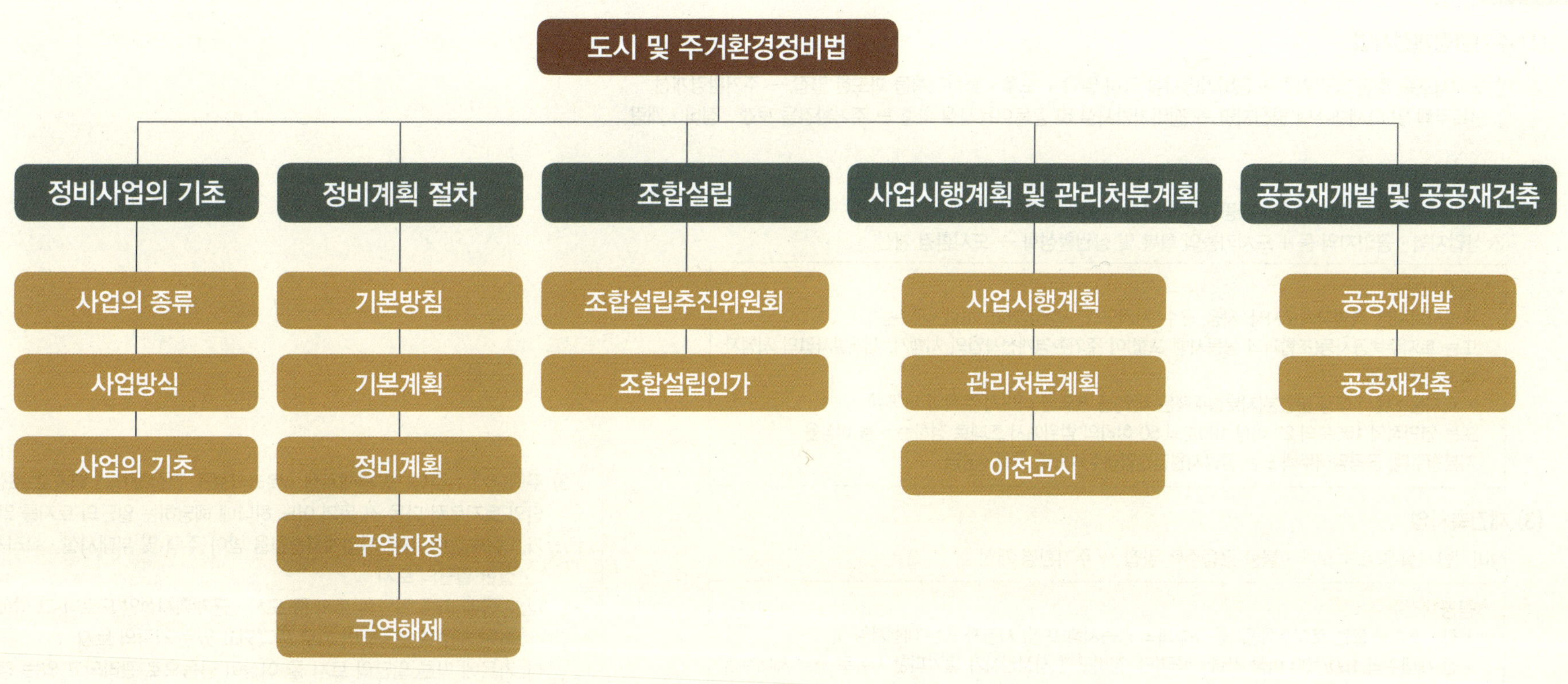
도시 및 주거환경정비법
정비사업의 기초
정비계획 절차
조합설립
사업시행계획 및 관리처분계획
공공재개발 및 공공재건축
사업의 종류
사업방식
사업의 기초
기본방침
기본계획
정비계획
구역지정
구역해제
조합설립추진위원회
조합설립인가
사업시행계획
관리처분계획
이전고시
공공재개발
공공재건축

기본개념 (32회, 35회)

(1) 주거환경개선사업

① 도시저소득 주민 집단거주 + 정비기반시설 극히 열악 + 노후·불량건축물 과도한 밀집 → 주거환경개선
② 단독주택 및 다세대주택 밀집지역 → 정비기반시설 및 공동이용시설 확충 → 주거환경을 보전·정비·개량

(2) 재개발사업

① 정비기반시설 열악 + 노후·불량건축물 밀집 → 주거환경 개선
② 상업지역·공업지역 등 + 도시기능의 회복 및 상권활성화 → 도시환경 개선

> * 공공재개발
> 특별자치시장, 특별자치도지사, 시장, 군수, 자치구의 구청장(이하 '시장·군수등')
> 또는 토지주택공사등(조합과의 공동시행 포함)이 주거환경개선사업의 시행자, 재개발사업의 시행자
> 및 대행자일 것
> + 토지등소유자 대상 분양분(지분형주택은 제외)을 제외한 나머지 주택의 세대수
> 또는 연면적의 100분의 20 이상 100분의 50 이하의 범위에서 조례로 정하는 비율 이상을
> 지분형주택, 공공임대주택 또는 공공지원민간임대주택으로 건설·공급

(3) 재건축사업

정비기반시설 양호 + 노후·불량 공동주택 밀집 → 주거환경 개선

> * 공공재건축
> 시장·군수등 또는 토지주택공사등(조합과의 공동시행 포함) 시행자 또는 대행자일 것
> 종전 세대수의 160/100 이상 건설·공급(단, 정비구역 지정권자가 불가피한 사유로 해당 세대수를
> 충족할 수 없다고 인정하는 경우에는 제외)

(4) 기타

1) 노후·불량건축물
   가. 건축물이 훼손되거나 일부가 멸실되어 붕괴, 그 밖의 안전사고의 우려가 있는 건축물
   나. 내진성능이 확보되지 아니한 건축물 중 중대한 기능적 결함 또는 부실 설계·시공으로 구조적
       결함 등이 있는 건축물로서 대통령령으로 정하는 건축물
   다. 도시미관을 저해하거나 노후화된 건축물로서 아래 건축물 중 조례로 정하는 건축물

   > 1. 준공된 후 20년 이상 30년 이하의 범위에서 시·도조례로 정하는 기간이 지난 건축물
   > 2. 도시·군기본계획의 경관에 관한 사항에 어긋나는 건축물

2) 대지란 정비사업으로 조성된 토지를 말한다.

3) 주택단지 : 주택 및 부대시설·복리시설을 건설하거나 대지로 조성되는 일
   단의 토지로서 다음 각 목의 어느 하나에 해당하는 일단의 토지를 말한다.
   가. 「주택법」에 따른 사업계획승인을 받아 주택 및 부대시설·복리시설을 건
       설한 일단의 토지
   나. 가목에 따른 일단의 토지 중 도시·군계획시설인 도로나 그 밖에 이와 유
       사한 시설로 분리되어 따로 관리되고 있는 각각의 토지
   다. 가목에 따른 일단의 토지 둘 이상이 공동으로 관리되고 있는 경우 그 전
       체 토지
   라. 재건축사업 범위(분할제한 면적 미만의 분할)에 따라 분할된 토지 또는 분
       할되어 나가는 토지
   마. 「건축법」조에 따라 건축허가를 받아 아파트 또는 연립주택을 건설한 일단
       의 토지
4) 사업시행자란 정비사업을 시행하는 자를 말한다.
5) 토지주택공사등이란 한국토지주택공사 또는 주택사업을 수행하기 위하여 설
   립된 지방공사를 말한다.
6) 정관 등
   가. 조합의 정관
   나. 사업시행자인 토지등소유자가 자치적으로 정한 규약
   다. 시장·군수등, 토지주택공사등 또는 신탁업자가 작성한 시행규정

정비기반시설 (31회, 32회)

① 도로 · 상하수도 · 구거(도랑) · 공원 · 공용주차장 · 공동구, 열 · 가스 등의 공급시설
② 녹지, 하천, 공공공지, 광장, 소방용수시설, 비상대피시설, 가스공급시설, 지역난방시설
③ 주거환경개선사업 정비구역에 설치하는 공동이용시설

토지등소유자

① 주거환경개선사업 및 재개발사업
    : 토지 또는 건축물의 소유자와 그 지상권자
② 재건축사업
    : 건축물 및 그 부속토지의 소유자
③ 신탁업자가 사업시행자로 지정된 경우 토지등소유자가 정비사업을 목적으로 신탁업자에게 신탁한 토지 또는 건축물에 대하여는 위탁자를 토지등소유자로 본다.

공동이용시설

① 놀이터 · 마을회관 · 공동작업장
② 공동으로 사용하는 구판장 · 세탁장 · 화장실 및 수도
③ 탁아소 · 어린이집 · 경로당 등 노유자시설

| 정비사업절차

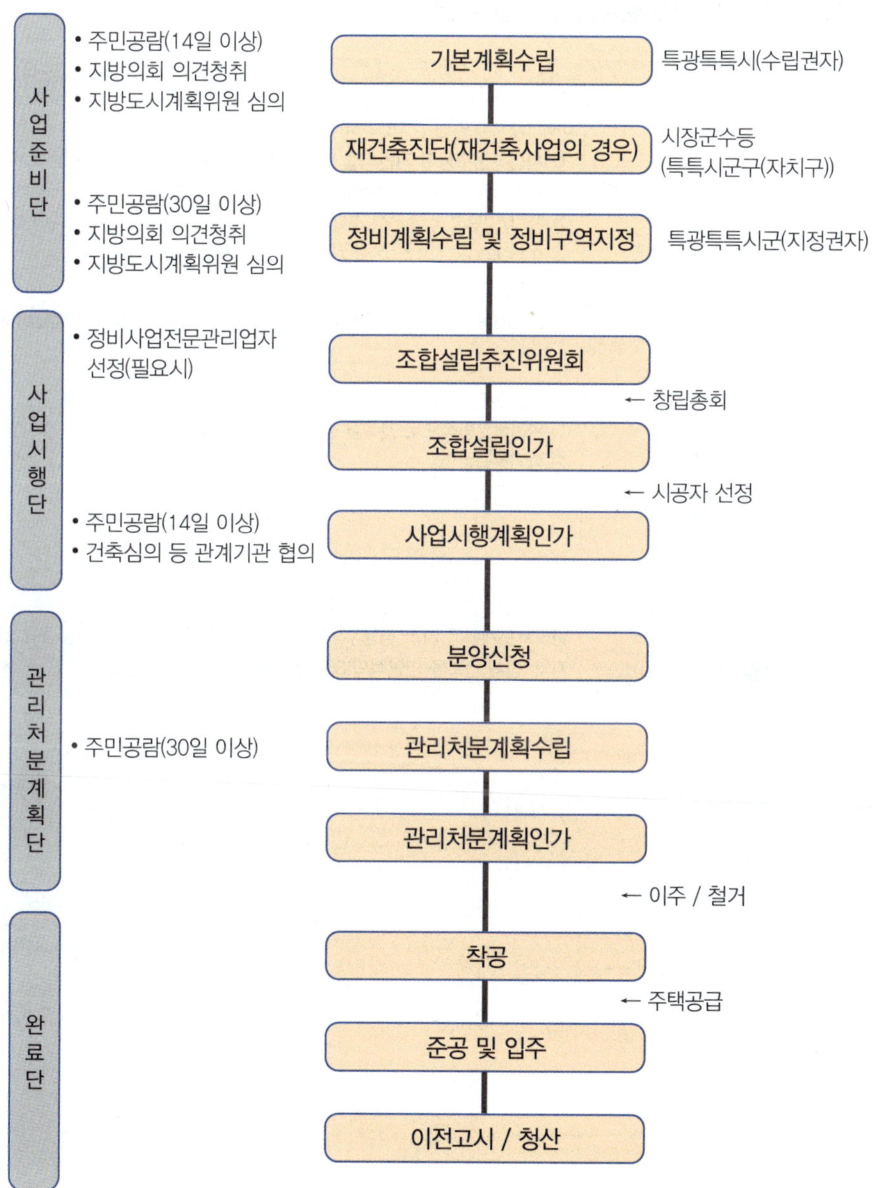

정비사업의 시행방법과 사업시행자

	시행방법	사업시행자
주거환경개선사업 (30회)	아래 ①~④ 방법 중 어느 하나 또는 혼용 ① 시장·군수등이 기반시설 및 공동시설을 설치(확대)하고 토지등소유자가 스스로 주택을 보전/정비/개량하는 방법(자기개량방식) ② 전부/일부를 수용하여 주택을 토지등소유자에게 우선 공급하거나 대지를 토지등소유자 또는 토지등소유자 외의 자에게 공급하는 방법(수용방법) ③ 환지공급방법(환지방법) ④ 관리처분계획에 따라 주택/부대시설/복리시설을 공급하는 방법(관리처분방법)	1) 시행방법 '①'의 경우 시행방법 　시장·군수등이 직접 또는 토지주택공사등 지정(토지등소유자 과반수 동의 필요) 2) 시행방법 '②~④'의 경우 시행방법(소유자 또는 지상권자 2/3 이상 및 세입자 과반 동의 必) 　① 시장·군수등이 시행 　② 또는 지정자 시행가능(토지주택공사 등, 공공기관 50% 초과 출자법인) 　③ 또는 '지정자 + 건설업자 및 등록사업자를 공동시행자로 지정'하는 경우 3) 천재지변, 건축물 붕괴 우려 등 긴급한 정비사업 시행필요가 있는 경우(사유통보) 　① 시장·군수등은 소유자 및 세입자의 동의 없이 자신이 직접 시행하거나 　② 토지주택공사등을 사업시행자로 지정하여 시행하게 할 수 있음
재개발사업	① 관리처분방식으로 건축물 공급 ② 환지공급방법	① 조합시행 ② 공동시행(조합 과반수 동의 필요)_(조합 + 시장·군수등 외 공동시행) 　* 시장·군수등 외 : 시장·군수등, 토지주택공사등, 건설업자, 등록사업자, 신탁업자, 한국부동산원 ③ 토지등소유자가 20인 미만인 경우 : 토지등소유자 직접시행 또는 "② 사업자"와 공동시행(과반수 동의 필요) (30회, 35회)
재건축사업 (30회, 35회)	관리처분계획에 따라 공동주택(주택/부대시설/복리시설) 및 공동주택 외 건축물(준주거/상업지역, 전체 건축물 연면적의 30/100 이하)을 공급하는 방법	① 조합시행 ② 시장·군수등, 토지주택공사등, 건설업자, 등록사업자와 공동시행 　(조합 과반수 동의 필요)

*** 주거환경개선사업 ②~④ 시행방법 중 세입자 동의의 예외**
1. 세입자의 세대수가 토지등소유자의 2분의 1 이하인 경우
2. 정비구역의 지정·고시일 현재 해당 지역이 속한 시·군·구에 공공임대주택 등 세입자가 입주 가능한 임대주택이 충분하여 임대주택을 건설할 필요가 없다고 시·도지사가 인정하는 경우
3. 자기개량방식, 환지방식, 관리처분방식에 따른 방법으로 사업을 시행하는 경우

계약방법 및 시공자 선정 등

(1) 계약체결 방식

공사, 용역, 물품구매 및 제조 등 계약체결은 일반경쟁 원칙
(계약규모, 재난의 발생 등의 경우에는 지명경쟁 및 수의계약 가능)

(2) 사업시공자 선정

1) 조합 : 조합설립인가 후 경쟁입찰 또는 수의계약(2회 이상 경쟁입찰 유찰 시)으로 건설업자 또는 등록사업자 선정
조합원 100인 이하 시 정관으로 정하는 바에 따라 선정 가능

＞ 입찰참여시 시공정보 제공을 위해 합동설명회 2회 이상 개최

2) 토지등소유자가 20인 미만인 경우 : 규약에 따라 건설업자 또는 등록사업자를 시공자로 선정
3) 천재지변 등의 이유로 시장·군수등이 직접 시행하거나 토지주택공사등 또는 지정개발자를 사업시행자로 지정한 경우
: 사업시행자 지정·고시 후 경쟁입찰 또는 수의계약의 방법으로 건설업자 또는 등록사업자를 시공자로 선정
: 주민대표회의 또는 토지등소유자 전체회의가 시공자를 추천한 경우에는 경쟁입찰 또는 수의계약(2회 이상 경쟁입찰 유찰시)의 방법으로 시공자를 추천할 수 있다.
주민대표회의 또는 토지등소유자 전체회의가 시공자를 추천한 경우(경쟁입찰 또는 수의계약으로 선정된 시공자) 사업시행자는 추천받은 자를 시공자로 선정하여야 한다. 이 경우 시공자와의 계약에 관해서는 「지방자치단체를 당사자로 하는 계약에 관한 법률」 또는 「공공기관의 운영에 관한 법률」을 적용하지 아니한다.

(3) 공사계약 체결

사업시행자(사업대행자 포함)는 선정된 시공자와 공사계약을 체결할 때, 기존 건축물의 철거 공사(석면 조사·해체·제거 포함)에 관한 사항을 포함시켜야 한다.

＊ 공사비 검증 요청 등
① 재개발사업·재건축사업의 사업시행자(시장·군수등 또는 토지주택공사등이 단독 또는 공동으로 정비사업을 시행하는 경우는 제외한다)는 시공자와 계약 체결 후 다음 각 호의 어느 하나에 해당하는 때에는 정비사업 지원기구에 공사비 검증을 요청하여야 한다.
   1. 토지등소유자 또는 조합원 5분의 1 이상이 사업시행자에게 검증 의뢰를 요청하는 경우
   2. 공사비의 증액 비율(당초 계약금액 대비 누적 증액 규모의 비율로서 생산자물가상승률은 제외한다)이 다음 각 목의 어느 하나에 해당하는 경우
      가. 사업시행계획인가 이전에 시공자를 선정한 경우 : 100분의 10 이상
      나. 사업시행계획인가 이후에 시공자를 선정한 경우 : 100분의 5 이상
   3. 제1호 또는 제2호에 따른 공사비 검증이 완료된 이후 공사비의 증액 비율(검증 당시 계약금액 대비 누적 증액 규모의 비율로서 생산자물가상승률은 제외한다)이 100분의 3 이상인 경우
② 제1항에 따른 공사비 검증의 방법 및 절차, 검증 수수료, 그 밖에 필요한 사항은 국토교통부장관이 정하여 고시한다.

＊ 임대사업자의 선정
① 사업시행자는 공공지원민간임대주택을 원활히 공급하기 위하여 국토교통부장관이 정하는 경쟁입찰의 방법 또는 수의계약(2회 이상 경쟁입찰이 유찰된 경우와 공공재개발사업을 통해 건설·공급되는 공공지원민간임대주택을 국가가 출자·설립한 법인 등 대통령령으로 정한 자에게 매각하는 경우로 한정한다)의 방법으로 「민간임대주택에 관한 특별법」에 따른 임대사업자를 선정할 수 있다.
② 임대사업자의 선정절차 등에 필요한 사항은 국토교통부장관이 정하여 고시할 수 있다.

1. 재개발사업 · 재건축사업 지정개발자

① 시장 · 군수등은 토지등소유자, 민관합동법인, 신탁업자를 시행자로 지정 가능
+ 고시(고시일 다음 날에 추진위원회의 구성승인 또는 조합설립인가가 취소된 것으로 봄)
1. 천재지변, 재난 및 법령상 사용제한 · 사용금지 등 긴급한 사업시행이 필요한 경우
2. 정비사업시행 예정일부터 2년 이내에 사업시행계획인가를 신청하지 아니한 경우
2-1. 사업시행계획인가를 신청한 내용이 위법 또는 부당하다고 인정하는 때(재건축사업 제외)
3. 조합설립 동의요건 이상에 해당하는 자가 신탁업자의 사업시행자 지정에 동의하는 경우

* **동의서에 포함될 내용**
1. 건설되는 건축물의 설계의 개요
2. 정비사업비(철거 및 신축비용 등)
3. 정비사업비의 분담기준(신탁보수 포함)
4. 사업 완료 후 소유권의 귀속
5. 정비사업의 시행방법 등에 필요한 시행규정
6. 신탁계약의 내용

* **신탁사업자는 토지등소유자 전체회의(토지등소유자 전원으로 구성) 의결을 거쳐야 함**
(1) 의결사항
1. 시행규정의 확정 및 변경
2. 정비사업비의 사용 및 변경
3. 정비사업전문관리업자와의 계약 등 토지등소유자의 부담이 될 계약
4. 시공자의 선정 및 변경
5. 정비사업비의 토지등소유자별 분담내역
6. 자금의 차입과 그 방법 · 이자율 및 상환방법
7. 사업시행계획서의 작성 및 변경(정비사업의 중지 · 폐지에 관한 사항 포함, 경미한 변경은 제외)
8. 관리처분계획의 수립 및 변경(경미한 변경은 제외)
9. 청산금의 징수 · 지급(분할징수 · 분할지급 포함)과 조합 해산 시의 회계보고
10. 사업시행자가 부과하는 부과금 비용의 금액 및 징수방법
11. 토지등소유자에게 부담이 되는 것으로 시행규정으로 정하는 사항

(2) 회의소집
사업시행자 직권 또는 토지등소유자 1/5 이상 요구로 소집

② 국토교통부장관은 신탁업자와 토지등소유자 간의 공정계약 체결을 위하여 표준 계약서 및 시행규정을 마련하여 그 사용을 권장할 수 있음
③ 신탁업자와 사업의 준비 · 추진에 필요한 사항을 협약 또는 계약하려는 경우
토지등소유자 주민설명회(사업시행 방식의 주요 내용, 협약 등의 주요내용) 개최(7일 전 게시 및 공개) → 주민설명회 개최 사실에 대한 시
장 · 군수등의 확인 → 토지등소유자 30/100 이상의 동의 → 신탁업자 공개모집 → 사업시행자 지정 전에 협약등 체결 가능

2. 재개발사업 · 재건축사업 사업대행자

① 시장 · 군수등이 직접사업 또는 토지주택공사등 및 지정개발자에게 시행하게 할 수 있음
② 사업대행자는 보수 또는 비용 상환에 대한 권리로써 사업시행자에게 귀속될 대지 또는 건축물을 압류할 수 있음
   1. 장기간 사업지연 또는 권리관계의 분쟁 등으로 조합 또는 토지등소유자가 계속 추진하기 어려운 경우
   2. 토지등소유자(조합설립 시는 조합원)의 과반수 동의로 요청하는 경우

*** 사업대행절차**
① 지방자치단체 공보 고시 + "토지등소유자 및 사업시행자"에게의 통지
   1. 정비사업의 종류 및 명칭
   2. 사업시행자의 성명 및 주소(법인은 대표자 성명 및 주소 포함)
   3. 정비구역의 위치 및 면적
   4. 정비사업의 착수예정일 및 준공예정일
   5. 사업대행개시결정을 한 날
   6. 사업대행자 및 대행사항
② 사업대행자는 사업대행 고시 다음 날부터 사업대행완료를 고시하는 날까지 자기의 이름 및 사업시행자의 계산으로 사업시행자의 업무를 집행하고 재산을 관리한다. 이 경우 법 또는 법에 따른 명령이나 정관등으로 정하는 바에 따라 사업시행자가 행하거나 사업시행자에 대하여 행하여진 처분 · 절차 그 밖의 행위는 사업대행자가 행하거나 사업대행자에 대하여 행하여진 것으로 본다.
③ 시장 · 군수등이 아닌 사업대행자는 재산의 처분, 자금의 차입 그 밖에 사업시행자에게 재산상 부담을 주는 행위를 하려는 때에는 미리 시장 · 군수등의 승인을 받아야 한다.
④ 사업대행자는 선량한 관리자로서의 주의의무를 다하여야 하며, 필요한 때에는 사업시행자에게 협조를 요청할 수 있고, 사업시행자는 특별한 사유가 없는 한 이에 응하여야 한다.

*** 사업대행의 완료**
① 사업대행자는 대행 원인사유가 없어지거나 이전고시 후 등기를 완료한 때에는 사업대행을 완료하여야 한다(시장 · 군수등이 아닌 사업대행자는 미리 시장 · 군수등에게 사업대행을 완료할 뜻을 보고하여야 한다) → 지방자치단체 공보 고시 + 토지등소유자 및 사업시행자에게 각각 통지
② 사업대행자는 사업대행완료 고시가 있은 때에는 지체 없이 사업시행자에게 업무를 인계하여야 하며, 사업시행자는 정당한 사유가 없는 한 이를 인수하여야 한다(대행자의 권리와 의무가 승계된다).
③ 대행자는 사업대행의 완료 후 사업시행자에게 보수 또는 비용의 상환을 청구할 때에 그 보수 또는 비용을 지출한 날 이후의 이자를 청구할 수 있다.

| 사업대행자의 지정

3. 재개발사업 · 재건축사업 공공시행자 (33회)

① 시장 · 군수등 직접 및 토지주택공사등(건설업자 및 등록사업자와의 공동시행 포함)을 사업시행자로 지정하여 정비사업 시행 가능
  + 고시(고시일 다음 날에 추진위원회의 구성승인 또는 조합설립인가가 취소된 것으로 봄)

1. 천재지변, 재난 및 법령상 사용제한 · 사용금지 등 긴급한 사업시행이 필요한 경우
2. 정비사업시행 예정일부터 2년 이내에 사업시행계획인가를 신청하지 아니한 경우
2-1. 사업시행계획인가를 신청한 내용이 위법 또는 부당하다고 인정하는 때(재건축사업 제외)
3. 추진위원회가 3년 내에 조합설립인가 신청하지 아니한 경우
3-1. 조합이 조합설립인가를 받은 날부터 3년 내에 사업시행계획인가 신청하지 아니한 때
4. 지방자치단체의 장이 도시 · 군계획사업과 병행하여 정비사업을 시행할 필요를 인정한 경우
5. 순환정비방식 시행 필요 인정 시
6. 사업시행계획인가가 취소된 때
7. 국 · 공유지 면적 및 국공유지와 토지주택공사등이 소유한 면적이 전체 1/2 이상 + 토지등소유자의 과반수가 동의하는 때
8. 토지면적 1/2 이상과 토지등소유자의 2/3 이상이 시장 · 군수등 또는 토지주택공사등을 사업시행자로 지정할 것으로 요청하는 경우

② 토지주택공사등과 사업의 준비 · 추진에 필요한 사항을 협약 또는 계약하려는 경우
  토지등소유자 주민설명회(사업시행 방식의 주요 내용, 협약 등의 주요내용) 개최(7일 전 게시 및 공개) → 주민설명회 개최 사실에 대한 시장 · 군수등의 확인 → 토지등소유자 30/100 이상의 동의 → 사업시행자 지정 이전에 협약등 체결 가능

정비사업 기본절차

1. 기본방침 수립 — 2. 기본계획 수립 — 3. 정비계획 수립 — 4. 정비구역 지정 — 5. 행위제한 — 6. 정비구역 해제

1. 도시 · 주거환경정비 기본방침 (32회)

국토교통부장관 → 10년마다 기본방침 정하고 → 5년마다 타당성검토
① 도시 및 주거환경 정비를 위한 국가 정책 방향
② 도시 · 주거환경정비기본계획의 수립 방향
③ 노후 · 불량 주거지 조사 및 개선계획의 수립
④ 도시 및 주거환경 개선에 필요한 재정지원계획

2. 도시 · 주거환경정비 기본계획의 수립

(1) 특별시장 · 광역시장 · 특별자치시장 · 특별자치도지사 또는 시장(= 수립권자)

10년마다 기본계획 수립(도지사가 인정하는 대도시가 아닌 '시'는 제외 가능).
5년마다 타당성 검토 必

(2) 기본계획 수립을 위한 주민의견청취 등(경미한 사항 변경 시 생략가능)

기본계획 수립(변경) → 14일 이상 주민공람 + 지방의회 의견청취(60일 내)

(3) 기본계획의 확정(협의 및 심의)(경미한 사항 변경 시 생략가능) (30회)

① 관계 행정기관의 장과 협의 → 지방도시계획위원회 심의 → 확정
② 대도시 시장이 아닌 시장 → 도지사의 승인(도지사가 협의 및 심의 거침)

(4) 기본계획의 고시

지체 없이 지방자치단체 공보 고시(경미한 사항변경은 도지사 승인 ×) + 일반인 열람
+ 국토교통부장관에게 보고

(5) 기타

① 경미한 사항 변경 시 "(2)", "(3)" 생략가능
② 기본계획의 수립권자 또는 정비계획의 입안권자는 주거지역에 대하여는 법률에
따른 용적률의 상한까지 용적률을 정할 수 있음

(28회, 30회, 33회)

* 기본계획 포함 내용 → 기본계획의 작성기준 및 작성방법은 국토교통부장관이 정한다.
  1. 정비사업의 기본방향
  2. 정비사업의 계획기간
  3. 인구 · 건축물 · 토지이용 · 정비기반시설 · 지형 및 환경 등의 현황
  4. 주거지 관리계획
  5. 토지이용계획 · 정비기반시설계획 · 공동이용시설설치계획 및 교통계획
  6. 녹지 · 조경 · 에너지공급 · 폐기물처리 등에 관한 환경계획
  7. 사회복지시설 및 주민문화시설 등의 설치계획
  8. 도시의 광역적 재정비를 위한 기본방향 (36회)
  9. 정비구역으로 지정할 예정인 구역(정비예정구역)의 개략적 범위
  10. 단계별 정비사업 추진계획(정비예정구역별 정비계획의 수립시기가 포함되어야 한다)
  11. 건폐율 · 용적률 등에 관한 건축물의 밀도계획
  12. 세입자에 대한 주거안정대책
  13. 그 밖에 주거환경 등을 개선하기 위하여 필요한 사항으로서 대통령령으로 정하는 사항
     – 도시관리 · 주택 · 교통정책 등 도시 · 군계획과 연계된 도시 · 주거환경정비의 기본방향
     – 도시 · 주거환경정비의 목표
     – 도심기능의 활성화 및 도심공동화 방지 방안
     – 역사적 유물 및 전통건축물의 보존계획
     – 정비사업의 유형별 공공 및 민간부문의 역할
     – 정비사업의 시행을 위하여 필요한 재원조달에 관한 사항

* 기본계획의 수립권자는 기본계획에 다음 사항을 포함하는 경우에는 기본계획 수립시 포함해야
  하는 내용 중 "9, 10"의 내용을 생략할 수 있다.
  1. 생활권의 설정, 생활권별 기반시설 설치계획 및 주택수급계획
  2. 생활권별 주거지의 정비 · 보전 · 관리의 방향

---

* 경미한 사항 : ① 주민 및 지방의회 의견청취, ② 협의 및 심의 생략가능한 경우
  1. 정비기반시설의 규모를 확대하거나 그 면적을 10퍼센트 미만의 범위에서 축소하는 경우
  2. 정비사업의 계획기간을 단축하는 경우
  3. 공동이용시설에 대한 설치계획을 변경하는 경우
  4. 사회복지시설 및 주민문화시설 등에 대한 설치계획을 변경하는 경우
  5. 구체적으로 면적이 명시된 정비예정구역의 면적을 20% 미만의 범위에서 변경하는 경우
  6. 단계별 정비사업 추진계획을 변경하는 경우
  7. 건폐율 및 용적률을 각 20% 미만의 범위에서 변경하는 경우
  8. 정비사업의 시행을 위하여 필요한 재원조달에 관한 사항을 변경하는 경우
  9. 도시 · 군기본계획의 변경에 따라 기본계획을 변경하는 경우

*** 심화 : 재건축사업을 위한 재건축진단**

1. 수립시기 도래에 의한 재건축진단[주택단지(연접단지 포함)의 건축물을 대상으로 함]
   시장·군수등은 정비예정구역별 정비계획의 수립시기가 도래한 때부터 사업시행계획인가 전까지 재건축진단을 실시하여야 한다.

2. 요청에 따른 재건축진단(수립시기 미도래의 경우)
   시장·군수등은 재건축진단 실시를 요청하는 자에게 비용을 부담하게 할 수 있다.
   ① 정비계획의 입안을 요청하려는 자가 입안을 요청하기 전에 해당 정비예정구역 또는 사업예정구역에 위치한 건축물 및 그 부속토지의 소유자 10분의 1 이상의 동의를 받아 재건축진단의 실시를 요청하는 경우
   ② 정비계획의 입안을 제안하려는 자가 입안을 제안하기 전에 해당 정비예정구역에 위치한 건축물 및 그 부속토지의 소유자 10분의 1 이상의 동의를 받아 재건축진단의 실시를 요청하는 경우
   ③ 정비예정구역을 지정하지 아니한 지역에서 재건축사업을 하려는 자가 사업예정구역에 있는 건축물 및 그 부속토지의 소유자 10분의 1 이상의 동의를 받아 재건축진단의 실시를 요청하는 경우
   ④ 내진성능이 확보되지 아니한 건축물 중 중대한 기능적 결함 또는 부실 설계·시공으로 구조적 결함 등이 있는 건축물의 소유자로서 재건축사업을 시행하려는 자가 해당 사업예정구역에 위치한 건축물 및 그 부속토지의 소유자 10분의 1 이상의 동의를 받아 재건축진단의 실시를 요청하는 경우
   ⑤ 정비계획을 입안하여 주민에게 공람한 지역 또는 제16조에 따라 정비구역으로 지정된 지역에서 재건축사업을 시행하려는 자가 해당 구역에 위치한 건축물 및 그 부속토지의 소유자 10분의 1 이상의 동의를 받아 재건축진단의 실시를 요청하는 경우
   ⑥ 시장·군수등의 승인을 받은 조합설립추진위원회 또는 사업시행자가 재건축진단의 실시를 요청하는 경우

   > 시장·군수등은 상기 사유로 재건축진단의 요청이 있는 경우에는 재건축진단의 실시 시기 등을 포함한 재건축진단 실시계획을 수립(재건축진단의 실시 시기 등 포함)하고 → 요청일부터 30일 이내에 요청인에게 통보해야 한다 → 단계별 정비사업 추진계획 등의 사유로 재건축사업의 시기를 조정할 필요가 있다고 인정하는 경우에는 재건축진단의 실시 시기를 조정할 수 있다(정비구역의 지정·고시일 전에만 가능)

3. 재건축진단 실시(시장·군수등)와 보고서 제출 및 통보
   (1) 보고서 제출
   재건축진단기관(한국건설기술연구원, 안전진단전문기관, 국토안전관리원)에 의뢰 → 주거환경 적합성, 해당 건축물의 구조안전성, 건축마감, 설비노후도 등에 관한 재건축진단 실시 → 재건축진단 결과보고서 작성 → 시장·군수등 및 재건축진단의 실시를 요청한 자에게 제출

   > * 재건축 진단 내용
   > 1. 구조안전성 평가 : 노후·불량건축물을 대상으로 구조적 또는 기능적 결함 등을 평가하는 재건축진단
   > 2. 구조안전성 및 주거환경 중심 평가 : 제1호 외의 노후·불량건축물을 대상으로 구조적·기능적 결함 등 구조안전성과 주거생활의 편리성 및 거주의 쾌적성 등 거환경을 종합적으로 평가하는 재건축진단

   (2) 재건축진단 결과의 적정성 검토
   ① 시장·군수등(특별자치시장 및 특별자치도지사 제외)은 재건축진단 결과보고서를 제출받은 경우 지체 없이 특별시장·광역시장·도지사에게 결정내용과 해당 재건축진단 결과보고서를 제출하여야 한다.
   ② 특별시장·광역시장·특별자치시장·도지사·특별자치도지사("시·도지사")는 필요한 경우에는 국토안전관리원, 한국건설기술연구원에 재건축진단 결과의 적정성에 대한 검토를 의뢰할 수 있다[의뢰받은 날부터 60일 이내에 그 결과를 시·도지사에게 제출(시·도지사는 시장·군수등에게 통보)하여야 한다 + 부득이한 경우에는 30일의 내 한 차례 연장가능].
   ③ 국토교통부장관은 시·도지사에게 재건축진단 결과보고서의 제출을 요청할 수 있으며, 필요한 경우 시·도지사에게 재건축진단 결과의 적정성에 대한 검토를 요청할 수 있다(비용은 국토교통부장관 또는 시·도지사가 부담).
   ④ 특별시장·광역시장·도지사는 검토결과에 따라 필요한 경우 시장·군수등에게 재건축진단에 대한 시정요구 등 대통령령으로 정하는 조치를 요청할 수 있으며, 시장·군수등은 특별한 사유가 없으면 그 요청에 따라야 한다.
   ⑤ 재건축진단 결과의 평가 등에 필요한 사항은 대통령령으로 정한다.

   (3) 재건축진단 판정 결과 통보
   ① 재건축진단 결과에 대한 적정성 검토를 하지 않는 경우: 재건축진단 결과보고서를 제출받은 날부터 30일

② 재건축진단 결과에 대한 적정성 검토를 하는 경우 : 다음 각 목의 구분에 따른 날부터 30일
　　가. 재건축진단에 대한 시정요구[2] 조치의 요청이 있는 경우 : 해당 조치를 마친 날
　　나. 가목 외의 경우 : 재건축진단에 대한 적정성 검토의 결과를 통보받은 날
(4) 기타
　시장·군수등은 재건축 대상이 아닌 것으로 재건축진단 판정 결과를 통보한 이후 재건축진단을 다시 실시하는 경우에는 국토교통부장관이 정하여 고시하는 바에 따라 종전의 재건축진단 결과보고서를 활용할 수 있다.

4. 재건축진단 대상 제외
① 시장·군수등이 천재지변 등으로 주택이 붕괴되어 신속히 재건축을 추진할 필요가 있다고 인정하는 것
② 주택의 구조안전상 사용금지가 필요하다고 시장·군수등이 인정하는 것
③ 노후·불량건축물 수에 관한 기준을 충족한 경우 잔여 건축물
④ 시장·군수등이 진입도로 등 기반시설 설치를 위하여 불가피하게 정비구역에 포함된 것으로 인정하는 건축물
⑤ 「시설물의 안전 및 유지관리에 관한 특별법」 제2조 제1호의 시설물로서 같은 법 제16조에 따라 지정받은 안전등급이 D(미흡) 또는 E(불량)인 건축물

5. 사업시행계획인가 여부 결정
　시장·군수등은 재건축진단의 결과와 도시계획 및 지역여건 등을 종합적으로 검토하여 사업시행계획인가 여부를 결정하여야 한다.

6. 재건축진단의 대상·기준·실시기관·지정절차·수수료 및 결과에 대한 조치 등에 필요한 사항은 대통령령으로 정한다.

---

2) 재건축진단에 대한 시정요구 조치
　1. 재건축진단의 전부 또는 일부에 대한 시정요구(재건축진단의 재실시를 포함한다)
　2. 재건축진단 결과보고서 내용에 대한 재검토

3. 정비계획의 입안 및 수립

(1) **토지등소유자 또는 추진위원회는 입안권자에게 정비구역의 지정을 위한 정비계획의 입안 요청 가능**(입안하기로 하는 경우 구역지정권자는 기본방향을 작성하여 입안권자에게 제시하여야 한다.)

- → 4개월(2개월 연장 가능) 이내에 결정통보 → 토지등소유자 및 정비구역의 지정권자
- ① 정비계획의 입안시기가 지났음에도 불구하고 정비계획이 입안되지 아니한 경우
- ② 정비예정구역의 개략적 범위 및 단계별 정비사업 추진계획에 따른 사항을 생략한 경우
- ③ 천재지변 등 불가피한 사유로 긴급하게 정비사업을 시행할 필요가 있다고 판단되는 경우
- ④ 기본계획을 수립하지 아니한 지역(대도시가 아닌 시로서 도지사가 인정하는 지역)으로서 대통령령으로 정하는 경우

(2) **토지등소유자 또는 추진위원회는 정비계획의 입안 제안**(정비계획도서 및 계획설명서 제출) **가능**

- → 토지등소유자의 2/3 이하 및 토지면적 2/3 이하의 범위에서 조례로 정하는 비율 이상의 동의필요
- → 60일(30일 내 연장가능) 내 반영여부 통보
- → 정비계획도서 및 계획설명서 활용가능
- ① 단계별 정비사업 추진계획상 정비예정구역별 정비계획의 입안시기가 지났음에도 불구하고 정비계획이 입안되지 아니하거나 정비예정구역별 정비계획의 수립시기를 정하고 있지 아니한 경우
- ② 토지등소유자가 토지주택공사등을 사업시행자로 지정 요청하려는 경우
- ③ 대도시가 아닌 시 또는 군으로서 시·도조례로 정하는 경우
- ④ 정비사업을 통하여 공공지원민간임대주택을 공급하거나 임대할 목적으로 주택을 주택임대 관리업자에게 위탁하려는 경우로서 정비계획의 입안을 요청하려는 경우
- ⑤ 천재지변 및 긴급하게 정비사업을 시행할 필요가 있다고 인정하여 공공시행자 및 지정개발자가 시행하는 경우
- ⑥ 토지등소유자(조합)가 3분의 2 이상의 동의로 정비계획의 변경을 요청하는 경우
- ⑦ 토지등소유자가 공공재개발사업 또는 공공재건축사업을 추진하려는 경우 (35회)

(3) **정비계획 입안**(변경)**을 위한 주민의견청취 등**

- 1) 입안(변경) 시 주민설명회 및 30일 이상 주민공람 + 지방의회 의견청취(60일 내 의견제시)
- 2) 경미한 사항을 변경하는 경우에는 생략가능
- 3) 정비계획의 입안권자는 정비기반시설 및 국유·공유재산의 귀속 및 처분에 관한 사항이 포함된 정비계획을 입안하려면 미리 해당 정비기반시설 및 국유·공유재산의 관리청의 의견을 들어야 한다.

---

(1) 정비계획의 포함사항

1. 정비사업의 명칭
2. 정비구역 및 그 면적
2의2. 토지등소유자 유형별 분담금 추산액 및 산출근거
3. 도시·군계획시설의 설치에 관한 계획 (36회)
4. 공동이용시설 설치계획
5. 건축물의 주용도·건폐율·용적률·높이에 관한 계획 (36회)
6. 환경보전 및 재난방지에 관한 계획
7. 정비구역 주변의 교육환경 보호에 관한 계획
8. 세입자 주거대책 (36회)
9. 정비사업시행 예정시기 등
10. 지구단위계획 내용의 사항에 관한 계획(필요한 경우로 한정한다.)
* 정비계획의 작성기준 및 작성방법은 국토교통부장관이 정하여 고시한다.

경미한 사항

1. 정비구역의 면적을 10퍼센트 미만의 범위에서 변경하는 경우 (정비구역을 분할, 통합 또는 결합하는 경우는 제외)
1의2. 토지등소유자 유형별 분담금 추산액 및 산출근거를 변경하는 경우
2. 정비기반시설의 위치를 변경하는 경우 및 정비기반시설 규모를 10퍼센트 미만의 범위에서 변경하는 경우
3. 공동이용시설 설치계획을 변경하는 경우
4. 재난방지에 관한 계획을 변경하는 경우
5. 정비사업시행 예정시기를 3년의 범위에서 조정하는 경우
6. 건축물의 주용도를 변경하는 경우
7. 건축물의 건폐율 또는 용적률을 축소하거나 10퍼센트 미만의 범위에서 확대하는 경우
8. 건축물의 최고 높이를 변경하는 경우
9. 용적률을 완화하여 변경하는 경우
10. 도시·군기본계획, 도시·군관리계획 또는 기본계획의 변경에 따라 정비계획을 변경하는 경우
11. 교통영향평가 등 관계법령에 의한 심의결과에 따른 변경인 경우
11의2. 「공공주택 특별법」에 따른 공공주택의 세부 유형을 변경하는 경우
11의3. 수용방식으로 시행하는 주거환경개선사업의 경우 사업시행자로 예정된 자를 변경하는 경우

4. 정비구역의 지정

(1) 정비구역의 지정

① 특별시장·광역시장·특별자치시장·특별자치도지사·시장 또는 군수(광역시의 군수는 제외) (= 정비구역의 지정권자)
② 천재지변 등 시급한 시행이 필요한 경우 기본계획 수립 없이 정비구역 지정 가능
③ 진입로 설치를 위하여 필요한 경우, 진입로 지역과 그 인접지역을 포함하여 정비구역 지정 가능
④ 정비구역의 지정권자는 직접 정비계획 입안 가능
⑤ 자치구의 구청장 및 광역시 군수(구청장등)는 정비계획을 입안하여 특별·광역시장에게 정비구역 신청(지방의회 의견 첨부) (35회)

(2) 정비계획의 결정 및 정비구역의 지정·고시 절차

지방도시계획위원회 심의(경미한 사항의 변경은 생략가능) (30회) + 공보 고시 + 국토교통부장관 보고 + 일반인 열람

(3) 정비구역 지정·고시의 효력 등(지구단위계획구역으로 지정된 것으로 봄)

* 정비계획내용이 모두 포함된 지구단위계획, 구역은 정비구역으로 결정·고시된 것으로 본다.

(4) 정비예정구역 또는 정비구역(=정비구역등)에서는 지역주택조합의 조합원을 모집해서는 안 됨

정비구역의 분할, 통합 및 결합 가능 ✍ (30회, 35회)
하나의 정비구역을 둘 이상의 정비구역으로 분할 서로 연접한 정비구역을 하나의 정비구역으로 통합 서로 연접하지 아니한 둘 이상의 구역을 하나로 결합 * 시행방법과 절차에 관한 세부적인 사항은 시·도조례로 정함.

---

5. 허가대상과 행위제한

(1) 시장·군수 등 허가(국계법상 개발행위허가 의제) (33회) **+ 사업시행자가 있는 경우에는 사업시행자의 의견을 들어야 한다.**

① 건축물의 건축 등 : 건축물(가설건축물 포함)의 건축, 용도변경 (35회)
② 공작물의 설치 : 인공을 가하여 제작한 시설물(건축물 제외)의 설치
③ 토지의 형질변경 : 절토·성토·정지·포장 등, 토지의 굴착 또는 공유수면의 매립
④ 토석의 채취 : 흙·모래·자갈·바위 등의 토석을 채취하는 행위(다만, 토지의 형질변경을 목적으로 하는 것은 '③'에 따름)
⑤ 토지분할
⑥ 물건을 쌓아놓는 행위 : 이동이 쉽지 아니한 물건을 1개월 이상 쌓아놓는 행위
⑦ 죽목의 벌채 및 식재

(2) 허가불필요

① 재해복구 또는 재난수습에 필요한 응급조치를 위한 행위
② 건축물에 대한 안전조치를 위한 행위
③ 그 밖에 대통령령으로 정하는 행위

(3) 기득권 보호

구역 지정 당시, 공사 또는 사업에 착수한 자는 시장·군수등에게 30일 이내에 신고 후 계속시행 가능

(4) 원상회복명령 및 대집행 가능

(5) 허가에 관하여 국계법상 개발행위의 허가절차·기준·도시계획위원회의 심의·이행보증 및 준공검사 규정 준용

행위제한[국토교통부장관, 시·도지사, 시장, 군수 또는 구청장(자치구)] ✍
비경제적인 건축행위 및 투기수요의 유입을 막기 위하여 ① 기본계획을 공람 중인 정비예정구역 또는 정비계획을 수립 중인 지역에 ② 3년 이내의 기간(+ 1년 범위 내 한 차례 연장가능)을 정하여 ③ "㉠ 건축, ㉡ 분할, ㉢ 집합건축물대장으로 전환, ㉣ 집합건축물 대장의 전유부분 분할" 행위 제한 가능함

대통령령으로 정하는 행위 ✍ (33회)
1. 농림수산물의 생산에 직접 이용되는 간이공작물의 설치(비닐하우스, 버섯재배사, 종묘배양장, 퇴비장, 탈곡장, 양잠장, 건조장) 2. 경작을 위한 토지의 형질변경 3. 정비구역의 개발에 지장을 주지 아니하고 자연경관을 손상하지 아니하는 범위에서의 토석의 채취 4. 정비구역에 존치하기로 결정된 대지에 물건을 쌓아놓는 행위 5. 관상용 죽목의 임시식재(경작지에서의 임시식재는 제외)

6. 정비구역등의 해제

(1) 정비구역을 해제해야 하는 경우(구청장등은 특별시장 및 광역시장에게 해제 요청)
　　　　　　　　　　　└─ 자치구의 구청장 또는 광역시의 군수

1) 해제/해제신청사유 (31회, 32회, 35회)

① 정비구역 지정 예정일 ~ 3년 내 정비구역지정 ✕

② 조합이 시행하는 재개발사업 · 재건축사업

　가. 정비구역 지정 · 고시일 ~ 2년 내 조합설립추진위원회 승인신청 ✕

　나. 추진위원회를 구성하지 않는 경우 : 정비구역으로 지정 · 고시된 날부터 3년 내 조합설립인가 신청 ✕

　다. 추진위원회 승인일(정비구역 지정 · 고시 전에 추진위원회를 구성하는 경우에는 정비구역 지정 · 고시일로 본다.) ~ 2년 내 조합설립인가 신청 ✕

　라. 조합설립인가를 받은 날 ~ 3년 내 사업시행계획인가 신청 ✕

③ 토지등소유자가 시행하는 재개발사업(토지등소유자 20인 미만)
　정비구역으로 지정/고시된 날 ~ 5년 내 사업시행계획인가 신청 ✕

2) 2년 범위 내 연장 가능

① 토지등소유자(조합원)의 30/100 이상의 동의로 연장을 요청하는 경우

② 정비구역등의 존치가 필요하다고 인정하는 경우

(2) 정비구역의 직권해제(+ 지방도시계획위원회의 심의) (30회, 31회)

① 토지등소유자에게 과도한 부담발생 예상

② 목적을 달성할 수 없다고 인정되는 경우

③ 100분의 30 이상이 구역해제를 요청하는 경우(추진위원회가 구성되지 아니한 구역으로 한정)

④ 자기개량방식의 주거환경개선사업 정비구역이 지정 · 고시된 날부터 10년 이상 지나고, 목적을 달성할 수 없다고 인정되는 경우로서 토지등소유자의 과반수가 정비구역의 해제에 동의하는 경우

⑤ 추진위원회 구성 또는 조합 설립에 동의한 토지등소유자의 2분의 1 이상 3분의 2 이하의 범위에서 조례로 정하는 비율 이상의 동의로 정비구역의 해제를 요청하는 경우(사업시행계획인가를 신청하지 않은 경우만)

⑥ 추진위원회가 구성되거나 조합이 설립된 정비구역에서 토지등소유자 과반수의 동의로 정비구역의 해제를 요청하는 경우(사업시행계획인가를 신청하지 않은 경우만)

(3) 해제 절차(특별자치시장, 특별자치도지사, 시장, 군수 또는 구청장등)

30일 이상 주민공람 + 지방의회 의견청취, 60일 내 의견제출 + 지방도시계획위원회 심의(재정비촉진지구는 도시재정비위원회 심의) + 공보고시 + 국토교통부장관에게 통보 + 일반인 열람

(4) 정비구역 해제의 효력

① 정비구역등이 해제된 경우에는 정비계획으로 변경된 용도지역, 정비기반시설 등은 정비구역 지정 이전의 상태로 환원된 것으로 봄 (35회)

> 다만, "자기개량방식의 주거환경개선사업의 정비구역이 지정 · 고시된 날부터 10년 이상 지나고, 추진 상황으로 보아 지정 목적을 달성할 수 없다고 인정되는 경우로서 토지등소유자의 과반수가 정비구역의 해제에 동의하는 경우" 정비구역의 지정권자는 정비기반시설의 설치 등 해당 정비사업의 추진 상황에 따라 환원되는 범위를 제한할 수 있다. (30회)

② 정비구역등(재개발사업 및 재건축사업)이 해제된 경우 해제된 정비구역등을 자기개량방식의 주거환경개선구역으로 지정할 수 있음

③ 추진위원회 구성승인 또는 조합설립인가는 취소된 것으로 봄(시장 · 군수등은 공보고시)

(5) 정비구역 지정권자는 해제된 정비구역 등을 도시재생선도지역으로 지정하도록 국토교통부장관에게 요청할 수 있다.

1. 조합설립추진위원회

조합설립 동의를 받기 전에 추정분담금등 정보를 토지등소유자에게 제공해야 한다. (32회)

(1) 조합설립추진위원회의 구성 · 승인[5명 이상의 추진위원회 위원(위원장 포함)]

토지등소유자 과반수 동의 + 시장 · 군수등 승인 + 고시
* 정비사업에 대한 공공지원을 하려는 경우에는 추진위원회를 구성하지 아니할 수 있다.

(2) 추진위원회의 조직

① 추진위원장 1명 및 감사 (31회)
② 추진위원의 결격사유는 조합임원의 결격사유를 준용하며 퇴임된 위원이 퇴임 전에 관여한 행위는 유효함
③ 토지등소유자는 추진위원의 교체 및 해임을 요구할 수 있으며, 추진위원장이 사임, 해임, 임기만료, 불가피한 사유로 직무를 수행할 수 없는 때부터 6개월 이상 선임되지 아니한 경우 시장 · 군수등은 조례로 정하는 바에 따라 변호사 · 회계사 · 기술사 등으로서 전문조합관리인으로 선정하여 추진위원장의 업무를 대행하게 할 수 있다.

(3) 추진위원회의 운영규정

국토교통부장관 – 추진위원회 운영규정 고시(① 추진위원의 선임방법 및 변경, 권리 · 의무, ② 추진위원회의 업무범위, 운영방법, 운영자금의 차입, 운영경비의 회계에 관한 사항, ③ 토지등소유자의 운영경비 납부, ④ 정비사업전문관리업자의 선정에 관한 사항) (32회)
사용경비를 기재한 회계장부 및 관계 서류를 조합설립인가일부터 30일 내 조합에 인계
추진위원회는 수행한 업무를 총회에 보고하여야 하며, 그 권리 · 의무는 조합이 포괄승계한다.

(4) 추진위원회 구성 대상 지역

1. 정비구역으로 지정 · 고시된 지역
2. 정비구역으로 지정 · 고시되지 아니한 지역으로서 다음 각 목의 어느 하나에 해당하는 지역
   가. 대도시가 아닌 경우 도지사가 인정하여 기본계획을 수립하지 아니한 지역 또는 생활권 내용이 포함되어 기본계획에 개략적범위 및 단계별 정비사업 추진계획 사항을 생략한 지역으로서 대통령령으로 정하는 지역(정비사업을 추진하기에 적합하도록 지구단위계획이 수립되어 있는 지역, 재건축 대상인 것으로 재건축진단 판정 결과가 통보된 재건축사업 예정 지역)
   나. 기본계획에 '정비구역으로 지정할 예정인 구역의 개략적 범위'에 따른 정비예정구역이 설정된 지역
   다. 정비구역의 지정을 위한 정비계획의 입안 요청에 따른 입안 요청 및 정비계획의 입안 제안에 따라 정비계획의 입안을 결정한 지역
   라. 정비계획의 입안을 위하여 주민에게 공람한 지역

추진위원회의 업무 ✎ (29회, 30회, 31회)

① 정비사업전문관리업자의 선정 및 변경(경쟁입찰 → 2회 이상 유찰 시 수의계약)
② 설계자의 선정 및 변경
③ 개략적인 정비사업 시행계획서의 작성
④ 조합설립인가를 받기 위한 준비업무
⑤ 추진위원회 운영규정의 작성
⑥ 토지등소유자의 동의서의 접수 (29회)
⑦ 조합의 설립을 위한 창립총회의 개최
⑧ 조합 정관의 초안 작성

14일 전까지 안건공개 및 발송 · 통지
위원장 직권 또는 토등소 1/5 이상 요구로 소집
토등소 과반수 출석과 출석한 토등소 과반수 찬성으로 의결
조합임원 및 대의원은 확정된 정관에 따라 선출한다.

(4–1) 재승인

① "(4)"의 제2호에 따라 추진위원회를 구성하여 승인받은 경우로서 승인 당시의 구역과 고시된 정비구역의 면적 차이가 '추진위원회의 구성에 관한 승인 당시 구역 면적의 100분의 10' 이상인 경우 추진위원회는 토지등소유자 과반수의 동의를 받아 시장 · 군수등에게 다시 승인을 받아야 한다. 이 경우 추진위원회 구성에 동의했던 자는 정비구역 지정 · 고시 이후 1개월 이내에 동의를 철회하지 아니하는 경우 동의한 것으로 본다.
② 승인이 있는 경우 기존의 추진위원회의 업무와 관련된 권리 · 의무는 승인받은 추진위원회가 포괄승계한 것으로 본다.

(5) 조합설립 간주동의

추진위원회의 구성에 동의한 토지등소유자는 조합의 설립에 동의한 것으로 본다(조합설립인가를 신청하기 전에 시장 · 군수등 및 추진위원회에 조합설립에 대한 반대의 의사표시를 한 추진위원회 동의자의 경우에는 그러하지 아니하다).

(6) 동의절차

조합설립추진위원회의 승인을 위해 토지등소유자의 동의를 받으려는 자는 ① 동의를 받으려는 사항 및 목적, ② 동의로 인하여 의제되는 사항, ③ 동의의 철회 또는 반대의사 표시의 절차 및 방법을 설명 · 고지하여야 한다. 또한, 조합설립 동의로 간주됨을 설명 · 고지하여야 한다.

토지등소유자의 동의방법 등 ✎ (28회)

(1) 동의대상

1. 정비구역등 해제의 연장을 요청하는 경우
2. 정비구역의 해제에 동의하는 경우
3. 주거환경개선사업의 시행자를 토지주택공사등으로 지정하는 경우
4. 토지등소유자가 재개발사업을 시행하려는 경우
5. 재개발사업 · 재건축사업의 공공시행자 또는 지정개발자를 지정하는 경우
6. 조합설립을 위한 추진위원회를 구성하는 경우
7. 추진위원회의 업무가 토지등소유자의 비용부담을 수반하거나 권리 · 의무에 변동을 가져오는 경우
8. 조합을 설립하는 경우
9. 주민대표회의를 구성하는 경우
10. 사업시행계획인가를 신청하는 경우
11. 사업시행자가 사업시행계획서를 작성하려는 경우

(2) 동의방법

① 서면동의서(성명 + 지장(指章)날인 + 신분증명서 사본 첨부(주민등록증 및 여권 등), ② 전자서명동의서 제출

② 토지등소유자가 해외에 장기체류하거나 법인인 경우 등 불가피한 사유가 있다고 시장 · 군수등이 인정하는 경우에는 토지등소유자의 인감도장을 찍은 서면동의서에 해당 인감증명서를 첨부하는 방법으로 할 수 있다.

③ 서면동의서 또는 전자서명동의서를 작성하는 경우 조합설립추진위원회 및 조합설립에 해당하는 때에는 시장 · 군수등이 검인 또는 확인한 동의서를 사용하여야 하며, 검인 또는 확인을 받지 아니한 동의서는 그 효력이 발생하지 아니한다.

(3) 토지등소유자의 동의는 다음의 기준에 따라 산정

1) 주거환경개선사업, 재개발사업의 경우에는 다음 각 목의 기준에 의할 것

   가. 1필지의 토지 또는 하나의 건축물을 여럿이서 공유하는 경우 : 3/4 이상의 동의를 받아 대표자 1인 산정

   나. 토지에 지상권이 설정되어 있는 경우 : 대표자 1인 산정

   다. 1인이 다수 필지의 토지 또는 다수의 건축물을 소유하고 있는 경우 : 1인 산정

   라. 둘 이상의 토지 또는 건축물을 소유한 공유자가 동일한 경우 : 대표자 1인 산정

2) 재건축사업의 경우에는 다음 각 목의 기준에 따를 것

   가. 소유권 또는 구분소유권을 여럿이서 공유하는 경우 : 대표자 1인 산정

   나. 1인이 둘 이상의 소유권 또는 구분소유권을 소유하고 있는 경우 : 대표자 1인 산정

   다. 둘 이상의 소유권 또는 구분소유권을 소유한 공유자가 동일한 경우 : 대표자 1인 산정

3) 등기 및 대장상 주민등록번호의 기록이 없고 기록된 주소가 현재 주소와 다른 경우 : 소재가 확인되지 않은 자는 토지등소유자의 수 또는 공유자 수에서 제외

4) 국 · 공유지 : 재산관리청 각각을 토지등소유자로 산정(30일 내 동의여부 미표시 → 동의간주)

5) 추진위원회의 구성 또는 조합의 설립에 동의한 자로부터 토지 또는 건축물을 취득한 자는 추진위원회의 구성 또는 조합의 설립에 동의한 것으로 볼 것

(4) 철회 및 반대의사 표시

1) 원칙

동의의 철회 또는 반대의사의 표시는 해당 동의에 따른 인·허가 등을 신청하기 전까지 할 수 있다.

2) 예외 : 최초로 동의한 날부터 30일까지만 철회 가능(단, 나목의 경우는 30일이 지나지 아니한 경우에도 창립총회 후에는 철회 불가)

가. 정비구역의 해제에 대한 동의

나. 조합설립에 대한 동의(동의 후 동의서 내용이 변경되지 아니한 경우로 한정)

3) 동의철회 및 반대의사표시 방법

① 토지등소유자가 성명을 적고 지장(指章)을 날인한 후 신분증명서 사본(주민등록증 및 여권 등)을 첨부하여 동의의 상대방 및 시장·군수등에게 내용증명의 방법으로 발송하여야 한다. 이 경우 시장·군수등이 철회서를 받은 때에는 지체 없이 동의의 상대방에게 철회서가 접수된 사실을 통지하여야 한다.

④ 동의의 철회나 반대의 의사표시는 철회서가 동의의 상대방에게 도달한 때 또는 시장·군수등이 동의의 상대방에게 철회서가 접수된 사실을 통지한 때 중 빠른 때에 효력이 발생한다.

(5) 토지등소유자의 동의서 재사용의 특례

① 조합설립인가(변경인가 포함)를 받은 후에 동의서 위조, 동의 철회, 동의율 미달 또는 동의자 수 산정방법에 관한 하자 등으로 다툼이 있는 경우로서 다음 각 호의 어느 하나에 해당하는 때에는 동의서의 유효성에 다툼이 없는 토지등소유자의 동의서를 다시 사용할 수 있다.

1. 조합설립인가의 무효 또는 취소소송 중에 일부 동의서를 추가 또는 보완하여 조합설립변경인가를 신청하는 때

2. 법원의 판결로 조합설립인가의 무효 또는 취소가 확정되어 조합설립인가를 다시 신청하는 때

② 조합이 토지등소유자의 동의서를 다시 사용하려면 토지등소유자에게 기존 동의서를 다시 사용할 수 있다는 취지와 반대 의사표시의 절차 및 방법을 설명·고지해야 한다.

③ 토지등소유자의 동의서 재사용의 요건(정비사업의 내용 및 정비계획의 변경범위 등을 포함한다), 방법 및 절차 등에 필요한 사항은 대통령령으로 정한다.

주민대표회의 ✍

1) 토지등소유자가 시장·군수등 또는 토지주택공사등의 사업시행을 원하는 경우에는 정비구역 지정·고시 후 주민대표기구(주민대표회의)를 구성해야 한다(공공시행자와 협약체결시는 구역지정·고시 전에도 구성 가능).

2) 위원장 1명. 부위원장 1명. 감사 1명~3명 이하(위원장 포함 5명 이상 25명 이하로 구성한다.)

3) 주민대표회의는 토지등소유자의 과반수의 동의를 받고 시장·군수등의 승인을 받아야 한다.

4) 주민대표회의 또는 세입자(상가세입자 포함) 의견제시(사업시해자는 반영노력을 할 것)

1. 건축물의 철거

2. 주민의 이주(세입자의 퇴거에 관한 사항을 포함한다)

3. 토지 및 건축물의 보상(세입자에 대한 주거이전비 등 보상에 관한 사항을 포함한다)

4. 정비사업비의 부담

5. 세입자에 대한 임대주택의 공급 및 입주자격

5) 시장·군수등 또는 토지주택공사등은 주민대표회의의 운영에 필요한 경비의 일부를 해당 정비사업비에서 지원할 수 있다.

| 조합설립절차

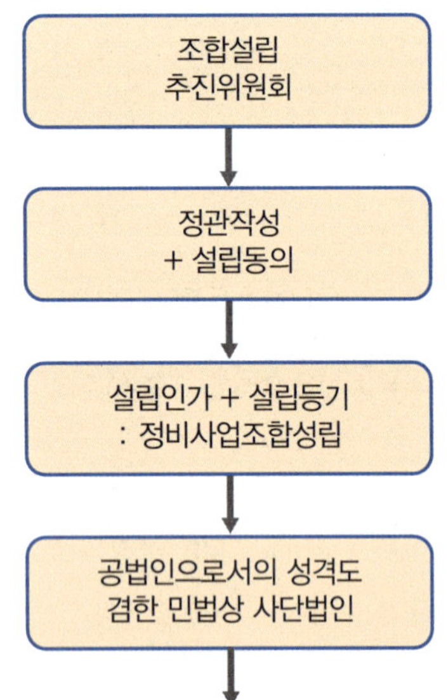

조합원의 자격

① 주택재개발사업 : 정비구역 안의 토지 또는 건축물소유자 또는 그 지상권자(동의 여부 불문)
② 주택재건축사업 : 조합설립에 동의한 자(미동의자 : 매동청구대상)

2. 조합설립인가(재개발 및 재건축사업)

(1) 시장·군수등 인가 → 조합은 토지등소유자에 통지 + 열람(이해관계인)

  1) 재개발사업

  토지등소유자의 3/4 이상 및 토지면적의 1/2 이상의 토지소유자 동의(정관 첨부) → 정비구역 지정·고시 후 시장·군수등 인가
  (20인 미만 토지등소유자가 재개발을 시행하는 경우는 제외)

  2) 재건축사업

  ① 공동주택의 각 동(복리시설의 경우에는 주택단지의 복리시설 전체를 하나의 동으로 본다)별 구분소유자의 과반수(복리시설로서 대통령령으로 정하는 경우에는 3분의 1 이상) 동의(동별 구분소유자가 5 이하인 경우는 제외)와 주택단지의 전체 구분소유자의 70/100 이상 및 토지면적의 70/100 이상의 토지소유자의 동의(정관첨부) → 정비구역 지정·고시 후 시장·군수등의 인가
  ② 주택단지가 아닌 지역을 구역에 포함한 때에는 주택단지가 아닌 지역의 토지 또는 건축물 소유자의 4분의 3 이상 및 토지면적의 3분의 2 이상의 토지소유자의 동의를 받아야 한다.

  3) 추진위원회는 조합설립에 필요한 동의를 받기 전에 추정분담금 등 정보를 토지등소유자에게 제공하여야 한다.

(2) 인가사항의 변경

총회에서 조합원의 2/3 이상의 의결 + 시장·군수등 인가.
경미한 사항은 신고대상(20일 이내에 수리여부 통지)

> *** 조합설립인가 내용의 경미한 변경**
> 1. 착오·오기 또는 누락임이 명백한 사항 (35회)
> 2. 조합의 명칭 및 주된 사무소의 소재지와 조합장의 성명 및 주소(조합장의 변경이 없는 경우로 한정) (35회)
> 3. 토지 또는 건축물의 매매 등으로 조합원의 권리가 이전된 경우의 조합원의 교체 또는 신규가입 (35회)
> 4. 조합임원 또는 대의원의 변경(총회의 의결 또는 대의원회의 의결을 거친 경우로 한정) (35회)
> 5. 건설되는 건축물의 설계 개요의 변경 (34회)
> 6. 정비사업비의 변경
> 7. 현금청산으로 인하여 정관에서 정하는 바에 따라 조합원이 변경되는 경우
> 8. 정비구역 또는 정비계획의 변경에 따라 변경되어야 하는 사항(다만, 정비구역 면적이 10퍼센트 이상의 범위에서 변경되는 경우는 제외)

(3) 조합의 법인격 등(30일 내 등기)

> *** 등기사항**
> 1. 설립목적
> 2. 조합의 명칭
> 3. 주된 사무소의 소재지
> 4. 설립인가일
> 5. 임원의 성명 및 주소
> 6. 임원의 대표권을 제한하는 경우에는 그 내용
> 7. 전문조합관리인을 선정한 경우에는 그 성명 및 주소

① 조합은 법인으로 한다(정비사업조합 명칭 사용).
② 민법 중 사단법인 규정 준용

(4) 대의원회(7일 전 통지·공고)

1) 조합원의 수가 100명 이상인 조합은 대의원회를 두어야 하고, 조합장이 아닌 조합임원은 대의원이 될 수 없다. (31회, 34회, 36회)

2) 대의원회는 조합원의 1/10 이상으로 구성한다(조합원의 1/10이 100명을 넘는 경우에는 조합원의 1/10의 범위에서 100명 이상으로 구성 가능). (34회)

3) 대의원회는 총회의 권한을 대행할 수 있다.

4) 대의원의 수, 선임방법, 선임절차 및 대의원의 의결방법은 정관으로 정한다.

5) 대의원회는 재적대의원 과반수의 출석과 출석대의원 과반수의 찬성으로 의결한다. 다만, 그 이상의 범위에서 정관으로 달리 정하는 경우에는 그에 따른다.

6) 대의원회는 사전에 통지한 안건만 의결할 수 있다(대의원회의 회의에서 정관으로 정하는 바에 따라 채택된 안건의 경우에는 그러하지 아니하다).

7) 특정한 대의원의 이해와 관련된 사항에 대해서는 그 대의원은 의결권을 행사할 수 없다.

(5) 조합이 정비사업을 시행하는 경우 「주택법」을 적용할 때에는 조합을 사업주체로 보며, 조합설립인가일부터 주택건설사업 등의 등록을 한 것으로 본다.

---

* 심화 : 대의원회가 총회의 권한을 대행할 수 없는 사항

1. 정관의 변경에 관한 사항(경미한 사항의 변경은 법 또는 정관에서 총회의결사항으로 정한 경우로 한정한다)

2. 자금의 차입과 그 방법·이자율 및 상환방법에 관한 사항

3. 예산으로 정한 사항 외에 조합원에게 부담이 되는 계약에 관한 사항

4. 시공자·설계자 또는 감정평가법인등(시장·군수등이 선정·계약하는 감정평가법인등은 제외한다)의 선정 및 변경에 관한 사항

5. 정비사업전문관리업자의 선정 및 변경에 관한 사항

6. 조합임원의 선임 및 해임과 대의원의 선임 및 해임에 관한 사항. 다만, 정관으로 정하는 바에 따라 임기 중 궐위된 자(조합장은 제외한다)를 보궐선임하는 경우를 제외한다.

7. 사업시행계획서의 작성 및 변경에 관한 사항(정비사업의 중지 또는 폐지에 관한 사항을 포함하며, 같은 항 단서에 따른 경미한 변경은 제외한다)

8. 관리처분계획의 수립 및 변경에 관한 사항(경미한 변경은 제외한다)

9. 총회에 상정하여야 하는 사항

10. 조합의 합병 또는 해산에 관한 사항. 다만, 사업완료로 인한 해산의 경우는 제외한다.

11. 건설되는 건축물의 설계 개요의 변경에 관한 사항

12. 정비사업비의 변경에 관한 사항

2. 조합설립—임원

(1) 조합임원의 직무

1) 조합장 1명과 이사, 감사를 임원으로 둔다(조합원만 임원이 될 수 있다).

　조합에 두는 이사의 수는 3명 이상으로 하고, 감사의 수는 1명 이상 3명 이하로 한다.

　(다만, 토지등소유자의 수가 100인을 초과하는 경우에는 이사의 수를 5명 이상으로 함)

2) 조합장은 조합을 대표하고, 대의원회의 의장이 된다(대의원으로 봄).

3) 조합장 또는 이사가 자기를 위하여 조합과 계약이나 소송을 할 때에는 감사가 조합을 대표한다. (30회, 31회)

4) 조합임원은 같은 목적의 정비사업을 하는 다른 조합의 임원 또는 직원을 겸할 수 없다. (36회)

5) 조합임원의 임기는 3년 이하의 범위에서 정관으로 정하되, 연임할 수 있다. (30회, 34회)

(2) 조합임원의 자격요건

　　　　　　　　　　　　　　　┌ 재건축의 경우에는 건축물과 부속토지를 말한다.

조합원으로서 정비구역에 위치한 건축물 또는 토지를 소유한 자(공유의 경우에는 가장 많은 지분을 소유한 자) (36회)

조합장은 선임일부터 관리처분계획인가를 받을 때까지 해당 정비구역에서 거주(영업을 하는 자의 경우 영업을 말한다)하여야 한다.

① 정비구역에 위치한 건축물 또는 토지를 5년 이상 소유하고 있을 것

② 정비구역에서 거주하고 있는 자로서 선임일 직전 3년 동안 정비구역 내 거주 기간이 1년 이상 거주할 것

(3) 조합임원의 선출방법

조합임원의 선출방법은 정관으로 정한다. 다만, 시장·군수등은 다음 각 호의 어느 하나에 해당하는 경우 시·도조례로 정하는 바에 따라 변호사·회계사·기술사 등으로서 대통령령으로 정하는 요건을 갖춘 자를 전문조합관리인으로 선정하여 조합임원의 업무를 대행하게 할 수 있다.

1. 조합임원이 사임, 해임, 임기만료, 그 밖에 불가피한 사유 등으로 직무를 수행할 수 없는 때부터 6개월 이상 선임되지 아니한 경우
2. 총회에서 조합원 과반수의 출석과 출석 조합원 과반수의 동의로 전문조합관리인의 선정을 요청하는 경우

(4) 조합임원 등의 결격사유 및 해임

1) 결격사유

① 미성년자·피성년후견인 또는 피한정후견인

② 파산선고를 받고 복권되지 아니한 자

③ 금고 이상의 실형을 선고받고 그 집행이 종료(종료된 것으로 보는 경우를 포함)되거나 집행이 면제된 날부터 2년이 지나지 아니한 자

④ 금고 이상의 형의 집행유예를 받고 그 유예기간 중에 있는 자

⑤ 이 법을 위반하여 벌금 100만원 이상의 형을 선고받고 10년이 지나지 아니한 자

⑥ 조합설립 인가권자에 해당하는 지방자치단체의 장, 지방의회의원 또는 그 배우자·직계존속·직계비속

2) 당연퇴임(퇴임된 임원이 퇴임 전에 관여한 행위는 그 효력을 잃지 아니함) (30회, 36회)

  ① 결격사유에 해당하게 되거나 선임 당시 그에 해당하는 자였음이 밝혀진 경우
  ② 조합임원이 소유 및 거주에 대한 자격요건을 갖추지 못한 경우
  ③ 시장·군수등이 전문조합관리인을 선정한 경우 전문조합관리인이 업무를 대행할 임원은 당연 퇴임한다.

3) 조합임원은 조합원 10분의 1 이상의 요구로 소집된 총회에서 조합원 과반수의 출석과 출석 조합원 과반수의 동의를 받아 해임 가능 (30회)
이 경우 요구자 대표로 선출된 자가 해임 총회의 소집 및 진행을 할 때에는 조합장의 권한을 대행한다. (30회)

2. 조합설립 – 조합원의 자격

(1) 조합원의 자격 → 토지등소유자(재건축사업은 동의한 자만) + 사업자가 신탁업자인 경우는 위탁자 / 사업자가 토지주택공사인 경우에는 분양신청을 할 수 있는 자

아래 경우는 그 여러 명을 대표하는 1명을 조합원으로 봄
① 토지 또는 건축물의 소유권과 지상권이 여러 명의 공유에 속하는 때
② 여러 명의 토지등소유자가 1세대에 속하는 때
③ 조합설립인가 후 1명의 토지등소유자로부터 토지 또는 건축물의 소유권이나 지상권을 양수하여 여러 명이 소유하게 된 때(조합설립인가 전에 토지주택공사등 또는 신탁업자를 사업시행자로 지정한 경우에는 사업시행자의 지정을 말한다)

(2) 투기과열지구

　1) 원칙

　　재건축사업인 경우는 조합설립인가 후에,
　　재개발사업인 경우는 관리처분계획의 인가 후에
　　해당사업의 건축물 및 토지를 양수(상속 · 이혼원인은 제외)한 자는
　　조합원이 될 수 없음 → 이 경우 손실보상

　2) 예외(양도인이 다음 어느 하나인 경우에는 조합원이 될 수 있음)

　　① 세대원의 근무상, 생업상의 사정, 질병치료(1년 이상 치료 · 요양 필요한 경우) · 취학 · 결혼으로 세대원 모두가 다른 지역으로 이전하는 경우(사업구역에 위치하지 아니한 특별시 · 광역시 · 특별자치시 · 특별자치도 · 시 또는 군으로 이전하는 경우)
　　② 상속으로 취득한 주택으로 세대원 모두 이전하는 경우
　　③ 해외이주 및 2년 이상 해외 체류(세대원 모두)
　　④ 소유기간 10년 이상 및 거주기간 5년 이상인 1세대 1주택자로부터 양도받는 경우
　　⑤ 지분형주택을 공급받기 위해 건축물 및 토지를 토지주택공사등과 공유하려는 경우
　　⑥ 공공임대주택, 공공분양주택의 공급 및 공공재개발사업 시행자가 상가를 임대하는 사업을 목적으로 건축물 또는 토지를 양수하려는 공공재개발사업 시행자에게 양도하려는 경우

2. 조합설립 – 조합정관

(1) 조합정관 기재사항(시 · 도지사는 표준정관을 작성하여 보급할 수 있다.)

　1. 조합의 명칭 및 사무소의 소재지
　2. 조합원의 자격
　3. 조합원의 제명 · 탈퇴 및 교체
　4. 정비구역의 위치 및 면적
　5. 조합의 임원의 수 및 업무의 범위
　6. 조합임원의 권리 · 의무 · 보수 · 선임방법 · 변경 및 해임 (30회, 34회)
　7. 대의원의 수, 선임방법, 선임절차 및 대의원회의 의결방법
　8. 조합의 비용부담 및 조합의 회계
　9. 정비사업의 시행연도 및 시행방법
　10. 총회의 소집 절차 · 시기 및 의결방법
　11. 총회의 개최 및 조합원의 총회소집 요구
　12. 미분양신청자에 대한 수용청구 또는 매도청구소송 지연에 따른 이자 지급
　13. 정비사업비의 부담 시기 및 절차
　14. 정비사업이 종결된 때의 청산절차
　　　(조합해산 후 청산인의 보수 등 청산업무에 필요한 사항을 포함)
　15. 청산금의 징수 · 지급의 방법 및 절차
　16. 시공자 · 설계자의 선정 및 계약서에 포함될 내용
　17. 정관의 변경절차
　18. 정비사업의 추진 및 조합의 운영을 위하여 필요한 사항

(2) 정관의 변경

총회개최 + 조합원 과반수 찬성 + 시장 · 군수등 인가
(다만, 위의 '2 · 3 · 4 · 8 · 13 또는 16'은 조합원 3분의 2 이상의 찬성) (29회, 31회, 34회)

> * 정관의 경미한 변경사항은 시장 · 군수등에게 신고
> 　1. 조합의 명칭 및 사무소의 소재지에 관한 사항
> 　2. 조합임원의 수 및 업무의 범위에 관한 사항 (34회)
> 　3. 총회의 소집 절차 · 시기 및 의결방법에 관한 사항
> 　4. 임원의 임기, 업무의 분담 및 대행 등에 관한 사항
> 　5. 대의원회의 구성, 개회와 기능, 의결권의 행사방법, 회의의 운영에 관한 사항
> 　6. 정비사업전문관리업자에 관한 사항
> 　7. 임대주택의 건설 및 처분에 관한 사항
> 　8. 착오 · 오기 또는 누락임이 명백한 사항
> 　9. 정비구역 또는 정비계획의 변경에 따라 변경되어야 하는 사항

2. 조합설립-총회

(1) 총회의 소집

1) 조합에는 조합원으로 구성되는 총회를 둔다.
2) 총회는 조합장이 직권으로 소집하거나 조합원 5분의 1 이상 또는 대의원 3분의 2 이상의 요구로 조합장이 소집
3) 정관의 기재사항 중 조합임원의 권리/의무/보수/선임방법/변경 및 해임에 관한 사항을 변경하기 위한 총회의 경우는 조합원 10분의 1 이상 요구로 소집

(2) 총회의결

1) 의결사항
1. 정관의 변경(경미한 사항의 변경은 이 법 또는 정관에서 총회의결사항으로 정한 경우로 한정)
2. 자금의 차입과 그 방법ㆍ이자율 및 상환방법
3. 정비사업비의 세부 항목별 사용계획이 포함된 예산안 및 예산의 사용내역
4. 예산으로 정한 사항 외에 조합원에게 부담이 되는 계약
5. 시공자ㆍ설계자 및 감정평가법인등(시장ㆍ군수등이 선정하는 감정평가법인등은 제외)의 선정 및 변경(다만, 감정평가법인등 선정
   및 변경은 총회의 의결을 거쳐 시장ㆍ군수등에게 위탁할 수 있다.) (35회)
6. 정비사업전문관리업자의 선정 및 변경
7. 조합임원의 선임 및 해임
8. 정비사업비의 조합원별 분담내역
9. 사업시행계획서의 작성 및 변경(정비사업의 중지 또는 폐지에 관한 사항을 포함하나, 경미한 변경은 제외한다.)
10. 관리처분계획의 수립 및 변경(경미한 변경은 제외)
10의2. 조합의 해산과 조합 해산 시의 회계보고
11. 청산금의 징수ㆍ지급(분할징수ㆍ분할지급 포함)
12. 정비사업 시행에 따른 비용의 금액 및 징수방법
13. 조합원에게 경제적 부담을 주는 사항 등 주요한 사항을 결정하기 위하여 대통령령 또는 정관으로 정하는 사항

* 대통령령 또는 정관으로 정하는 사항
  1. 조합의 합병 또는 해산에 관한 사항
  2. 대의원의 선임 및 해임에 관한 사항
  3. 건설되는 건축물의 설계 개요의 변경 (34회)
  4. 정비사업비의 변경

2) 의결정족수

① 총회의 의결은 이 법 또는 정관에 다른 규정이 없으면 조합원 과반수의 출석과 출석 조합원의 과반수 찬성으로 한다.

② 상기 1)의 '9' 및 '10'의 경우[사업시행계획서의 작성 및 변경(정비사업의 중지 또는 폐지에 관한 사항 포함), 관리처분계획의 수립 및 변경]에는 조합원 과반수의 찬성으로 의결한다.

③ 정비사업비(손실보상금 제외)가 10/100 이상 늘어나는 경우에는 조합원 3분의 2 이상의 찬성으로 의결하여야 한다.

3) 출석

① 총회의 의결은 조합원의 100분의 10 이상이 직접 출석하여야 한다(대리인 가능).

② 시공자 선정을 위한 총회는 조합원의 과반수 직접 출석 필요 (36회)

③ 창립총회, 시공자 선정 취소를 위한 총회, 사업시행계획서의 작성 및 변경, 관리처분계획의 수립 및 변경을 의결하는 총회는 조합원의 20/100 이상 직접 출석 필요

(3) 의결권 행사방법

1) 서면 또는 대리인

조합원은 서면으로 의결권을 행사하거나 대리인을 통하여 의결권을 행사할 수 있다(서면으로 의결권을 행사하는 경우에는 정족수를 산정할 때에 출석한 것으로 본다).

> *** 대리인을 통한 의결권 행사**
> 1. 조합원이 권한을 행사할 수 없어 배우자, 직계존비속 또는 형제자매 중에서 성년자를 대리인으로 정하여 위임장을 제출하는 경우
> 2. 해외에 거주하는 조합원이 대리인을 지정하는 경우
> 3. 법인인 토지등소유자가 대리인을 지정하는 경우. 이 경우 법인의 대리인은 조합임원 또는 대의원으로 선임될 수 있다.

2) 전자적 방법에 의한 행사방법(정족수를 산정할 때에 출석한 것으로 본다)

① 아래 요건을 모두 충족해야 한다.

 1. 조합원이 전자적 방법 외에 서면 또는 대리인에 따른 방법으로도 의결권을 행사할 수 있게 할 것

 2. 의결권의 행사 방법에 따른 결과가 각각 구분되어 확인·관리할 수 있을 것

 3. 전자적 방법을 통한 의결권의 투명한 행사 등을 위하여 대통령령으로 정하는 기준에 부합할 것

② 조합은 조합원의 참여를 확대하기 위하여 조합원이 전자적 방법을 우선적으로 이용하도록 노력하여야 한다.

③ 조합은 재난의 발생 등 대통령령으로 정하는 사유가 발생하여 시장·군수등이 조합원의 직접 출석이 어렵다고 인정하는 경우에는 온라인총회를 단독으로 개최할 수 있다. 이 경우에는 전자적 방법으로 의결권을 행사할 수 있다.

3) 조합은 서면 또는 전자적 방법으로 의결권을 행사하는 자가 본인인지를 확인하여야 한다.

> *** 온라인총회(개최 방법 및 절차에 관한 사항 → 대통령령으로 정함)**
> ① 조합은 총회의결을 거쳐 총회와 병행하여 정보통신망을 이용한 총회(온라인총회)를 개최하여 조합원이 참석하게 할 수 있다. 다만, 재난의 발생 등 시장·군수등이 조합원의 직접 출석이 어렵다고 인정하는 경우에는 온라인총회를 단독으로 개최할 수 있다.
> ② 온라인총회 요건(모두 충족필요 : 정족수를 산정시 직접 출석한 것으로 봄)
> 1. 온라인총회에 참석한 조합원이 본인인지 여부를 확인할 수 있을 것
> 2. 온라인총회에 참석한 조합원의 접속 기록 등이 보관되어 실제 참석 여부를 확인·관리할 수 있을 것
> 3. 원활한 의견의 청취·제시 등을 위하여 대통령령으로 정하는 기준에 부합할 것

3. 사업시행계획인가 등

(1) 사업시행계획인가 (30회, 34회)

① 사업시행계획인가 신청(총회의결 필요) → 시장·군수등 : 60일 이내에 인가 여부를 결정(경미한 사항은 신고) → 14일 이상 공람 → 공고·고시

② 토지등소유자가 재개발사업을 시행하려는 경우에는 사업시행계획인가를 신청하기 전에 사업시행계획서에 대하여 토지등소유자의 3/4 이상 및 토지면적의 1/2 이상의 토지소유자의 동의 필요, 인가받은 사항 변경의 경우에는 과반수의 동의 필요, 경미한 사항은 동의가 요구되지 않는다.

③ 지정개발자가 정비사업을 시행하려는 경우에는 사업시행계획인가를 신청하기 전에 토지등소유자의 과반수의 동의 및 토지면적의 2분의 1 이상의 토지소유자의 동의를 받아야 한다(경미한 사항 제외).

(2) 용적률 완화

과밀억제권역에서 시행하는 재개발사업 및 재건축사업(주거지역 및 준공업지역으로 한정)의 경우에는 정비계획(정비계획 의제되는 계획 포함)으로 정하여진 용적률에도 불구하고 지방도시계획위원회의 심의를 거쳐 국계법상 및 관계법률상 용적률의 상한까지 건축할 수 있다(단, 재정비촉진지구에서 시행되는 재개발사업 및 재건축사업은 제외). : 초과용적률(법 상한 − 계획 상한)

(3) 국민주택규모 주택의 공급 및 인수(초과용적률의 일부분은 국민주택규모 주택으로 건설)

사업시행자가 국토교통부장관, 시·도지사, 시장, 군수, 구청장 또는 토지주택공사등에 공급.
시·도지사, 시장·군수·구청장 순으로 우선하여 인수
(인수할 수 없는 경우에는 시·도지사가 국토교통부장관에게 인수자 지정을 요청함)

> * 국민주택규모 주택건설비율(아래 범위 내 조례로 정함)
> 1. 과밀억제권역에서 시행하는 재건축 : 초과용적률의 30/100 이상 50/100 이하
> 2. 과밀억제권역에서 시행하는 재개발 : 초과용적률의 50/100 이상 75/100 이하
> 3. 과밀억제권역 외 지역에서 시행하는 재건축사업 : 초과용적률의 50/100 이하
> 4. 과밀억제권역 외 지역에서 시행하는 재개발사업 : 초과용적률의 75/100 이하

(4) 지정개발자의 정비사업비의 예치 등

시장·군수등은 재개발사업의 사업시행계획인가를 하는 경우 지정개발자가 토지등소유자인 경우에는 정비사업비의 100분의 20의 범위에서 시·도조례로 정하는 금액을 예치하게 할 수 있다.
→ 예치금은 청산금의 지급이 완료된 때에 반환한다.

사업시행계획서 작성 시 포함내용 ✎

1. 토지이용계획(건축물배치계획을 포함)
2. 정비기반시설 및 공동이용시설의 설치계획
3. 임시거주시설을 포함한 주민이주대책 (35회)
4. 세입자의 주거 및 이주 대책
5. 사업시행기간 동안 정비구역 내 가로등 설치, 폐쇄회로 텔레비전 설치 등 범죄예방대책
6. 임대주택 및 주택규모별 건설비율에 따른 임대주택의 건설계획(재건축사업의 경우는 제외)
7. 국민주택규모 주택의 건설계획(주거환경개선사업의 경우는 제외)
8. 공공지원민간임대주택 또는 임대관리 위탁주택의 건설계획(필요한 경우로 한정)
9. 건축물의 높이 및 용적률 등에 관한 건축계획
10. 정비사업의 시행과정에서 발생하는 폐기물의 처리계획
11. 교육시설의 교육환경 보호에 관한 계획(정비구역부터 200미터 이내에 교육시설이 설치되어 있는 경우로 한정)
12. 정비사업비

사업시행계획서 변경 시 신고사항(경미한 경우) ✎ (34회)

1. 정비사업비를 10퍼센트의 범위에서 변경하거나 관리처분계획의 인가에 따라 변경하는 때(국민주택건설사업의 경우에는 주택도시기금의 지원금액이 증가되지 아니한 경우만 해당)
2. 건축물이 아닌 부대시설·복리시설의 설치규모를 확대하는 때 (36회) (위치가 변경되는 경우는 제외)
3. 대지면적을 10퍼센트의 범위에서 변경하는 때
4. 세대수와 세대당 주거전용면적을 변경하지 않고 세대당 전용면적의 10퍼센트의 범위에서 세대 내부구조의 위치 또는 면적을 변경하는 때
5. 내장재료 또는 외장재료를 변경하는 때 (36회)
6. 사업시행계획인가의 조건으로 부과된 사항의 이행에 따라 변경하는 때
7. 건축물의 설계와 용도별 위치를 변경하지 아니하는 범위에서 건축물의 배치 및 주택단지 안의 도로선형을 변경하는 때 (36회)
8. 사업시행자의 명칭 또는 사무소 소재지를 변경하는 때 (36회)
9. 정비구역 또는 정비계획의 변경에 따라 사업시행계획서를 변경하는 때 (36회)
10. 조합설립변경 인가에 따라 사업시행계획서를 변경하는 때
11. 계산착오, 오기, 누락이나 이에 준하는 명백한 오류에 해당하는 사항을 정정하는 때
12. 사업시행기간을 단축하거나 연장하는 때(다만, 분양대상자가 아닌 자가(국가 또는 지방자치단체 제외) 소유하는 토지 또는 건축물의 취득이 완료되기 전에 사업시행기간을 연장하는 때는 제외한다)

3-1. 정비사업 시행을 위한 조치 등

(1) 임시주거시설 · 임시상가의 설치 등

임시주거시설 및 주택자금 융자 알선 등 조치 + 상가세입자를 위해 임시상가 설치 가능

+ 임시거주시설의 설치를 위해 필요한 때에는 국가·지방자치단체, 공공단체 또는 개인의 시설이나 토지 일시 사용 가능(국가 또는 지방자치단체는 대통령령으로 정하는 사유가 없으면 이를 거절하지 못한다. 이 경우 사용료 또는 대부료는 면제한다)

> * 대통령령으로 정하는 사유
> 1. 필요한 건축물이나 토지에 대하여 제3자와 이미 매매계약을 체결한 경우
> 2. 사용신청 이전에 필요한 건축물이나 토지에 대한 사용계획이 확정된 경우
> 3. 제3자에게 이미 필요한 건축물이나 토지에 대한 사용허가를 한 경우

+ 사업시행자는 정비사업의 공사를 완료한 날부터 30일 이내에 임시거주시설을 철거하고, 사용한 건축물이나 토지를 원상회복하여야 한다.
+ 공공단체(지방자치단체는 제외) 또는 개인의 시설이나 토지의 일시사용에 의한 손실을 보상하되 협의가 성립되지 아니하거나 협의할 수 없는 경우에는 「공익사업을 위한 토지 등의 취득 및 보상에 관한 법률」에 의한 토지수용위원회에 재결을 신청할 수 있다(손실보상은 이 법에 규정된 사항을 제외하고는 「공익사업을 위한 토지 등의 취득 및 보상에 관한 법률」을 준용한다).

(2) 토지 등의 수용 또는 사용

정비사업(재건축사업의 경우에는 천재지변 등에 의한 경우만)을 위해 토지·물건 수용·사용 가능

(3) 재건축사업에서의 매도청구

사업시행계획인가 고시일~30일 내 조합설립 또는 사업시행자의 지정에 관한 동의 여부 회답을 서면촉구 → 촉구를 받은 날부터 2개월 이내에 회답해야 함
→ 기간 내 회답하지 않는 경우 미동의로 간주 → 2개월 경과 후 미동의자들 및 건축물 또는 토지만 소유한 자들에 대한 매도청구 가능

(4) 지상권 등 계약의 해지

정비사업의 시행으로 지상권·전세권·임차권의 목적달성이 어려운 경우 계약해지 가능
전세금·보증금, 계약상의 금전의 반환청구권은 사업시행자에게 행사가능(토지등소유자에게 구상권 행사)

(5) 용적률에 관한 특례

세입자에게 기준 이상으로 주거이전비 및 영업보상을 하는 경우, 임대주택 및 임대상가를 건설하는
경우 해당 정비구역에 적용되는 용적률의 100분의 125 이하의 범위에서 용적률 완화적용 가능

(6) 공익사업을 위한 토지 등의 취득 및 보상에 관한 법률 준용

① 사업시행계획인가 고시 → 사업인정 및 그 고시가 있은 것으로 본다.
② 수용 또는 사용에 대한 재결의 신청은 사업시행기간 이내에 하여야 한다.
③ 대지 또는 건축물을 현물보상하는 경우에는 준공인가 이후에도 할 수 있다.

(7) 재건축사업의 범위에 관한 특례

사업시행자 또는 추진위원회는 다음 각 호의 어느 하나에 해당하는 경우에는 그 주택단지 안의 일부 토지에 대하여 「건축법」 제57조에도 불구하고 분할하려는 토지면적이 같은 조에서 정하고 있는 면적에 미달되더라도 토지분할을 청구할 수 있다.

1. 「주택법」에 따라 사업계획승인을 받아 건설한 둘 이상의 건축물이 있는 주택단지에 재건축사업을 하는 경우
2. 조합설립의 동의요건을 충족시키기 위하여 필요한 경우

(8) 건축규제의 완화 등에 관한 특례

① 주거환경개선사업에 따른 건축허가를 받은 때와 부동산등기(소유권 보존등기 또는 이전등기로 한정한다)를 하는 때에는 「주택도시기금법」 제8조의 국민주택채권의 매입에 관한 규정을 적용하지 아니한다.
② 주거환경개선구역에서 「국토의 계획 및 이용에 관한 법률」 제43조 제2항에 따른 도시·군계획시설의 결정·구조 및 설치의 기준 등에 필요한 사항은 국토교통부령으로 정하는 바에 따른다.
③ 사업시행자는 주거환경개선구역에서 다음 각 호의 어느 하나에 해당하는 사항은 시·도조례로 정하는 바에 따라 기준을 따로 정할 수 있다.
1. 「건축법」에 따른 대지와 도로의 관계(소방활동에 지장이 없는 경우로 한정한다)
2. 「건축법」에 따른 건축물의 높이 제한(사업시행자가 공동주택을 건설·공급하는 경우로 한정한다)

❋ 심화 : 사업시행계획인가에 의한 인·허가 의제

1. 「주택법」에 따른 사업계획의 승인
2. 「공공주택 특별법」에 따른 주택건설사업계획의 승인
3. 「건축법」에 따른 건축허가, 가설건축물의 건축허가 또는 축조신고 및 건축협의
4. 「도로법」에 따른 도로점용 허가
5. 「사방사업법」에 따른 사방지의 지정해제
6. 「농지법」에 따른 농지전용의 허가·협의 및 농지전용신고
7. 「산지관리법」에 따른 산지전용허가 및 산지전용신고, 산지일시사용허가·신고
8. 「하천법」에 따른 하천공사 시행의 허가 및 하천공사실시계획의 인가, 하천의 점용허가 및 하천수의 사용허가
9. 「수도법」에 따른 일반수도사업의 인가 및 전용상수도 또는 전용공업용수도 설치의 인가
10. 「하수도법」에 따른 공공하수도 사업의 허가 및 개인하수처리시설의 설치신고
11. 「공간정보의 구축 및 관리 등에 관한 법률」에 따른 지도 등의 간행 심사
12. 「유통산업발전법」에 따른 대규모점포 등의 등록
13. 「국유재산법」에 따른 사용허가(재개발사업으로 한정한다)
14. 「공유재산 및 물품 관리법」에 따른 사용·수익허가(재개발사업으로 한정한다)
15. 「공간정보의 구축 및 관리 등에 관한 법률」에 따른 사업의 착수·변경의 신고
16. 「국토의 계획 및 이용에 관한 법률」에 따른 도시·군계획시설 사업시행자의 지정 및 같은 법 제88조에 따른 실시계획의 인가
17. 「전기안전관리법」에 따른 자가용전기설비의 공사계획의 인가 및 신고
18. 「소방시설 설치 및 관리에 관한 법률」에 따른 건축허가등의 동의, 「위험물안전관리법」에 따른 제조소등의 설치의 허가(제조소등은 공장건축물 또는 그 부속시설과 관계있는 것으로 한정한다)
19. 「도시공원 및 녹지 등에 관한 법률」에 따른 공원조성계획의 결정
20. 「장애인·노인·임산부 등의 편의증진 보장에 관한 법률」에 따른 편의시설 설치기준의 적합성 확인

❋ 사업시행계획인가의 특례

① 사업시행자는 일부 건축물의 존치 또는 리모델링에 관한 내용이 포함된 사업시행계획서를 작성하여 사업시행계획인가를 신청할 수 있다.
② 사업시행자가 사업시행계획서를 작성하려는 경우에는 존치 또는 리모델링하는 건축물 소유자의 동의(구분건물인 경우 구분소유자의 3분의 2 이상의 동의와 해당 건축물 연면적의 3분의 2 이상의 구분소유자의 동의로 한다)를 받아야 한다. 다만, 정비계획에서 존치 또는 리모델링하는 것으로 계획된 경우에는 그러하지 아니한다.

❋ 순환정비방식의 정비사업 등

① 사업시행자는 정비구역의 안과 밖에 새로 건설한 주택 또는 이미 건설되어 있는 주택의 경우 그 정비사업의 시행으로 철거되는 주택의 소유자 또는 세입자(정비구역에서 실제 거주하는 자로 한정한다)를 임시로 거주하게 하는 등 그 정비구역을 순차적으로 정비하여 주택의 소유자 또는 세입자의 이주대책을 수립하여야 한다.
② 사업시행자는 순환정비방식으로 정비사업을 시행하는 경우에는 임시로 거주하는 주택을 임시거주시설로 사용하거나 임대할 수 있으며, 대통령령으로 정하는 방법과 절차에 따라 토지주택공사등이 보유한 공공임대주택을 순환용주택으로 우선 공급할 것을 요청할 수 있다.
③ 사업시행자는 순환용주택에 거주하는 자가 정비사업이 완료된 후에도 순환용주택에 계속 거주하기를 희망하는 때에는 대통령령으로 정하는 바에 따라 분양하거나 계속 임대할 수 있다. 이 경우 사업시행자가 소유하는 순환용주택은 인가받은 관리처분계획에 따라 토지등소유자에게 처분된 것으로 본다.

*** 심화 : 사업시행계획의 통합심의**

(1) 통합심의

① 정비구역의 지정권자는 사업시행계획인가와 관련된 다음 중 둘 이상의 심의가 필요한 경우에는 이를 통합하여 검토 및 심의하여야 한다.

  1. 「건축법」에 따른 건축물의 건축 및 특별건축구역의 지정 등에 관한 사항

  2. 「경관법」에 따른 경관 심의에 관한 사항

  3. 「교육환경 보호에 관한 법률」에 따른 교육환경평가

  4. 「국토의 계획 및 이용에 관한 법률」에 따른 도시·군관리계획에 관한 사항

  5. 「도시교통정비 촉진법」에 따른 교통영향평가에 관한 사항

  5의2. 「소방시설 설치 및 관리에 관한 법률」에 따른 성능위주설계의 평가에 관한 사항

  5의3. 「자연재해대책법」에 따른 재해영향평가에 관한 사항

  6. 「환경영향평가법」에 따른 환경영향평가 등에 관한 사항

  7. 국토교통부장관, 시·도지사 또는 시장·군수등이 통합심의에 부치는 사항

② 정비구역의 지정권자가 통합심의를 하는 경우에는 다음 어느 하나에 해당하는 위원회에 속하고 해당 위원회의 위원장의 추천을 받은 위원, 정비구역의 지정권자가 속한 지방자치단체 소속 공무원 및 사업시행계획 인가권자가 속한 지방자치단체 소속 공무원으로 소집된 통합심의위원회를 구성하여 통합심의하여야 한다. 이 경우 통합심의위원회의 구성, 통합심의의 방법 및 절차에 관한 사항은 대통령령으로 정한다.

  1. 「건축법」에 따른 건축위원회

  2. 「경관법」에 따른 경관위원회

  3. 「교육환경 보호에 관한 법률」에 따른 교육환경보호위원회

  4. 지방도시계획위원회

  5. 「도시교통정비 촉진법」에 따른 교통영향평가심의위원회

  6. 도시재정비위원회(정비구역이 재정비촉진지구 내에 있는 경우에 한정한다)

  6의2. 「소방시설 설치 및 관리에 관한 법률」에 따른 성능위주설계평가단 또는 중앙소방기술심의위원회

  6의3. 「자연재해대책법」에 따른 재해영향평가심의위원회

  7. 「환경영향평가법」에 따른 환경영향평가협의회

  8. 제1항 제7호에 대하여 심의권한을 가진 관련 위원회

③ 시장·군수등은 특별한 사유가 없으면 통합심의 결과를 반영하여 사업시행계획을 인가하여야 한다.

④ 통합심의를 거친 경우에는 제①의 각 사항에 대한 검토·심의·조사·협의·조정 또는 재정을 거친 것으로 본다.

(2) 통합심의위원회

① 통합심의위원회는 위원장 1명과 부위원장 1명을 포함하여 24명 이상 150명 이하의 위원으로 성별을 고려하여 구성한다.

② 통합심의위원회 위원장과 부위원장은 통합심의위원회의 위원 중에서 정비구역지정권자가 임명하거나 위촉한다.

(3) 통합심의의 방법과 절차

① 정비구역지정권자는 통합심의위원회 개최 7일 전까지 회의 안건과 심의에 참여할 위원을 확정하고, 회의 일시, 장소 및 회의에 부치는 안건 등 회의 내용을 회의에 참여하는 위원에게 알려야 한다.

② 통합심의위원회의 회의는 위원 과반수의 출석으로 개의하고, 출석위원 과반수의 찬성으로 의결한다. 통합심의위원회의 회의를 개의할 때에는 통합심의를 해야 하는 각 위원회 위원(통합심의 안건과 직접 관련이 없는 위원회 위원은 제외한다)이 각각 1명 이상 출석해야 한다.

③ 통합심의위원회는 통합심의와 관련하여 필요하다고 인정하거나 정비구역지정권자가 요청하는 경우에는 당사자 또는 관계자를 출석하게 하여 의견을 듣거나 설명하게 할 수 있다.

④ 통합심의위원회는 사업시행계획인가와 관련된 사항, 당사자 또는 관계자의 의견 및 설명, 관계기관의 의견 등을 종합적으로 검토하여 심의해야 한다.

⑤ 통합심의위원회는 회의를 할 때 회의내용을 녹취하고, 다음 각 사항을 회의록으로 작성해야 한다.

  1. 회의일시, 장소 및 공개 여부

  2. 출석위원 서명부

  3. 상정된 의안 및 심의결과

  4. 그 밖에 주요 논의사항 등

⑥ 통합심의위원회의 회의에 참석한 위원에게는 예산의 범위에서 수당 및 여비를 지급할 수 있다. 다만, 공무원인 위원이 소관 업무와 직접 관련되어 위원회에 출석하는 경우에는 그렇지 않다.

⑦ 통합심의위원회에 분과위원회를 둘 수 있고, 분과위원회에서 의결한 사항은 통합심의위원회 위원장에게 보고하고 통합심의위원회의 심의를 거쳐야 한다.

⑧ 통합심의위원회 및 분과위원회 운영에 필요한 사항은 통합심의위원회의 의결을 거쳐 통합심의위원회 위원장이 정한다.

(4) 정비계획 변경 및 사업시행인가의 심의 특례(제50조의3)

① 정비구역의 지정권자는 사업시행계획인가(인가받은 사항을 변경하는 경우 포함)에 앞서 결정·고시된 정비계획 및 정비구역의 변경(경미한 변경은 제외)이 필요한 경우 정비계획의 변경을 위한 지방도시계획위원회 심의를 사업시행계획인가와 관련된 심의와 함께 통합하여 검토 및 심의할 수 있다.

② 정비구역의 지정권자가 심의를 통합하여 실시하는 경우 사업시행자는 하나의 총회에서 정비사업비의 조합원별 분담내역 및 사업시행계획서의 작성 및 변경(정비사업의 중지 또는 폐지에 관한 사항 포함(경미한 변경은 제외))에 관한 사항을 의결하여야 한다.

4. 관리처분계획 등 – 분양공고 및 인가절차

(1) 분양공고 및 분양신청

1) 사업시행계획인가 고시일 ~ 90일(1차례 30일 범위 내 연장 가능) 이내에 분양 관련 사항을 토지등소유자에게 통지 + 일간신문 공고(토지등소유자 1인이 시행하는 재개발사업은 제외함) (28회, 29회, 33회)
2) 분양신청기간은 통지한 날부터 30일 이상 60일 이내로 하여야 함 (관리처분계획 수립에 지장 없는 경우 한 차례 20일 내 연장가능)
3) 투기과열지구에서 분양받은 자(세대원 포함)는 분양대상자 선정일(관리처분계획 인가일)부터 5년 이내에 투기과열지구에서 분양신청을 할 수 없음 (상속, 결혼, 이혼에 의한 조합원 자격 취득 시는 가능)

(2) 미분양신청자 등에 대한 조치(분양신청 ×, 철회, 분양신청을 할 수 없는 자, 관리처분계획에 따라 분양대상자에서 제외된 자)

1) 관리처분계획 인가·고시일 다음 날부터 90일 이내에 손실보상 협의 (35회) 사업시행자는 분양신청기간 종료일의 다음 날부터 협의시작 가능
2) 협의불성립 시 협의기간 만료일 다음 날부터 60일 이내에 수용재결 신청 (36회) 또는 매도청구소송 제기(지연가산급 지급 15% 이하 이율 적용)

(3) 관리처분계획의 공람 및 인가절차 등 (35회, 36회)

토지등소유자 의견청취(30일 이상) → 인가신청
→ 30일 내 통보(타당성 검증 시는 60일 내 결정) → 공보 고시

(4) 관리처분계획의 인가 등

1) 시장·군수등의 관리처분계획의 인가(분양신청기간 종료 후)
2) 감정평가 (28회)
   가. 주거환경개선사업 또는 재개발사업 : 시장·군수등이 2인 이상 법인등 선정
   나. 재건축사업 : 시장·군수등이 1인 선정 + 조합이 1인 선정 (35회)

(5) 관리처분계획에 따른 처분 등 (36회)

1) 정비사업의 시행으로 조성된 대지 및 건축물은 관리처분계획에 따라 처분·관리 / 토지등소유자에게 공급
2) 잔여분은 보류지로 정하거나 일반분양할 수 있음

분양관련사항 ✎

1. 분양대상자별 종전의 토지 또는 건축물의 명세 및 사업시행계획인가의 고시가 있은 날을 기준으로 한 가격(사업시행계획인가 전에 철거된 건축물은 시장·군수등에게 허가를 받은 날을 기준으로 한 가격)
2. 분양대상자별 분담금의 추산액
3. 분양신청기간
4. 사업시행인가의 내용
5. 정비사업의 종류·명칭 및 정비구역의 위치·면적
6. 분양신청기간 및 장소
7. 분양대상 대지 또는 건축물의 내역
8. 분양신청자격
9. 분양신청
10. 토지등소유자 외의 권리자의 권리신고방법
11. 분양을 신청하지 아니한 자에 대한 조치
12. 그 밖에 시·도조례로 정하는 사항

관리처분계획 수립시 포함내용 ✎

1. 분양설계
2. 분양대상자의 주소 및 성명
3. 분양대상자별 분양예정인 대지 또는 건축물의 추산액 (임대관리 위탁주택에 관한 내용 포함)
4. 각 보류지 등의 명세와 추산액 및 처분방법
   가. 일반 분양분(법인의 명칭 및 소재지와 대표자의 성명 및 주소)
   나. 공공지원민간임대주택
   다. 임대주택(임대사업자의 성명 및 주소 포함)
   라. 그 밖에 부대시설·복리시설 등
5. 종전 토지·건축물 명세 및 사업시행계획인가 고시일을 기준으로 한 가격
6. 정비사업비의 추산액(재건축사업은 재건축부담금 포함) 및 조합원 분담규모 및 분담시기
7. 분양대상자의 종전 토지 또는 건축물에 관한 소유권 외의 권리명세
8. 세입자별 손실보상을 위한 권리명세 및 그 평가액
9. 정비사업의 시행으로 인하여 새롭게 설치되는 정비기반시설의 명세와 용도가 폐지되는 정비기반시설의 명세
10. 기존 건축물의 철거 예정시기

(6) 건축물 등의 사용 · 수익의 중지 및 철거 등

1) 관리처분계획인가일 ~ 이전고시일까지 토지 또는 건축물의 사용 수익 금지
   (단, 사업시행자의 동의 및 손실보상 미완료 시는 사용 가능) (36회)

2) 관리처분계획인가 후 기존건축물 철거

   단, "기존 건축물의 붕괴 등 안전사고의 우려가 있는 경우 및 폐공가(廢空家)의 밀집으로 범죄발생의 우려가 있는 경우"에는 기존 건축물 소유자의 동의 및 시장·군수등의 허가를 받아 해당 건축물을 철거할 수 있다. 이 경우 건축물의 철거는 토지등소유자로서의 권리·의무에 영향을 주지 아니한다.

3) 시장·군수등은 사업시행자가 기존의 건축물을 철거하거나 철거를 위하여 점유자를 퇴거시키려는 경우 다음 각 호의 어느 하나에 해당하는 시기에는 건축물을 철거하거나 점유자를 퇴거시키는 것을 제한할 수 있다.

   1. 일출 전과 일몰 후
   2. 호우, 대설, 폭풍해일, 지진해일, 태풍, 강풍, 풍랑, 한파 등으로 해당 지역에 중대한 재해발생이 예상되어 기상청장이 특보를 발표한 때
   3. 재난이 발생한 때

(7) 사업시행계획인가 및 관리처분계획인가의 시기 조정 : 신청일부터 1년을 넘을 수 없음

정비사업의 시행으로 정비구역 주변지역에 주택이 현저하게 부족하거나 주택시장이 불안정하게 되는 등의 사유가 발생하는 경우

(8) 지분형주택 등의 공급

① 사업시행자가 토지주택공사등인 경우에는 분양대상자와 사업시행자가 공동 소유하는 방식으로 주택(지분형주택)을 공급할 수 있다.
   1. 지분형주택의 규모는 주거전용면적 60제곱미터 이하인 주택으로 한정한다.
   2. 지분형주택의 공동 소유기간은 소유권을 취득한 날부터 10년의 범위에서 사업시행자가 정하는 기간으로 한다.
② 국토교통부장관, 시·도지사, 시장, 군수, 구청장 또는 토지주택공사등은 정비구역에 세입자와 면적이 90제곱미터 미만의 토지를 소유한 자로서 건축물을 소유하지 아니한 자 또는 바닥면적이 40제곱미터 미만의 사실상 주거를 위하여 사용하는 건축물을 소유한 자로서 토지를 소유하지 아니한 자의 요청이 있는 경우에는 인수한 임대주택의 일부를 「주택법」에 따른 토지임대부 분양주택으로 전환하여 공급하여야 한다.

관리처분계획 변경 시 신고사항(경미한 경우)

1. 계산착오·오기·누락 등에 따른 조서의 단순정정인 경우(불이익을 받는 자가 없는 경우만 해당)
2. 정관 및 사업시행계획인가의 변경에 따라 관리처분계획을 변경하는 경우
3. 매도청구에 대한 판결에 따라 관리처분계획을 변경하는 경우 (35회)
4. 사업시행자와 정비사업과 관련하여 권리를 갖는 자의 권리·의무의 변동이 있는 경우로서 분양설계의 변경을 수반하지 아니하는 경우
5. 주택분양에 관한 권리를 포기하는 토지등소유자에 대한 임대주택의 공급에 따라 관리처분계획을 변경하는 경우 (29회)
6. 임대사업자의 주소(법인인 경우에는 법인의 소재지와 대표자의 성명 및 주소)를 변경하는 경우

(9) 지상권 등 계약의 해지

① 정비사업의 시행으로 지상권·전세권 또는 임차권의 설정 목적을 달성할 수 없는 때에는 그 권리자는 계약을 해지할 수 있다. → 계약상 금전의 반환청구권은 사업시행자에게 행사할 수 있다. → 금전의 반환청구권의 행사로 해당 금전을 지급한 사업시행자는 해당 토지등소유자에게 구상할 수 있다. → 구상이 되지 아니하는 때에는 해당 토지등소유자에게 귀속될 대지 또는 건축물을 압류할 수 있다. 이 경우 압류한 권리는 저당권과 동일한 효력을 가진다.
② 관리처분계획의 인가를 받은 경우 지상권·전세권설정계약 또는 임대차계약의 계약기간은 「민법」 제280조·제281조 및 제312조 제2항, 「주택임대차보호법」 제4조 제1항, 「상가건물 임대차보호법」 제9조 제1항을 적용하지 아니한다.

4. 관리처분계획 – 관리처분의 방법(분양에 대한 기준)

(1) 주거환경개선사업(관리처분방식)과 재개발사업의 경우

1. 조례로 분양주택의 규모를 제한하는 경우에는 그 규모 이하로 공급할 것
2. 1개의 건축물의 대지는 1필지의 토지가 되도록 정할 것
   (다만, 주택단지의 경우에는 그러하지 아니함)
3. 정비구역의 토지등소유자(지상권자는 제외)에게 분양할 것(다만, 공동주택을 분양하는 경우 시·도조례로 정하는 금액·규모·취득시기 또는 유형에 대한 기준에 부합하지 아니하는 토지등소유자는 시·도조례로 정하는 바에 따라 분양대상에서 제외할 수 있다)
4. 1필지의 대지 및 그 대지에 건축된 건축물을 2인 이상에게 분양하는 때에는 기존 토지 및 건축물의 가격과 토지등소유자가 부담하는 비용(재개발사업의 경우만 해당)의 비율에 따라 분양할 것
5. 분양대상자가 공동으로 취득하게 되는 건축물의 공용부분은 각 권리자의 공유로 하되, 각 권리자의 지분비율은 취득부분의 위치 및 바닥면적 등의 사항을 고려하여 정할 것
6. 1필지의 대지 위에 2인 이상에게 분양될 건축물이 설치된 경우에는 건축물의 분양면적의 비율에 따라 그 대지소유권이 주어지도록 할 것(이 경우 토지의 소유관계는 공유로 함)
7. 주택 및 부대·복리시설의 공급순위는 기존의 토지 또는 건축물의 가격을 고려하여 정할 것

(2) 재건축사업의 경우

1. 상기 1)의 '5' 및 '6'을 적용할 것
2. 부대시설·복리시설(부속토지 포함)의 소유자에게는 부대시설·복리시설을 공급할 것
   아래 어느 하나에 해당하는 경우에는 1주택을 공급할 수 있음
   ① 새로운 부대시설·복리시설을 건설하지 아니하는 경우 기존 부대·복리시설의 가액이 "분양주택 중 최소분양단위규모의 추산액 × 정관에서 정한 비율" 가액보다 클 것
   ② 기존 부대시설·복리시설의 가액에서 새로 공급받는 부대시설·복리시설의 추산액을 뺀 금액이 "분양주택 중 최소분양단위규모의 추산액 × 정관에서 정한 비율" 가액보다 클 것
   ③ 새로 건설한 부대시설·복리시설 중 최소분양단위규모의 추산액이 분양주택 중 최소분양단위규모의 추산액보다 클 것

참고 ✎

* (소유자가 늘어나는 경우의) 주택 등 건축물을 분양받을 권리의 산정 기준일

다음 각 경우에는 "정비계획의 결정 및 정비구역의 지정 고시일" 또는 "시·도지사가 투기를 억제하기 위하여 기본계획 수립을 위한 주민공람의 공고일 후 정비구역 지정·고시 전에 따로 정하는 날"의 다음 날을 기준으로 건축물을 분양받을 권리를 산정한다.

① 1필지의 토지가 여러 개의 필지로 분할되는 경우
② 집합건물이 아닌 건축물이 같은 법에 따른 집합건물로 전환되는 경우
③ 하나의 대지 범위에 속하는 동일인 소유의 토지와 주택 등 건축물을 토지와 주택 등 건축물로 각각 분리하여 소유하는 경우
④ 나대지에 건축물을 새로 건축하거나 기존 건축물을 철거하고 공동주택을 건축하여 토지등소유자의 수가 증가하는 경우
⑤ 전유부분의 분할로 토지등소유자의 수가 증가하는 경우

4. 관리처분계획 등 – 관리처분계획의 수립기준 : 수립에 필요한 사항은 대통령령으로 정한다. (28회)

(1) 종전의 토지 또는 건축물의 면적 · 이용상황 · 환경을 종합적으로 고려하여 대지 또는 건축물이 균형 있게 분양신청자에게 배분되고 합리적으로 이용되도록 한다.

(2) 지나치게 좁거나 넓은 토지 또는 건축물은 넓히거나 좁혀 적정 규모가 되도록 한다.

(3) 너무 좁은 토지 또는 건축물을 취득한 자나 정비구역 지정 후 분할된 토지 또는 집합건물의 구분소유권을 취득한 자에게는 현금으로 청산할 수 있다.

(4) 재해 또는 위생상의 위해를 방지하기 위하여 토지의 규모를 조정할 필요가 있는 경우 너무 좁은 토지를 넓혀 토지를 갈음하여 보상을 하거나 건축물의 일부와 그 건축물이 있는 대지의 공유지분을 교부할 수 있다.

(5) 분양설계에 관한 계획은 분양신청기간이 만료하는 날을 기준으로 하여 수립한다.

(6) 1세대 또는 1명이 하나 이상의 주택 또는 토지를 소유한 경우 1주택을 공급하고, 같은 세대에 속하지 않은 2명 이상이 1주택 또는 1토지를 공유한 경우 1주택만 공급한다.

(7) 상기 '6'에도 불구하고 다음의 경우에는 각 방법에 따라 주택을 공급할 수 있다.

   ① 2명 이상이 1토지를 공유한 경우로서 조례로 주택공급을 따로 정하고 있는 경우

   ② 다음 어느 하나에 해당하는 토지등소유자에게는 소유한 주택 수만큼 공급할 수 있다.

   가. 과밀억제권역에 위치하지 아니한 재건축사업의 토지등소유자(투기과열지구 또는 조정대상지역의 경우는 제외)
   (단, 과밀억제권역 외의 "조정대상지역 또는 투기과열지구"에서 "조정대상지역 또는 투기과열지구"로 지정되기 전에 1명의 토지등소유자로부터 토지 또는 건축물의 소유권을 양수하여 여러 명이 소유하게 된 경우에는 양도인과 양수인에게 각각 1주택을 공급할 수 있다.)
   나. 근로자(공무원인 근로자 포함) 숙소, 기숙사 용도로 주택을 소유하고 있는 토지등소유자
   다. 국가, 지방자치단체 및 토지주택공사등
   라. 공공기관지방이전 및 혁신도시 활성화를 위한 시책 등에 따라 이전하는 공공기관이 소유한 주택을 양수한 자

   ③ 종전자산 가격의 범위 또는 종전 주택의 주거전용면적의 범위에서 2주택을 공급할 수 있고, 1주택은 주거전용면적을 60제곱미터 이하로 한다[이전고시일 다음 날~3년 이내 전매금지(상속제외)].

   ④ 과밀억제권역에 위치한 재건축사업의 경우에는 토지등소유자가 소유한 주택수의 범위에서 3주택까지 공급할 수 있다(투기과열지구 또는 조정대상지역은 제외).

1. 공사완료 등에 따른 조치 등

(1) 정비사업의 준공인가 + 고시(시장·군수등이 아닌 사업시행자에 대한 정비사업의 준공인가) (34회)

① 준공인가신청을 받은 시장·군수등은 지체 없이 준공검사를 실시하여야 하며 필요한 때에는 관계 행정기관·공공기관·연구기관, 그 밖의 전문기관 또는 단체에게 준공검사의 실시를 의뢰할 수 있다.

② 준공인가 전이라도 완공된 건축물이 사용에 지장이 없는 등 대통령령으로 정하는 기준에 적합한 경우에는 입주예정자가 완공된 건축물을 사용할 수 있도록 사업시행자에게 허가할 수 있다. 시장·군수등이 사업시행자인 경우에는 허가를 받지 아니하고 입주예정자가 완공된 건축물을 사용하게 할 수 있다.

(2) 준공인가 등에 따른 정비구역의 해제 → 조합존속에 영향을 주지 않음 !!

1) 정비구역의 지정은 준공인가의 고시가 있는 날(이전고시 일)의 다음 날에 해제된 것으로 봄

2) 지방자치단체는 해당 지역을 지구단위계획으로 관리해야 함

(3) 이전고시(이전고시 다음 날 소유권 취득 → 그 후 저당권 등 등기 가능)

준공인가고시 → 대지확정측량 → 토지분할 → 대지 또는 건축물의 소유권 이전

(준공 전에도 필요한 경우는 완공된 부분만의 준공인가를 받아 소유권 이전 가능)

(4) 조합의 해산

① 조합장은 이전고시가 있는 날부터 1년 이내에 조합 해산을 위한 총회 소집해야 함

② 기간 내 총회소집이 없으면 조합원 5분의 1 이상의 요구로 소집된 총회에서 조합원 과반수의 출석과 출석 조합원 과반수의 동의를 받아 해산을 의결할 수 있음

③ 정당한 사유 없이 해산의결이 없는 경우 시장·군수등이 조합설립인가를 취소할 수 있음

(5) 대지 및 건축물에 대한 권리의 확정

① 대지 또는 건축물을 분양받을 자에게 소유권을 이전한 경우 종전의 토지 또는 건축물에 설정된 지상권·전세권·저당권·임차권·가등기담보권·가압류 등 등기된 권리 및 「주택임대차보호법」의 요건을 갖춘 임차권은 소유권을 이전받은 대지 또는 건축물에 설정된 것으로 본다.

② 취득하는 대지 또는 건축물 중 토지등소유자에게 분양하는 대지 또는 건축물은 「도시개발법」 제40조에 따라 행하여진 환지로 본다.

③ 보류지와 일반에게 분양하는 대지 또는 건축물은 「도시개발법」에 따른 보류지 또는 체비지로 본다.

(6) 등기절차 및 권리변동의 제한

① 사업시행자는 이전고시가 있는 때에는 지체 없이 대지 및 건축물에 관한 등기를 지방법원지원 또는 등기소에 촉탁 또는 신청하여야 한다.

② 정비사업에 관하여 이전고시가 있는 날부터 소유권이전등기가 있을 때까지는 저당권 등의 다른 등기를 하지 못한다.

(7) 청산금 등

① 청산금 징수 또는 지급

② 시장·군수등인 사업시행자는 지방세 체납처분의 예에 따라 징수(분할징수 포함) 가능(시장·군수등이 아닌 사업시행자는 시장·군수등에게 청산금의 징수를 위탁 가능)

③ 청산금은 이전고시일의 다음 날부터 5년간 행사하지 아니하면 소멸함

(8) 저당권의 물상대위

정비구역에 있는 토지 또는 건축물에 저당권을 설정한 권리자는 사업시행자가 저당권이 설정된 토지 또는 건축물의 소유자에게 청산금을 지급하기 전에 압류절차를 거쳐 저당권을 행사할 수 있음

2. 비용

(1) 정비사업비 – 사업시행자 부담 (28회)
① 정비사업 수입과 비용 차액을 부과금으로 부과·징수할 수 있음 (34회)
② 부과금 납부 연체 시 연체료 부과·징수 가능
③ 시장·군수등이 아닌 사업시행자는 부과금 또는 연체료 체납 시 시장·군수등에게 부과·징수 위탁가능 (29회)
④ 시장·군수등은 지방세 체납처분의 예에 따라 부과·징수가능(징수금액의 4%를 시장·군수등에게 교부해야 함) (34회)

(2) 정비기반시설 관리자의 비용부담
1) 정비기반시설 :
해당 정비사업에 소요된 비용의 3분의 1 초과 × (주된 내용인 경우에는 2분의 1까지로 할 수 있음)
2) 공동구 (34회)
① 공동구관리자(공동구점용예정자)는 공동구의 점용예정면적비율에 따라 관리비 부담
② 공동구의 설치공사가 착수 전 부담금액의 3분의 1 이상 납부 + 잔액은 공사완료 고시일 전까지 납부

(3) 보조 및 융자
① 시장·군수등은 사업시행자가 토지주택공사등인 주거환경개선사업과 관련하여 정비기반시설 및 공동이용시설, 임시거주시설을 건설하는 경우 건설에
드는 비용의 전부 또는 일부를 토지주택공사등에게 보조하여야 한다.
② 국가 또는 지방자치단체는 시장·군수등이 아닌 사업시행자가 시행하는 정비사업에 드는 비용의 일부를 보조 또는 융자하거나 융자를 알선할 수 있다.
③ 국가 또는 지방자치단체는 정비사업에 필요한 비용을 보조 또는 융자하는 경우 순환정비방식의 정비사업에 우선적으로 지원할 수 있다.
④ 국가 또는 지방자치단체는 토지임대부 분양주택을 공급받는 자에게 해당 공급비용의 전부 또는 일부를 보조 또는 융자할 수 있다.

(4) 시장·군수등은 시장·군수등이 아닌 사업시행자가 시행하는 정비사업의 정비계획에 따라 설치되는 다음 시설에 대하여는 그 건설에 드는 비용의 전부 또는 일
부를 부담할 수 있다. (34회)
① 도시·군계획시설 중 대통령령으로 정하는 주요 정비기반시설 및 공동이용시설

> *** 대통령령으로 정하는 주요 정비기반시설 및 공동이용시설**
> 1. 도로　　　　　　6. 녹지
> 2. 상·하수도　　　7. 하천
> 3. 공원　　　　　　8. 공공공지
> 4. 공용주차장　　　9. 광장
> 5. 공동구

② 임시거주시설

3. 정비기반시설의 설치

사업시행자는 관할 지방자치단체의 장과의 협의를 거쳐 정비구역에 정비기반시설(주거환경개선사업의 경우에는 공동이용시설을 포함한다)을 설치하여야 한다.

4. 정비기반시설 및 토지 등의 귀속

① 시장·군수등 또는 토지주택공사등이 정비사업의 시행으로 새로 정비기반시설을 설치하거나 기존의 정비기반시설을 대체하는 정비기반시설을 설치한 경우에는 「국유재산법」 및 「공유재산 및 물품 관리법」에도 불구하고 종래의 정비기반시설은 사업시행자에게 무상으로 귀속되고, 새로 설치된 정비기반시설은 그 시설을 관리할 국가 또는 지방자치단체에 무상으로 귀속된다.

② 시장·군수등 또는 토지주택공사등이 아닌 사업시행자가 정비사업의 시행으로 새로 설치한 정비기반시설은 그 시설을 관리할 국가 또는 지방자치단체에 무상으로 귀속되고, 정비사업의 시행으로 용도가 폐지되는 국가 또는 지방자치단체 소유의 정비기반시설은 사업시행자가 새로 설치한 정비기반시설의 설치비용에 상당하는 범위에서 그에게 무상으로 양도된다.

③ 시장·군수등은 정비기반시설의 귀속 및 양도에 관한 사항이 포함된 정비사업을 시행하거나 그 시행을 인가하려는 경우에는 미리 그 관리청의 의견을 들어야 한다. 인가받은 사항을 변경하려는 경우에도 또한 같다.

④ 사업시행자는 관리청에 귀속될 정비기반시설과 사업시행자에게 귀속 또는 양도될 재산의 종류와 세목을 정비사업의 준공 전에 관리청에 통지하여야 하며, 해당 정비기반시설은 그 정비사업이 준공인가되어 관리청에 준공인가통지를 한 때에 국가 또는 지방자치단체에 귀속되거나 사업시행자에게 귀속 또는 양도된 것으로 본다.

⑤ 정비기반시설에 대한 등기의 경우 정비사업의 시행인가서와 준공인가서(시장·군수등이 직접 정비사업을 시행하는 경우에는 사업시행계획인가의 고시와 공사완료의 고시를 말한다)는 「부동산등기법」에 따른 등기원인을 증명하는 서류를 갈음한다.

⑥ 정비사업의 시행으로 용도가 폐지되는 국가 또는 지방자치단체 소유의 정비기반시설의 경우 정비사업의 시행기간 동안 해당 시설의 대부료는 면제된다.

5. 국유·공유재산의 처분 등

① 시장·군수등은 인가하려는 사업시행계획 또는 직접 작성하는 사업시행계획서에 국유·공유재산의 처분에 관한 내용이 포함되어 있는 때에는 미리 관리청과 협의하여야 한다. 이 경우 관리청이 불분명한 재산 중 도로·구거(도랑) 등은 국토교통부장관을, 하천은 환경부장관을, 그 외의 재산은 기획재정부장관을 관리청으로 본다.

② 협의를 받은 관리청은 20일 이내에 의견을 제시하여야 한다.

③ 정비구역의 국유·공유재산은 정비사업 외의 목적으로 매각되거나 양도될 수 없다.
(29회)

④ 정비구역의 국유·공유재산은 사업시행자 또는 점유자 및 사용자에게 다른 사람에 우선하여 수의계약으로 매각 또는 임대될 수 있다. 이 경우 사업시행계획인가의 고시가 있은 날부터 종전의 용도가 폐지된 것으로 본다.

⑤ 정비사업을 목적으로 우선하여 매각하는 국·공유지는 사업시행계획인가의 고시가 있은 날을 기준으로 평가하며, 주거환경개선사업의 경우 매각가격은 평가금액의 100분의 80으로 한다. 다만, 사업시행계획인가의 고시가 있은 날부터 3년 이내에 매매계약을 체결하지 아니한 국·공유지는 「국유재산법」 또는 「공유재산 및 물품 관리법」에서 정한다.

6. 국유·공유재산의 임대

지방자치단체 또는 토지주택공사등은 주거환경개선구역 및 재개발구역에서 임대주택을 건설하는 경우에는 「국유재산법」 또는 「공유재산 및 물품 관리법」에도 불구하고 국·공유지 관리청과 협의하여 정한 기간 동안 국·공유지를 임대할 수 있다.

7. 공동이용시설 사용료의 면제

지방자치단체의 장은 마을공동체 활성화 등 공익 목적을 위하여 「공유재산 및 물품 관리법」에 따라 주거환경개선구역 내 공동이용시설에 대한 사용 허가를 하는 경우 사용료를 면제할 수 있다.

1. 공공재개발 및 공공재건축

(1) 공공재개발사업 예정구역의 지정·고시

① 정비구역의 지정권자는 비경제적인 건축행위 및 투기 수요의 유입을 방지하고, 합리적인 사업계획을 수립하기 위하여 공공재개발사업 예정구역을 지정할 수 있다.

② 정비계획의 입안권자 또는 토지주택공사등은 정비구역의 지정권자에게 공공재개발사업 예정구역의 지정을 신청할 수 있음 → 30일 이내에 심의를 완료(+ 30일 연장 가능) 토지주택공사등은 정비계획의 입안권자를 통하여 신청하여야 한다.

③ 공공재개발사업 예정구역에서 건축물의 건축, 토지의 분할, 건축물대장 중 일반건축물대장을 집합건축물대장으로 전환, 건축물대장 중 집합건축물대장의 전유부분 분할 및 지역주택조합의 조합원을 모집하려는 자는 시장·군수등의 허가를 받아야 한다.

④ 정비구역의 지정권자는 공공재개발사업 예정구역이 지정·고시된 날부터 2년이 되는 날까지 공공재개발사업 예정구역이 공공재개발사업을 위한 정비구역으로 지정되지 아니하거나, 공공재개발사업 시행자가 지정되지 아니하면 그 2년이 되는 날의 다음 날에 공공재개발사업 예정구역 지정을 해제하여야 한다.

(다만, 정비구역의 지정권자는 1회에 한하여 1년의 범위에서 공공재개발사업 예정구역의 지정을 연장할 수 있음)

(2) 공공재개발사업을 위한 정비구역 지정 등

① 정비구역의 지정권자는 기본계획을 수립하거나 변경하지 아니하고 공공재개발사업을 위한 정비계획을 결정하여 정비구역을 지정할 수 있다.

② 정비계획의 입안권자는 공공재개발사업의 추진을 전제로 정비계획을 작성하여 정비구역의 지정권자에게 공공재개발사업을 위한 정비구역의 지정을 신청할 수 있다.

이 경우 공공재개발사업을 시행하려는 공공재개발사업 시행자는 정비계획의 입안권자에게 공공재개발사업을 위한 정비계획의 수립을 제안할 수 있다.

③ 정비계획의 지정권자는 공공재개발사업을 위한 정비구역을 지정·고시한 날부터 1년이 되는 날까지 공공재개발사업 시행자가 지정되지 아니하면 그 1년이 되는 날의 다음 날에 공공재개발사업을 위한 정비구역의 지정을 해제하여야 한다(정비구역의 지정권자는 1회에 한하여 1년의 범위에서 공공재개발사업을 위한 정비구역의 지정을 연장할 수 있음).

(3) 공공재개발사업에서의 용적률 완화 및 주택 건설비율 등

① 법적상한용적률의 100분의 120까지 건축 가능

② 법적상한초과용적률과 정비계획으로 정하여진 용적률 차이의 20/100~70/100 이하의 범위에서 국민주택규모 주택 건설

(4) 공공재건축사업에서의 용적률 완화 및 주택 건설비율 등

① 주거지역의 경우에는 한 단계 종 상향의 주거지역 용적률까지 적용할 수 있음(예 1종일반주거 → 2종일반주거)

② ①에 따라 완화된 용적률과 정비계획으로 정하여진 용적률 차이의 40/100~70/100 이하의 범위에서 국민주택규모 주택 건설

2. 공공시행자 및 지정개발자 사업시행의 특례

(1) 정비구역 지정의 특례

① 토지주택공사등(공공시행자인 경우로 한정) 또는 지정개발자(신탁업자로 한정)는 3분의 2 이상의 토지등소유자의 동의를 받아 정비구역의 지정권자(특별자치시장·특별자치도지사·시장·군수인 경우로 한정)에게 정비구역의 지정(변경)을 제안할 수 있다.

② 토지주택공사등(공공시행자인 경우로 한정) 또는 지정개발자(신탁업자로 한정)가 정비구역의 지정을 제안한 경우 정비구역의 지정권자는 정비계획을 수립하기 전에 정비구역을 지정할 수 있다(주민 및 지방의회의 의견을 들어야 하며, 지방도시계획위원회의 심의를 거쳐야 함. 경미한 경우는 제외).

(2) 사업시행자 지정의 특례

정비구역의 지정권자는 토지면적 2분의 1 이상의 토지소유자와 토지등소유자의 3분의 2 이상에 해당하는 자가 동의하는 경우에는 정비구역의 지정과 동시에 토지주택공사등(공공시행자인 경우로 한정) 또는 지정개발자(신탁업자로 한정)를 사업시행자로 지정할 수 있다.

(3) 정비계획과 사업시행계획의 통합 수립

사업시행자는 정비구역이 지정된 경우에는 정비계획과 사업시행계획을 통합하여 정비사업계획을 수립해야 함

박문각 감정평가사

도승하 감정평가관계법규
1차 | 기본노트

제2판 인쇄 2025. 7. 25. | **제2판 발행** 2025. 7. 30. | **편저자** 도승하

발행인 박 용 | **발행처** (주)박문각출판 | **등록** 2015년 4월 29일 제2019-0000137호

주소 06654 서울시 서초구 효령로 283 서경 B/D 4층 | **팩스** (02)584-2927

전화 교재 문의 (02)6466-7202

저자와의
협의하에
인지생략

정가 24,000원
ISBN 979-11-7262-956-4